《近代中国研究集刊》
(8)

多维视野下的思想史研究

复旦大学历史学系
复旦大学中外现代化进程研究中心 编

上海古籍出版社

《近代中国研究集刊》

8

复旦大学历史学系
复旦大学中外现代化进程研究中心 编

编委会
（按姓氏笔画排列）

王立诚　朱荫贵　吴景平　张济顺　张晖明
陈思和　林尚立　金光耀　金冲及　姜义华
顾云深　章　清　熊月之　戴鞍钢

执行编辑　韩承桦　张仲民

目　录

导言 …………………………………………………………… 1

·观念与社会·

"二重证据法"与古史史料学建设刍议 ……… 王　刚　1
从九部清代经世文编看"游历"认识的思想
　　转变 ………………………………………… 蔡明纯　37
晚清中国的"彼得兴俄"叙事及其演变 ……… 顾少华　79
语言、知识与政治文化："意识"的概念史(1890—
　　1940) ……………………………………… 韩承桦　118
革命即教育,教育即革命:南京国民政府的三民主义
　　教育政策 …………………………………… 翁稷安　181

·人物和时代·

言行之间
　　——严复与公立复旦公学 ……………… 张仲民　227
论夏曾佑的"宗教"观 ………………………… 徐佳贵　291
民国元年孔教会上海发起史事钩沉 …………… 裘陈江　313

"自立"的焦虑：1927年前顾颉刚的人生追求与
　关怀……………………………………… 丘文豪　352

· 书评 ·

殖民展示视野下的博览会
　——读吕绍理《展示台湾》……………… 夏　静　380

导　言

　　近年来,"思想史"或"思想文化史"这类课题,同社会史的结合愈趋紧密。早在1980年代,美国史家达恩顿(Robert Darnton)为美国学界做的趋势调查,在课程、专论和学位论文三个范畴中,"社会史"作为一新兴研究领域,正快速攻城略地,侵夺旧有思想史家占据的"领土"。这种专究人类社会"结构""阶层""民众"议题的研究方式,与以上层知识分子、重要思想家、经典型知识文本和抽象观念的传统思想史研究相比,两者差异明显,进而凸显了思想史家视野可能的缺憾。[①]然而,思想史阵营并非就此一蹶不振。诚如达恩顿于该文后所指出的,思想史研究也许需和"社会史""文化史"合流,一改过去惯于将历史变化化约至单一抽象观念,或经典文本、思想家的做法,将"历史层"放回原本复杂多样的历史脉络中,也就是结合思想性因素与非思想性因素。这种"由约返博"的做法,方能让研究者窥见"思想"于历史变化中发挥能动性的广度与弹性。[②]达恩顿的文章写得早,随史学发展演变,现在我们应该已不会再看见类似"思想史已衰退"的言词。反过来也许还可以这样思考——"何处没有思想呢?"

　　思想史在中国史研究内部,也遇到相似的挑战,部分缘于欧美史学风尚的影响,部分则凸显了中国史学传统的内在制约,以下从这两个方面简单论述之。

　　首先,囿于中国史学传统,"思想史"往往与"哲学""学术"

"经学""典籍"紧密联结在一起。葛兆光就曾以20世纪40、50年代侯外庐(1903—1987)撰写的《中国思想通史》为例,说明该书所言之"思想",是通括"哲学思想""逻辑思想""社会思想"作为其历史面貌。[③]而这很可能是受学案写作传统影响所致,此种书写逻辑所展示的"思想世界",只会是一间陈列着各方思想家照片的博物馆,向读者细数这些天才的生平故事。这样的写作模式,便会将"思想史"简化为以精英和经典为主体,仅能显现思想表层的历史。[④]

其次,受到欧美史学浪潮的淘洗,"社会""文化"范畴和"思想"生成与运作之历史脉络的互动广受重视,从而开拓了许多过去未曾入眼的课题。最明显的趋势,莫过于强调思想生产的"社会性"以及"文化意涵"。这推导出一种想法,即认为"思想"并不是先验存在,亦非具有某种"本质"而静止的;它的成形、变化、流通和运作其实是与人们活动的日常生活世界紧密交织在一起的。就如史家阿米蒂奇(David Armitage)所言,思想史已经不再只是"脖子以上的历史"。[⑤]西方思想史研究多元的发展趋势,让我们意识到还能从人们阅读的行为和感官认知中,在书籍/文本印刷、消费和传播的过程里,在观念、知识网络赖以生存的具体世界中,发现"思想"的各种踪影。于是,研究者对"思想"的理解,遂得脱离表层的认识。随着这个深挖的过程,"思想"或"观念"原应有的"分层"以及各"层次"间的竞合、互动,逐渐被注意到。[⑥]当我们能以"分层次"的视野来观察思想于历史世界中的活动,过去不被重视的议题和史料,就可能从沾满灰尘的角落,重新被置于聚光灯下。

各位现在看到的论文集,可谓是受益于上述研究趋向转变的产物。这本论文集的特点,大抵展现了研究者"分层"的视野,拆解"大写"的思想和观念,从社会的角度观察思想和学术的形成、流变与再生产。这交织出三个近年备受关注的思想史课题:思想/观念流动、运作的载体/媒介，特定政治、社会环境下的思想文化场景，传统知识和人物的现代转型。

首先，思想、观念的载体和媒介问题，呼应了学界对新词汇、新概念的关注。词汇、语言是储存复杂观念、思想的容器，人们则用其作为表意的工具。书中四篇文章，讨论晚清民国以来的"游历""意识"和"宗教"等问题，以语词作为观察面，追索新观念成形、发展的历史过程。蔡明纯的《以九部清代经世文编看"游历"认识的思想转变》，以"经世文编"来考察单一概念在晚清时期的变化。蔡文指出，"游历"观念内涵的转变，不单是人们行为实践的改换，更反映士子对于"天下""洋务"和"国事"内涵之理解的改变。顾少华的文章则从阅读史的视角考察了沙俄时代彼得大帝在晚清中国的引介和接受的历史，以及其在晚清社会中所扮演的多重角色与作用。韩承桦的文章《语言、知识与政治文化："意识"的概念史（1890—1940）》，追索"意识"如何从一个国人闻所未闻的"新名词"，转为学术和政治场域的"关键词"。这段历史进程揭橥了语言如何逐渐成为一种政治工具，及其造成的冲击和影响。徐佳贵《论夏曾佑的"宗教"观》一文则利用"宗教"这个典型例子，说明词汇在时代转型阶段，如何同时容纳新、旧观念。"宗教"观念的演变轨迹，更呈显近代思想史的关键概念——"儒教""孔教"，其内涵是层叠交错、相互影响的。这类新名词、新观念的相关讨论，揭开了隐藏在单数大写历史叙事底下的片段和细节。

对精英思想家的研究，一直是思想史研究的重要对象。张仲民的《言行之间——严复与公立复旦公学》一文运用大量材料，将历史人物的思想和言论还原到历史现场，非常细致地考证与勾画了严复参与清末上海公立复旦公学的情况，以及由此展示出的严复言行之间的差异，有利于我们更全面地认识严复为人及其思想情况。裘陈江《民国元年孔教会上海发起史事钩沉》一文重新钩沉孔教会草创时期的历史，尝试通过历史场景的追索和还原，反省过往被忽略的细节及其历史意涵。裘文指出，孔教会的成立反映了在阵阵"废孔"声浪外，仍可听闻维护传统的声音，且这是与当时象征"文明""西化"等现代性生活因素，譬如报刊这类传播媒体和传教士活动交织在一起。相较于裘文描写"传统"如何借着"现代"因素延续，翁稷安《革命即教育，教育即革命：南京国民政府的三民主义教育政策》则呈现了属于传统范畴的道德教条，如何转化为一套以现代化、科学化原则改善日常生活乃至于社会、政治行为的规训方式：三民主义。环绕着国家机器如何操作单一意识形态的讨论，翁文揭示了南京国民政府时期的"主义化"浪潮，由上至下遍及人们琐细的日常活动，并在"革命"旗帜下，将传统道德、科学理性精神和现代政治原理有机结合在一起。凡此可见，研究者只有进入当时的政治、社会场域，"心通意会"，才能适切考虑思想文化变动的原因、状态及可能的影响，而这也能促使我们思考特定历史场景的特性及意义之所在。

人物或知识/思想范畴，也是我们重省历史场景复杂性的某个侧面。本书收录的两篇文章体现出近代知识人于思想转型时代的多种足迹与身影。丘文豪《"自立"的焦虑：1927年前顾颉刚的人生追求与关怀》一文以顾颉刚（1893—1980）为例，通过挖掘顾氏的个性及人生追求、关怀，结合其于私领域与公领域的行为、想法，反省过往仅从公众面向来评估历史人物的做法。读者将看到一个同"五四"新文化浪潮、古史辨运动中执旗呐喊之身影相去甚远、更复杂的顾颉刚。王刚的《〈二重证据法〉与古史史料学建设刍议》则从现代学术研究建立的角度，评估王国维与"二重证据法"的内涵、意义及价值。值得注意的是，王氏此文提醒我们，应该进一步反省新文化运动对于知识、思想文化造成的，仅以新、旧/现代、传统此种单一且二元对立的评价方式。这两篇文章除以深描细写的工夫勾勒出个人多面的生活/历史经验外,更说明历史人物的"私领域"确可作为通往历史场景的另扇窗口。

近年来,新材料的大量出现、新方法的引入,以及新议题的不断提出,极大地拓宽了近代中国思想史研究的范畴。史家不再只是待在博物馆里摹写思想家群像,而是如旅人般出入相异的时空环境,寻觅人物、事件和思想交织互动的痕迹。历史的发展变化就好比海浪,过往的思想史研究仅注意到第一道浪冲打至岸上的景象,忽略了海浪其实是层层堆叠而至,且褪去的速度很快;往往在首道浪消退时,第二、三、四等后续大小、强度不一的波浪又冲抵至岸边。我们不应只注意到表层最明显、最活跃的思想及论述,还需观察在不同时间点出现,力道、程度相异的思潮,甚如浪花顶端泡沫般的小众型观念,厘清彼此间的复杂性和内在张力。当"大叙事"框架逐渐析离时,不同历史层"之间"所展现的纷繁多样,正值史家探询其间奥妙。于是,在肯定了"何处没有思想"的论调后,我们该前往何方,如何发掘、辨析这些思想、观念、知识、言语、论述的身影及可能之影响,就是另一件迫切的工作。

编者识

---

① Robert Darnton, "Intellectual and Cultural History", in *The Kiss of Lamourette: Reflections in Cultural History*, New York: W. W. Norton & Company, 1991, pp. 191-218. 当时的论调即为,此类缺憾就当由社会史家来补足。

② 这类研究反省,先出于欧美学界的手笔。每次的检讨都促使史家改换探究"思想""观念"的方法,从而催生了诸如"心态史""书籍、阅读文化史""新文化史""概念史""知识史"等分支。史家葛拉夫顿(Anthony Grafton)在一篇为《观念史期刊》(*Journal of History of Ideas*)"庆生"所写的文章中,对这段变化有较清楚的描写,且也指出思想史抑或观念史研究原应具

备的开放性。Anthony Grafton, "The History of Ideas: Precept and Practice, 1950-2000 and Beyond", *Journal of History of Ideas*, Vol. 67, No. 1 (Jan., 2006), pp. 1-32.

③ 葛兆光:《中国思想史》导论《思想史的写法》,复旦大学出版社2001年版,第7页。

④ 同上书,第9—13页。

⑤ David Armitage, "The International Turn in Intellectual History", in Darrin M. McMahon and Samuel Moyne eds., *Rethinking Modern European Intellectual History*, Oxford: Oxford University Press, 2014, p. 233.

⑥ 王汎森陆续在几篇文章中触及了思想史研究的"层次"问题。王汎森:《中国近代思想文化史研究的若干思考》《思想是生活的一种方式——兼论思想史的层次》,收入氏著《思想是生活的一种方式:中国近代思想史的再思考》,(台北)联经出版事业公司2017年版,第393—407、19—52页。

·观念与社会·

"二重证据法"与古史史料学建设刍议

王　刚

摘要:"二重证据法"是王国维在"史料危机"刺激下的一种学术应对,是对现代"疑古"的纠偏,它使得古史史料由破坏走向了建设。当前,古史史料学的建设要步入正确轨道,就应以"二重证据法"为学术起点,在接续的过程中,消除似是而非的误判,建立正确的学术认知,秉持事实优先的原则,培养研究力,在综合判断的基础上,"以博返约",从增量到定性,建构新的分析系统,实现方法与学科的互通,从而为"古史重建"提供坚强的史料基础和学术助力。

关键词:"二重证据法",古史史料学,王国维,"古史重建"

王刚,江西师范大学历史文化与旅游学院副教授,历史学博士

一、问题的提出：从"古史重建"与"二重证据法"的再审视说起

1992年，李学勤在一次学术演讲中指出，近几十年的考古发现及研究成果为"重写"中国上古史提供了优越的条件，由此，他提出了"走出疑古时代"的口号。此后，随着《走出疑古时代》《重写学术史》等重要著述的结集出版，[①]此一问题在学界引起了巨大而持续的反响。从特定意义来看，李先生及其学人群所做的工作渊源有自，实质上是20世纪20年代以来"古史重建"的延续与发展，在学术范式上则接续着王国维的"二重证据法"。职是之故，他在相关论述中多次致意王国维及其学术，并一再强调："我们依据出土文献来重建古史，应当以王国维先生的工作作为范例。"[②]

习史者皆知，所谓的"古史重建"，时间范围在早期中国，指的是上古史的重建。[③]这一时段的基本事实，在近代学术眼光下，呈现出种种不确定性，难以构成信史。20世纪20年代，在胡适学风及"整理国故"运动等的影响下，以顾颉刚为代表的古史辨派以"疑古"为号召，认为先秦以上的古史记载主要是后世"层累"而成的传说与神话。他们号召，古史研究需要"缩短二三千年，从诗三百篇做起"，并宣称"东周以上无信史"。[④]"疑古"派或古史辨派对于近代史学发展的革命意义是毋庸置疑的。但问题在于，当"疑古"派以"去伪"为旨归时，其所做的工作主要是"破坏"，而不是"建设"。就研究视角来看，过于信古，难得其真，但过于疑古又何尝是一种正确的态度呢？由此，在"古史重建"的进程中，以"二重证据法"来存古史之真的王国维及其学术，成为了一个新的学术选项。

回顾历史，"古史重建"背景下的"疑古"派，以及王国维"二重

证据法"的出现,并非偶然,它们是时势和新材料结合的产物,并成为了古史研究从传统进入近现代阶段的表征。所谓"时势",简言之,是时代所提出的新要求。尤其是随着"五四"以来重估价值的展开,以往的"信古"立场遭到抛弃,传统经书被质疑,不再成为可信的论证材料,"疑古"作为现代学术的应有精神和方法应运而生。关于"疑古"派的问题,长期以来,学界大多关注的是它的现代意识和科学精神,但就史学研究的要素或方法而言,它还有一个重要的侧面,那就是史料学方向上的开掘。所以余英时在评述顾颉刚学术时,有这样的判定:"恰好代表了五四以来中国史学发展的一个主流,即史料的整理工作。"⑤但问题是,晚清民初又是一个新材料的发现时代,它为学术研究带来的冲击和助力深刻地影响了此后的学术走向,也理所当然地成为了"古史重建"中必不可少的另一大支撑,王国维的"二重证据法"于是在时势之下借力于此,应运而生。有学者指出,王国维时代有着"前人所未见到的新材料,同时面临历史观的巨大变革和冲击,王国维二重证据法的提出,正是为了应对这一变革而重建古史的一种努力和尝试"。⑥

比较而言,顾颉刚所代表的疑古派仅就古书论古书,是一种纸上材料的"辨伪",而王国维则开始利用新出土材料来存真,并以其学术实践证明了这一方法的有效性与科学性,如学界所熟知的甲骨证史,廓清迷雾,贡献良多。很显然,王国维在史料的扩展和考订上向前推进了一大步。此后,一批批学者在其方法影响下,也都作出了巨大的贡献。在这样的学术传统下,很自然地,当李先生提出"重写学术史"及"古史重建"时,对王国维"二重证据法"的接续和发展,就成了题中应有之义,建立"二重证据的新典范",⑦成为学术旨趣所在。

学术研究需要接续和继承传统,其正当性与合理性不言而喻。但问题是,当李学勤及其学人群再一次提出"古史重建"时,是伴随着"走出疑古时代"的反思而来。然而,这一反思不仅至今未获学界普遍共识,反倒是出现了相当程度的学术裂缝。具体说来,在这一进程中,学界出现了一种将"疑古"与"走出疑古"相对立的做法,甚至有"短兵相接,狭路相逢"之谓。⑧激烈的言辞下,容或有一时的意气之见,但指向性却是十分明显的:直接将新时代的"走出疑古"以及"古史重建",与前"疑古"时代的学术画上了等号。再进一步言之,似乎只要反对当年"疑古"派的某些看法,不认同文献记载是"伪书的结晶",都有被划入"信古"阵营的可能。虽然李氏早已申明:"疑古思潮是进步的,应该给予充分肯定,但同时它也有不足之处。我们说'走出疑古时代',就是要克服它的不足之处,而不是回到疑古派所说的信古时代。"⑨但遗憾的是,由王国维学术发展而来的新范式,还是不可避免地被置于"信"与"疑",甚至"前进"与"倒退"的二元对立思维中。

关于这一问题,牵扯面广,本文不作无谓的展开。仅就本论题出发,可以看到,一时风尚之下,有学者是这样来再审视"二重证据法"的:

> 这种具有严重逻辑错误的"二重证据法",后更被滥用,形成一种将考古学的发现装入古籍记载框架的错误倾向,对历史学起到很大的负面作用。其一是充当了阻断"古史辨"史学革命途径的主要理念,其二是成为战国先秦史研究中许多谬误观点形成的枢纽。⑩

长期以来,对于王国维的学术水准及"二重证据法",早有定评。陈寅恪在《王静安先生遗书》序中,曾这样评说:"尤在能开拓学术之区宇,补前修所未逮,故其著作可以转移一时之风气,而示来者以轨则也。"⑪这不是一时之私言,而是长期公认的学术事实。

总的来看，王氏的具体观点容或有商，但其所代表的学问及范式早已成为了巍峨的丰碑。故而，前引对王国维"二重证据法"的恶评，几乎是颠覆性的论说。作为学术史上从未有之的现象，它出现于今日，乃拜时代所赐。简单地说，当"疑古"或古史辨派成为"革命"及"前进"的代名词时，"二重证据法"就被改造成了"信古守旧"的代表。所以，我们看到，受此观点和风气影响，有人不假思索地得出这样的结论："通读王先生的原文，不仅有矛盾与逻辑问题，甚至还有些'信古守旧'的意味。"[12]从特定视角来看，与其说它们是对王国维"二重证据法"的贬损，还不如说是对当下超越"疑古"，接续王国维而发泄的不满。

事实真的是这样吗？我们的答案是否定的。笔者以为，要厘清这些问题，就必须在当前"古史重建"的背景下，放下门户之见，彻底回归到学术本质上来。从学术研究的事实出发，既要去认真审查"二重证据法"在今日所具有的意义及适用性，更要切实考察王国维提出这一方法的历史维度和内涵所在，并由此真正理解顾、王之间的学术纠葛及意义，如此，对这一学术传统的历史性和现实性，才可能有全面、准确的判定。而从严格的史学研究角度来看，顾、王的学术趋向及今日所衍生的种种意见，一个重要的内核所在，就是古史史料学。[13]为了更深入地讨论这一问题，下面，笔者就主要从古史史料学建设这一视角出发，在传统和现实的学术审视中，展开具体的论述。

二、史料危机与建设："二重证据法"的提出及相关问题

1925年，王国维在为清华国学研究院开设的《古史新证》课程中，正式提出了著名的"二重证据法"，其核心观点如下：

> 研究中国古史为最纠纷之问题。上古之事，传说与史实混而不分，史实之中不免有所缘饰，与传说无异；而传说之中亦往往有史实为之素地，二者不易区别。……其（过于疑古）于怀疑之态度及批评之精神，不无可取。然惜于古史材料未尝为充分之处理也。吾辈生于今日，幸于纸上材料外，更得地下之新材料；由此种材料，我辈固得据以补正纸上之材料，亦得证明古书之某部分全为实录，即百家不雅驯之言，亦不无表示一面之事实。此二重证据法，惟在今日始得为之。虽古书之未得证明者，不能加以否定；而其已得证明者，不能不加以肯定，可断言也。⑭

细绎文本，在这一论述中，有一个鲜明的指向，那就是史料。质言之，"二重证据法"的一个重要目标，乃是发掘和确立可信的古史史料，下面具体论之。

（一）"疑古"下的"史料危机"与"二重证据法"的应对

20世纪20年代，"疑古"思潮的出台，固然有着学术上进步的意义，但矫枉过正的学思路径也带来了严重问题——史料危机，它直接刺激了"二重证据法"的提出。⑮

查考中国学术史的发展，"疑古"传统早已有之，严格地说，近代之前的中国人全盘"信古"，是不能成立的。事实上，顾氏的"疑古"就有着古代的传统，这是人所共知的常识。但不同的是，此前所怀疑的是具体事实与材料，但近现代疑古派审查史料的最终结果，是对整个古史系统在文献上进行全盘否决，这实为前所未有的学术大裂变。当顾颉刚所代表的疑古派主张"东周以上无信史"时，表现在面上的是"将上古信史击成碎片"，⑯贯穿于始终的，则是整个上古文献的全面坍塌。对于初入近现代学术阶段的中国古史研究来说，一个特别严重的问题凸显了出来，以什么为史料来研究这段历史呢？

张京华指出："面对上古史，顾颉刚经常引用康有为的一句话：'上古事茫昧无稽。'茫昧无稽不是说那时没有历史，而是说没有文献可查。如此，在上古史的研究中，人们就如同遭遇到了一种'真空'的状态。"[⑰]既然是"茫昧无稽"，从史料角度来说，它们已不再具有呈现上古史事的资格了，从而失去了成为历史证据的合法性。也就是说，在传世的古史文本被推翻后，这一时段的文献与真实的古史之间无法构成对应关系。由此，在20世纪20年代，失去了史料支撑的中国古史，日益呈现出空白化的趋势。史料危机之下，中国古史研究进路微茫。那么，有没有可以纠偏的范式，或者说应该纠偏呢？至少王国维认为是有的，而且应该纠偏，而这就是他的"二重证据法"。这一学术范式不仅成为了突破困境、重建古史的最有力武器，也带动和影响了一代学风。所谓"转移一时之风气，而示来者以轨则也"，"二重证据法"足以当之。质言之，王氏所"转移"的"风气"非他，实为"整理国故"以来"疑古"思潮所带来的负面效应，在他的影响下，史料在于建设而不是破坏，成为学术新风。具体说来，它主要通过以下两点来完成：

首先是证据。

当疑古派摧毁和破坏史料基础之后，通过什么证据来证明传世文献的有效性，从而建设科学可信的古史史料，成了严峻的任务。要让视为"伪书"的传世文献重新焕发生命力，按照"整理国故"时期胡适的学术名言，那就应该是"拿证据来！"[⑱]在地上资料已基本被否决的状态下，证据在哪里呢？唯有求之于地下。胡适曾说："先把古史缩短二三千年，从诗三百篇做起，将来等到金石学、考古学发达上了科学轨道以后，然后用地底下掘出的史料，慢慢地拉长东周以前的古史。"[⑲]也就是说，疑古派虽然可以否决地上材料,但地下材料的真实性却是难以否定的。在当时,虽然大规模的科学考古尚未进行,但王国维凭借自己在甲骨等地下材料上的深厚功力,通过甲骨证史,已证明了传世文献中殷商世系的真实性,也就是说,以甲骨为证据,地上材料所载的殷商世系已成为了可信的史料。那么,扩而广之,以此为起点,找寻到传世文献中的事实证据,不就可以使之成为可信的史料吗?这样,通过地下材料对古书进行重新认识和定位,建立坚强的史料基础,就成为势之所趋。所以,王国维指出:"由此种材料,我辈固得据以补正纸上之材料,亦得证明古书某部分为实录,即百家不雅驯之言,亦不无表示一面之事实。此二重证据法,惟在今日始得为之。"

其次是"古史材料充分之处理"。

我们注意到,王国维本质上是一个充满了怀疑和批判精神的学者,这一点与疑古派并无对立,所以他在评论疑古派时,曾说:"其于怀疑之态度及批评之精神,不无可取。"对古史持怀疑态度,他其实是完全赞成的。"疑古"派的问题,他认为,在于"惜于古史材料未尝为充分之处理也"。也就是说,"疑古"派在史料问题上有着简单粗暴之处,态度与方式是不成熟的。附带一提的是,在当时的"整理国故"运动中,"整理"是很火热的词汇,但王国维不用"整理",而用"处理",并且是"充分之处理",应该是话外有音,暗含着史料方法上的抗衡。

那么,该如何做,才能达到"于古史材料"的"充分之处理"呢?王国维在研究的态度取向和材料处理方式上给出了明确的立场。

具体言之,王国维的态度取向,乃是由破坏走向建设。同为"疑",它与"疑古"派的本质不同在于,"疑"为起点,"信"为目标。1927年3月,姚名达在给疑古派主将顾颉刚的信中,转述了王国维的一个评价:"王静安先生批评先生,谓疑古史的精神很可佩服,然与其打倒什么,不如建设什么。"[20]正是这种建设的态度与取向,使得王国维致力于厘清古史中的种种疑点,钩沉相关事实,"由疑而得信",为建构可信的历史开辟了路径和空间。

在此思路下,可注意的是,严格说起来,就对学术性格的描述而言,当年顾氏学人群的"疑古",其实是一个名不副实的称谓。我们继续用它,只不过约定俗成而已。因为"疑"是两可之间的,但那时的顾氏学术虽有"疑"之名,实际上却是彻底的否决态度,严格说来,它实质上已不是"疑古",而是彻底的"否古"。所以,王国维指出:"今人勇于疑古,与昔人之勇于信古,其不合论理正复相同。"[21]简单说来,"不合论理"在于全盘肯定与全盘否定,从而不考虑资料及历史事实的复杂性。

在王国维看来,上古典籍"本非一源,古今杂陈,矛盾斯起"[22]。其间的情况是复杂多变的,简言之,源头非一,真伪杂陈。所以,在材料处理方式上,凡"存疑"者,既不能像过去一样全盘"信古",也不能在"疑"的口号下全盘"否古"。但只要在有证据的情况下,就尽可能地去探求隐没的真相,一方面不因多面之假相而牺牲"一面之事实";另一方面,应以剥茧抽丝的方法将事实的"素地",从传说之中勾稽而出。而对于传世典籍中不可解、难解者,不可强求其通,应采用孔门"阙疑"之法,留待后来。王国维曾打算"撰《尚书注》,尽阙其不可解者,而但取其可解者著之"[23]。虽未及从事于此,但其审慎的态度,已为后来的研究提供了重要的方法借鉴。可注意的是,"阙疑"固然有不承认的一面,但也不允许随意抹杀。所以,王国维指出:"然则经典所记上古之事今日虽有未得二重证明者,固未可以完全抹杀也。"[24]

总之,在"史料危机"下,"二重证据法"为致力于史料建设提供了一种新路径。它以"疑"为起点,以建设为目标,讲求证据的获取与确立,在"由疑而得信"中,进行"古史材料充分之处理"。在具体的处理方式上,反对简单否定、全面推倒的做法。王国维认识到,古史材料是"纠纷"的,而不是简明的;是多元的,而不是单线的。由此,轻易肯定或否定,都是不可取的。

(二) 从"二重证明法"到"二重证据法"

有学者注意到,在 1913 年的《明堂庙寝通考》初稿中,王国维曾提出过与"二重证据法"相似度较大的"二重证明法",其中有这样的论述:

> 居今日而欲言古制,将安所正哉? 宋代以后,古器日出。近百年之间,燕秦赵魏齐鲁之墟,鼎彝之出,盖以千计,而殷虚甲骨乃至数万。其辞可读焉,其象可观焉。由其辞之义与文之形,参诸情事,以言古人之制,未知视晚周秦汉人之说何如? 其征信之度,固已过之矣。如此书所欲证明者……或亦略见于晚周秦汉人之书,而非有古文字及古器款识,则亦不能质言其可信也。
>
> 然则晚周秦汉人之书,遂不可信欤? 曰:不然。晚周秦汉之际,去古未远。古之制度、风俗存于实事者,较存于方策者为多。故制度之书或多附会,而其中所见之名与物,不能创造也。纪事之文或加缘饰,而其附见之礼与俗,不能尽伪也。故今日所得最古之史料,往往于周秦两汉之书得其证明,而此种书亦得援之以自证焉。吾辈生于今日,始得用此"二重证明法",不可谓非人生之幸也。㉕

这段话后来在《观堂集林》里被删去。

很自然的,我们要问:"二重证明法"是如何发展为"二重证据法"的? 其学术动因何在呢? 后来为何被删去? 关于这些问题,有学者认为:"《初稿》重在考证'上古之制度',《古史新证》则重在考'中国古史'。这反映了王氏所受不同时代风气的影响,其关注的问题也相应有所变化。"另有学者则说:"《古史新证》里提出的'二重证据法',针对传说与史实之间的人物;而在《明堂庙寝通考》里提出的'二重证明法',则关注'古制'。"㉖但问题是,如果这只是不同阶段的学术侧重点的差异,大可二者共存,为何王国维在后来删去此段文字呢?

值得注意的是,有学者将此归因为,这是王国维对"疑古"派扼杀的结果。由此认为这两种方法没有本质的不同,"二重证据法"强调"新材料",只是"策略性地披上了'新'学的外衣","乘着新兴考古学之风而扩大影响,也得到守旧学者的首肯"。㉗将王国维作为"信古守旧"的代表,以与"革命进步"相对立。此种主观性极强的臆测,笔者无法苟同。关于这一问题,较为合理的是梁涛的看法,他认为:"证明者,强调的是地下材料与纸上材料的相互结合、印证,其指向是肯定性的;而证据既可以证明,也可以证伪,其指向是中性的。""疑古派对古史'层累'的强调,使王国维调整了以前并不周全的表述,而采用了'二重证据法'这一更为合理的说法。"㉘这一论述注意到了证明与证据在逻辑上的差异及发展的关系,并指出这是对"疑古"派的应对与调整。对于这一研究理路,笔者完全赞同,但就本论题而言,需补充如下两点:

一、由"证明"到"证据"的语词演变,不是随意为之,是史料建设的应对和需要。

前已言及,当王国维提出"二重证据法"的时候,胡适正在大力鼓吹所谓的"拿证据来"。在学界,"证据"简直成了合法性的代名词,并与"科学"紧密相连。事实上,"疑古"派们之所以敢于断言东周以上的文献都是"伪书",一个重要的着眼点在于,符合科学标准的证据力的缺乏。在王国维提出"二重证明法"的时代,由于这种意识还没有建立,故而"证明"的"指向是肯定性的"。而20

年代以后,古史材料开始受到高度怀疑,肯定性的论证已无法得到信从,王国维于是以"中性"且在当时极具"科学性"的"证据"来建立自己的根基与说服力,就成为了一种学术选择。由此,建立"证据"基础,成为了先于"证明"之前的一步。也由此,史料不再是天然而然的了,它必须经过审查才有成为史料的资格。

由此理路,可注意的是,胡适在1919年出版的《中国哲学史大纲》中特别强调:"审史料乃是史学家第一步根本工夫。西洋近百年来史学大进步,大半都由于审定史料的方法更严密了。"他还进一步指出:

> 中国人作史,最不讲究史料。神话、官书都可作史料,全不问这些材料是否可靠,却不知道史料若不可靠,所作的历史,便无信史的价值。㉙

胡适所提出的问题十分重大,甚至可以说,是史学研究范式由传统向现代转型过程中的必经之初阶。黄进兴认为,它表明了"讲究研究过程里史料甄辨的优先性"。㉚事实上,正是与这一思路相一致,胡适逐渐引致出了顾颉刚的系统疑古思想,并构成了他本人所主导的"整理国故"运动的核心组成部分。作为一时之风尚,王国维不可能置身事外,从某种意义上来说,"二重证据法"不仅是对"疑古",更是对胡适以"科学"来"整理国故",从而全盘审查史料的学术呼应。所以,我们注意到,《古史新证》一开篇,讨论的就是"传说与史实混而不分"的状况,对于"最纠纷"古史材料,不是全盘抛弃,而是去寻求史实的"素地"与"一面之事实",这就修正了胡适对神话史料性的全面否定,通过"证据"进行科学审查,以确立史料,建立信史,成为了新的方向。

二、"二重证据法"建立后,在"疑古"蔚为风气的氛围下,强调立"信"的史料观,成为了一种新的学术选择。"二重证明法"由于不能全面体现这一旨趣,而且有可能在这一问题上增加误解,故而,王国维在《观堂集林》中删去相关文字。在此逻辑理路下,可以注意到以下三点:

1. "二重证明法"颇有金石学气息,而"二重证据法"以地下新材料为依托,已是"新学"气概。有学者说:"王国维自幼即承家学而熟识金石学,他用了'地下之新材料'代替了金石学,表明了他比任何前贤都更加自觉重视学术方法的真正推进和理念提升,这似乎又与他贯通中西,深研哲学,对学术史具有相当深刻的透悟理解关系甚切。"[31]由此,删芟过去的文字,就绝不是所谓"策略性地披上了'新'学的外衣"的问题,而是预流于学术主潮,引领未来的一种表现。

2. 在"二重证明法"中,缺乏寻证"史实之素地"的基本指向,它使得在论述古史与传说关系问题时失去了阐释基础。而这不仅是"二重证据法"的核心所在,被喻之为"最纠纷之问题",更重要的是,这一问题的提出,直接面对的就是当时疑古派对"尧舜禹"的否定。王国维在论及"二重证据法"时,曾有这样的表示:"疑古之过,乃并尧舜禹之人物而亦疑之。"[32]他明确反对将"尧舜禹"视为完全的神话人物,并以寻证"素地"为目标。

3. 在"二重证明法"中,虽承认先秦古书"不能尽伪也",但在表述中,其主基调是充满了高度怀疑的,所谓"或亦略见于晚周秦汉人之书,而非有古文字及古器款识,则亦不能质言其可信也""故制度之书或多附会"云云,皆可反映这一点。虽然从"疑""信"两存的角度来说,在王国维的学术思想中,它们并没有质的变化。但由于侧重点的缘故,这样的文句留存下来,与当时"疑古"派的阐释颇易混淆,笔者揣测,这是王国维要删去它们的重要原因。

总之,从"二重证明法"到"二重证据法",既体现了王国维内在学术理路的发展,同时也是时势发展、冲击下的产物。在讲求审查史料的风气下,"证据"具有特别的权威和意义,并成为了先于"证明"的一步,而在"疑古"派的直接冲击下,"二重证明法"在为学旨趣、针对性等方面都需要调整,最终被王国维所弃置。

(三) 史料建设视野下的顾、王学术关系问题

从特定意义上来看,"二重证据法"以建设史料为宗旨,是对当年"疑古"派史料辨伪的反向运动及纠偏。但这是否意味着,顾、王之间是完全对立的呢?

在这一问题上,首先要明确的是,顾、王学术都是近现代学术的产物。然而,由前已知,一些学人由于反对"走出疑古"以及"古史重建",人为地将其等同于"信古""守旧",从而与前"疑古"时代的学术画上了等号,并由此"顺理成章"地将顾颉刚与王国维置于两种极端对立的学术范式之中,来作褒顾而贬王的讨论。但熟知近代学术史的人都知道,顾氏对王国维佩服得五体投地,早年就魂牵梦萦,意欲投入王氏门下。[33]很显然,上述论断不仅不合事理,也不符合历史事实。

查考近代学术史,总的来看,虽说顾颉刚对王国维也有所触动,但王国维才可说深深地影响了顾颉刚,并由此使得顾氏作出了学术理路的调整。关于顾颉刚对王国维的触动,在前面的论述中已多有涉及,此处不再展开,下面主要从顾颉刚所受到的王国维的影响来加以论说。笔者认为,粗略说来,至少在史料问题上,顾颉刚有着"求真"—"不立一真"—再"求真"的学术轨迹,这一轨迹的发生,是在近现代学术转型的背景下发生的,它直接承受着王国维的影响,并有着顾氏自己的独立思考和应对调整。长期以来,人们一般只注意到了顾氏的"不立一真",对其"求真"的问题关注得相对较少。但事实上,这应该是顾氏学术的起点和归宿。

查考史实，顾颉刚提出"层累"说，主要应从20世纪20年代初算起。据《古史辨》第一册，1923年，顾颉刚在与钱玄同论古史书中，开始形成了较清晰的古史"层累""造伪"理念，此后步步深化，成为系统学说。但可注意的是，顾颉刚此时已受到了王国维的影响，所以，在与钱氏的通信中，他引用了王国维的研究以为佐证。也就是说，在"层累"思想确立之前，顾颉刚已受到或同时受到了王国维学术的影响。我们还注意到，顾颉刚在早年立下的志向是："学问上只当问真不真，不当问用不用。"㉞毫无疑问，这一思想有着胡适的影子。㉟但考虑到顾颉刚在此时并不是只服膺于胡适，而是在学术上最为崇敬王国维，他曾说："我那时真正引为学术上的导师的是王国维，而不是胡适。"㊱那么，顾氏的这一学术姿态，就不能不将王国维的因素考虑在内。

有学者指出，晚清以来，中国学术在由经学思维向近现代转型的过程中，有一个由"求实"向"求真"转化的过程，这一过程与此后的"科学"研究正可接轨，是由传统学术转入现代的关键。㊲当这一学术转向发生时，顾颉刚因年岁尚轻，还未登上学术舞台，而年长他16岁的王国维则正处于风华正茂的青年时代，他曾为此大声疾呼："余正告天下曰：学无新旧也，无中西也，无有用无用也。凡立此名目者，均不学之徒，即学焉而未尝知学者也。"㊳这一著名论说，不仅影响了后世的学者，也可说深得年轻的顾颉刚之心，顾氏所谓的"学问上只当问真不真，不当问用不用"，与此可谓学脉相连。进一步言之，顾颉刚此后逐渐发展出的系统"疑古"思想，正得益于早年的"求真"。众所周知，顾颉刚主攻"辨伪"，以破坏为主，但诚如余英时所指出的："其实顾先生除了辨伪之外还有求真的一面，而且辨伪正是为了求真。他辨伪尽管有辨之太过者，立说也尽管有不尽可信者。"㊴所以，在《古史辨》刚创立的时代，在"破坏伪古史"的同时，对于王国维的建设和求真是充满了敬意的，他说:"他们的求真的精神,客观的态度,丰富的材料,博洽的论辨,这是以前的史学家所梦想不到的,他们正为我们开出一条研究的大路。"[40]

但随着顾颉刚"疑古"思想的系统与深入,他逐渐不再以"求真"为主要取向了。或者也可以说,为了更好地"求真",力求先做好"辨伪"。在顾氏看来,"破坏"与"建设"是一事之两面,[41]而自己则主要致力于"破坏"的一面。他曾这样说道:

> 我知道要建设真实的古史,只有从实物上着手的一条路是大路,我的现在的研究仅仅在破坏伪古史的系统上面致力罢了。我很愿意向这一方面做些工作,使得破坏之后得有新建设,同时也可以用了建设的材料做破坏的工具。[42]

由此,他将自己的立场描述为"不立一真,惟穷流变",而且将研究故事的方法平移到研究历史上来,即所谓"愿意着力的工作,是用了'故事'的眼光去解释'古史'的构成的原因"。[43]在这一问题意识的引导下,顾颉刚和王国维在对古史材料的认知上发生了重大分歧。如果从学理上深究,此时顾、王之间的对立,其实质并不在于浮于面上的求真与辨伪。因为他们虽各有重点,但各不偏废。他们的对立是围绕着古史材料的性质及认知而来的。顾颉刚一度认为,纸上的材料皆不可信,要在"辨伪"之后,等待考古新材料上了轨道再来进行"古史重建"。而王国维则通过地下新材料来建立纸上材料的可信性,从而将传世古史材料中的一部分改造为了可信的史料,由此在此基础上进行"古史重建",而不必留待异日。

我们注意到,随着王国维范式的推进,越来越多的古史材料得以证明其真实性,"不立一真"不得不面临调整,"求真"再次成为了顾颉刚学术的主要方向。余英时通过研读《顾颉刚日记》,发现顾氏中年后在学术上有重要变化，他再次追步王国维，以《观堂集林》为标杆，希望成为王氏学问之传人，以致于他晚年的代表作《史林杂识》，"书名即直接借自《观堂集林》的'史林'之目"。职是之故，余氏指出："他中年以后，从事古史重建工作，心中确时时有王氏的楷模在。""他又有超越胡适典范的学问境界，以王国维之精新兼备为最后归宿。"㊹要之，顾颉刚早年深受王国维影响，在"疑古"思想日渐系统、深入后，在古史材料认知上的分歧，使得他们似乎各行其是，但顾氏最终却有一个向王国维的回归，学术的主要致力方向由"不立一真"，再次走向了"求真"。

当然，必须指出的是，顾氏的回归，绝不是放弃当年的全部主张。作为开宗立派的一代学者，对于自己的学术系统和方法，他没有全部弃守。他所放弃的，是当年决然否定的一些极端"疑古"观点，它们因新材料的证明，势必不能再简单地以"伪"视之。但这些都是细节，顾氏最基本的方法论或者说那套学术系统，看起来并没有根本性放弃。要之，这种回归，既是顾氏的学术提升，更反映着顾、王之间的"和而不同"。

而这一差异，主要就体现在对古史史料的性质和认知之上。我们注意到，与其他时段不同，上古史研究的一大困难在于，材料要得到完全的确证极为困难。除了传说与事实的"纠纷"，地上、地下材料亦多有缺失，这就造成了证据链之间缺环颇多的局面。由于纸上材料已固定，新增的出土材料由此显得弥足珍贵。然而，考古资料越往上越稀少，不可能尽如人意。如在古史研究中，夏王朝存在与否之所以争论颇大，就在于它缺乏甲骨尤其是殷墟考古那样清晰可信的证明材料。这一问题王国维时代就已存在，如今依然。材料有时而穷，这时方法论的推定就显得异常重要。王国维以甲骨证史，将当年高度怀疑甚至被否决的殷商世系论定为真材料，他由此进一步推定夏的真实性，他说：《史记》所述商一代世系,以卜辞证之,虽不免小有舛驳而大致不误,可知《史记》所据之《世本》全是实录,而由殷周世系之确实,因之推想夏后氏世系之确实,此又当然之事也。"⑤质言之,王国维希望在考订的基础上,利用地下材料,对纸上材料重新审视,由"一真"而达另"一真",这样,纸上的"真材料"就可以扩而展之。

然而,顾颉刚却不是这么认为的。针对这一认知理路,他提出"不能以一部分之真证全部皆真"的重要命题,有学者将其称之为"顾颉刚难题",并指出:"上古实物特别是文字与文献的遗失,使得'以全部之真证全部皆真'为不可能,使得古史重建'拿证据来'为不可能,使得疑古'永远有理',此可称之为'顾颉刚难题'。"⑥这成为了他与王国维范式的一大分水岭。总之,顾颉刚在学术生涯的后半段,虽因受到王国维的影响,再次以"求真"为主要方向,但他更以最严苛的史料审查来看待纸上资料,不允许因理论方法而产生史料扩张。由此,在向王国维学术理路回归的表象下,其实质,是顾氏的学术退守与调整。

三、起点与路径:古史史料学建设视野下"二重证据法"的接续、发展

在前文中,我们对"二重证据法"与古史史料建设及相关问题,作了学术史的考察。但"二重证据法"的意义,对于现今的学术发展,更有着不可忽视的价值。就本论题而言,古史史料学的建设要步入正确轨道,就应以"二重证据法"为学术起点,在对其进行接续和发展的进程中,结合新材料和现实问题,作出有针对性的思考和应对,从而为"古史重建"提供坚强的史料基础和学术助力。下面具体论之。

(一) 为什么要以"二重证据法"作为古史史料学建设的起点

在当前，我们要有这样的学术意识：古史史料学的建设应以"二重证据法"为起点。为什么这么说呢？

这不仅在于，科学研究都是站在前人肩上加以推进的，在深厚的学术传统面前，将"二重证据法"作为今后的研究基础，是一种顺理成章的选择。更重要的是，就今日的学术发展来看，这一范式的基本内核不仅依旧适用，而且有着时代的必要性。

所谓的适用，在笔者看来，主要体现在史料的审查和开掘上。一般来说，上古史料有两大问题特别突出：一是稀缺，二是真实性待考。要解决这一问题，就必须要在保证真实性的前提下，扩充史料。我们注意到，以顾颉刚为代表的"疑古"派主要围绕着第二点展开工作，本意在于通过辨伪"去伪存真"。但由于仅依靠纸上文本，在这一路数下，"辨伪"作为一种"减法"，除了材料越"辨"越少外，还因数量和品类的极大限制，无法提供更多清晰而准确的旁证，在少数材料的纠缠之下，具体结论往往错漏不断。而王国维的"二重证据法"则打破了这一局限，在这一方向的引领下，古史史料的来源不再限于"故纸堆"中，学者的视野从书斋逐渐转向田野，在跳出传世文献的纷扰，直接面对真实的一手材料的过程中，开辟了新的学术路径。谢维扬师指出：

> （疑古运动）应该是古史学由传统方法向近代科学性规范改造的第一轮重要的研究范式上的变化事项，就其动机或全部工作的内容而言，古史研究中这一运动的实质是解决作为近代水准的中国古史学的史料学基本概念问题。……然而"疑古"并非就是近代中国古史学起步时期学者关于史料学基本概念思考的唯一方向。就在同时期的研究中，由王国维

提出的对于中国早期文献资料的价值和性质有不同估计的"二重证据法"概念,代表了对于正当的古史史料学基本概念另一种思考方向。[47]

在笔者看来,这种思考方向不仅适用于王国维时代,更是今后坚持和努力的方向。因为这一方向的着眼点,是对"中国早期文献资料的价值和性质"的"估计"。这样的"估计",是针对整个史料及文献状况所做出的研判,它的价值和意义非止于一时,而是绵延于今的。

尤为重要的是,对它的接续和发展,在今天有着现实必要性,其中最关键的是,在李学勤等学者提出"走出疑古时代"时,有一个重要的学术背景,那就是对古书的"第二次大反思",它是相较晚清以来到顾颉刚时代的"第一次大反思"而提出的。李学勤说:

> 古书辨伪于古有之,宋代尤为兴盛。到了晚清,结合于疑古思潮,我称之为对古书的第一次大反思,在文化史、学术史上起到了很大作用。现在经过层出不穷的简帛书籍(以及其他古代文献原本)的发现,大家由个别古书真伪的重新考订,逐渐走向对辨伪方法本身的再认识,这可以说是第二次的反思,必将对今后学术的发展有深入的影响和促进。[48]

为什么要进行"第二次反思"呢?如以"第一次反思"为思考起点,正面的理由是,这种反思极具学术价值,所以不能停滞于"第一次",由此,"第二次反思"成为了题中应有之义。而反面的理由则在于,"第一次反思"虽有功绩,但错漏不足之处甚多,需要通过"第二次反思"加以匡正与提高。

我们注意到,"第二次反思"的出现,及优越于"第一次"之处的关键点在于,地下材料,尤其是20世纪70年代以来大量简帛古书的出土。这些新材料所给予我们的,不仅是史料在量上的扩展,更在于性质上的认知更为清晰。具体说来,现在的出土材料,尤其是简帛古书的出土,可以从细节到整体,和传世文献进行系统的比勘和研究,再也不是王国维时代那种零星甚至匮缺的状态,在此背景下,当年在古史及古书上的一些"疑古"认知,越来越需要全面的修正,这种修正已不是修修补补的问题,而是需要在学术范式上加以重新考量。

循此理路,就可以发现,由于古书的"第一次反思"是从文献到文献,在材料片面、匮乏的基础上推导结论,建构系统,忽视了与丰富的历史事实之间的差距。表现于研究实践中,在此范式之下,理论方法先行,仅依凭传世文献,将先秦古书多定为汉以来刘歆等人的伪造。但"二重证据法"出现后,借助地下材料的有力证伪,一次次地突破了它的理论设定。概言之,"二重证据法"的威力,就在于出土材料一次次提供了新的事实证据,在修正错误观点的同时,也建立了新的学术范式。但不可否认的是,限于考古资料的匮乏,王国维时代的新材料主要局限于甲骨、金文,"二重证据法"的效用,在古史史料,尤其是古书层面还有待提升。这方面最为突出的表现就是,王国维对疑古的突破与修正,主要是在点上的,而顾氏的工作,却是系统化的,诚如有学者所指出的:"主要限于对古书、古史中某一点的证明,其工作也主要是'古史新证',而非'古书新证',尚没有对古书做出系统反思。"[49]由于没有系统,对于先秦古书的认识就不够充分,由此对古史史料所做出的推定,很多只能是初步和局部的。这其实也是今日对"二重证据法"持异议的一个学理基础。但"二重证据法"是被实践所证明了的学术方法,在当年出土材料匮乏的情况下尚且做出如此大的成绩,现在材料丰富,应该是这一方法大展拳脚的时候了。

(二) 当下如何接续"二重证据法"

我们认为,应主要致力于三方面的工作:一是对"二重证据法"要有正确的学术认知,最主要的是要消除一些似是而非的误判;二是事实优先的原则;三是研究力的问题。下面具体论之。

1. 当下对二重证据法的误判,较为典型的主要在三个方面

一是对古史研究与考古学的结合不以为然,鼓吹所谓考古学的独立性,从而否定"二重证据法"的合理性。如有人认为:"'二重证据法'的滥用,正是一种将考古学装入古籍记载框架的错误方法,应当及早摒弃。以考古发掘的实物、实迹,经科学的分析,摆脱种种纠缠,独立地重建中国远古文明发展的历史,是当今历史科学之要务。"[50]然而,仅就古史材料的性质来说,在早期中国,地上与地下材料并非不相统属的两大系统,它们原本都在一个整体的古文献系统之内,只是由于流传状况的不同,分化为地上、地下而已,既然拥有同样的渊源,在具有共同指向时,当然而且必须互证,"抱残守缺"不是合理的学术态度。

二是认为"二重证据法"是一种"信古"的学术方法。如有人说:"诸如顾颉刚当年所说的可能永远也无法证明其为人抑或为神的'三皇五帝'等……一厢情愿地简单'拟合',堂而皇之地复原其上古帝王谱系的权威,而系于其名下的各种事迹自然也成为信史。"[51]按照这一思维,好像"二重证据法"是在恢复过去"自从盘古开天地,三皇五帝到于今"的历史叙述。但事实真是如此吗?我们来重温王国维的论述:"研究中国古史为最纠纷之问题。上古之事,传说与史实混而不分,史实之中不免有所缘饰,与传说无异;而传说之中亦往往有史实为之素地,二者不易区别。"很明显,王国维绝不是要将神话传说作为历史,而是从中找到历史的"素地",也就是说,从神话传说的层层包裹下去追寻所具有的历史品质。当然,我们注意到,在顾颉刚时代,由于中国史学的近现代转型刚开

始,有些守旧者真的相信传说或神话就是历史,所以,商务印书馆的《中学本国历史教科书》因不载三皇五帝而被禁;有人因在中学课堂不说三皇五帝而讲石器时代,遭到讪笑。[52]这些都是事实,作为对立面,这些意识曾深深刺激了顾颉刚等"疑古"派的神经。但问题是,王国维的方法何曾导向过认神话为历史呢?如果是这样,他怎么可能被奉为"新史学的开山",[53]并获得顾颉刚的膜拜呢?尤为重要的是,今天与顾颉刚时代的风气大不相同,任何一个稍有古史常识的人,谁不是从石器时代开始叙述历史?如果还有人将三皇五帝的事件作为真实的历史开端,严肃的学者会信从吗?如果有人这么做,并号称"二重证据法",只能被讪笑。因为那不是真正的"二重证据法",而只能是毫无规范的误用。

三是认为:"'二重证据法'其实有一个隐含的前提,那就是,只要是出土资料就是'真实可信'的。"[54]似乎"二重证据法"只是依赖出土材料,对传世材料不以为意。这也是一种误解,王国维对传世文献极为重视,地上、地下材料是一种平等的互证关系,对于它们的深度结合极为关注。他说:"此新出之史料,在在与旧史料相需,故古文字、古器物之学,与经史之学实相表里。惟能达观二者之际,不屈旧以就新,亦不黜新以从旧,然后能得古人之真,而其言乃可信于后世。"[55]

总之,有些人在讨论"二重证据法"时,对其内涵并没有准确的把握,往往在一些似是而非的认识上进行论证,所得出的结论当然不可采信。因而,在接续"二重证据法"时,应高度重视破除讹误、正本清源的工作。

2. 关于"事实优先"的原则

众所周知,在采信史料的过程中,真伪问题是最大的分水岭,只要与事实不符,任何系统和理论都必须修正甚至抛弃。今天,对于近代"疑古"派的学术范式不管做出如何正面的评价,但一个基本事实是，在这一学术理路下，制造了许多先秦古书的"冤假错案"。这不是单纯的技术操作失误，更有方法论的因素起着作用。简言之，"疑古"派的问题在于，在事实尚未完全弄清之前，先建构系统，理论先行，然后再推导出"事实"。而"二重证据法"与之相反，先有事实，再推理论，方法论是建构在事实之上的。在这种学术理路下，真史料乃是构史的起点，不可怀任何的先入之见，无论地上、地下，也无论新与旧，一切以事实为准绳。所以王国维一再强调："吾侪当以事实决事实，而不当以后世之理论决事实，此又今日为学者之所当然也。"㊶

而事实从哪里来呢？直接事实主要来自新材料，间接事实则主要来自待考察的传世文献。我们现在都知道地下新材料的重要性，因为这种材料在呈现新事实的过程中，往往会打破固有认识，并连带出新的问题乃至研究方向。有鉴于此，傅斯年曾深有感触地指出，有了新材料后，"破坏了遗传的问题，解决了事实逼出来的问题，这学问自然进步"。㊷质言之，事实带动学术范式的产生与调整，而不能以范式来规定和管束"事实"。

但地下材料所给出的事实，不管如何重要，一般来说，都是孤立的，在系统上也较为零碎。它需要与传世文献互证，才能发挥最大效应。一般来说，传世文献具有系统性和完整性，但不足在于真伪杂陈，仅凭"内证"难以坐实。因而，出土资料对于学术的贡献，除了直接材料可资利用外，对纸上材料的盘活，亦不容忽视。前已论及，就上古史研究来说，纸上材料的稀缺及真实性的考订，是严峻的问题。今天，仅依靠这些材料开展研究，不仅疑案重重，在千百年来学者的精耕细作之下，也几乎题无剩义，因为纸上材料的直接事实作为一般常识，无需研究，而间接事实的获取仅凭传统方法，已难以超越和突破。而新出土材料的介入，不仅可以实现资料在量上的扩展，随着考古发现的增多及考古学学科本身的发展，对古史材料的规律认知也将越来越清晰。进一步言之,过去的旧材料虽在量上无法扩展,但可以通过新材料将其盘活,使其焕发出新的生命。

但无论是地上材料还是地下材料,它们所呈现的都只是"一面之事实",在对其怀疑和采信的时候,都必须持谨慎态度。在署名罗振玉、实则自撰的《观堂集林》序中,王氏对自己的学术路径有这样的评价:"其术在以博返约,由疑而得信,务在不悖不惑,当于理而至。"笔者以为,所谓的"以博返约",一个重要指向乃在于,注重事实的多面性,力求在全面占有材料(纸上、地下)的基础上,得出基本结论,如此,才可能对"古史材料"作出"充分之处理"。

3. 接续"二重证据法",要从培养研究能力开始

中国上古史素来难治,"二重证据法"作为这一领域卓有成效的治学方法,要真正掌握和运用并非易事,它说易行难,没有相当程度的学养,实难致力于此。我们知道,"二重证据法"的出现与成功,首先得益于新材料的出土,但新材料并不是拿来就可用,对它的释读和整理需要相当程度的学术水准。王国维的好友蒋汝藻在《观堂集林》序中曾有这样的评价:"君(王国维)新得之多,固由于近日所出新史料之多,然非君之学识,则亦无以董理之。"而唐兰则指出:"夫处今日而考古史,必深谙古代文字与古文法,且兼通考古学、古器物学、古器物铭学等科,非是不足以整理地下新发见之材料而资为实证。"㊳与之同时,上古史研究中的"纸上材料"大多为经籍,是传统学问中最为难治且聚讼纷纷的部分,古人"皓首穷经"尚难究一艺,困难程度可想而知。尤为重要的是,作为中国传统学问的根基所在,倘对其不下工夫,不仅直接影响纸上文献的解读,还很可能影响对新材料的把握。我们注意到,王国维之所以在学术上做出大贡献,一个重要的因素在于,"首先在地上材料,尤其是经学上扎好'根柢',不仅要熟悉经学典籍,更重要的是要培植

出深厚的小学功夫,在此基础上,才可能通古文字学,最终'古史新证'"。[59]

所以,我们今天要学习王国维,不仅要高度重视地下文献,在相关的古文字学、考古学等方面培植学养,没有这些,对地下文献的解读就会遇到困难,甚至难以入门。同时还必须注意的是,对于传世文献的解读不仅不可荒废,它甚至就是整个文献解读能力的基础。今天,有些年轻学者在从事出土文献的研究时,还没在传世文献上打好根基的前提下,就匆匆上阵,无论是释读还是考史方面,往往新奇有余,难经推敲。与老一辈学者相比,很大一部分原因就是纸上文献的功底不够。总之,要接续"二重证据法",在材料的解读能力方面必须打好基础,否则很可能手握利器却无力杀敌,起码的考订都做不出来。

但是,光有考订能力还不行,"二重证据法"要发挥效用,怎么考订,考订什么,也是至关重要的。我们注意到,仅就考释甲骨文来说,王国维并不是认字最多的,但他做出的释读,及由此推演出来的结论,却震撼学界。梁启超评价道:"虽好从事于个别问题,为窄而深的研究,而常能从一问题与他问题之关系上,见出最适当之理解,绝无支离破碎、专己守残之弊。"[60]就本论题来看,王国维在运用"二重证据法"时,独到的眼光和理论思辨力起到了重要作用。事实上,在运用"二重证据法"时,如何将事实转为证据,将史料系统化为历史,都需要长期深入的思考和理论基础,否则就会流于单纯的饾饤之学,终归贡献有限。总之,"二重证据法"的运用效果,与学术水准及学术准备密切相关,需要付出艰苦的劳动。今天要很好地接续这一学术范式,必须从培养研究能力开始。

(三)从方法到学科:"二重证据法"发展的展望

作为一种卓有成效的学术范式,"二重证据法"为古史史料的建设和古史研究作出了重大贡献。今后,将如何推进和发展它呢?笔者以为,应以"二重证据法"为工具方法和起点,在综合考察古史史料基本性质和规律的基础上,关注其产生和流变过程中的史学意蕴,在古史史料学的建构中,实现方法与学科的互通。

前已论及,由于出土材料所限,就史料学而言,王国维对疑古的突破与修正,主要是在点上的,所得出的结论也主要是初步和局部的。由此,从学科意义上来说,王国维时代所做的工作,主要是一种史料建设,还没有完全上升到史料学的层面。因为就"学"而言,要求系统化思维及逻辑概念的建构,虽然王国维及此后的几代学者为我们开辟了道路,但今天,进行学科建设才可说条件成熟。这种成熟,有着近百年的学术积累。概言之,我们对传统史料及古史的认识,已今非昔比,考古学及古文字学等也由当初的初创学科,成为公认的成熟学科,它们的学术贡献越来越大,与古史研究的融合度越来越高。尤为重要的是,出土材料,尤其是简帛古书的大量出土,使得我们可以系统、全面地重新审视古史史料的真实的基本状况,这是王国维时代所无法比拟的优势。所谓"巧妇难为无米之炊",而今天,"米"量已经足以"生火做饭"了。王国维曾说:"此二重证据法,惟在今日始得为之。""古史史料学"及相关问题的深化,又何尝不是如此呢?它"惟在今日始得为之"。21世纪初,谢维扬师提出,21世纪中国古史研究在研究范式上将出现又一次重要变化,其中最主要的就是,"古史研究将在现代研究的水准上寻求真正合理的史料学基本理论"。[61]现在看起来,借助于"二重证据法",从方法运用通往学科建构,将指日可待。

我们以为,这一范式要得以成立,首先要经由"二重证据法",在古书的"第二次反思"中,对古史材料进行全面、系统的再审视。这种再审视将不再局限于材料在量上的扩张,而应该主要着眼于材料性质的分析,并使之系统化。要做到这一点,就要在对"第一次反思"做全面检视的基础上,充分利用地下材料来进行性质判定,从而建构新的古史史料学系统。

为什么一定要利用地下材料呢?就本论题来看,一个重要的原因在于,在古书的"第一次反思"时,古史史料学的建构因为地下材料的缺失,出现了巨大的局限。李学勤指出:"疑古一派的辨伪,其根本缺点在于以古书论古书,不能跳出书本上学问的圈子。限制在这样的圈子里,无法进行古史的重建。"[②] 笔者认为,如进一步推演,这种限制主要体现在两个方面:一是材料残缺,二是时间坐标问题。我们注意到,以顾颉刚为代表的学人群一度相信先秦文献主要是刘歆造伪而成。由历史的关联性来看,传世的先秦文献大都由汉儒整理而成,汉代因素在古史史料学建设中当然要充分考虑,但是否就可以由此推断,古史史料是在汉代系统造伪而成的呢?且不论思维逻辑的问题,仅就史料运用而言,光凭传世文献无法定谳,它不仅需要汉儒整理的材料作为依凭,更需要看看未经整理的先秦以及汉初的文献状况,在对比研究中,审查整合之前的古史史料的源流与痕迹,是必不可少的议程。当顾氏以残缺资料来建构全面的系统时,所见之偏就在所难免了。其中一个最为关键的问题是,当他这一学人群以汉代及其以下的史料情形来推导先秦时,见同不见异,材料的运用是偏执一端的。因为史料在所谓"层累"之外,更还有"剥落",[③] 古史史料中留存下来的是极少数。要对汉之前的古史史料有一个总体的认识,就不能只盯住极少数"层累"的资料,更需要通过"剥落"的材料去复原业已消失或模糊的轮廓,只有这样才可能对古史史料有一个全面、清晰的把握。

如以这样的眼光来审视学术史,就可以发现,从某种意义上来说,"二重证据法"其实就是利用了"剥落"的地下材料来与传世文献实现互证。这些材料不仅让我们看到了另一面事实,更可以让我们对古史材料的性质有一个新的认识。王国维虽然在这一方面做了努力,如其"古史新证"一个重要的目标就是"证明古书某部分为实录",并且具体推断了《史记》所据的《世本》,性质应该就为实录,而不是传说。但限于材料的量与质,更为明晰、具体的性质判定还无法更为有力地给出。在史料学方向上,与"疑古"派相比,王国维没有做出他们那样系统化的工作。

但前已论及,今天看来,"疑古"派的古史系统错讹颇多,方法论需要重新检视,它既刺激了"二重证据法"的出现,也是提出本论题的重要缘由。而在这一议题上,笔者以为,可以从对古史史料进行新的类型学分析入手。我们注意到,现代"疑古"派在对古史史料做分析时,颇有一种类型学的意味。但在他们的分类中,是以神话或民俗学的角度来看待整个古史史料的,不管这种分类如何细密、科学,总的来说,整个古史材料在其系统内部没有严密的类型区分,一般都统一简化为"层累"而成的材料。但今天我们知道,实际情况远比这复杂得多。而这种复杂的面貌为我们所了解,主要就在于出土材料的出现,古史史料由此展现出多元复杂的情形,一次次冲击了原有的观念,不得不做出新的判断。

而这种判断对于古史史料学的建设来说,一个很重要的方面就在于,在运用"二重证据法"时,通过对地上和地下材料的对比分析,可以补足地上材料的缺失,从而在事实充分、准确的基础上建构新的史料学系统。在这一进程中,要注意以下几点:

1. 既要找到地上、地下材料可互证共存的部分,也要关注不可互证的部分。这一部分内容又可分为:(1)通过辨伪工作,去伪存真。无论地上还是地下材料,只要是错伪者,都需修正之。(2)新增加的材料,需要与已知材料进行合理的缀合,通过大量的事实,由点而线,而面,勾勒出古史史料在各维度的基本面相。

2. 在全面占有材料的基础上进行性质分类。这种分类,应以出土古书为核心,找寻和建立各种材料的支点。事实上,学术研究要穷尽所有材料几乎不大可能,但现有材料如果能够在各个支点上清晰、准确地表现出应有的性质,我们就可以复原其概貌。这一目标在王国维时代无法实现,原因就在于材料的空缺点太多,支点的缺乏,无法撑起整片历史图景。但现在的情形大不一样,李零指出,主要由于出土古书的繁盛,"所涉及的图书种类,各个方面都有标本,支点性的东西已经大致齐全"。[64]在此基础上,我们以为,可以根据史料的性质和品质,既重点以文字资料为核心,也需关注非文字的材料,如图像、器物等。从一般意义上来看,古史史料当然是以古书为核心的文字资料,但在广义上,我们可以将后者也纳入古史史料的范围。而就一般意义上的古史史料——文字资料来说,则首先要注意事实与"素地"之间的关系,前者作为可确立的材料,直接成为古史证据,而后者虽不能等同于事实,却是可挖掘事实的素材,全部承认与极端否定皆不可取。其次,要注意官书与私撰的差别,从严谨性而言,前者有包含实录的可能,后者则更易自由发挥。笔者以为,所谓"层累"和加工,就主要发生于后者。最后,要注意学派的区分及源流。在强调复杂性的基础上,注意不同学派在材料上的互动和异同。总之,我们的目标,是在解决了真伪问题之后,在具体复杂的工作中,根据事实要求,进一步对古史史料的层级及特性进行区分和概定。

3. 在以上基础上进一步追问,为什么有些史料会不断"层累",有些会"剥落"？借助考古优势,确立时间节点,不仅为资料的进一步研究打下基础,核心所在则是,通过勾稽出流变的基本脉络,考察和分析这些古史史料作为知识产品如何生产、整合与流传,重点是对古书成书及流传情况的掌握。谢维扬师指出:"对古史记述资料生成过程的研究是解决古史史料学重要问题的关键。"[65]而这一问题如置于史学史视角下加以考察,则应对早期中国的史学及编纂问题加以关注,在历史记述与史学书写问题上进行制度和文化的考察。要做到这些,中国早期史学和早期文献学的研究也应提上议程,前者主要在历史书写方面,后者主要在早期文献的性质及生成方面,为古史史料学的建立和深化提供配套的理论工具和事实。

总之,古史史料学的建设是复杂、长期的工作,在今天要做出新的类型分析,就必须充分利用地下材料所给予的信息,在综合判断的基础上,"以博返约",从增量到定性,建构新的分析系统。"二重证据法"作为有效的工具方法,不仅依然重要,它还应该是我们通往学科建设的基础所在。

结　　语

中国上古史研究的困难,一个重要的因素就在于史料情况的纠纷复杂。王国维认为,"研究中国古史为最纠纷之问题",其基本指向就是古史史料。由此,在现代"疑古"派的刺激之下,为了古史史料的建设与发展,王国维提出了著名的"二重证据法"。这一学术范式不仅使得当时的"史料危机"得以应对,也为后世留下了宝贵的学术遗产。今天,随着学术的积累和高质量的出土材料纷纷涌现,当年混沌模糊的上古世界正一点点地展现出真实的面貌,日益改变和修正着固有的认知,冲击着学术界原有的范式结构。在此背景下,"古史重建"再一次成为时代的要求,王国维及其"二重证据法"作为重要的学术范式,显示出强大的学术生命力。以此为起点,在承接和发展这一范式的进程中,以"二重证据法"为工具方法,建立古史史料学的学科方法正逢其时。我们应该以温情和敬意,放下非学术性的意见,进入研究内核,基于事实之上,进行历史和现实的审视,诚实而理性地讨论相关问题。基于这样的目的，笔者特提出一些粗浅的意见，希望抛砖引玉，进一步深化相关认知，推进学术发展。

---

① 这两本著述分别由辽宁大学出版社1997年、河北教育出版社2002年出版。

② 李学勤：《出土文献与古史重建》，《光明日报》2013年9月11日，第14版。

③ 吕思勉说："所谓古史与近史之分，大略以周秦为界。"吕思勉：《中国史籍读法》，载《吕著史学与史籍》，华东师范大学出版社2002年版，第102页。

④ 胡适：《自述古史观书》，载顾颉刚主编《古史辨》第1册，上海古籍出版社1982年版，第22页。另外顾颉刚在《自述整理中国历史意见书》（《古史辨》第一册，第35页）中说："照我们现在的观察，东周以上只好说无史。现在所谓很灿烂的古史，所谓很有荣誉的四千年的历史，自三皇以至夏商，整整齐齐的统系和年岁，精密的考来，都是伪书的结晶。"

⑤ 余英时：《顾颉刚、洪业与中国现代史学》，载氏著《余英时文集》第五卷《现代学人与学术》，广西师范大学出版社2006年版，第387页。

⑥ 梁涛：《二重证据法：疑古与释古之间——以近年出土文献研究为例》，《中国社会科学》2013年第2期，第152页。

⑦ 江林昌：《二重证据·两个重估·走出疑古——李学勤先生近期著作及学术活动》，《民族艺术》1998年第2期，第183页。

⑧ 杨春梅：《去向堪忧的中国古典学——"走出疑古时代"述评》，《文史哲》2006年第2期，第23、24页。

⑨ 郑讴：《以"二重证据法"推动历史学和考古学的发展——访历史学家、古文字学家李学勤》，《中国社会科学报》2012年10月31日，第A05版。

⑩ 乔治忠：《中国史学史》，中国人民大学出版社2011年版，第352—353页。

⑪ 陈寅恪：《金明丛稿二编》，生活·读书·新知三联书店2001年版，第

247页。

⑫ 朱伟明:《关于历史研究中一手史料的几点辨析》,《历史教学》2013年第5期,第50页。

⑬ 近年来,谢维扬师首先提出古史史料学的学科理论及概念问题,并进行了多角度的深入论证。谢师有关这方面的论作已结集为《谢维扬古史史料学论集》["古史史料学与中国古代文明研究暨庆祝谢维扬教授七秩华诞学术研讨会"论文集之一(上海大学,2016年6月)],可参看。

⑭ 王国维:《古史新证——王国维最后的讲义》,清华大学出版社1994年版,第1—2页。

⑮ 毫无疑问,就学术流变和建构而言,王氏的"二重证据法"是多年学术积累,以及时势和材料相结合的产物,有各种因素在其间起着作用。但不可忽视的重要一面在于,它的学术针对面就是当时的疑古思潮,这是它应运而出的学术"燃点"。故而,李学勤曾提出:"以我个人的妄断,揣测王国维先生所以取名叫《古史新证》,也跟《古史辨》之名有关。这是我个人的揣测。因为你叫《古史辨》,我就叫《新证》,正好是一个补充。"(李学勤:《疑古思潮与重构古史》,《中国文化研究》1999年春之卷,第3页)虽有学者对此作进一步考辨后认为:"从细节上说,王国维先生'古史新证'之名可能在'古史辨'之先已经有了。"但最终的结论,却是相同的,即:"在此之前,顾颉刚等人已频繁使用'辨伪'一词,规划编辑《辨伪丛刊》并公开讨论,所以'古史新证'可能是针对'古史辨伪'而言的。"(张京华:《由先商王亥史事论顾颉刚先生的古史建设》,《史学月刊》2003年第6期,第103页。)

⑯ 王汎森:《一个新学术观点的形成——从王国维的〈殷周制度论〉到傅斯年的〈夷夏东西说〉》,见氏著《中国近代思想与学术的系谱》,河北教育出版社2001年版,第264页。

⑰ 张京华:《顾颉刚难题》,《中国图书评论》2008年第2期,第29页。

⑱ 1922年,胡适在他的《演化论与存疑主义》中鼓吹:"自从这个'拿证据来'的喊声传出以后,世界的哲学思想就不能不起一个根本的革命——哲学方法上的革命。"[欧阳哲生编:《胡适文集》(10),北京大学出版社1998年版,第353页]此后,这一观念屡被提及。

⑲ 胡适：《自述古史观书》，载顾颉刚主编《古史辨》第 1 册，第 22 页。

⑳ 顾潮：《顾颉刚年谱》，中国社会科学出版社 1993 年版，第 139 页。

㉑ 王国维：《致容庚》，谢维扬、房鑫亮主编：《王国维全集》第 15 卷，浙江教育出版社、广东教育出版社 2010 年版，第 886 页。

㉒ 王国维：《〈今本竹书纪年疏证〉自序》，载《观堂集林（外二种）》，河北教育出版社 2001 年版，第 885 页。

㉓ 王国维：《〈金文编〉序》，载《观堂集林（外二种）》，第 871—872 页。

㉔ 王国维：《古史新证——王国维最后的讲义》，第 53 页。

㉕ 罗振玉校补：《雪堂丛刻》（3），北京图书馆出版社 2000 年版，第 298—299 页。转引自李锐《"二重证据法"的界定及规则探析》，《历史研究》2012 年第 4 期，第 117 页。

㉖ 侯书勇：《"二重证明法"的提出与王国维学术思想的转变》，《郑州大学学报》（哲社版）2008 年第 2 期，第 162 页；李锐：《"二重证据法"的界定及规则探析》，《历史研究》2012 年第 4 期，第 120 页。

㉗ 乔治忠：《王国维"二重证据法"蕴义与影响的再审视》，《南开学报》（哲社版）2010 年第 4 期，第 132、133 页。

㉘ 梁涛：《二重证据法：疑古与释古之间——以近年出土文献研究为例》，《中国社会科学》2013 年第 2 期，第 152、153 页。

㉙ 胡适：《中国哲学史大纲》，上海古籍出版社 1997 年版，第 14、11 页。

㉚ 黄进兴：《中国近代史学的双重危机：试论"新史学"的诞生及其所面临的困境》，见氏著《历史主义与历史理论》，陕西师范大学出版社 2002 年版，第 289 页。

㉛ 梅琼林：《王国维与"三重证据法"》，《民族艺术》1998 年第 3 期，第 52 页。

㉜ 王国维：《古史新证——王国维最后的讲义》，第 2 页。

㉝ 关于这些问题的讨论，可参看曹书杰、杨栋《疑古与新证的交融——顾颉刚与王国维的学术关联》，《文史哲》2010 年第 3 期。

㉞ 顾颉刚：《古史辨》第 1 册《自序》，第 25 页。

㉟ 胡适在 1919 年给毛子水的信中曾说，治学"不当先存一个'有用无

㊱ 顾颉刚:《我是怎样编写〈古史辨〉的?》,载《古史辨》第 1 册,第 15 页。
㊲ 夏锦乾:《从求实到求真——试论中国学术现代转型的起点》,《学术月刊》1998 年第 9 期,第 13 页。
㊳ 王国维:《〈国学丛刊〉序》,载谢维扬、房鑫亮主编《王国维全集》第 14 卷,第 129 页。
㊴ 余英时:《顾颉刚、洪业与中国现代史学》,载氏著《余英时文集》第 5 卷《现代学人与学术》,第 392—395 页。
㊵ 顾颉刚:《古史辨》第 1 册《自序》,第 51 页。
㊶ 顾颉刚:《古史辨》第 4 册《自序》,第 18—19 页。
㊷ 顾颉刚:《古史辨》第 1 册《自序》,第 50—51 页。
㊸ 顾颉刚:《答李玄伯先生》,载《古史辨》第 1 册,第 273、272 页。
㊹ 余英时:《未尽的才情——从〈顾颉刚日记〉看顾颉刚的内心世界》,联经出版事业公司 2007 年版,第 24、2 页。
㊺ 王国维:《古史新证——王国维最后的讲义》,第 52 页。
㊻ 张京华:《顾颉刚难题》,《中国图书评论》2008 年第 2 期,第 29 页。
㊼ 谢维扬:《二十一世纪中国古史研究面对的主要问题》,《历史研究》2003 年第 1 期,第 24—25 页。
㊽ 李学勤:《简帛佚籍与学术史》,江西教育出版社 2001 年版,第 13—14 页。
㊾ 梁涛、白立超:《"二重证据法"与古书的反思》,《清华大学学报》(哲社版)2013 年第 3 期,第 23 页。
㊿ 乔治忠:《王国维"二重证据法"蕴义及影响的再审视》,《南开学报》(哲社版)2010 年第 4 期,第 137 页。
㉛ 杨春梅:《去向堪忧的中国古典学——"走出疑古时代"述评》,《文史哲》2006 年第 2 期,第 24 页。
㉜ 见顾颉刚《中国上古史研究讲义》,中华书局 1988 年版,自序第 16—17 页;李济:《中国考古学之过去与将来》,载张光直主编《李济文集》卷一,

上海人民出版社 2006 年版,第 325 页。

(53) 郭沫若:《十批判书》,东方出版社 1996 年版,第 4 页。

(54) 曹峰:《出土文献可以改写思想史吗?》,《文史哲》2007 年第 5 期,第 48 页。

(55) 王国维:《〈殷虚文字类编〉序》,载《观堂集林(外二种)》,第 871 页。

(56) 王国维:《再与林博士论〈洛诰〉书》,载《观堂集林(外二种)》,第 25 页。

(57) 傅斯年:《历史语言研究所工作旨趣》,《史语所集刊》创刊号(1928 年 10 月)。

(58) 周文玖:《关于王国维的〈古史新证〉和唐兰先生的〈序〉》,《史学史研究》2003 年第 3 期,第 28 页。

(59) 见拙文《王国维经学路向与新史学之构建》,《学术月刊》2013 年 11 期,第 158 页。

(60) 梁启超:《〈王静安先生纪念号〉序》,载陈平原、王枫编《追忆王国维》,中国广播电视出版社 1997 年版,第 99 页。

(61) 谢维扬:《二十一世纪中国古史研究面对的主要问题》,《历史研究》2003 年第 1 期,第 25 页。

(62) 吕庙军、李学勤:《重写中国学术史何以可能?——关于“出土文献和古史重建”问题的对话》,《历史教学问题》2015 年第 4 期,第 5 页。

(63) 吕思勉在《先秦史》(上海古籍出版社 2005 年版,第 18—19 页)指出:“(存在)由层累造成者,然观其反面,则亦知其事迹之真者之逐渐剥落也。”

(64) 李零:《简帛古书与学术源流》,生活·读书·新知三联书店 2004 年版,第 6 页。

(65) 谢维扬:《“层累说”与古史史料学合理概念的建立》,《社会科学》2010 年第 11 期,第 142 页。

从九部清代经世文编看"游历"认识的思想转变[*]

蔡明纯

摘要：本文以九部清代经世文编为中心，考察19世纪中叶以降，各部文编纂辑者在回应不同时期危局变化的背景下，基于时务改革之所需，与各自的思想理念，所收集、选择的游历议论，其间所呈现之"游历"一事，在活动内涵与思想观念的变迁。这些游历议论除了接引来自西方，被视为富强之道的游历经验，也与19世纪中叶以前传统游历活动所体现的思想认识，有部分的承继关系。通过晚清游历活动之背景与活动梗概；各部文编的纂辑者所收录、归类的选文，以表列整理与分析，了解不同的纂辑理念，如何牵动选文部类的变化与增减，与背后所反映的游历思想，与近代以前游历思想传统之"断裂"；与"洋务"和"国事"的认识框架；游历选派圈的扩大与任务的"分流"等趋势，有助于理解近代游历思想的转变过程。

关键词：游历，旅行史，出洋，经世文编

蔡明纯，台湾大学历史学研究所博士，专业为中国近代史、旅行文化史、近代东亚交流史

---

[*] 本文为笔者博士论文的部分研究成果。

一、前　言

明末至民国初年间所编纂的各种经世文编,过去一向是中国思想文化史重要的研究对象。通过选文的选录、分类、纂辑、出版流传于社会,试图产生影响,是编者表达经世思想、理念的重要方式,也是这些文本的共同特色。自贺长龄、魏源的《皇朝经世文编》出版后,直到晚清,以"续集""续编""补编"等为名,陆续问世的多部经世文编,根据统计有20多种,[1]各部文编在当时更成为所谓的"畅销书",广受知识界欢迎。[2]而文编的选文来源,包括了各种来自"专集"的文集、奏疏、尺牍与论说,与来自"合集"的政书、资料汇编、专题文献等,另外则是从各种晚清报刊所收录各种改革议论。[3]1980年代以来,由于学界对经世思想的研究风潮,使经世文编成为研究明清时期各种经世议题与思想的最佳材料,也累积了丰富的研究成果,从前人针对经世文编所写的研究回顾专论,可以了解到这数十年来对文编的分析方法的思索,[4]以及对现有研究成果集中于"编纂问题""现象"与"热潮",所显现的研究的转向与趋势。[5]

传统文献中表述读书人在"天下"间"周游历览""遨游历览"或"远游历览"的"游历"一词,至19世纪中叶以后经常被用来指称官员或知识人走出国门,在旅行的过程中从事考察各国史地、政经、制度、文化等各方面富强之道的语汇。诸多出洋考察所撰写的国外调查报告、游记、日记和诗集来看,多有以"游历"为名者。以1887年清廷所派的游历官傅云龙为例,他当时就撰写了有关美、加、日、古巴与南美各国的《游历图经》《游历图经余记》等多达百卷;另一位游历官洪钧则撰写了《游历西班牙见闻录》《游历意大利见闻录》《游历见闻总略》等著作。1885年,御史谢祖源在《时局多艰,请广收奇杰之士游历外洋》的奏折中也曾表示:"是以欲知中外之情势,必自游历始。"⑥1887年,《申报》亦有刊载《论游历人员之责重》⑦《游员与随员不同说》⑧《派员游历论》⑨等专文。甲午战前,郑观应(1842—1922)、陈炽(1855—1900)都曾在各自的著作中,撰写过以《游历》为篇名的议论。⑩1898年、1902年,《格致新报》与上海报刊《大陆》,也分别刊载了《论游历为国家之要道》⑪与《论直督饬属员出洋游历事》。⑫以"游历"为名著书,或以"游历"一事为文抒发己见者并不在少数。若以"游历"作为关键词,来检索清代经世文编的在线数据库,可以发现,数部文编的部类中所收入的选文,多有对"游历"的主张或议论。可以说游历既是一种洋务运动以降逐步被政府推动的旅行风气,同时也是晚清经世思潮中一项重要的讨论议题。

  在学术、文化、教育与外交史范围内讨论游历议题的相关研究成果,可以说不胜枚举,⑬但以清代经世文编所选辑之议论作为材料,讨论晚清游历思想的转变,则学界关注较少。笔者曾以九部清代经世文编为中心,兼及当时诸多奏议、报刊时论与当时问世的出使日记等文献,来讨论晚清知识人的海外游历经验与各文编游历意识形构的互动关系。自洋务运动开始,以官派为主的海外游历,其经验与成效常常在国内产生不少的议论与不小的反响,随着时局的演变与改革的现实需要,游历派遣的各种倡议往往被选录于其后出版的文编,而从这些议论被纂辑者所归入的部类,追索出当时游历活动在改革各方面扮演的角色,以及意识逐渐扩大与变迁的形构过程,并检视其背后所呈现的海外旅行风气在知识阶层间的扩展,与现象的变迁,主要是聚焦在海外游历风气与旅行史的视角。⑭

  然而,作为各种经世议题的意见汇集,其议论文本的选择、收集与刊印,也反映了纂辑者的思想意识,通过前述聚焦于探讨"海外"游历经验与近现代旅行文化的视角，其实只触及了部分面向的讨论。对于追索当时游历作为一项朝野议论的话题，与相关倡议的文本，在各部文编纂辑者那里，选录与归类于不同的类别及其变化，呈显了哪些游历思想上的转变，仍需要更为细致的论述与分析。

故笔者在此另辟专文，继续以贺长龄（1785—1848）、魏源（1794—1857）的《皇朝经世文编》（1826），饶玉成的《皇朝经世文编续集》（1882），葛士濬（1848—1895）的《皇朝经世文续编》（1888），陈忠倚的《皇朝经世文三编》（1898），麦仲华（1876—1956）的《皇朝经世文新编》（1898），邵之棠的《皇朝经世文统编》（1901），何良栋的《皇朝经世文四编》（1902），求是斋的《皇朝经世文编五集》（1902）与甘韩的《皇朝经世文新编续集》（1902），共计九部经世文编为中心，整理并表列其所收录的与游历的相关议论，及其被归入的部类，来观察议论的倡议重点，以及归类的变化反映了哪些游历思想的转变，及其与纂辑者的编著理念的关联。希冀通过本文的探讨，更深入地检视晚清游历思想的变迁问题。

本文首先概述晚清游历活动产生的背景与实态；其次表列各文编部类所选录的游历议论，观察纂辑者如何通过这些选文的收集与归类，既汇集当时重要的游历意见，又以自身纂辑文编的理念，呈现其游历思想并试图产生影响；再次则从中检视各文编形构的游历意识背后所呈现的思想转变趋向。

二、晚清游历活动的背景概述

1842年鸦片战争之后，清廷被迫陆续开放口岸与内地，使外人获得进入中国通商、传教以及旅行各地的权利。天津条约在

1860年换约正式生效之后，外国人得以"准听持照前往内地各处游历、通商"的规定，使得外国人能够前往内地游历。[15]旅行权一经开放，入华游历的外国人的活动区域亦随之扩展，并渐成风潮。除了各通商口岸，大江南北与长城内外，或位处帝国边陲的川、藏、新疆，以及台湾沿海与山区，[16]亦多有外人的旅行足迹。

不过，随着内地游历的开放，各种问题与争端也不断浮现。除了传教引起的诸多民教冲突外，来华外人在各地的路程探访、地图测绘、物矿与商机探勘的活动中，发生了地方官民因畏惧或仇视而予以抵制，冲突与流血事件也时有所闻，无照游历内地或申请游历地点等名实不符等问题也屡见不鲜。[17]1875年，陕甘总督左宗棠（1812—1885）奏报俄国游历官索斯诺福斯齐途经兰州出嘉峪关回国一事时曾提道："所画舆图照示，于所经历之处，言之甚详，而足迹未经，亦划界开方，布山猎水，具备大致。"[18]1877年，四川总督丁宝桢（1820—1886）奏报英人贝德禄（E. Colborne Baber, 1843—1890）等行人进入西藏游历一事："为查看通商事宜，乃遍地游历，或则欲会谅山猓夷，或则欲由藏赴国，沿途详绘地图，其几已见。"[19]1883年，广东水师提督吴长庆（1833—1884）奏报朝鲜壬午军乱落幕后对于朝鲜情势的观察，并指出日本对朝鲜内政以及东北领土的觊觎："借游历内地，以图识山川，或借保护商人，以屯兵要害。"[20]除了内地边境，当时尚处于清廷治下的台湾，在开港通商前后也陆续有许多外国船只在附近海域出没，或试图登岸从事探险活动。1870年代，福建巡抚丁日昌（1823—1882）曾奏报西班牙因该国船只在台遭遇风浪搁浅并遇劫，要自菲岛派兵来台一事，其时亦约略提及："现在台湾诸口，各国兵船潮来汐往，登岸游历者，无日无之……"[21]且各国外交官、商人、传教士与博物、生物学者，亦络绎不断地来到台湾。[22]

上述外人入华的游历活动及其所引发的争端背后，暴露了清帝国在边境海疆防务、国情虚实方面的隐忧，以及列强在中国境内的利权竞逐。各国人士在内陆或海疆游历的情况，除了在地方奏报中不断出现外，朝野诸多知识人，像冯桂芬（1809—1874）、黎庶昌（1837—1896）与御史谢祖源等，都曾表示过，列强"年来遍绘地图，辄迹及乎滇、黔、川、陕，其意何居"，㉓"举凡云贵、甘肃、新疆、蒙古、青海、西藏之地，中国所号为边鄙不毛者，凿险缒幽，无处不有西人踪迹。故其绘入地图，足履目验，样核可据。一旦有衅，何处可以进据，何处可利行军，其国虽远在数万里外，中土形势，莫不了如指掌"，㉔"彼藉游历以传教者无论已，其他或默记中夷相通道里，或私绘山川形势，或考求物产盈虚，或测探煤铁矿苗，非空劳跋涉者"㉕……这些对外人入华游历活动的描述，除了表达背后所潜藏的国际势力的角逐，及其对自国内政、外交、军事、国防威胁的担忧，更指出了朝野上下对世界知识与各国情势认识不足的弊病。

当欧美列强藉由条约的保护，通过游历中国内地，了解清帝国广袤领土内的各种实态，企图在境内获取更多利权，以及国际政治、经济、军事等暗潮汹涌之际，面对一连串军事、外交变局，朝野上下却仍对世界局势的变迁与各国的发展进步情况所知有限。因此，洋务运动展开之后，有鉴于"中国之虚实，外国无不洞悉；外国之情伪，中国一概茫然"，㉖派员出洋游历的重要性日益显现，强调"讲求游历以知外情"，㉗以求国际交涉中不致于处处受制于外人，这也成为19世纪中叶以降出洋游历的使臣与官员，㉘所肩负的重要任务。

1866年，总理衙门基于各国换约以来，"洋人往来中国，于各省一切情形日臻熟悉。而外国情形，中国未能周知，于办理交涉事件，终虞隔膜。臣等久拟奏请派员前往各国探其利弊，以期稍识端倪，借资筹许"，㉙奏请朝廷派遣斌椿（1804—1871）、张德彝

（1847—1918）等人，由告假返英的海关总税务司赫德（Robert Hart, 1835—1911）带领赴欧游历。接着在1868年，由卸任美国驻华公使蒲安臣（Anson Burlingame, 1820—1870）带领志刚、孙家谷（1823—1888）等官员，赴欧美进行为期两年多的游历。1870年代，各国公使与驻外人员相继派任，清廷亦以外馆官员派驻国外处理外交公务之便，对其赋予兼及游历的期待。1887—1889年，选派傅云龙等12位游历使，以专念游历的方式，分赴全世界进行考察。另外，还派遣部分新式学堂学生出洋学习水师、驾驶、军事等技术，也承担了部分游历的任务。清廷期待通过这些人在世界各处的游历，将欧美各国出访的见闻、经历随时记录下来，提供给朝廷了解西方各国的信息。

随着海外游历的派遣，其在洋务改革上能否带来成效，也成为朝野议论的话题。像外交使署人员身兼游历任务与游历使的派遣争议，多围绕着对"游历之道"与"游历之人"，也就是游历所要达成的要求以及谁应该被派遣出洋的问题，都成为当时朝野的议论重点。[30]甲午一战的惨败，也使洋务时期派遣游历的政策重新被提出来检讨。甲午、戊戌、庚子前后，部分寓华传教士如李提摩太（Timothy Richard, 1845—1919），[31]改革者如康、梁，[32]封疆大吏如袁世凯（1859—1916）、[33]张之洞（1837—1909）等，[34]纷纷发出"广派游历"的呼声，表达游历层级应向上与向下延伸的看法。学生、京官与亲贵大臣，以及地方基层官绅，都在派遣出洋的建议中出现。1902年以后，官绅东渡日本游历考察达到高峰。1904年，清廷颁行了《内外职官出洋游历与游学之奖励规程》。而因应预备立宪的实施，1905年，端方（1861—1911）等五位大臣出洋考察宪政，可以说庚子之后对于出洋游历风气的推广，以及相关办法的制定与颁布，是1890年代以来知识界对于"广派游历"的呼吁获得落实的各项表现。

从洋务、维新到庚子后新政，派员游历一直是晚清改革中，无论是洋务时期通过出使交涉，获取西方各国情报与国际情势，作为清廷推展改革及兴办洋务事业的参考，抑或是1890年代至20世纪初，游历派遣人员层级扩大的倡议与办学的重要性上面，派员游历一直都是当时朝野知识界讨论的重要议题。而当时各部文编的纂辑者也注意到，游历作为一项重要的经世议题，在外交、军政、教育、人才、工商等各方面，都扮演着不可或缺的角色，随着时局的不断推移，而将各种游历议论的选文编入文编的各个部类中。与时局紧密牵连的游历派遣活动所衍生的相关议论，亦是关注经世之时务的文编纂辑者所难以忽略的。

三、"游历"议论与选文的部类演变

1826年，担任江苏布政使的贺长龄，在幕僚魏源的协助下，刊印了《皇朝经世文编》，该书收录了清初以降200年间官员的奏稿与学人著述。贺编以"学术"为首的"六部之政"作为分类基础，在"学术"类下的子目"师友"中，编入了张海珊的《游说》与孙嘉淦（1683—1753）的《南游记》（1683—1753）二文。张氏《游说》一文中就提到：

> 盖游之途日广，而游之事愈下。于是好修之士，每讳言游。珊少有志四方，既长，谓古人之书，虽尝博览遍考，时患抑郁无以发，每念独学而无友，则孤陋而寡闻，为之憷然以惧，思遂决然舍去，以从己之所至。虽然以前之说，则有不得不游之道，于后之说，则又恐涉于今世之士之迹，于是将以商之同人，作游说。㉟

而贺长龄在《南游记》的文后，曾说明了将此二文收入的原因：

> 此篇之所以入选之旨，具见前篇张氏游说中矣，古者男子生而有四方之志，惟二十以前，博学不教，内而不出。及三十而后，则友天下之士，出门交有功，固断不可少者矣。太史公自憷所学，而以浮江淮，登会稽为言……夫岂犹夫世俗之守瓮牖与夸结驷者乎。故以二篇附于师友之后云。[36]

由于中国幅员广大，历代士人在派任时“宦游四方”的情况其实早已有之。而到了清代，随着17世纪末叶清政权的统治逐渐稳固之后，许多尚未入仕的读书人基于生计或其他原因，开始出任官员的幕僚，通过随官员赴任得以至各地游历，参与社会秩序之恢复及重建的工作。[37]加以清代的科举竞争较前代更加激烈，未入仕的士人无论在经济或社会地位上都远不如明，[38]因此读书人在尚未仕进之前，为谋生计，充任幕友随着官员派任各处，通过游幕得以周游历览四方。[39]到了清中叶以降，游幕已经成为读书人很普遍的谋生方式。

学人游幕活动的内容，与明清鼎革之际与清代的太平及中衰密切相关。明末清初，由于明亡的刺激以及学风由空谈转向经世实学的影响，基于对社会现实的关注，学人游幕多以佐理政事与参赞戎幕为主。而康熙中期以降至嘉庆末期的百年间，学人游幕则以从事修书、著书、校书等学术文化活动最为盛行，兼及阅卷、佐理翰墨与参加幕府的诗酒酬唱，这与社会逐渐安定及考据学风兴盛有关。这些人以幕僚的身份随官员到各处赴任，陪同官员谈论经史、时局，甚至帮忙撰文与著书立说，以维系自身学术研究的经济所需之外，游幕各处的阅历也提供了学术实证的机会，甚至获得官员资助其图书资源，能得以阅览一般人看不到的藏书，亦能藉此增广交游,相互切磋学术并获得更好的发展。道光以后,游幕学人的活动又再度结合军政事务的佐理,学术研究活动的内容则主要为边疆舆地之学、造船制器,或重新校刻战乱受损的文献典籍,有别于过去的考据学风,带有为现实服务的特点。[40]

《皇朝经世文编》的出版,正值鸦片战前的 14 年,"有志四方""四方之志""友天下之士"的用字遣词,仍属传统"足迹遍天下"的空间与意识,当时西方势力尚未强势冲击东亚世界,因此选文的收录所表达出的编纂者的游历认识与经验,仍未涉及中外关系、出洋或文化交流的相关事务。从贺、魏两人的背景来看,前者早年任职翰林院,因修撰工作得以寓目其他人难以接触到的史料,其后在南北各省陆续任职学政、知府、按察使、布政使等官职,在学务、漕粮河运等经世时务上多有建树。而后者早年往返京师应试,与求学访友从事远游;中年开始在江南与西北各地游幕,或从事盐政、漕运、兵事与边疆史地等着眼于经世目的的时务考察。《游说》与《南游记》二文被选录在"学术"类的"师友"子目下,除了反映了贺、魏两人的对传统经世实学的关怀,带有为现实服务的特征,也是鸦片战前知识人很普遍的游历经验与思想认识。

1880 年代所编纂的两部文编,也就是饶玉成所辑之《皇朝经世文编续集》(以下简称饶编),与葛士浚所纂辑之《皇朝经世文续编》(以下简称葛编),笔者将上述两编相关选文的分布整理如下:

饶玉成辑《皇朝经世文编续集》		
类 别	子 目	选 文
卷八三《兵政》	海防	黄茂材《游历印度序》《五印度形势》

葛士浚辑《皇朝经世文续编》		
类　　别	子　目	选　　文
卷一〇三《洋务》	通论	黄茂材《南洋形势游历刍言》
卷一〇四《洋务》	邦交	总署《条陈出使外洋事宜疏》
卷一二〇《洋务》	培才	总署《议覆谢祖源奏请练习洋务人才疏》； 李鸿章《派员携带幼童出洋并应办事宜疏》； 李鸿章、沈葆桢《选派闽厂生徒出洋习艺并酌议章程疏》； 总署王大臣《会议算学取士疏》

饶、葛两编虽然在卷帙规模与体例上皆承袭了贺编，不过两编成书的背景，时值洋务运动已推行20余年。饶编有鉴于贺编在洋务部分的略而未详，故采择了洋务运动以降的奏章、私家著述中有关通商与海防事宜的选文，提供给留心时务者参考。俞樾（1821—1907）曾称饶编"凡有涉于世道者，亦略具矣"。[41]饶编《兵政》下的"海防"子目可以见到，其编选了黄茂材的《游历印度序》与《五印度形势》。

1878年，黄茂材曾奉川督丁宝桢之命前往印度游历，由成都出发，以九个月的时间行经藏、缅至印度而返国，将沿途探访路程与形势等相关情形，除绘制了五印度全图、川藏与滇缅间路程图外，另著有《游历刍言》《西檄水道》《印度劄记》《西轺日记》等游记与调查成果，送交总理衙门存览，[42]1880年代亦曾刊刻出版。[43]而饶编所选录之《游历印度序》，为《游历刍言》的其中一部分，黄氏在序言中提道：

自海禁宏开，万方辐辏，为古今一大变局。英吉利侵踞五印度,遂蔓延南洋诸岛国,鹰瞵狼顾,雄长海陬。而印度之地,与我三藏毗连,往岁烟台议约,有准其入藏探路之条,频遣使臣,取道蜀中,俱被番民阻止。而英人之志,若有不能终已者,盖其处心积虑,匪伊朝夕,不仅注意藏地,实欲开道川滇,为陆路通商之快捷方式也。制军丁公深谋远算,洞悉垓埏,特派不才前往三藏五印度诸国,察看情形,测绘舆图。[44]

文中所阐述的游历经验,实为1870年代以降,英、俄等列强在中国西北与西南边境频繁探查商路、收集路程信息与测绘图籍的游历活动的影响下的反应。当时清廷试图仿效他们眼中所看见的列强在华游历的经验,因此方有川督建议总署派遣黄茂材游历印度之举,以军事兵机为考虑从事探路与绘图的工作。

而数年之后成书出版的葛编,由于葛士浚曾就学于丁日昌(1823—1882)所创办的上海龙门书院,受到书院强调经世致用学风的熏陶,有鉴于世局变迁与议论日积,洋务事业日渐增多,已不再是饶编的类目所能涵盖,因此在文编中,新选了总署与地方督抚的奏议,增编"洋务"一类,下设"通论""邦交""军政""教务""商务""固圉""培才"七个子目,为1880年代文编编纂形式所出现的最大变化。[45]前述饶编所编选的黄茂材所著《游历刍言》部分之篇章,葛编也从中节选了《南洋形势游历刍言》,文中除了介绍东南亚的游历经验,提供所收集的情报信息给清廷之外,亦强调通过军事性质的游历以筹海防的重要性。

外洋各国常遣兵船探测海道,虽借口商舶往来,实为阴谋叵测,我华人聪明才智不让于人,但驾驶之事必须亲身阅历,非可徒托空谈,宜设专门以资训练。又水师将士必能惯狎风涛,熟习形势,须分派兵船时常出洋,东至日本,西至印度,南至新金山，其间岛国岸国、港口海道一一探试，无讹绘成图说，无事则商船出入，无所窒碍，有事则兵舶巡逻，有所把握斯为筹海之急务也。[46]

除了军事调查性质的游历之外，葛编中"洋务"类的"邦交"与"培才"子目中所选录的总署的《条陈出使外洋事宜疏》与《议覆谢祖源奏请练习洋务人才疏》《会议算学取士疏》，则显示出在办理洋务运动的过程中，清廷希冀通过派员出洋游历，既能对世界情势有通盘的了解，又要收集各国的政情、科技、商务、史地、风俗等具体情报，使政府在与欧美各国交涉时，不至于处于处处掣肘的境地。1886年的《议覆谢祖源奏请练习洋务人才疏》，就表明了这样的意识：

> 自奏请简派出使以来，其始原藉聘问邻国为名，冀得游历殊方，周知其国俗、地形、强弱、夷险，以及练兵、制器、榷商、开矿诸要务。……查出使各国大臣，不乏差遣之员，外国每年中，例有避暑不办事之月，又多宾祭燕闲之日，相应申请饬下出使各国大臣，随时分饬属员，游历境内，考核记载，分门讲求，并督出洋武弁学生等，学习各项技艺，董劝并行，以收实效。[47]

这些选文无疑反映了洋务运动办理的过程中，派员出洋游历以了解国外山川形势、国际间的合纵连横、利权之竞逐与风土人情、文化等情况的重要性，需要由常态性的驻外使署。如1870年代以降郭嵩焘、曾纪泽、黎庶昌等使臣与随员群体，以驻外之便从事游历的工作；或是由像斌椿、志刚、黄茂材等这类非常态派遣的人员来承担游历任务。此外，设立各种新式学堂、机器制造局的，从这些机构选派学生出洋,以辅助办理外交,或是考求国外最新的制造、军事、船政等技术,待归国之后成为朝廷推动洋务的新血,也是当时中央与地方大员经常提出的主张。而葛编"洋务"部类下的选文,以"培才"子目选录的文章数量为最多,从中也可以看出葛士浚个人对通过派员出洋游历以培训改革人才的期许。

再以戊戌年间所刊行的两部文编,即陈忠倚所辑之《皇朝经世文三编》,和麦仲华的《皇朝经世文新编》来观察。㊽陈忠倚纂辑文编之际,对过去"中人士见事,凡有交涉乎各国,必指洋务",㊾对此意分畛域的富强之道感到不满,认为无论"中务"或"洋务",皆属"国事"的整体,不宜贸然区分。基于此思想,以及时务、富强与师法泰西的考虑,虽仍仿贺编的体例为纲,但是针对子目的类别进行了大幅调整。由下表可见陈编中所选录的文章与类目:

陈忠倚辑《皇朝经世文三编》		
类　　别	子　目	选　　文
卷一六《治体》	变法上	康有为《上清帝第二书》
卷一七《治体》	变法中	康有为《上清帝第三书》《上清帝第四书》
卷二〇《治体》	培才	项文瑞《西学储才三要》;杨家禾《西学材才六端》
卷二二《吏政》	吏治	郑观应《吏治上》
卷三一《户政》	商务	许庭铨《通商八策》;柯来泰《救商十议》
卷三九《礼政》	聘使	李提摩太《亲王宜游历各国说》;郑观应《通使》;谢祖源《请派员游历外洋疏》
卷四一《礼政》	学校上	李端棻《请推广学校折》;总理衙门《议覆李侍郎推广学校折》

(续表)

陈忠倚辑《皇朝经世文三编》		
类别	子目	选文
卷四二《礼政》	学校中	潘克先《中西书院文艺兼肄论》；杨毓辉《中西书法异同论》
卷五四《兵政》	兵机	《兵机卮言》

陈编中删除了"意分畛域"的"洋务"类，不过仍将过去葛编中隶属于"洋务"之下的"培才"予以保留，改为部勒于"治体"之下。而"培才"子目中所选之项文瑞、杨家禾之议论，以及"聘使"子目中御史谢祖源建议派遣游历使的奏章，表达了对派员游历的看法与观念。以项文瑞的论述为例：

> 华人游历于外洋，所费太巨。莫若令出使大臣所带之随员，公事余暇，广交西友，每日课以日记，或记其国势，或记其政府，或记其风土人情，……须令于日记中，剀切详明，畅发议论，出使大臣还朝，带至总署，各呈所记，总署加以考试，优则于本保官阶加等奖叙，而大臣亦叙其功……则以后随员不至于外洋真实情形，与我所以求胜之处，均茫无所见矣。随员之外，又专设游历诸员，亦使于日记中，各抒所见，俾与随员等互证其是，非则真才益显，储才之要二也。[50]

这样的论述可以说是洋务运动推行过程中所发展出来的游历派遣思想，也属1880年代朝野的普遍认识。基于时务与富强仍有其重要性，因而成为陈编所选辑的对象。不过，通过文编部类的调整，上述三人的文章在陈编中已褪去了所谓"洋务"的色彩，而成为戊戌前后讨论游历议题的各种意见之一。

而作为康有为门生的麦仲华,与康、梁等维新知识人的密切关系自不待言,[51]故麦编文章的收集纂录,更重视以《时务报》《知新报》等维新报刊为对象。麦编中的选文辑录与部类如下表:

麦仲华辑《皇朝经世文新编》		
类　　别	子　目	选　　文
卷一上《通论》	无	康有为《上清帝第三书》《上清帝第四书》
卷一下《通论》	无	中国论
卷二《君德》	无	李提摩太《俄皇大彼得传》《暹王游历记》《论俄皇游历》; 刘桢麟《论暹王出游》
卷五上《学校》	无	李端棻《请推广学校折》; 总理衙门《议覆李侍郎推广学校折》
卷五下《学校》	无	梁启超《论女学》; 李提摩太《论新学部亟宜设立》
卷一〇下《商政》	无	徐勤《论粤东商务公司所宜行各事》
卷一七《会党》	无	梁启超《论学会》
卷二一《杂纂》	无	叶瀚《保种新理》

综观陈、麦两编,两者在游历派遣思想上有几处重要的变化。首先是"学校"部类或子目的诸多选文,多强调将游历风气扎根于学校教育中,像是陈编中选录了书院出身的潘克先、杨毓辉的议论,提出由中西学根柢兼具的书院与学堂学生出洋,强过派遣西学门外汉的官员,更能收到游历的成效。而陈、麦二编皆有选录之李端棻的奏议,则提出了游历的地点应该国内外并重的看法,认为游历应分为出洋与国内各省两种管道进行,前者赴各国学校学习,后者则至各省考察矿产、商务以及测绘等;[52]梁启超的《论学会》一文

也强调通过游历以考察国内外军工矿产的制造与开采。[53]其次，两编皆有选辑康有为的上皇帝诸书、传教士李提摩太的亲王游历主张，与麦编所选之有关暹王、俄皇游历之时论。例如麦编中的"君德"类之下，所选录了李提摩太的《俄皇大彼得传》，以及其他作者之《暹王游历记》《论俄皇游历》《论暹王出游》，上述四文分别以17世纪彼得大帝乔装平民游历欧陆之事、尼古拉二世出访法国巩固同盟关系，以及暹罗国王朱拉隆功（Chulalongkorn，1853—1910，即拉玛五世）为了改革内政外交而出访历游欧洲各国的行程及评论。李提摩太与刘桢麟的议论中提到：

> 欧西诸国之君，皆常躬历各国，不虑风涛险恶，而藉以联与国之欢。……如英、德、美、奥诸国之皇，时常来往见于日报者，不一而足。而俄罗斯之兴，更专藉其先君彼得之游历，无法不仿，无善不备。日本亦然，故其国势蒸蒸日上也。……泰西近放公使领事，及探路游历之员皆世家饱学年富力强者，游历泰西各国，悉心考究其政教风俗、军政邦交，归而著书立说，确有见地者，乃作总署堂官，或择出使多年之公使，声望素优者佐之。……[54]
> 暹王于是愤然出游欧洲，将效俄皇彼得之事。……呜呼！暹王其知所耻矣，暹国其不亡可矣，暹国自强之机在此矣。……暹王激于强邻之逼挟，而发愤自厉，不忍屈辱，不受阻挠，不畏艰苦，毅然即行将以游历采访，归图自强……暹当穷蹙之日，强敌压境，旦夕思启，虽志图振兴，而为效尚远，恐耽耽者未必能吾待也。……余观暹王轻国君之尊，涉万里之险，委政于其后，挈其聪颖之子弟以去，其操志何决其审虑，何周其动作，何速其成就，岂可量哉！[55]

外国君主不畏出洋的辛苦跋涉,为国家之前途出访考察或巩固邦谊等议论,由此带出自上而下推动改革与游历风气的重要性,这些相关意见的收录、汇集,反映了两位编纂者对出洋游历一事须由在上位者率先以身作则的看法。这些议论的选录,也反映了维新派希望效法日本模式,自上而下推动变法,强调政府高层的出访外国,除了有助于军事或外交的同盟结交之外,也有利于广阅历以开风气,避免甲午战前决策者欠缺国际时势的认识,以老成持重为由,采取缓步改革所产生的弊病。例如郑观应文中论及:"拟请朝廷简派亲王贝勒游历一说,今时不可缓,亟宜简派亲信之王公大臣,能通西国言语文字者更妙,随带翻译游历各国,丰其经费,宽其岁月,考究各国水陆军事、炮台战舰、学校、商务、刑律……"[56]李提摩太的《亲王宜游历各国说》一文,亦与郑观应的意见相类,皆呈显了纂辑者对于仿效各国皇家政要,藉由外交上的访问,或专事游历外国,以觇国际局势,扩展见识,试图达到游历风气的上行下效。

此外,陈、麦两编也纂辑了鼓励女性走出闺阁,游历中外,以开妇人见识与智慧的议论;[57]许庭诠、柯来泰与徐勤的文章,也提出了派员游历考察外国工商发展与器物制作的意见;[58]叶瀚的《保种新理》一文中,从种族存续的观点出发,提出设立"游历会"的主张,"外地游历曰取法,曰求助,内地游历曰考俗,曰求才,总之曰兴利,曰扬名",[59]"设有游历之人,则可考求各地物产,或宜农牧或须矿材物材,既悉可事制造,制造须工人皆得养其身矣。再由游者敦劝改习向学,则民生智虑日开,不乱而强,不争而富矣,则此会以保护平民生命为主者也",[60]其论述也可视之为游历裨益于农牧工商各业的意见。

戊戌时期至20世纪初,是各种经世文编竞相出版的高峰。1901—1903年一共刊刻了四部文编,先后为邵之棠所辑之《皇朝经世文统编》、何良栋所辑之《皇朝经世文四编》、求是斋主人所辑之《皇朝经世文编五集》与甘韩所辑之《皇朝经世文新编续集》。此乃时局危机日深，各种改革亟待着手进行，议论与日俱增，在此背景下所产生的一种出版热潮与文化现象。有些文编的纂辑出版，不乏售书牟利的考虑，像是何编与求是斋编，前人的研究显示出此二编多有为渔利而纂辑的痕迹。[61]

首先表列邵编、何编在各部类中所辑录的选文与部类如下：

邵之棠辑《皇朝经世文统编》		
类　别	子　目	选　文
卷八《文教部》	学校	李端棻《请推广学校折》；总理衙门《议覆李侍郎推广学校折》
卷一二《文教部》	女学	梁启超《论女学》
卷一六《地舆部》	地球事势通论	黄茂材《五印度形势游历刍言》
卷三一《内政部》	育才	《论储才必期核实》；《论富强之道必以培养人材为本》；总理衙门《议覆谢祖源奏请练习洋务人才疏》；李鸿章、沈葆桢《选派闽厂生徒出洋习艺并酌议章程疏》；总署王大臣《会议算学取士疏》
卷四八《外交部》	遣使	总署王大臣《条陈出使外洋事宜疏》
卷五一《外交部》	各国联盟	《论俄法两国互遣兵船至境游历》
卷五五《外交部》	外史	《俄皇大彼得传》；《论暹王出游》；《暹王游历记》
卷六三《理财部》	公司	徐勤《论粤东商务公司所宜行各事》

(续表)

邵之棠辑《皇朝经世文统编》		
类　别	子　目	选　文
卷八一《经武部》	海军	《论重设海军亟宜变通整顿》； 《中国重建海军宜多储备战舰变通章程议》
卷一〇一《通论部》	无	黄茂材《南洋形势游历刍言》
卷一〇三《通论部》	无	《中国论》
卷一〇四《通论部》	无	梁启超《论学会》
卷一〇六《杂著部》	无	《论游历之益》； 《推广游历章程议》； 《重派出洋学生议》； 《论子弟出洋肄业事》

从邵编选文的表列来看,大多重复选录了许多从洋务、维新时期各文编中已收录的奏议、报刊时论与私人著作,这些都是晚清每个改革阶段的当下,朝野对游历派遣的政策所提出的各种意见,被邵编统整、汇集于各部类中。杂著部与内政部"育才"子目下的多篇奏议,虽然多为洋务时期的旧文,此时重新被纂辑于绍编,或许反映了庚子之后,在各知识阶层中全面推动游历风气的呼声。此外,新选入的《论游历之益》一文提道:"故必使学业已成之士,游历各国,然后知所区别,知所因革,且渐知变通。"[62]所呈显的游历派遣观,已扩及各阶层的"学业已成之士",此亦可视为庚子之后朝野对游历风气推广于各阶层官员与知识分子的认识。

继邵编之后出版的何编,何良栋在序言中虽曾表示,以往的文编有"所载之文,往有见于彼书,而复见于此书者,层见迭出"的问题,[63]并强调自己纂辑的文编系推陈出新,无一重复。不过,从何编在各部类中所纂辑的选文来看,仍可看见重复选录前编的痕迹,表列如下：

何良栋辑《皇朝经世文四编》		
类别	子目	选文
卷五《学术》	原学	张之洞《游学篇》
卷二七《礼政》	学校	李端棻《请推广学校折》
卷二八《礼政》	聘使	《中国宜简亲王出使》；《论使才之难》；《论所以尽使臣之职》；《中国宜广储使才论》
卷二八《礼政》	游历	《论遣派学生出洋肄业事》；《鼓励游学生徒说》
卷四七《外部》	学术	《论中国振兴西学宜实事求是以开风气》
卷四八《外部》	史传	《俄皇大彼得传》
卷四九《外部》	游历	《论比储出游事》；《论俄法两国互遣兵船至境游历》；《论俄皇游历事》；《论暹王游历事》

虽然重复选录了部分文章，但从何编纂辑的部类变化，仍可看出其关怀寓有新意。像是"礼政"与"外部"，皆出现了"游历"子目，通过纂辑学生出洋肄业、游学以广见闻的议论，以及外国皇室出游以观察国际情势，与西方各国兵舰出访国外的风气，赋予不同阶层、不同形式的游历活动皆有其重要性的看法。而"聘使"子目中所编选的内容，则确为何编所新选，这些论述呈显了不同身份的人群出任使职所应着重的目标。从选文的纂辑、分类与内容对游历活动的论述，已经看出一种"分流"的思想，意即各种身份、各个阶层的游历选派，应有不同的要求与目标。从何良栋有鉴于"智识日

穷,才猷日绌",而在"作育人才分而使之"的理念下纂辑此部文编,此"分流"的思想也就不难理解,而这同时也呼应了庚子之后的游历派遣重视"广派游历"与游历要求分化的呼声。

接着检视求是斋与甘韩所纂辑之两部文编,前者采择诸多中西名人新著、报纸论说,与各种有关世道的奏议成编。庚子之后的四部文编中质量较高的甘编,以1901—1902年的公牍、新政章程为中心,并以此作为编纂的依据。两编的部类与选文表列如下:

求是斋辑《皇朝经世文编五集》		
类　别	子　目	选　　文
卷四《学校》	无	梁启超《论学会》; 李端棻《请推广学校折》; 总理衙门《议覆李侍郎推广学校折》
卷一七《铁路》	无	《俄国慎重铁路》; 《论铁路便利》
卷三〇《杂事》	无	陈次亮《游历》

甘韩辑《皇朝经世文新编续集》		
类　别	子　目	选　　文
卷一《通论》	无	刘坤一、张之洞《江楚会奏变法三折》; 袁世凯《东抚袁覆奏条陈变法折》
卷五《学校》	无	《学堂论》
卷一三《邮运》	无	徐勤《复友人论铁路书》

由此二编相关议论的纂辑观之,无论在部类数量还是在选文数量上,明显比1890年代以降的各部文编减少许多,或许是由于1902

年先后出版了三部文编,为了不与前述的何编有过多重复而显得了无新意,求是斋编除了"学校"类仍可见数篇重录之选文,其他皆为新选之论。两编分别在"铁路"与"邮运"的类别下,选录了《论铁路便利》《俄国慎重铁路》,以及徐勤(1873—1945)的《复友人论铁路书》三篇选文,例如徐勤在一文中就表示:"士民之不出游,由于道路之不通……铁路既通,四患俱免,出游者众,风气自开,自强之本,莫急于是矣……"[64]三篇选文皆举外国重视铁路交通建设为例,说明铁路缩短了地域之间的移动距离,使旅行更为方便,来强调铁路交通作为推广游历的硬设备之重要性。

而甘编在《通论》的部类中,也新选了张之洞(1837—1909)、刘坤一(1830—1902)与袁世凯在庚子后的改革奏议,这些奏议在论述改革的政策上,多有"广派游历""重游历"的建议。例如张、刘二人的会奏中提出:"拟请敕派王公外臣以及宗室后进、大员子弟、翰詹科道部属各项京官,分赴各国游历……以后新派总署堂官章京海关道员出使大臣及随员,必选诸曾经出洋之员。……并请敕下各省督抚选派官员出洋游历……"[65]袁世凯奏中亦提及,建议选取留心时务之京官,随宗室或王公大臣出洋以广见闻。[66]由此可以看出,除了前述提到的宗室、大臣的游历之外,这些议论也建议扩大派遣在京与地方的各级官员。"广派游历"的相关议论尚不只于此,"杂事"部类下的"游历",所选取的陈次亮《游历》一文,也与上述意见相类。

通过本节整理、表列相关选文,及其被归入的部类,来讨论纂辑者们在面对时局剧变,基于纂辑文编的不同理念,来收集游历议论,并予以类别上的增删、摆放以及文章的新增或重复选录,观察纂辑者意图以当时各种游历议论与实际的活动样态,来形构文编中要表达的游历思想,以及意图传达于社会的游历意识。下面笔者则据之以综合归纳九部文编在游历思想的变异与承继上所呈现的各种趋势。

四、从"洋务"到"广派"：游历思想的变异与承继

　　经世文编一方面汇集了朝野官员与知识人，因应不同阶段的时局危机，在奏议、报刊时论或个人著作中，所表达的对于当时派遣政策上的各种意见；另一方面，各部文编的纂辑者，将上述意见予以主观的选择与部勒，也同时反映了纂辑者个人在此议题上的理念，其所形构的游历思想，可以归纳出以下几方面的趋势。

　　首先，1860年代以降，以"知外情"为目标的出洋游历，作为总署在办理对外交涉事务、防务等政策参考，并藉以训练熟习洋务、通晓国际事务的人才为要。这样的游历思想与贺长龄、魏源在《皇朝经世文编》中着意于游历天下，以增广交游与体察民生之阅历，对于论学与著述的重要性，两者产生了断裂。当洋务运动逐渐推展，使团与常驻外交使署、游历使与部分洋务学生，成为肩负出洋游历任务的人群，为政府传递自欧美各国所考察而来的各种情报。这样的游历经验，使1880年代的文编纂辑者，难以再沿用贺、魏文编中认识游历的思想框架，来涵盖此时以"出洋"和"知外情"为重点的游历，而必须将之纳入新的部类中，让留心时务之士重新理解，从而构筑与以往不同的游历意识。此乃葛编在另辟"洋务"这样的新部类，来选录游历议论，其背后所隐含的对游历认识的重要思想转变。不过，甲午一战的惨败，以及之后的列强瓜分危机，使朝野知识人意识到，只仰赖部分洋务的办理达致富强之道不切实际，唯有进行体制上的全面变革才能救亡图存。在此呼声下，陈编以"国事"乃为改革之整体，不宜贸然划分畛域，其于贺编的原有体例类别下，通过大幅调整子目来收纳选文，基于此纂辑理念下所

呈现的游历思想，已打破了葛编时期局限于"洋务"部类下构筑的认识。

1898年，《格致新报》上刊载了一篇名为《论游历为国家之要道》的议论，其中提到："商人能知国势之兴衰；制造游历能兴耳目之规矩；律师藉游历以破除成见；兵家藉游历以考察要区；輶轩采风，入国问俗，殆此意也……故游历一端，为推广聪明之本。"[67]文中强调各行业皆应有游历之道，也属国家富强之道。而从同年出版的陈编，摒除了"洋务"的框架，将"中务""洋务"皆统归于"国事"，这种纂辑理念的突破，对其后出版的经世文编，在接引被视为有助于国家富强之道的游历思想与经验方面，有重大的影响。自陈编开始的各文编，多有选录关于各国王公亲贵的游历经验，期许政府仿效；或呼吁在海军重建之后，仿各国海军兵舰出国游历，互访邦交国及护侨以示国威，甚至是商务访查的派遣、女性游历的倡议、铁路交通改善对游历的裨益，皆以"国家之要道"选录于文编中。

其次，1860年代以来，清廷在改革的需求下进一步鼓励各知识阶层的游历风气，最初是基于外人来华游历内地取得各种商路、军机、工矿物产的调查信息所产生的危机感，故试图仿效他们在奏报中所见，列强在华游历的各种经验，并试图通过使署派驻各国之便，分饬属员游历并分门收集、考察各国富强之道的方方面面，或是通过船政、水师等部分洋务学堂学生的出洋肄业游历，知外情以办理交涉、制器等船坚炮利之道，以达致自强的目标。虽然晚清以降，海外游历活动与风气的推展，不可避免地使"游历"一事与"海外""出洋"存在着密不可分的关系，而有别于传统习称的"足迹遍天下"的空间。不过从戊戌以降的文编来观察，亦可发现派员游历国内各地的意见被选录其中。李端棻与梁启超都曾提出过类似的建议，认为学校教育之道，除了派遣学生出洋学习以广阅历、开风气之外，亦不能偏废对国内各地农工矿等物产的考察。上述两人的议论在戊戌以降的各部文编中多有选录,这样的认识,与洋务时期文编中只注重选录派员游历外洋的建议相较,也是一项重大的思想转变。也就是说,虽然游历在晚清逐步被推行的过程中,"出洋"是一向关注的重点,但是文编中仍可见到"游历各省,查验矿质,钩核商务,测绘舆地,查阅物宜"的派遣建议,⑱并主张政府应厚给薪俸且考核奖励。派员至各省游历的提倡,在空间上回归到传统所习称的"天下",不过相较于过去贺编所强调的游历天下以增广民间之阅历与广泛交游,两者无论在经世的理念与实学的内涵上,皆已相去甚远。

甲午战前,游历活动作为"洋务"之下的一项政策,朝野在派员的看法上,除了由驻外使署人员承担外馆工作亦兼任游历任务,像是早期自同文馆学生中选派张德彝,与水师、船政等学生;1880年代从翰林、六部堂官之间所选考出的12位游历使;或是通过办理算学取士,再从中选调游历等建议,同时也着意从不同阶层的官员或学堂学生中间,选派少部分的员额承担游历的任务,乃是洋务运动时期在选派游历时最为普遍的思想认识。

与此同时,陈次亮与郑观应曾提出应派遣亲王游历各国的建议,但并未受到重视。甲午战后至20世纪初,游历层阶的提高一直是倡议的重要部分,国外皇室成员游历海外的各种报道消息,不断在报刊社论上出现,也被各文编的纂辑者所注意,逐渐成为朝野所接受的派遣意见。与此同时,洋务运动的游历政策成效也在战后成为检讨的对象,书院出身的潘克先、杨毓恽与御史李端棻都曾提出当时之派员在学知养成上的缺陷,并由此造成游历的效果大打折扣。李端棻在奏折中也提到,过去洋务时期所选派游历的职官与学童,多有"在中国既未经讲求,至外洋亦未尝受学,故事涉空衍,寡有所成。其所派学生又血气未定,读中国书太少,遽游历绝域,易染洋风,虽薄有技能,亦不适于用今"的弊病。⑲前者具有西学根柢者少，出洋之后或忙于外馆事务等送往迎来的场合，或因专事游历的时间短促，而难以有机会从事西学的研求，而后者在洋务人才需求不足的状况下，中学未成之际就被急就章式地选派，虽然在西学上略有小成，但血气未定且中学基础薄弱，故皆非能够担当游历任务之人。故李端棻认为，若能通过广设学校，传授各种专门之新学，待学有根柢之后再派往国内各地与国外游历，不但在学生阶层间选派的基盘扩大，也能消弭洋务时期游历成效不彰的问题。《论游历之益》一文中建议派遣学业已成之士游历各国，也呈显了游历选派扩及所有"学成之士"的意见。而庚子之后，张之洞、刘坤一、袁世凯等封疆大吏在主张变法的奏折中先后提出，除王公外臣、宗室后进与大员子弟之外，应在制度上鼓励已出仕多年、因年齿渐长难以再入学堂或出国留学的翰詹科道部属等京官与各省地方基层官绅，以随从王公、官费或自备资斧的方式，前往日本进行数月的游历，作为广开改革风气的权宜急救之方。

　　自戊戌到庚子后，上述这些意见逐渐汇流，形成"广派游历"的思想，而各部文编的纂辑者也通过对这些议论的选录与部类的编排，进一步促进了"广派游历"的思想趋势。同时，相关章程的制定，也使此理念在政策上得以落实。此外，由民间实业机构派员考察商情与制造等产业，或鼓励女性游历的意见，虽未获得太多朝野议论的关注，但仍不失为"广派游历"的思想趋势下所出现的更为多元化的意见之一。

　　游历派遣在任务上的"分流"，也是在各部文编中所能看见的思想转变。1860年代清廷逐渐意识到，外人游历内地相对暴露了自身对外部世界的一无所知，以致于交涉频频受挫的窘境，故"知外情"一直是洋务时期派遣游历的主要要求。1866年斌椿访欧，被赋予了"将所过之山川形势、风土人情，详细记载，绘图贴说，以资印证"的考察任务；[70] 1870年代开始派遣驻外使署，并规定公使按月缴交日记,"凡有关系关涉事件以及各国风土人情,该使臣当详细记载,随时咨报,数年以后,各国事机,中国人员可以洞悉";⑪1880年代,总署在回复谢祖源派员游历外洋以练习洋务人才的奏折中,提到由驻外公使分饬其僚属,针对朝廷较为迫切需要的"周知其国俗、地形、强弱、夷险,以及练兵、制器、榷商、开矿诸要务",⑫与"察敌情,通洋律,谙制造、测绘之要,习水师陆战之法",⑬在国外作分门考核记载的工作。而诸多晚清出使日记,例如斌椿、志刚、张德彝等人所记录的西方的火车、自行车、相机等物质文化,郭嵩焘、薛福成、黎庶昌等人对于欧洲各国政教商情、文化教育、宗教信仰、风土人情、历史地理方面的关注,徐建寅(1845—1901)在英、德、法各地对兵工、机械、化学工厂的考察,首任驻日公使何如璋对日本维新之后各层面革新的描述,傅云龙等12位游历使考察世界的各种著作,虽然这些文本确实满足了清廷获致部分"知外情"的期待,但是,无论是清廷在所谓"知外情"的论述中,还是出使日记所记载的各种各样的"外情",都显现了早期游历的派遣对"知外情"的认识并没有一个清楚、明确的立意与目标。派遣活动展开之初对于不同职务、不同身份的游历人员,应该区分或承担哪些层面的游历任务,并未有太多讨论。

由于变局的日渐深重,洋务时期派员出洋以"知外情"的政策被视为"泛泛游历"且未达到改革成效,随着层级扩大与广派声浪的提高,越来越多不同阶层的知识人被纳入"选拔圈"中,游历派遣应该依照不同身份、职务与需求而有不同的重点,也开始成为朝野讨论的议题。

首先是"出使"与"游历"的分流。以往将被赋予游历任务的使节、洋务学生的派遣议论统归入"洋务"部类;或是如陈编中在"礼政"类下设"聘使",收纳亲王、游历使与公使这些分属不同阶层、不同身份但却担负使职与游历职责的议论。而何编基于"作育人才分而使之"的理念,在"礼政"类下以"聘使"与"游历"的次分类来各自收录选文,显然与过去将"通使"与"游历"合流的思想有所不同。而何编"聘使"所录之议论,也提到了"亲王出使以开耳目为要义,不开耳目而与言变法,犹表龙章于裸壤,奏韶舞于聋俗,固难取贵矣",[74]"公使受命出疆,以觇各国强弱,敦笃邦交,审其形势,察其仁暴,卒至保护我商旅,则使臣之职,不于此尽哉",[75]可见其对亲贵出使与一般公使的职责进行了分流。此外,"外部"类之下的"游历"子目,所选有关各国君主游历世界各地的故事,也显见其试图将各种不同身份、阶层所应承担的游历任务进行分流的努力。

"游历"与"游学"皆为传统旅行生活的一部分,读书人通过"周游历览""壮游历览"或"远游历览"的旅行,游览天下以增益阅历、交游与论学,这在前述的行文中已有详细说明。而"旅游与学术结合在一起"的游学活动,[76]也具有游历考察与求学问道的质素。[77]可以说,传统上所谓的"游历"与"游学",在活动空间与实际经验的内涵上并不存在显著的差异,游历概念的意涵基本上与游学并无二致。[78]

洋务时期,为了解决驻外使署人员因人选上的良莠不齐,与外交公务、交际场合之事务的日渐繁杂而难以专注于游历的问题,1880年代根据新制定的《出洋游历章程》所选派出洋的12位游历使,被朝廷赋予了"游历"与"游学"并举的任务。只是,游历使以全球为空间范围,频繁移动进行游历调查工作,停留一处从事专门学问的研求自是难上加难。期待出洋学生在研求学业的同时亦能同时肩负游历之任,或期待游历使出洋从事考察之际行有余力能够兼顾学业,难免不切实际。而从本文所聚焦讨论的各部文编,像是葛编中的《选派闽厂生徒出洋习艺并酌议章程疏》,就有选送船政局生徒赴英国海军学校学习驾驶等技术,以及赋予游历当地任务的建议;邵编在"内政部"之下的"育才"子目以及"杂著部"中,所选录的议论也显现了这样的意识。而何编在"学术"类下的"原学"子目中编选了张之洞的《游学篇》,在"礼政"类下的"游历"子目中编入了《鼓励游学生徒说》一文。此处以《游学篇》为例,该文系1898年张之洞出版的《劝学篇·外篇》中的一个篇章,内容提到:

> 游学之说,幼童不如通人,庶僚不如亲贵,尝见古之游历者矣。晋文公在外十九年,遍历诸侯,归国而霸;赵武灵王微服游秦,归国而强。……今事日本小国耳,何兴之暴也,伊藤、山县、榎本、陆奥诸人,皆二十年前出洋之学生也。……[79]

从张之洞以春秋晋文公因国内政争而流亡周历各国、战国赵武灵王微服至秦国游历,以及伊藤博文(1841—1909)、山县有朋(1838—1922)等几位维新功臣皆负笈出洋为例,阐述这些人皆通过游历异地而学有所成,因游历而增益所学,所学之专精又得益于异地之阅历,其后或成就霸业,或成为维新之要角。过去,读书人在"天下",因赴各地任官途中的"宦游",或是为求稻粱之谋在未仕进之前作为官员幕僚随之往各处赴任,藉此广泛交游之阅历,作为任官的晋身之阶。这种科举制度下"仕学合一"的传统及由此衍生的游历经验,使"游学"与"游历"往往存在着难以割裂的关系。

不过,晚清以降受到西潮冲击,随着清政府逐步推广派员出洋的举措,"游历"与"游学"两者的关系也开始出现松动的迹象。1898年,江苏巡抚鹿传霖(1836—1910)就提到:

> 游历宜成才以所固有者扩充变通,著之简编,可设施裨补

国家，以振刷修治诸略，非仅仅于观风简俗而已。游学精业专门，游历综览全势，各有所重，未可偏废。㊳

鹿传霖的论述指出了游历与游学两者在性质上的不同，前者应为已入仕的成才者，赋予综览全势，在改革见识不足之处所应采取的扩充见闻的管道；后者则讲求术业之专攻，需要有长时间从事学养的培育，两者难以合并讲求，但皆有其重要性，皆不可偏废。只是这样的看法，在"仕学合一"思想传统以及未有制度性变革的情况下，并未获得太多重视。由此约略可以了解，"游历"与"游学"在本文所讨论的各部文编中，并未看见"分流"的趋势，仍紧密地结合在一起。揆诸各部文编的成书与出版，年代皆在1905年科举革废之前，因此在纂辑相关游历议论选文，纳入各部类的框架之际，仍以传统"仕学合一"之下，读书人长久以来累积"足迹半天下"的经验所承继的游历思想，来处理游历与游学的关系。

当清廷宣布废除科举，仕与学自此分途，对于"游历"与"游学"的论述，也呈现出更为明显的"分流"趋势。例如袁世凯在推动地方基层官绅赴日游历的奏折中就说："开智之道，年少英俊者使之游学，年长更事者使之游历，二者分途并进，多历年所，收效必宏。"㊳将游学视为一种"学历"，注重专门学问的研求，而"游历"为官绅增广阅历的一种教育，且无出洋游历经验者不得派任官职，自此，游历被视为出仕应具备之履历。这样的思想变迁，实为1905年以前出版的各部文编所难以呈显的。通过本节的分析，至此便不难理解，清代各部经世文编所纂辑的游历议论，从"洋务"到"国事"的认知框架，国内与外洋皆应派员游历，"出使"与"游历"的分流，以及"游历"与"游学"的密切关系，所呈现出的各种游历思想的变异与承继。

余　论

本文以九部清代经世文编为中心，从几个方面来探讨晚清对"游历"认识的思想转变。首先说明晚清游历之背景与活动梗概；其次表列整理、分析各部文编所收录、归类的游历议论，及其背后所反映的当时朝野的普遍意见，与纂辑者通过对选文的主观选择所试图传达的游历思想，进而从中梳理出这些思想中所呈现的变与不变。诸如与19世纪以前游历文化之"断裂"；从归属"洋务"到"国事"的认识框架；因选派圈扩大之倡议而逐渐出现游历任务"分流"的意见，与"内外兼重"，"游历"与"游学"仍属"合流"等思想趋势，有助于理解近代游历思想的转变过程。

19世纪中叶以前，知识人群体在中国传统习称的"天下"的空间中游历活动，[82]一向有着浓厚的经世性格。明清鼎革之际，遗民群体的游历天下，如顾炎武（1613—1682）、[83]易堂诸子、[84]梁份等人，[85]广交贤豪以通声气，缅怀前朝，著书立说以矫正学风之流弊，他们多有将天下的游历作为一种拒绝与反抗清政权所刻意选择的姿态，[86]以及回应生存危机的策略。[87]时序进入清代太平盛世，许多尚未入仕的读书人基于生计或其他原因，出任官员幕僚，追随幕主四处赴任，得以游历各处。尽管游历的原因、动机或有不同，追求的目标或有相异之处，但通过游历天下增益学术研究，广阅历、交游以遂行其经世的理念，则是一致的旨趣。编纂《皇朝经世文编》的贺长龄与魏源，无论以往任官，担任幕僚，或是通过办理漕运、考察边疆史地等经验而著书立说的游历生涯，就是根植于上述通过游历以增益经世实学的传统中。

不过，自天津条约签订，开放外人来华游历内地之后，对于国外情势一无所知的困境，派员出洋游历以"知外情"，这种仿效西人风气的游历经验,已非以往文编中的经世思想框架所能涵括。因此,饶编以下的纂辑者们试图在继承贺编体例的前提下予以部类调整,以接引西方的海外旅行经验,作为经世议题与时务倡议的一部分。而在1898年的文编中,对于洋务时期为了仿效西法而将游历任务赋予驻外使署、游历使、洋务学生等少数群体展开的所谓"泛泛知外情"的出洋游历活动,对其问题与弊病逐渐进行检讨与反省,同时又接引更多被视为欧美各国富强之道的游历经验,产生了游历选拔圈扩大与层级延伸的建议。诸如华人入西的路程探访、地图测绘、商机探勘等考察活动,皇室重臣基于邦谊或了解国际局势之合纵连横的出访之举,或各国海军兵士驾驶舰队至各处巡弋的游历,以及欧美各国铁路建设有助游历的意见等,不断在晚清的奏报、私人论议、时论与报刊信息上出现,并逐渐被留心时局的官员、知识人视为富强之道而倡议仿效。这些自西徂东之游历风气与经验,使朝野知识界从各层面来理解游历如何可能,像是不同职务、身份与阶层的知识人,应该被赋予何种游历的任务与期待,进而产生"分流"与"广派游历"的认识。在洋务运动时期强调以"出洋"游历为重点之后,戊戌年间亦有李端棻、梁启超等朝野知识人提出了应派员游历各省的意见,进而产生"内外兼重"的认识。而1890年代虽已有像鹿传霖这样的官员试图在性质与内涵上阐述"游历"与"游学"的差异,不过在"仕学合一"的传统虽出现松动但并未在制度上被打破之际,"游历"与"游学"则直待1905年科举废除之后,才在思想上出现"分流"的趋势。

此外,为开妇人见识与智慧,鼓励女性游历中外;公司派员至海外考察商务之各种情报;设立"游历会"考察国内农牧工矿资源并劝民投入生产制造,以确保种族存续,都成为派遣游历的意见之一。各部文编的纂辑者一方面因应时局变迁,另一方面基于各自不同的编纂理念,逐渐将上述各种意见编选进入文编的各部类,转化为文编中经世议题与时务的一部分。虽然这些派遣游历的意见并非均获得政策上的落实,但纂辑者通过这些议论的收集与部勒,并将之刊印出版,对游历派遣活动在各种层面上的思想认识,有更进一步的形塑作用。

---

① 黄克武:《经世文编与近代中国经世思想研究》,《近代中国史研究通讯》(台北)第 2 期(1986 年)。

② 韩承桦:《评介两岸学界近十年有关〈经世文编的研究概况〉》,《史原》(台北)复刊第 2 期,总第 23 期(2011 年 9 月)。

③ 龚来国:《清"经世文编"研究:以编纂学为中心》,复旦大学历史学系博士学位论文,2004 年,第 180 页。

④ 黄克武:《经世文编与近代中国经世思想研究》,《近代中国史研究通讯》(台北)第 2 期(1986 年);丘为君、张运宗:《战后台湾学界对经世问题的探讨与反省》,《新史学》(台北)第 7 卷第 2 期(1996 年 6 月)。

⑤ 韩承桦:《评介两岸学界近十年有关〈经世文编〉的研究概况》,《史原》(台北)复刊第 2 期,总第 23 期(2011 年 9 月)。

⑥ 谢祖源:《请派员游历外洋疏》,《皇朝经世文三编》卷三九《礼政四》,黄山书社 2008 年据光绪间石印本影印,第 13 页。

⑦ 《论游历人员之责重》,《申报》1887 年 11 月 10 日,第 1 版。

⑧ 《游员与随员不同说》,《申报》1887 年 11 月 15 日,第 1 版。

⑨ 《派员游历论》,《申报》1890 年 8 月 4 日,第 1 版。

⑩ 郑观应:《游历》,《增订盛世危言正续编》卷五,学术出版社 1965 年影印本,第 12—13 页;陈炽:《游历》,《庸书》,中华书局 1997 年版,第 75—76 页。

⑪ 《论游历为国家之要道》,《格致新报》1898 年第 2 期,第 9—10 页。

⑫ 《论直督饬属员出洋游历事》,《大陆》(上海)第 3 卷第 10 期(1905 年),第 6—7 页。

⑬ 重要著作举例：杨纪国：《晚清中国人走向世界的一次盛举：1887 年海外游历使研究》，辽宁师范大学出版社 2004 年版；严加红：《文化理解中的教育近代化研究》，西安交通大学出版社 2011 年版；冈本隆司、箱田惠子、青山治世：《出使日記の時代：清末の中国と外交》，名古屋大学出版会，2014 年；熊达云：《近代中国官民の日本視察》，东京：成文堂，1998 年；汪婉：《清末中国人の日本游歷の諸段階と特異性》，《清末中国对日教育视察の研究》，东京：汲古书院，2001 年，第 23—183 页；陈丹：《清末考察政治大臣出洋研究》，社会科学文献出版社 2011 年版。

⑭ 蔡明纯：《晚清海外游历及其意识的互动与变迁：以清代经世文编对"游历"的认识为讨论中心》，《史原》（台北）复刊第 8 期，总第 29 期（2017 年 9 月）。

⑮ 颜世清辑：《约章成案汇览》卷一，黄山书社 2008 年据清光绪三十一年上海点石斋石印本影印，第 39 页。另外，根据片面最惠国待遇条款，此项规定亦适用美、法等其他国人。

⑯ 1860 年，普鲁士政府曾派遣使团调查土地与资源；1866 年，法国交趾支那总督府曾派遣探险队至云南调查湄公河航道；1868 年及 1897 年，英国驻缅甸与印度的殖民政府先后委派探险队进入云南勘查滇缅交通线；俄国亦在 1870—1888 年间多次以政府和地理学会的名义进入新疆、内蒙与西藏等地考察。根据研究，晚清计有多达数十个所谓的"使团""考察团""探险队"，由外国政府与地理学会派遣入华。见郭双林《西潮激荡下的晚清地理学》，北京大学出版社 2000 年版，第 38—39 页。

⑰ 胡忠良：《从档案谈晚清欧洲人在华游历》，《历史档案》2002 年第 2 期。

⑱ 左宗棠：《奏俄国游历官过境察看情形无他折》，《清季外交史料》卷二，汉珍资讯，2008 年，第 13—14 页。

⑲ 丁宝桢：《奏英人入藏探路用意狡谲请密饬驻藏大臣修好于布鲁克巴以固藩篱片》，《清季外交史料》卷一二，第 17 页。

⑳ 吴长庆：《广东提督吴长庆奏留防朝鲜难于措置请陛见折》，《清季外交史料》卷三五，第 19 页。

㉑ 丁日昌：《闽抚丁日昌奏西班牙因有船在台搁浅破坏调兵来华筹议对付办法片》，《清季外交史料》卷八，第36—37页。

㉒ 白尚德（Chantal Zheng）著，郑顺德（Shun de Zheng）译：《十九世纪欧洲人在台湾》，（台北）南天书局1999年版，第45—52页。

㉓ 冯桂芬：《善驭夷议》，《校邠庐抗议》卷下，光绪十年豫章刻本，第45页。

㉔ 黎庶昌：《西洋杂志》，《走向世界丛书》第6册，岳麓书社2008年版，第543页。

㉕ 谢祖源：《请派员游历外洋疏》，《皇朝经世文三编》卷三九《礼政四》，第786页。

㉖ 总理衙门：《派美国蒲安臣权充办理中外事务使臣折》，《同治朝筹办夷务始末》卷五〇，（台北）文海出版社1971年版，第24页。

㉗ 邓华熙：《进呈盛世危言疏》，《皇朝经世文三编》卷三《学术三》，第48页。

㉘ 此处的"使臣"指的是1866年以降，斌椿之后被派至欧美与日本，从事临时或常驻使署人员，在当地从事交涉、游历以传达外情，提供总理衙门办理中外交涉要务，以及洋务改革密切相关的活动。必须说明的是，1866年仍有清廷派往琉球的册封使，此乃为朝贡册封关系的使节派遣，并不涵盖在本论文所指的"使臣"。有关清代琉球册封使的研究，可参阅曾焕棋《清代使琉球册封使的研究》，榕树书林2005年版。

㉙ 奕䜣：《奏请派斌椿等随赫德出国往泰西游历折》，《同治朝筹办夷务始末》卷三九，第2b页。

㉚ 洋务运动时期，清廷原本期待驻外使馆人员除了办理交涉公务之外，亦能由公使派出属员或出洋学生，承乏在各国境内游历的任务。不过，就当时公使与随员实际出洋游历的实效来看，与总署原本预期的状况有不小的落差，公使与使署人员在多国之间分驻、奔波，往来办理公务，所经之处只能短暂停留。加以各界人士的拜会、宴请或送往迎来，其实难以有充分时间四处访查详情。部分随使人员在学养与能力上无法胜任游历任务的问题亦遭诟病，同时，营私请托要求派任公使者随带出洋的情形也屡见不鲜。1880年代

所派遣的12位游历使,每位分别前往多国游历,在全球范围内,频繁移动进行游历调查的工作,在任务繁重与经费不足之下,多位游历使在道途往返中心力交瘁,最后基于经费及其他种种原因而停止续派。参见曾纪泽《出使英法俄国日记》,《走向世界丛书》第5册,第165页;张德彝:《随使英俄记》,《走向世界丛书》第7册,第547页;总理衙门:《议覆谢祖源奏请练习洋务人才疏》,《皇朝经世文续编》卷一二〇《洋务二十·培才》,黄山书社2008年据光绪间石印本影印,第2476页;《游员与随员不同说》,《申报》1887年11月15日,第1版;崔国因:《出使美日秘国日记》卷七,黄山书社1988年版,第292页。

㉛ 李提摩太:《亲王宜游历各国说》,《皇朝经世文三编》卷三九《礼政四·聘使》,第776—777页。

㉜ 康有为:《上清帝第六书》,《康南海先生遗著汇刊》第12册,(台北)宏业书局1976年版,第107页;《上清帝第七书》,《康南海先生遗著汇刊》第12册,第108—111页。

㉝ 袁世凯:《遵旨敬抒管见备甄择折》,《袁世凯奏折》,天津古籍出版社1983年版,第272页。

㉞ 张之洞:《劝学篇·卷下外篇·游学第二》,光绪二十四年中江书院刻本,第23—24页;张之洞、刘坤一:《江督刘鄂督张会奏条陈变法第三折并附片》,《皇朝经世文新编续集》卷一《通论上》,(台北)文海出版社1972年据光绪二十八年商绛雪斋书局本影印,第13页。

㉟ 魏源:《皇朝经世文编》,《魏源全集》卷六《学术六》,岳麓书社2011年版,第13册,第264—265页。

㊱ 同上书,第275—276页。

㊲ 尚小明:《学人游幕与清代学术》,社会科学文献出版社1999年版,第18页。

㊳ 巫仁恕:《清代士大夫旅游活动与论述:以江南为讨论中心》,《中研院近代史研究所集刊》第50期(2005年12月)。

㊴ 同上。

㊵ 尚小明:《学人游幕与清代学术》,第13—53页。

㊶俞樾：《皇朝经世文续编·序》，《皇朝经世文续编》，第1页。

㊷关于黄茂材游历印度的过程及相关著作研究，详见林承节《黄茂材的印度游历和他的记载》，《东南亚研究季刊》1991年第2期。

㊸黄氏的《游历刍言》《西檄水道》《印度劄记》《西輶日记》四部著作，曾在1886年由赵元益校勘，以《得一斋杂著四种》为名刊刻出版。1981年由王锡祺编纂、上海著易堂出版的《小方壶斋舆地丛钞》，亦在第十帙中收录这四部著作。

㊹黄茂材：《游历印度序》，《皇朝经世文编续集》卷八三《兵政一四·海防上》，1882年江右饶氏双峰书屋刊本，第95页。

㊺龚来国：《清"经世文编"研究：以编纂学为中心》，第31页。

㊻黄茂材：《南洋形势游历刍言》，《皇朝经世文续编》卷一〇三《洋务三·洋务通论下》，第2047页。

㊼总理衙门：《议覆谢祖源奏请练习洋务人才疏》，《皇朝经世文续编》卷一二〇《洋务二十·培才》，第2477页。

㊽据龚来国的统计显示，陈编所选录者多为郑观应、薛福成、曾纪泽、李提摩太等人的文章，另外亦有选自游历使傅云龙以及汪康年、张之洞等人的著作。见龚来国《清"经世文编"研究：以编纂学为中心》，第67—68页。

㊾陈忠倚：《例言》，《皇朝经世文三编》，第1页。

㊿项文瑞：《西学储才三要》，《皇朝经世文三编》卷二〇《治体八·培才》，第397页。

○51由麦仲华主编的《皇朝经世文新编》，其实编纂的想法最早是由梁启超提出，梁启超曾经在与友人夏曾佑、汪康年的书信中表达编录选文移转风气的想法，并嘱托友人留意搜求"近人通达之言"来宣传变法的理念，搜求的内容包括报刊议论与朝中奏稿，当时文编的纂辑被梁启超视为开风气的手段之一。不过，随着梁启超接续投入《强学报》《时务报》等报刊的编务工作，因知名度提高，接踵而至的应酬导致其心力分散，故决定将纂辑文编的工作交由麦仲华处理。关于麦编成书的经过，见龚来国《清"经世文编"研究：以编纂学为中心》，第123—129页。

○52李端棻：《请推广学校折》，《皇朝经世文三编》卷四一《礼政六·学校上》,第 807 页。

(53) 梁启超:《论学会》,《皇朝经世文新编》卷一七《会党》,大同书局译刊,出版时间不详,第 3 页。

(54) 李提摩太:《亲王宜游历各国说》,《皇朝经世文三编》卷三九《礼政四·聘使》,第 776—777 页。

(55) 刘桢麟:《论暹王出游》,《皇朝经世文新编》卷二《君德》,第 39 页。

(56) 郑观应:《吏治上》,《皇朝经世文三编》卷二二《吏政一·吏治》,第 438 页。

(57) 梁启超:《论女学》,《皇朝经世文新编》卷五下《学校》,第 26 页。

(58) 徐勤:《论粤东商务公司所宜行各事》,《皇朝经世文新编》卷一〇下《商政》,第 33 页。

(59) 叶翰:《保种新理》,《皇朝经世文新编》卷二一《杂纂》,第 39 页。

(60) 同上。

(61) 龚来国:《清"经世文编"研究:以编纂学为中心》,第 52—53 页。

(62)《论游历之益》,《皇朝经世文统编》卷一〇六《杂著部》,宝善斋书局 1901 年版,第 28 页。

(63) 何良栋:《自序》,《皇朝经世文四编》,鸿宝书局 1902 年版,第 1 页。

(64) 徐勤:《复友人论铁路书》,《皇朝经世文新编续集》卷一三《邮运》,第 4—7 页。

(65) 张之洞、刘坤一:《江督刘鄂督张会奏条陈变法第三折并附片》,《皇朝经世文新编续集》卷一《通论上》,第 13—21 页。

(66) 袁世凯:《东抚袁覆奏条陈变法折》,《皇朝经世文新编续集》卷一《通论中》,第 22—25 页。

(67)《论游历为国家之要道》,《格致新报》1898 年第 2 期,第 9—10 页。

(68) 李端棻:《请推广学校折》,《皇朝经世文三编》卷四一《礼政六·学校上》,第 807 页。

(69) 同上。

(70) 斌椿:《乘槎笔记》,《走向世界丛书》第 1 册,岳麓书社 2008 年版,第 91 页。

㉑ 沈裕福、沈师徐辑:《皇朝政典类纂》,《近代中国史料丛刊续编》第971册,(台北)文海出版社1971年版,第11214页。

㉒ 总理衙门:《议覆谢祖源奏请练习洋务人才疏》,《皇朝经世文续编》卷一二〇《洋务二十·培才》,第2477页。

㉓ 同上书,第2478页。

㉔《中国宜简亲王出使》,《皇朝经世文四编》卷二上《礼政·聘使》,第3页。

㉕《论所以尽使臣之职》,《皇朝经世文四编》卷二上《礼政·聘使》,第5页。

㉖ 陈宝良:《飘摇的传统:明代城市生活长卷》,湖南出版社1996年版,第209页。

㉗ 钱杭、承载:《十七世纪江南社会》,浙江人民出版社1996年版,第326页。

㉘ 严加红:《文化理解中的教育近代化研究:以清末出洋游历游学为实证个案》,西安交通大学出版社2011年版,第22页。

㉙ 张之洞:《游学篇》,《皇朝经世文四编》卷五《原学》,第4页。

㉚ 转引自王晓秋、杨纪国《晚清中国人走向世界的一次盛举:1887年海外游历使研究》,第337页。

㉛ 袁世凯:《直督袁奏分饬官绅游历片》,《东华续录(光绪朝)》卷一九四,集成图书公司1909年版,第5059页。

㉜ 传统文献中,常见以"足迹遍天下""足迹半天下"来表述自身或他人游历地域的广泛。而"天下"所指涉的,一方面代表的是一套以天子为中心轴的世界观,世界观意指人们通过主观理念、通过客观观察所获得对"天下"的信念与知识交互作用所形成的论述。这个世界观就范畴上来说,指古代中国以及与之有朝贡、册封关系的域外国家,在此之外则称为"异域"或"绝域"。而另一方面,"天下"也是一个被限定的空间,多指天子所统治的区域。详见甘怀真编《东亚历史上的天下与中国概念》,(台北)台湾大学出版中心2007年版,第26页;甘怀真:《"天下"观念的再检讨》,《东亚近世世界观的形成》,(台北)台湾大学出版中心2007年版,第86、95—86页。

㊃ 顾炎武穷数十年之岁月，游历江南、齐鲁、燕赵、秦晋各地。见顾炎武《书杨彝万寿祺等为顾宁人征天下书籍启后》，《顾炎武诗文集·亭林佚文集补》，中华书局2008年版，第221页。

㊄ 魏禧曾在多封书信中，提及其出山游历的原因："仁癸之际，私念闭户自封，不可以广己造人，于是毁形急装，南涉江、淮，东逾吴、浙，庶几交天下之奇士。行旅无资，北不及燕、秦，南不得至楚，遂反山中。""然当今民生酷烈，水深火热，靡所止届，故于去夏冒昧出山。""禧闭户穷山，垂二十，恒惧封己自小，故欲一游吴越，就诸君子以正所学，而足下其手愿见也。"见魏禧《上郭天门老师书》，《魏叔子文集》，中华书局2003年版，第266页；魏禧：《再与胡给事书》，《魏叔子文集》，第231页；魏禧：《与杭州汪魏美书》，《魏叔子文集》，第266页。

㊅ 梁份在清初三藩之乱时，曾与吴三桂交通，并为其发起的反清活动奔走四方。及三桂兵败，梁份也意识到恢复之无望，而将心力投入游历西北，研究军事史地。梁份在给熊孝感的书信中，提及他首次亲历河西各地，以六年的考察时间写成的《西陲今略》（后更名《秦边纪略》）为例，自述其游历之旨趣时说道："向客河西，妄有记述。于四郡山川险阻，凡耳目所及既可无疑，其他得之传闻，见于方策亦皆可信；身未游历，所知非真，采摭旧闻，岂无踵讹增伪、缘饰成书之病。此份十年中有不能自信者，至今益疑。更念河西时事，迩来变迁，向所未见，今有不同，非今昔参考，不足以知得失。"梁份终其一生，除了为反清活动游历奔走之外，曾三度游历西北边塞，亲考道里、山川、要塞、城卫、民族、法制、战争、屯牧、风俗；亦曾四度游访京师，考察前明皇陵之地理、风水、建筑规制与损毁情况。其所著之《西陲今略》《西陲玄步》以及《帝陵图说》等书，皆为长年游历期间所产出的著作，可见其游历与著书立说的密切关系。见梁份《与熊孝感书》，《怀葛堂集》，江西教育出版社2007年版，第581页。

㊆ 赵园：《制度·言论·心态：明清之际士大夫研究续编》，北京大学出版社2006年版，第162—190页。

㊇ 赵园指出，从顾炎武、梁份等人为研究边塞舆地之学而不辞劳苦跋涉的旅行来看，无非是将恢复之激情移转至实学的表现，以强调涉历地域的广

泛与艰苦性,来凸显自身挑战命运与耐劳刻苦的精神,亦是表达故国之思的表意方式,可以说是以游历作为一种响应生存危机的策略。见赵园《制度·言论·心态:明清之际士大夫研究续编》,第162—190页。

晚清中国的"彼得兴俄"叙事及其演变

顾少华

摘要：19世纪30年代,"彼得大帝"经传教士引介而进入汉文知识世界。由弱转强、易贫为富的"彼得兴俄",作为隐喻时局政治的优良载体,先是被塑造为"游历—兴国",后又被建构为"游历—变法—兴国",至戊戌时期已基本形成一个情节完整的改革故事。在此背后,既有晚清政治实践的诉求;也有传统思想资源的影响,抑或说是"华夷"观主导下,将异国之君彼得拟构为本土圣王的书写策略。而到1900年前后,在"彼得兴俄"文本中,逐渐渗入基于西方话语的"野蛮—文明"视角,特别是晚清最后十年的西洋史教科书,又为"野蛮—文明"的叙事增添了历史分期与地理区隔的价值意义。"彼得兴俄"也从中国历史叙述结构转向西方经验的线性框架,成为此后类似叙事雏形及"近代化"符号的滥觞。

关键词：彼得大帝,康有为,光绪,改革,知识史

顾少华,南开大学历史学院博士生

罗曼诺夫王朝第四代沙皇彼得大帝(Peter the Great, 1672—1725),是俄国乃至世界史上最有影响力的君主之一,引领俄国走向富强,并改变欧洲政治格局。而在大约同时期的中国,康熙正在

开启被后世赞誉的"康乾盛世"。梁启超在《中国历史研究法补编》曾谈到康熙与彼得二帝可作"合传",既显示当时世界政治状况,也"可以看出这种雄才大略的君主对内外的方略"。①实际上,图里琛《异域录》已对中、俄同时期的两位帝王做过对比性描述。在书中,图里琛转述了托波儿地区总管对俄国君主彼得的抱怨:"我先察罕汗在时,国家无事,上下相安。""今察罕汗幼稚时,最喜与儿童为战斗戏,从前同戏诸儿,今皆作将军。""二十年来,我国兵甲之事,全无休息,至今犹征战。"图里琛告诉该总管,康熙皇帝圣神文武、至圣至神,"以仁孝治天下,以忠义励臣僚","每于万岁余暇,古来经传史册,无不经览;天文地理、律吕数术,无不贯通。又天纵神武,常亲骑射,以教习臣庶;不时围猎,奖励文武,而训练兵将"。②这段记载是汉文文本中关于两位杰出帝王的首次比较,前者则为穷兵黩武的蛮主,后者是圣神文武的天朝大皇帝,这种君主影像的差异,实际也表征俄、中两国一为绝域远夷,一为文物盛邦。图里琛《异域录》呈现的康熙与彼得意象,也被后续的清官修史著承袭,③成为19世纪前国人关于这两位帝王的主要记忆。

  1897年12月10日,孙宝瑄在日记中记录了康广仁对康熙与彼得的看法:"中国不变法,当归咎于圣祖。盖圣祖与俄大彼德同时,非不知泰西之强也,然而不知变计以自振,宜今日之弱也。"④次年,韩文举在《国朝六大可惜论》中又说:"俄王彼得游历欧洲,观各国强盛,翻然易服,水役则躬之,铁匠则身之,知旧法、旧政、旧艺不适于用也,归而易之,风俗一变,耳目一新,洵为古今英主哉……彼得变法骤然而兴,圣祖变法忽然而止,天其运乎,地其运乎,不可知矣。"⑤1903年3月15日,《申报》登载的《美儒李佳白先生讲义》也称:"夫俄国自大彼得奋兴以来,国威大振,国势大张,遂得有今日之俄国也。而中国自仁皇帝弛禁以还,国祚日衰,国运日弱,遂致有今日之中国也。"⑥与《异域录》相比,这三则史料中的康熙与彼得,在影响各自国家走势的价值标尺中,已发生位阶逆转。不唯如此,这种解释框架与叙事结构仍因沿至当代,如刘大年先生的《论康熙》有这样一个设问:"康熙在把中国建立为一个相当坚强统一的国家,发展封建的经济文化上能够取得迈越'创业英雄'的成就,却不能像彼得在俄国那样,为中国进入近代国家多少作一点贡献,原因在哪里呢?"⑦该问题就以国家是否进入"近代"形态,回溯、审视康熙与彼得对各自国家走向的影响。且这种叙事并非仅限于学术象牙塔,早已外溢于政治文化与意识形态的舆论建设。⑧

值得注意的是,这种"前事不忘,后事之师"的阐释与挪用,往往视"彼得兴俄"为一种客观无误的历史知识,而忽略其建构与生产的面相,及其背后蕴藏的话语纠葛与冲突。正如有学者指出,当面对已"去脉络化"的"客观"历史时,我们应反躬自省,以警惕知识背后"妨碍放眼四顾的无形眼翳"。⑨近代全球化过程中,不同的知识、符号、意义发生流动,⑩在19世纪初,彼得改革事迹开始进入汉文知识世界。作为可资依凭的思想资源,彼得改革萦绕于近代有识之士追求国家文明富强的叙事中,参与并影响着中国政治、经济、思想的实践活动。本文所关切的问题,正是在晚清历史语境中,"彼得兴俄"文本经由西方传教士及日本津梁输入后,如何在汉语世界被重新书写,并由此检讨不同知识生产环节背后的话语体系,以期省思在中国"近代化(现代化)"历程中的"彼得兴俄"叙事。⑪需要说明的是,"彼得大帝"是一个多元的政治想象符号,本文着重讨论的是关于"彼得改革兴俄"的故事。

一、故事的浮现:"游历—兴国"模式

19世纪30年代,因传教士对西洋史地的引介,"彼得兴俄"文

本开始浮现于清末汉文知识世界。较早的案例见于郭实猎（Karl Friedlich Gutzlaff, 1803—1851）在广州主编的《东西洋考每月统记传》。[12]道光十七年（1837）九月，《东西洋考每月统记传》刊登的《峨罗斯国志略》较为完整地讲述了彼得大帝的政治生涯，包括宗室皇位之争，及以军事征伐为核心的内政外交，其中讲到彼得前往荷兰与英国学建战船：

> 康熙三十五年，暗离京都，陪公差赴荷兰国，亲手作工，欲学建战船之法。后过至英吉利国，巡观舟务场……彼得罗加战船、增军营、开国监、推六艺、感化庶民，援流俗而臻于善。虽然其民众执古难变，然皇帝定意强改，不好风俗。彼得罗巡观欧罗巴诸国效法，恒学为万君之效魁矣。[13]

这则故事虽已提及彼得效法欧洲诸国，但具体仅指其赴荷、英两国学造战船。彼得为俄国"加战船"，也只是他增军营、开国监、推六艺、感化庶民等诸多事功之一。可以说，在《峨罗斯国志略》中彼得游学荷、英只是俄国海军力量改善的一个事例而已。

稍后，郭实猎选取《东西洋考每月统记传》所载各国历史内容，将之改编、增删，整合为单行本世界史著述《古今万国纲鉴》，于1838年由新加坡坚夏书院刊行。是书卷一九《鄂罗斯国史》讲到在彼得执政期内俄国迅速崛起的原因：

> 彼得罗皇帝亲手造船只，巡欧罗巴列国，学六艺，效匠工，召诸国之饱学、有才能之人赴其京也。变旧更新，教化百姓，令之勤学乐道。遂建新京都，开海口，奖励通商也。如此，其国速兴焉。[14]

作为俄国"速兴"故事的元素之一,彼得巡游欧洲诸国的描述,比上揭《峨罗斯国志略》要丰富得多,相关语词的表述也颇有差异。可见,《峨罗斯国志略》应非出自郭实猎之手,其中的相关内容也未被他采入《鄂罗斯国史》。关于彼得的描述,《鄂罗斯国史》很可能源自郭实猎编译的《万国史传》(General History)。[15]

另外,类似彼得往国外学造船术的表达,并非仅有《东西洋考每月统记传》单一的传播途径。如初刻于道光二十八年(1848)的《瀛寰志略》因采录西人汉文文献,我们可从中反向推知西人的相关表达。是书记载:

> (彼得)既为众所推立,卑礼招致英贤,与图国事,躬教士卒骑射,兼习火器,悉为劲旅,由是政令更新,国俗为之一变。……尝以俄人不善驶船,变姓名走荷兰,投舟师为弟子,尽得其术乃归。治舟师与瑞典战,胜之,瑞典割芬兰以讲和,遂建新都于海滨,曰彼得罗堡。疏通波罗的海道,水路皆操形势,战胜攻取,疆土愈辟。[16]

上引史料的具体描述明显有别于《峨罗斯国志略》,如只有"荷兰"而无"英国",又多"变姓名"的细节。作者徐继畲可能未曾见过《峨罗斯国志略》,[17]《瀛寰志略》的知识来源另有他途。据徐书自序"觅得泰西人汉字杂书数种","复搜求得若干种",[18]可知徐继畲载录的彼得信息,应源于其他西人汉文著述。

可以说,在当时西人的俄国崛起叙事中,[19]彼得游历他国学艺的情节并不是主导故事走向的核心元素。慕维廉(William Muirhead,1822—1900)和艾约瑟(Joseph Edkins,1823—1905)有选择的表达,能进一步提供佐证。慕维廉编译的《地理全志》虽主要取材西方著作,但也有摘录《瀛寰志略》的情况,[20]其中关于彼得的记载即是一例。《地理全志》卷二《峨罗斯国志》称：

> 康熙四十四年，立彼得为王，罗致英贤，躬教士卒，令习骑射、火炮，政令更新，国俗于以丕变。巡边陲，开海口，建新都于海滨，疏通波罗的海道，水路皆操形势。猛士之多，战舰之大，为列邦所景仰，峨之强大，实始于此。[21]

不难发现，这段表述改写于上揭《瀛寰志略》的相关文字。慕维廉删略了徐书中彼得"变姓名走荷兰，投舟师为弟子"的情节。换言之，在他看来，该事件不能被视为"峨之强大"的要因。这种认识也存在于艾约瑟译述的西学启蒙读物。如《欧洲史略》说："俄之强盛，大半皆成于彼得第一之世，彼得第一即位于中朝之康熙二十二年，而崩于雍正三年，其间四十三年，增修政治，利兴弊除，俄日益富强。"[22]《西学略述》又说："迨米君孙彼得第一，内则习兵训艺，外则开埠通商，俄日以强。"[23]彼得效法欧洲他国的情节，也未被艾约瑟采录，作为"俄日益富强"的叙述元素。

应该注意到，最初传教士讲述俄国崛起时，彼得游历并师法欧西诸国的情节并非他们关注的焦点，有时甚至可以忽略。同时，资料辑录色彩较强的《瀛寰志略》承袭了西人的书写基调。但在成书于1839—1840年间的《四洲志》中，该故事开始出现明显变化。《四洲志》系梁进德等人摘译墨瑞（Hugh Murray，生卒年不详）的英文原书《地理百科全书》（The Encyclopedia of Geography），并由林则徐编辑而成。[24]是书《俄罗斯国总计》选取"伊挽瓦尔西""比达王""底利尼王"三位君主的事迹，作为俄国"遂为欧罗巴最雄大国"历程中的标志性事件，其中"比达王"即为彼得大帝：

> 人犹椎悍，未谙西洋技艺。及至比达王，聪明奇杰，离其

国都,微行游于岩士达览等处船厂、火器局,讲习工艺,旋国传授,所造火器、战舰,反优于他国。㉕

为便于分析,笔者兹将《地理百科全书》相关原文以现行文字译出,以作对比:

> 彼得一世统治时期,是世界历史中最卓越的时代之一,俄罗斯文明便始于此。几乎每一个读者所熟知的是,彼得一世成功地为这个国家注入了异常强大的动力。他放弃王位,来到阿姆斯特丹和朴茨茅斯的船坞作木工,并在回国后,不顾深染传统习惯迷信积习人们的偏见,将积极进取的精神引介回国,正是这些他对国家的无私热爱,产生了其他国未曾有过的迅猛变化。在他逝世之前,俄罗斯已在欧洲文明强国中获得一席之地。㉖

《四洲志》和《地理百科全书》都在讲述彼得振兴俄国,但摘译版和原版的故事内核却大相径庭。后者聚焦在彼得使俄国蜕变为欧洲文明强国,关键字眼是"文明"("civilization""civilized")。墨瑞将"文明"解释为与俄国传统积习(ancient habits)相对的一种西欧的"积极进取精神"(the active spirit of improvement)。据学界的已有研究,在甲午以前的西文翻译文献中,多以"开化""风化""教化""文雅""文教兴盛""政教修明""有教化""有化"等词翻译和理解"civilization"。㉗不难发现,上引《四洲志》材料并无"civilization"或"civilized"的对译名词。但值得注意的是,它形容彼得之前的俄国为"人犹椎悍",其中"椎悍"是"开化""风化""教化"的反义词。换言之,《四洲志》"人犹椎悍……及至比达王……"的表述结构,应照搬自《地理百科全书》的"俄罗斯文明始于彼得治期"(The civilization of Russia began with the reign of Peter)。可见,梁进德等人虽未直接译出墨瑞文本中的关键词"civilization""civilized",但在译文中确有相应的想象和解释,认为"椎悍"体现在"未谙西洋技艺",并将彼得汲取的西欧"文明"转化为"火器""战舰"等工技。经林则徐、梁进德等人如此编译后,西游学技不仅是彼得事功的突出表征,还是俄国能"遂为欧罗巴最雄大国"的代表事件。

较之郭实猎等人的文本,《四洲志》的意义在于,彼得西游情节从一系列内政外交中脱离出来,并成为一个能承载俄国崛起的独立故事。此后,这一叙述模式下的"彼得兴国"逐渐增多,流转不断,广被认可。如,在《海国图志》"筹海篇"的按语中,魏源假托"西史"之名说:"俄罗斯之比达王聪明奇杰,因国中技艺不如西洋,微行游于他国船厂、火器局学习工艺,反国传授,所造器械,反甲西洋,由是其兴勃然,遂为欧罗巴洲最雄大国。"[28]又如,辑自《海国图志》的上海四马路乐善堂藏版《俄罗斯国志》,书末附有《书俄罗斯国志后》,是文对彼得的评说亦聚焦于其西游事迹,"其初建国,比达王微行游于他邦硝厂、火器局,讲习工艺,还国传授"。[29]

可以说,彼得西游学艺渐成时人对这位异国君主记忆的主要面相,这从清末出洋官吏不约而同地重复炮制相似故事中,亦可管窥一斑。同治五年(1866),总理衙门派同文馆学生出洋游历,时年已63岁的斌椿陪同前往。同年六月五日,斌椿一行到达圣彼得堡,目睹俄都城港口的虎踞龙盘之势,及城内的宏伟富丽,斌椿颇有感慨,在日记中回顾俄国兴盛的历程:

> 康熙四十四年,彼得罗立,卑礼招贤,国以大治。又以俄人不善使船,尝变姓名投荷兰舟师为弟子,尽得其术。乃归治舟师,与瑞典战胜,割其芬兰,建新都于海滨,俄始强矣。[30]

不难发现,斌椿的这段记述实源自徐继畬《瀛寰志略》。如上文所说,慕维廉《地理全志》也曾采录徐著,但删减彼得前往荷兰学造船,而保留习骑射、火器等事。斌椿的书写选择,恰恰与之相反。在他看来,变姓名投荷兰舟师为弟子才是关于彼得的关键记忆,而不是变更政令、国俗及躬教士卒骑射、火器等内政措施。

同治七年(1868)闰四月二十二日,随蒲安臣使团赴美的张德彝在华盛顿一处大戏院观戏,他在日记中说:"所演系俄罗斯伯多罗王在荷兰学铁木匠,工成回国,百官来迎,荷兰始知为王故事。"[31]这出戏的完整情节为何,已无从核实,但张德彝的归纳总结,确是他据自我认知,对当天所见所闻筛选后的结果。光绪五年(1879)三月二十六日,张德彝在圣彼得堡参观彼得骑马青铜像后,在日记中评说彼得一生功业。张德彝书写的故事聚焦于三件事:内外的军事征伐,营建新都"贤彼得堡"以及游历泰西各国。其中对于彼得西游着墨尤多:

> 微服游历泰西各国,学习格致诸学。由日耳曼入丹尼,在阿木思德丹潜投船坞,自名计谋满(即木匠)彼得罗,乃勤学造船行船各法。至一千六百九十八年(即康熙三十七年),去丹入英,讲求治法。继欲往义大礼,因闻内乱,乃返。……至今国人仰慕,称曰中兴克萨尔祖格蕾(英言大也)彼得罗云。[32]

最后,他又借彼得的"夫子自道"以作总结:"二十年前,我亦野人,所以能自强者,惟知励精图治耳。"显然,在张德彝的观念中,微服游历是彼得励精图治及自强之路的象征性事件。

光绪三年(1877)二月二十九日,郭嵩焘于伦敦寓所记录了当日与英人的交谈,对方告诉他,中国"学俄罗斯足以自强",并举彼得为例:

俄主名彼得者,微服至英国,入代弗船坞习木工,延访人才回国,以苏格兰人启士为水师统领,又聘英国总监工司米吞布就绘船厂全图、布国人依勒充算学总教习。数年之后,有教有成,一皆改用本国人。[33]

郭嵩焘的这段记录与张德彝在华盛顿观戏后的感受颇为相似。英人所说"学俄罗斯足以自强"是相对"学土耳其,终归于自侮"而言,可以推测,英人对学俄国可自强的解释,恐非仅郭嵩焘所记彼得微服至英国习木工、访人才数语。但无论英人还说了哪些内容,至少可以表明,对于如何学俄国以自强,郭嵩焘认同彼得微服他国、延聘外人的先例,并将之写在日记中,还颇有感慨,"言之悚切,使人喟然"。另外,像1889—1893年时任驻美公使的崔国因目睹欧美现状,所浮现的彼得记忆,也均是彼得前往他国游历学习的画面:"尝闻俄之前主名彼德者,以俄国水师未强,曾变姓名如欧洲充兵船手,数年乃归,因以整饬海军。"[34]"二百年前,俄主彼德少时曾充英国兵船水手。"[35]

《申报》《大公报》所载类似的故事也屡见不鲜。[36]可以说,在19世纪初,郭实猎等传教士在传播西洋史地新知的同时,给国人展示了一位不同于旧时"察尔汗"记忆的俄国君主彼得。至迟从《四洲志》始,"彼得兴国"的故事经本土士人进一步筛选,西游学艺被视为俄国崛起及彼得功业的重要表征,形成一套游历取艺而俄国兴盛的叙事,可概括为"游历—兴国"模式。

二、故事的再塑:"游历—
变法—兴国"模式

大致自光绪年间始,以西游取法为主轴,西洋器技、延揽贤才等为核心叙述元素的彼得故事,已渐趋无法满足本土士人和寓华西人面对新时局展开的政治论述与实践。原本较为单一的故事结构出现复合化趋势,特别是与彼得游历归国后的施政相结合,形成一个更为完整与丰富的俄国改革故事。[37]

需要注意的是,该时期的一些传教士已不似前揭郭实猎、慕维廉等人,他们也聚焦于彼得游历欧洲的情节,并借此表达各自的政治诉求。传教士的叙述变化,很可能是受汉语知识世界内"游历—兴国"故事的影响。1875 年,传教士林乐知(Young John Allen,1836—1907)在《中西关系略论》中指出,国家谋富不仅在于农工商,更在于士人,"士之所关者更大",但中国士人束缚于名教与八股,反观英、法两国的富国之谋,以格致之新法,弃古法,更旧制。又举俄国例:

> 俄国于二百年前,其国皇名被德,冲年即位,国势不兴。闻欧洲各国,俱以通商富国,欲遣使臣访询其故,而于心有耿耿不释者,遂将国事付相臣摄理,亲赴荷、英两国,查看各法。回国时,聘请两国能员一同来俄,传授富国之法。嗣又遣使巡历各国,增长见识,又招请各国贤员,为俄国立定根基,而俄乃昌大焉。[38]

林乐知意在以引西学入华,鼓吹以"神理之学""物理之学"取代清廷开科取士的"诗文策论"。他欲告诉读者,清廷应效仿俄国君主彼得聘请西方贤能为国家"立定根基"。可以看到,林乐知对彼得西游的想象不再局限于军舰、火器的学习,而触及国家"根基"的变更。同时期,林乐知还为江南制造局译书,其中就有《四裔编年表》。该书因限于"年表"体裁,叙述彼得西游故事较为简略,仅有一句"王潜游荷兰、英吉利诸国,以习其工艺"。[39]但从叙述结构和关键词"工艺"来看,这处文字仍是沿袭林则徐、魏源等人的表述,而与《中西关系略论》有明显的区分。虽无法得知林乐知在《四裔编年表》翻译中的具体工作,但从译文而言,《四裔编年表》无疑深受江南制造局所持政治立场的影响。[40]林乐知和江南制造局关于如何制造这位俄国君王故事之间的张力,使《四裔编年表》与《中西关系略论》呈现出不同的彼得意象。

19世纪90年代,在华西人鼓吹采西学、行西政、从西教的变法之声愈渐增多。[41]李提摩太(Timothy Richard, 1845—1919)对彼得故事的书写与挪用,可谓典型案例。1893年7月,他在《振兴工务》一文中指出:

> 俄国工作之兴,肇始于二百年之前,约在中国康熙初载。当其时俄皇名彼得大帝,颇有盛名,日者闻欧洲诸国所用诸法,均在俄国之上,因而变服躬赴各国,习其造船及各式利国利民之法,诸邦教民之良规,亦复参互考证,以期舍短而从长,遇之者初不知其为俄国之皇也。未几返国,遂定新章,凡学校、工作、军旅无不加意整顿,行之有日,百事振兴,声称克与诸国相并,则俄皇之造于俄者大也。[42]

在李提摩太笔下,彼得游历西欧与振兴俄国之间,出现了关键的环节"定新章"。彼得取各国良规益法,舍短从长,只是俄国兴盛的前奏,还需归国后"新章"的厘定,并依此整顿"学校、工作、军旅"。这里的叙述已明确指出彼得以西方为师之后的政治革新。

次年,《万国公报》刊出《泰西近百年来大事记》,[43]广学会也印行《列国变通兴盛记》。在这两个文本中,李提摩太围绕革旧法、行新法展开对他国历史的叙述,并认为这是可供中国借鉴的良方,是"暗室之孤灯,迷津之片筏",[44]"锐意谋新者之嚆矢"。[45]在这样的文本中，彼得砥砺自强，游学"欧洲各西国"，归国后以西欧新法更替俄国旧法，从整体上呈现了彼得师法西欧、变法图新的影像。[46]但值得注意的是，稍早于此，李提摩太曾撰《俄朝述略》介绍俄国富强历程，其中关于彼得的记述与上揭材料迥然有别。《俄朝述略》对彼得之父"耶力西"着墨尤多，赞其是"一代令主"，对彼得则一笔略过，"彼得精益求精，大兴俄土，皆由前王贻留贤辅之故"。[47]从前后书写的明显差异不难看出，李提摩太重新发掘彼得故事应与其浸染当时变法维新思潮密切相关。

在维新派主办的报刊中，彼得师法西欧变法图强的故事更是屡见不鲜，试举几个主要案例。1896年，《时务报》第二册载有梁启超《论不变法之害》。梁启超指出，印度、波兰等因抱残守缺、飐靡不变，致使任人宰割，而俄国、日本等因改弦更张、变法图新，遂致国势强盛。具体就俄国而言，他认为该国崛起始于彼得执政，"自大彼得游历诸国，学习工艺，归而变政，后王受其方略，国势日盛，辟地数万里也"。[48]同年，《时务报》第九册登有《俄皇游历欧洲》，该文说："昔彼得第一于千六百九十七年，巡游英法，微服做工，归遂变政，振长策而驭宇内，强皇室而奋权威矣。"[49]从译文言，古城所讲故事的要素与用词，基本契合梁启超的描述。诚如有学者指出，古城接受"东文译报"的翻译工作，又与汪康年、梁启超等人相交甚笃，这本就是他对《时务报》理念认同的体现。[50]可以说，《俄皇游历欧洲》的彼得事迹虽是古城翻译自日本《国民报》，但译文呈现的彼得，实际是《时务报》群体所欲构拟的影像。另外，1898年，华南地区维新派重要刊物《知新报》依次刊登《俄皇大彼得传》[51]《俄彼得中兴记》，[52]此二文也复述了相似的彼得改革故事。

除报刊外，1898年初，维新派领袖康有为撰写《俄彼得变政记》呼吁变法。已有学者揭示，《俄彼得变政记》的史源实为当时广为流传的《俄史辑译》[53]与《泰西新史揽要》。[54]这里可以对康有为的裁剪、取舍略作补充说明,《俄彼得变政记》以《俄史辑译》第二十至二十六、二十八至三十章为蓝本,依次将故事情节删削,并围绕所要构建的"彼得变政",改写、凝练叙事语词,其中彼得执政前的俄国状况、[55]新都彼得罗堡营建、[56]俄国政区地理描述,[57]则系补充自《泰西新史揽要》。[58]《俄彼得变政记》"成书折"和"序言"清晰地揭示了康有为所欲再塑的故事。前者载:

> 考彼得之能辟地万里、刱霸大地者,岂有他哉? 不过纡尊降贵、游历师学而已。以欲变法自强之故,而师学他国;非徒纡尊降贵,且不惜易服为仆隶、辱身为工匠焉。凡强敌之长技,必通晓而摹仿之;凡万国之美法,必采择而变行之。此其神武独授,破尽格式,操纵自在,动作非常,以发扬神智,丕变国俗。[59]

后者说:

> 大彼得知时从变,应天而作,奋其武勇,破弃千年自尊自愚之习,排却群臣沮扰大计之说,微服作隶,学工于荷、英,遍历诸国,不耻师学,雷动霆震,万法并兴。[60]

可见,康有为试图拟构的"彼得兴俄",不外乎"游历师学"与"变法自强"情节的前后相继。同时,添加"纡尊降贵""微服作隶""不耻师学""易服为仆隶""辱身为工"等形象感十足的细节,以展现彼得屈尊辱身、躬亲力行的施政精神。在他的《上清帝第三书》中,也有相似表述,"俄主彼得,乃至易作工人,躬习其业,归而变政,故能骤强"。[61]

1898年3月11日,康有为听闻总理衙门将其"上清帝第六书"代呈后,次日便将《彼得变政记》与成书折一并递给总理衙门。[62]该折起首称:"具呈,工部主事康有为为译纂《俄彼得变政记》成书,可考由弱致强之故,呈请代奏事。"在该折中,康有为标榜《俄彼得变政记》是由自己"译纂"而来,并细说成书过程:"职搜采彼得变政之事,苦中国群书皆未译出,无从考其崖略。职披考西书,得彼得本传,即为译出,旁搜记乘,稍益加详,于是彼得行事,初见本末矣。"[63]康有为强调彼得变政之事,"中国群书皆未译出",《俄彼得变政记》是他译自"西书"的"彼得本传",并稍加补充他书记载而成。

《戊戌奏稿》也收有"成书折",但名称已改为"呈请代奏皇帝第七疏",是根据1898年4月上海大同译书局印行的《南海先生七上书记》录入,这个所谓"第七疏"是《戊戌奏稿》中唯一作于当时的"真奏议"。[64]关于《俄彼得变政记》成书折的刊行本与进呈本之间,内容颇有差异,前者用语尖刻,应是康有为的最初原稿,后者则是经字斟句酌的修订稿。[65]其中对《俄彼得变政记》成书过程的描述,刊行本载:"职搜采彼得变政之事,苦中国群书皆罕译出。职刻意考求,始获彼得本传,即为译出,旁搜记乘,稍加损益,于是彼得行事粗见本末矣。"[66]不难发现,进呈本与刊行本的描述有两个明显区别,即"中国群书皆未译出"与"中国群书皆罕译出","稍益加详"与"稍加损益"。从改易语词的叙述效果而言,进呈本更能给光绪塑造《俄彼得变政记》确实译自西书"彼得本传"且未加删削、仅稍有补充的认识。显然,康在向潜在的读者光绪表明,是书信而有征,"译纂"自西籍"彼得本传"。

可以说,光绪年间,在现实政治改良的刺激下,诸如李提摩太等在华西人,及康、梁等维新士人,纷纷加入打造俄国改革成功经验的文化工程中。先前林则徐、魏源等人建构的"游历—兴俄"故事,此时又被塑造为以"游历—变法—兴国"为架构的文本,成为寄托政治诉求的想象空间。

三、异国君主故事的中土母题与圣贤影像

"彼得兴俄"文本的形塑，一方面自是基于彼得在俄国改革的客观事实，另一方面也是清末有识之士的选择性书写。可以说，关于彼得取法欧西、变政兴俄的叙述，受现实政治影响，这是比较显见的。但还应注意到，以"游历—兴俄"或"游历—变法—兴俄"叙述模式接纳一位异国君主，也有中国传统圣贤故事母题及相关思想资源的因应，以此规避政治伦理的困境。

在《校邠庐抗议》中，冯桂芬呼吁清廷师法西洋器技，提出"始则师而法之，继则比而齐之，终则驾而上之"。为此，他例举古今事例："昔吴受乘车战阵之法于晋，而争长于晋，赵武灵为胡服而胜胡；近事俄夷有比达王者，微服佣于英局三年，尽得其巧技，国遂勃兴。"⑰他的论述为我们理解彼得游历而俄兴的戏剧性故事，何以能在当时汉文知识世界流传不息及其思想土壤，提供了一个很好的切入点。诚然，冯桂芬借彼得故事，意在讨论焦点性政治议题"制洋器"。但也不难看出，此书写背后是传统知识资源中的兴国母题，如赵武灵王习胡服而胜胡等。这不仅限于冯桂芬的著述，兹再举郑观应、张之洞等为例。

在《盛世危言》初刻本的《游历》篇，郑观应主张王公大臣应游历外洋，考求利弊，探访情形，以求富强，并强调中国自古便有"游历"。他说："中国古时辀轩使者遍历四方，问俗采风，详察民间疾苦。此实游历之权舆。孔子一车两马，历聘诸侯，遂成素王之业。战国时仪、秦之辈，朝秦暮楚，掉三寸不烂之舌，声动侯、王。"⑱他指出，"降至今日，泰西各国尤重游历，尊如世子王孙，贵如世爵将

相，莫不以游历各国为要图",其中俄国先君彼得效仿赵武灵王微服过秦之术,遍游诸国,访问利弊,延揽人才,以致强国。[69]光绪十九年(1893)冬,在上海格致书院学生作答《中国能开议院否》时,杨史彬同样述说彼得是效法赵武灵王:"俄为强大之国,自其先君彼得罗堡效赵武灵微服之过秦术,遍历欧洲,凡国有利之图,无不仿行。"[70]此外,《申报》所载文章也有类似说法,如彼得"效赵武灵王微服过秦故事,遍游诸国,以考其强弱之原",[71]"赵武灵王胡服入秦,俄彼得微行至欧洲,皆以强国"。[72]

张之洞在《劝学篇》中也倡言出洋游学,认为"出洋一年胜于读西书五年",并列举古之游历者:

> 晋文公在外十九年,遍历诸侯,归国而霸。赵武灵王微服游秦,归国而强。春秋、战国最尚游学,贤如曾子、左丘明,才如吴起、乐羊子,皆以游学闻,其余策士、杂家不能悉举。后世英主、名臣如汉光武学于长安,昭烈周旋于郑康成、陈元方,明孙承宗未达之先周历边塞,袁崇焕为京官之日潜到辽东,此往事明效也。[73]

他又以日本、俄国、暹罗"论今事",其中讲到俄国情况:"大彼得愤彼国之不强,亲到英吉利、荷兰两国船厂,为工役十余年,尽得其水师轮机驾驶之法,并学其各厂制造,归国之后,诸事丕变,今日遂为四海第一大国。"[74]在他看来,这些都是孟子所言,圣贤帝王将相秉持"动心忍性,增益其所不能"之品性,历险难而成功业的经典案例。[75]

从上引冯桂芬、郑观应、张之洞等人的论述可以发现,游历情节之所以能从传教士引介的文本框架中脱离,形成"游历—兴国"的独立故事,一方面是现实政治表达与实践的刺激,另一方面是本土兴国记忆对异国君王叙述的应援。不难理解,以本土经典兴国故事作为书写彼得的基轴,不仅故事情节可以挪用,且所附丽的儒家道德品性也能相应转至这位异国君王的意象中。这在"游历—变法—兴俄"叙述中体现得更为明显。

成本璞在《九经今义自叙》中说,当下急务为"卫教""保种",因此自编《九经今义》"述西人之事,以古经相比附",宣扬"变法为识时之俊,改制乃至圣之事"的主张。[76]在该书正文中,他以"帝工之兴法"解释《周易》"天行健君子以自强不息",认为"俄之大彼得"奋发自强,"上合天德,虽三代盛王不是过也"。[77]他又认为,"先王以省方观民设教,此泰古之隆轨也,古之王者无不躬亲民事",并强调彼得即是此表率:"曩者俄皇大彼得微服潜游英、法诸国,学习格致制造诸学,归而典教改法,率通国之臣民而淬厉之,遂成霸业,至今盛强。"[78]

类似成本璞的表述,还存在于王树枏的《彼得兴俄记》。是书"序言"是王树枏就如何转换已有西学知识,塑造一个理想彼得意象而作的"夫子自道"。他直言国政弊病,认为清廷"人非人,政非政"的症结在于"君心",因此借孟子之说提出"格君心之非"才是"定国之要"。[79]1896年,仅供职于陕甘总督陶模幕府的王树枏显然无法上达庙堂,实现其"格君心之非",使君能"君其国"的政治理想。著书立说则为他提供了想象和制造儒家理想"圣王"的场域。他自述窃取孔子"夷狄有君""诸夏亡君"之意,"近述俄皇彼得变法之效,详记之,以为用人行政者警焉"。[80]对于浸染儒家政治伦理的王树枏而言,俄皇彼得是夷狄之君,如何在"详记之"中规避"用夷变夏"的政治道德困境,则是他无法回避的难题。对此,他认为,"天子失官,学在四夷,且以九夷之陋,而孔子慨然有欲居之意",彼得身上蕴藏着他所信奉的圣道君心。

如,王书"记游历"一节载,"俄建国之初,獉狉无识",彼得亲往欧洲诸国，采新法善政以变旧俗。对此，王树枏认为彼得行事，即是《诗经》所说"螟蛉有子，蜾蠃负之，教诲尔子，式谷似之"。[81]再如，"记商务"一节描述彼得为求国富，"卑躬率下"，游荷兰时，"载国中诸货，手定价值，以售于荷"。[82]他认为，"古圣王所谓卑服以即田功，尽力以事沟洫者，莫不躬为倡导，以先天下"。彼得"不惜其身之污贱，胼手胝足，以开天下之利源"，才使俄转弱为强，易贫为富。彼得深谙管子所说"御民之辔，在上之所贵；道民之门，在上之所先"。[83]可以说，王书通过节选《万国史记》《俄史辑译》《泰西新史揽要》诸书，[84]以儒家政治道德理念重新糅合，以此消解"用夷变夏"的自我诘难，并表达"格君心之非"的政治诉求。

再看康有为的《俄彼得变政记》。该书首句即以"峨特狄种"给彼得贴上夷狄君王的标签。值得注意的是，"峨特狄种"未见于康书取材的《泰西新史揽要》或《俄史辑译》。事实上，当时已有指称俄国族类较为贴切的音译名词，如"斯拉窝尼""斯拉分族"，[85]但康有为特意拈出"峨特"一词。据笔者所阅，1838年《古今万国纲鉴》已使用"峨特"，以指涉源自欧洲北部侵扰古罗马帝国的一支"夷族"。[86]《古今万国纲鉴》营构的欧洲北部蛮族"峨特"，后被《瀛寰志略》《朔方备乘》《国朝柔远记》等介绍西方史地新知的著述不断复刻，[87]并有以"汉之匈奴、唐之突厥、回纥、宋之辽、金"等本土夷狄理解其词义的现象。[88]显然，康有为故意增添"峨特"一词，并非意欲交待俄人族属，而是挪用该词在当时语境中浓重的夷狄意味。

但一方面，康有为煞费苦心地将该书炮制为信史，[89]并向光绪强调"以俄大彼得之心为心法"。[90]让光绪"临摹"夷狄君王彼得，康有为不仅需面对儒家士人的个体伦理困境，还需向光绪解释华夷位价内两国君主倒置的难题。为消弭此种张力和冲突，他在《俄彼得变政记》"成书折"与"序言"中，反复营造彼得故事符合儒家政治伦理的认知,以本土历史记忆中的勾践、晋文公、卫文公等事迹比附彼得变法兴俄:"昔勾践为吴夫差前驱而沼吴;晋文公游历十九年,知民情伪而创霸;殷武丁旧劳于外,爰暨小人而称宗;舜耕稼陶渔而为圣帝。"[91]"昔卫文大布衣冠,务材训农,通商惠工,敬教劝学,授材任能,是以兴卫;勾践卧薪尝胆,躬耕,夫人织,下贤厚客,振贫吊死,同劳百姓,用以沼吾;彼得集而兼之,举动非常。"[92]同时,他又援引儒家经典为彼得背书:"《易》曰:天行健;又曰:武人为于大君;《书》曰:锡王勇智;《诗》曰:武王恒拔。"进而强调"彼得举动,日存圣意"。[93]在他看来,如此,光绪才能"以俄国大彼得之心为心法"。

自19世纪初作为西学新知的"彼得兴俄"事迹由传教士输入中国,这样一个由弱转强的成功案例,为面临国家危亡的有识之士展现了可供借鉴的经验。在杂糅想象中国进路的彼得故事中,他们意在汲取近代西方文明的坚船利炮制造术和新法善政。但在"华夷"观主导的价值维度下,本土传统经典兴国母题,或圣王心性的影像,纷纷再现,以承载这位异国君主彼得,并将之拖入中国历史叙述的框架中,形成本土传统意味浓厚的"游历—兴国""游历—变法—兴国"模式。

四、叙事结构的由中入西

不得不提的是,康有为努力将彼得塑造为本土圣王意象的同时,也引入"野蛮—文明"的叙述视角。在《俄彼得变政记》中,为铺垫彼得变政效果,康有为舍《俄史辑译》而选《泰西新史揽要》相关内容加以改编,以"无教化""闭关""无制造""无学校""武备不修""道路不修""无舟楫"等元素,营造俄国处于"野蛮未开化"的状态,[94]反复强调当时俄国社会是"晦盲否塞,有若野蛮"。[95]作为对比，康有为评述彼得变法功业时则说，彼得"专以新国新民为业"，"遣游历以取文明，兴工艺以阜人民，造海军以强国势，开海口以控形胜"，⑥历数十年，俄国"文明大辟"。⑥可以发现，他通过将彼得变法前与后的俄国社会描述成"野蛮"与"文明"两种泾渭分明的形态，以此策略置变法故事于"野蛮"入"文明"的脉络，进而呈现其意义。这种从"野蛮"到"文明"变化的叙述，不再是"以夏化夷"的模式。可以说，基于西方经验的"野蛮—文明"话语，渗透并扰动了"彼得兴俄"故事的塑造。

类似的书写策略，在1900年后的文本中渐行渐多。1902年，林乐知将译作《俄国历皇纪略》中《俄皇大彼得传略》一文刊登在《万国公报》，并配有一段小序：

> 俄罗斯在欧洲各国之中，文明之进化独迟者。由其人民虚骄自大，不服人善，且浸淫于东方之风俗，又旧为鞑靼威力所压制，故甘受政治习尚之束缚，愈愚愈暗，方且嚣然以为天下之名国而人莫能及。惟大彼得雄才大略，轩然崛起，始自知其缺陷而竭力振起之，既派人就学于西方，又招西方之人往充教习，最后乃不惜降尊，自往各国工厂就佣，以皇帝之贵而亲执贱役，为俄民倡，其坚忍不拔之志，可谓极矣。⑥

19世纪70年代，在林乐知编著的《中西关系略论》或翻译的《四裔编年表》中，彼得故事深受中国传统兴国母题的影响。相较而言，1902年的这段序文着眼点就明显不同。可以看到，在彼得西游历程中，上揭引文以"不惜降尊""工厂就佣""亲执贱役"等语词塑造彼得舍身躬亲的施政精神，并以"文明之进化"视角展开论述。这与《俄彼得变政记》中彼得"纡尊降贵"行变法，终使俄国由"野蛮"入"文明"的表述，不可不谓若合符契。另外，《新民说》中也有类似的书写策略，梁启超描述当时俄国"积弱蛮陋，无足比数"，彼得"以万乘之尊，微服外游，杂伍佣作，学其文明技术，传与其民，使其国为今日世界第一雄国"。⑨

对此，当时文学作品也有所反映。如在"诗界革命"浪潮中，1902年《选报》刊登过两首《俄皇彼得》，其一署名"铁血生"，另一作者是服膺康、梁革新政治的高旭。在前者的诗句中，经彼得躬亲力行，俄国从寒冱不毛之地演变为白海有"文明水"：

> 十七周中一伟人，造船工业尽躬亲。拓开寒冱不毛地，莫道今无战国秦。二百年来政策工，波兰而后又辽东。怜白海文明水，流入龙江一色红。⑩

后者则将彼得故事装于赵武灵微服过秦的母题，同时增添"输进文明革蛮野"的新元素：

> 脱身微行欧西游，沈毅独断世无俦。赵家主父入秦去，潜归变法国疾瘳。输进文明革蛮野，广揽八极英豪收。精密阔达擅其胜，雄心直欲吞全球。昔时列强屏不齿，今日侧目遍五洲。天轰地岌震遗令，嗟哉中夏先离忧。⑪

此外，1904年《绣像小说》连载的《泰西历史演义》也颇值得注意。⑫作者"洗红庵主"将彼得变法改革视为俄国"新纪元"。他描述道，彼得游历西欧诸国，见闻既广，智识更深，回国之后，"施其种种之改革"，"把文明来输灌自己的百姓"，⑬并评价说，自革新以来，"打破顽陋之积习，而一洗委靡之旧"，"西欧之文明逐渐输入而面目一新"。⑭

在1839年前后，梁进德、林则徐等人几乎将传教士墨瑞《地理百科全书》围绕"civilization""civilized"讲述的"彼得兴俄"事迹，转化为一个俄国版赵武灵王胡服骑射的故事。而到1900年前后，呈现"文明"意义维度的"彼得兴俄"文本，逐渐渗入汉文知识世界。不难发现，上述案例中的"野蛮—文明"，已不再是如"夷狄者，野蛮土番之记号；中国者，礼仪文明之记号"所说，以"夷—夏"直接对象化的观念，而是脱离与"夷—夏"对应关系后，高度概括西方社会自身历史的一种抽象表达。[105]原本受中国传统叙事影响的"彼得兴俄"开始发生转向，并被置于西方经验的"野蛮—文明"话语体系中。但彼得故事完成从中国历史叙述结构到西方文明线性演进框架的转折，应是在清末最后十年间编译的历史教科书中。

1901年上海东亚译书会推出的《欧罗巴通史》，是一部旨在讲述"西洋诸国之所以盛衰，文明之所以递嬗"的通史。[106]该书将古今时序划分为"上古""中古""近古"和"最近世"。其中"上古""中古"两部分均未采录俄国历史，直至"近古"才从彼得执政始，讲述"鲁西亚"勃兴的历程，并附带补充几句彼得之前的俄国状态。书中描述彼得革新，"制度、风俗及文物皆效西欧之风"，[107]并认为这股"西欧之风"是"鲁西亚"的"新知大业"。在此文本中，彼得施行"新知大业"带给俄国的意义不仅在于国力强盛，更在于将俄国从无文明的历史阶段，导向文明演进轨道的"近古"期。可以说，清末最后十年间的西洋史著述几乎都以"彼得兴国"作为俄国步入"近古"或"近世"的开端，并强调俄国社会的新旧之别。[108]

相较于《欧罗巴通史》，同年10月上海金粟斋译书处出版的《西洋史要》就直白地告诉读者，西欧"新知"与俄国"旧知"之间的差异。该书第三期"近世史"讲述彼得为俄国输入"西欧之文物"，并认为彼得此举是"开化其民"。[109]言下之意，在彼得引入西欧文物之前，俄国尚处未开化状态。与"开化其民"类似的表达，还出现在1902年7月上海作新社"专为中国教科书之用"而编译的《万国历史》。[110]该书第三卷"近世史"描写彼得在俄罗斯勃兴中所扮演的角色,称其"使俄罗斯为文明强大之国",游学西欧,"图文明富强之计"。编译者评价彼得,"兴各种文明事业,以开辟民智"。[111]

不难看出,在此类文本中,彼得游历变法作为革野蛮、进文明的启蒙事件而被采择入史,并表征俄国历史迈入一个"新纪元"。这在1903年6月上海支那翻译学社出版的《万国史纲》中体现得更为明显。[112]是书"近世编"的"露西亚之兴及彼得Peter大帝"一节讲到俄国"近世"与"中古"的区别:"中古时代之露西亚,盖半开民族之所居也,及近世期,始浸浸进步,与欧洲文明国并著。"[113]是书认为,这种蜕变发生于彼得执政期,彼得入荷兰,复往英国,"拓布欧洲文明于国内,社会一新","进露国于开明之域",[114]并高度评价彼得功业:"变露国未开之情态,巩固国势,为雄视欧亚之基础者,彼得之力也。"[115]

又有1906年湖北兴文社翻译的《西洋历史参考书》,该书第四编"近代史"设专篇描绘俄国崛起。首先补述"古代"俄国的历史,并指出当时俄国处于国为蛮国、民为蛮民的状态。[116]继而说,彼得当政一改旧貌,"输入西欧文化,孜孜不稍息,于是俄罗斯遂日进于开明",[117]"化俄罗斯之蛮民而为文明,改俄罗斯之蛮国而为欧洲一大强国",[118]由此,俄国才从"古代"迈入"近代"。再如,1910年导文社出版的《汉译西洋历史》,[119]篇幅达近千页,内容翔实,"近代史"被细分为三期,其中俄国历史的书写始于"近代史"第二期(1650—1789年),这也是因彼得"改革庶政","一切制度尽效西欧",[120]"变俄罗斯野蛮为文明"。[121]

以此叙述模式讲述"彼得兴国",在当时的西洋通史著述中可谓比比皆是,不再赘述。值得一提的是,1902年11月至次年3月,上海作新社、商务印书馆、广智书局先后刊印的《世界近世史》。这是一本讲述世界"近世"的断代史著作,该书认为叙述俄国于近

世之发达,"不可不以彼得为中心",并解释:

> 中世之时,俄罗斯犹未离野蛮之状,国内分数蛮族,互相争斗,与欧洲文明之域,不通往来。然及至近世……由野蛮一变,而与欧洲诸强为伍。由彼得大帝坚忍不拔之志与卓绝之才所至也。㉒

是书又说,彼得游西欧,"务广智识,以为开发己国之资",对于"开化之具",无一不采,归国后,"举俄国而悉为欧化"。㉓

"野蛮—文明"话语将彼得兴俄文本拖入西方线性发展框架,不仅体现在价值时序上,也表现在地理空间的价值对立。如《世界近世史》形容"中世"俄国的野蛮是"亚细亚"式的,而"近世"的文明则是"西方"式的,盛赞彼得"播西方文明之种子于其国,使其国由亚细亚之野蛮一跃而入欧洲之群"。㉔笔者注意到,美国历史学家迈尔的 A General History for Colleges and High Schools 是《世界近世史》原书记述彼得的主要史源,其中"亚细亚之野蛮"等表述就袭自迈尔此书。㉕1905 年,迈尔原书经李提摩太引介,由黄佐廷口译,张在新笔述,于上海的山西大学堂译书院出版,华美书局代印,书名为《迈尔通史》。㉖该书是 1890 年代美国大学与高中的教科书,张在新在译序中说:"在彼国高等学堂教科书中,推为善本,英儒李提摩太经始山西大学堂,首举是书,嘱黄君与余译之,将以备我国学校之用。"㉗需要说明的是,黄、张二人翻译依据的并非是迈尔原书,而是由负责管理山西大学堂译书院译书工作的窦乐安(John Darroch)删减、缩编后的版本。㉘虽经删削,但仍保留原书以"亚洲式野蛮"(Asiatic barbarism)形容彼得变革前的俄国。该书"近世纪"的"俄罗斯之崛兴及俄帝大彼得"一节记载:

俄当中世末为半化之国,囿于亚洲积习,其四邻皆野蛮,专以攻伐杀戮为事。俄处其间,坐是与文明诸国隔绝。近世以来,拓地日广,疆域直达于里海、育喀若盈海(黑海)、波罗的海矣。夫以半化之国,忽焉崛兴,进而与欧洲诸强国伍,果谁之力欤? 则非大彼得之功不至此。[129]

不难发现,此处关于俄国由"中世"野蛮转入"近世"文明的概述,与上文所引《世界近世史》的相关表达十分相似。

又如,在上揭《西洋史要》中浮现的则是"东方"与"西欧"一组地理概念的对立。是书在叙述彼得取法西欧之前,先交待当时俄国的地理形势,指出其夹于东方农业与西欧工商社会之间。[130]其中的"东方"与"西欧"之别,不仅在于"农业"与"工商"的社会形态,更是文明有无的表征。该书"绪言"宣称,白种人才是"今日之文明"的创造者,"世界之内有白皙人种,其于人类有至大且厚之功,所以改今日之文明者,实赖其力焉"。[131]此外,也有以"蒙古"代替"东方",认为俄国的野蛮是因蒙古的侵扰。上海文明书局于1903年、1905年分别推出的《万国通史》及《蒙学外国历史教科书》即有此类表述。《万国通史》描述俄国至"千四百六十二年,宜万王出,始脱蒙古之羁轭",[132]"俄罗斯寖强而文化则尚未开,无舰队之备,无制造之业",[133]"野蛮摈于诸国";[134]及彼得即位,学习欧洲,"大振风俗,禁宽博之衣,禁幽闭妇女,矫贵族门阀之弊,许宗教之自由,立学校医院、盛印版之业",才使俄国国势顿变,非复其旧,"欧洲文物之美,遍行其国"。[135]《蒙学外国历史教科书》也说,"俄罗斯初甚微弱,中古时为蒙古人所征服,属于钦察国,至宜万第三以后,始脱蒙古人羁制","国寖强盛,惜其时文化未进,制造工业等事,尚无所闻";至彼得执政,倾羡西欧文物,"微服遍游各国,亲学造船术,及其他工艺之事",归国即大变其国之政俗。[136]

可以看到,"蒙古"作为"西欧"相对的意象,并未给俄罗斯带来任何文化的启蒙。不惟如此,"蒙古"还中断了俄国与西方文明原有的交流,章起渭编译的《西洋通史》就说:"禄列克子伊哥勒南下略基辅,都焉。侵入东罗马,结通商条约,并以罗马文化输入国内,至耶罗拉嗣位,盛行希腊旧教,以俄语译圣经,并聘请东罗马匠,多建寺院,以壮都邑,且奖励商业与文化。"[138]但这种西欧文化逐渐输入的进程,因君王"耶罗拉"逝世及随之而来的蒙古钦察国征服而中断,致使到彼得执掌国权时,俄国仍"未染欧西文化"。[138]

在诸如上引这些历史教科书中,"近代"或"近世"期之前的俄国历史往往只以高度抽象的"野蛮""未开化"等词涵括,或仅有简略帝王世系表、种族源流等作为补缀,并无真正历史可言。只有彼得游学西欧、取法变革完成后,俄国脱离"亚细亚""蒙古"等东方意象的"野蛮"状态,其历史才被认可与书写,并被拖入西方"时空"脉络。也是从这一意义上,"彼得兴俄"被视为"中古"或"中世"演进至"近世"或"近代"宏大叙事中的象征性事件。进入民国后,这种叙述策略仍被赵懿年、李泰棻、陈衡哲、余协中等所著西洋史承袭,成为此后"彼得大帝"化约为后发国家成功"近代化"的表征。

小　　结

诚如英国历史学家彼得·伯克所言,知识的选择、组织和陈述,不是中立和无价值观念的过程,而是由经济和社会及政治制度所支持的一个世界观的表现。[139]事实上,无论是"华夷秩序"下的"彼得",还是能派生出"近代/现代性"遐想的"彼得",都是以形象刻画、情节编织、隐喻设置等方式被挪用,作为理解世界,认知过去、现在、未来的"叙述实体"(narrative substance),[140]亦或"思想词"存在,[④]以供时人检讨和思索国家历史发展道路及前景走向。19世纪30年代,"彼得大帝"经传教士引介而进入汉文知识世界。由弱转强、易贫为富的"彼得兴俄",作为隐喻时局政治的优良载体,先是被形塑为"游历—兴国",后又被建构为"游历—变法—兴国",至戊戌时期已基本形成一个情节完整的改革故事。在此背后,既有晚清政治实践的诉求,也有传统思想资源的影响,抑或说是"华夷"观主导下,将异国之君彼得拟构为本土圣王的书写策略。而到1900年前后,在"彼得兴俄"文本中,逐渐渗入基于西方话语的"野蛮—文明"视角,特别是晚清最后十年的西洋史教科书,又为"野蛮—文明"的叙事增添了历史分期与地理区隔的价值意义。"彼得兴俄"也从中国历史叙述结构转向西方经验的线性框架,成为此后叙事雏形及"近代化"符号的滥觞。

---

① 梁启超:《中国历史研究法(补编)》,张品兴主编:《梁启超全集》第8册,北京出版社1999年版,第4823页。

② 图里琛:《异域录》卷上,中华书局1985年版,第20页。

③ 参见《清朝文献通考》卷三〇〇《四夷考》八,商务印书馆1936年版,第2册,第7484页。

④ 中华书局编辑部编,童杨校订:《孙宝瑄日记》上册,光绪二十三年丁酉(1897)十一月十七日,中华书局2015年版,第166页。

⑤ 韩文举:《国朝六大可惜论》,《知新报》1897年第6册。

⑥ 《美儒李佳白先生讲义》,《申报》1903年3月15日,第1版。

⑦ 刘大年:《论康熙》,《历史研究》1961年第3期。

⑧ 如2016年,由中国社会科学院历史所撰稿,面相社会大众,并配合大型历史政论片的《中国通史》"明清篇",参见卜宪群总撰稿《中国通史·明清》,华夏出版社、安徽教育出版社2016年版,第405—406页;又如冷溶《什么是中国梦,怎样理解中国梦》,《人民日报理论著述年编(2013)》,人民日报

出版社 2014 年版,第 250 页,等等。

⑨ 潘光哲:《中国近代史知识的生产方式:历史脉络的若干探索》,裴宜理、陈红民主编:《什么是最好的历史学》,浙江大学出版社 2015 年版,第 110 页。

⑩ 参见刘禾著、杨立华等译《帝国的话语政治:从近代中西冲突看现代世界秩序的形成》,生活·读书·新知三联书店 2009 年版,"导言",第 2 页。

⑪ 有关"彼得大帝"在近代中国的讨论,尚不多见。陶惠芬曾讨论彼得改革对维新变法的影响,但只是重点分析王树枏《彼得兴俄记》与康有为《俄彼得变政记》,参见陶惠芬《俄国彼得大帝的欧化改革》,广西师范大学出版社 1996 年版,第 203—216 页;鲍绍霖则分析了康有为主张效法俄国变法图强的原因,及其在上清帝中"彼得大帝心法"一语之内涵,参见鲍绍霖《帝术纵横:析论康有为"彼得大帝心法"之义》,《史学理论研究》1998 年第 3 期;崔焕伟简略谈到彼得大帝形象与清末民族国家想象的问题,参见崔焕伟《作为典范的彼得大帝与清末民族国家想象》,《洛阳师范学院学报》2014 年第 3 期;潘光哲从"世界知识"的生产角度,谈到康有为《俄彼得变政记》的书写与制作问题,可惜并未展开讨论,参见潘光哲《创造近代中国的"世界知识":回顾与思考》,《北华大学学报》(社会科学版)2017 年第 6 期。

⑫ 关于郭实猎的译名问题,参见李骛哲《郭实猎姓名考》,《近代史研究》2018 年第 1 期。

⑬ 爱汉者等编,黄时鉴整理:《东西洋考每月统记传》"道光丁酉年九月",中华书局 1997 年版,第 273—274 页。

⑭ 郭实猎:《古今万国纲鉴》卷一九,新加坡坚夏书院 1838 年版,第 89 页。

⑮ 参见邹振环《西方传教士与晚清西史东渐:以 1815 至 1900 年西方历史译著的传播与影响为中心》,上海古籍出版社 2007 年版,第 98 页。

⑯ 徐继畬:《瀛寰志略》卷四《俄罗斯国》,上海书店出版社 2001 年版,第 116—117 页。

⑰ 黄时鉴就曾指出,《瀛寰志略》虽引用过《东西洋考每月统记传》,但从仅发现两处明显引述而言,徐继畬应该没有读到全套的《东西洋考每月统记

传)。爱汉者等编,黄时鉴整理:《东西洋考每月统记传》,"导言",第29—30页。

⑱ 徐继畬:"自序",《瀛寰志略》,第6页。

⑲ 因《瀛寰志略》史料汇辑的色彩明显,笔者使用其中材料,意在反向推知西人的表述。

⑳ 潘光哲曾发现《地理全志》关于华盛顿的表述有明显因袭《瀛寰志略》的痕迹。潘光哲:《华盛顿在中国——制造"国父"》,(台北)三民书局2006年版,第37—38页。

㉑ 笔者目前尚未见到上海墨海书馆本,所据是1859年日本的翻印本。慕维廉:《地理全志》卷二《欧罗巴志》,安政己未爽快楼藏版,第8页。另外,慕维廉于1883年对此书进行过改写,但仍保留了这段记述。参见慕维廉《地理全志》,味经官书局1883年版,第49页。

㉒《欧洲史略》具体成书时间不详,大致在1880—1885年间。艾约瑟:《欧洲史略》卷一一《西学启蒙十六种》,上海图书集成印书局1898年版,第3页。需要说明的是,上引《地理全志》与《欧洲史略》关于彼得即位的时间有误,彼得于1682年被推立为沙皇。

㉓ 依艾约瑟自序,《西学略述》应完成于1885年。艾约瑟:《西学略述》卷六《俄立国辟土原委》,《西学启蒙十六种》,第6页。

㉔ 参见来新夏《林则徐年谱长编》上,上海交通大学出版社2011年版,第452页。

㉕ 林则徐:《俄罗斯国总记》,《林则徐全集》第10册"译编",海峡文艺出版社2002年版,第112页。

㉖ Hugh Murray, *An Encyclopedia of Geography: Comprising a Complete Description of the Earth, Physical, Statistical, Civil and Political; Exhibiting its Relation to the Heavenly Bodies, its Physical Structure, the Natural History of Each Country, and the Industry, Commerce, Political Institution, and Civil and Social State of All Nations*, London: Longmans, Rees, Orme, Brown, Green, & Longman, 1834, p. 797.

㉗ 参见方维规《论近现代中国"文明""文化"观的嬗变》,《史林》1999

年第4期;黄兴涛:《晚清民初现代"文明"和"文化"概念的形成及其历史实践》,《近代史研究》2006年第6期。

㉘ 魏源:《海国图志》卷二《筹海篇三》,《魏源全集》第4册,岳麓书社2011年版,第39—40页。

㉙ 欧罗巴人原撰,林则徐译,魏源重辑:《俄罗斯国志》,上海四马路乐善堂藏版,第1页。原书分卷一、卷二及"跋",页码均单独标注,此为原书跋文页码。原书未标识刻印时间,书末题有"安政二年己卯春三月"字样。

㉚ 斌椿:《乘槎笔记(外一种)》,湖南人民出版社1981年版,第40—41页。

㉛ 张德彝著,左步青、米江农点校:《欧美环游记》,岳麓书社1981年版,第72页。

㉜ 张德彝著,朱纯、杨坚校点:《随使英俄记》,岳麓书社2008年版,第701页。

㉝ 郭嵩焘:《伦敦与巴黎日记》,岳麓书社1984年版,第518—519页。

㉞ 崔国因:《出使美日秘国日记》卷四,光绪十六年八月初四日,《续修四库全书》第578册,上海古籍出版社1996年版,第86页。

㉟ 崔国因:《出使美日秘国日记》卷一三,光绪十八年十一月三十日,《续修四库全书》第578册,第301页。

㊱《申报》与《大公报》的此类史料较多,姑举几例。如《论本报纪比储出游事》,《申报》1897年9月17日,第1版;《书弭兵会章程后》,《申报》1899年6月5日,第1版;《中国维新第一要素》,《(天津)大公报》1902年8月14日,第1版;《吴挚甫先生招考说帖遗稿》,《(天津)大公报》1903年6月13日,第1版,等等。

㊲ 需要说明的是,前揭诸如《古今万国纲鉴》等传教士文本,已存在"变旧更新"等文字,但这并不是一个独立的改革故事,只是一个叙述元素而已。

㊳ 林乐知:《中西关系略论》卷一《论谋富之法》,美华书院1876年版,第15页。《论谋富之法》最初发表在1875年的《万国公报》。

㊴ 林乐知、严良勋译,李凤苞汇编:《四裔编年表》,上海图书馆整理:《江南制造局译书丛编·政史类》第3册,上海科学技术文献出版社2012年

版,第 386 页。

㊵ 参见邹振环《西方传教士与晚清西史东渐:以 1815 至 1900 年西方历史译著的传播与影响为中心》,第 154 页。

㊶ 参见王树槐《外人与戊戌变法》,上海书店出版社 1998 年版,第 1—122 页。

㊷《振兴工务》,《万国公报》1893 年第 54 册。

㊸《泰西近百年来大事记》后由上海广学会推出单行本,并更名《泰西新史揽要》。

㊹ 麦肯齐著,李提摩太、蔡尔康译:《泰西新史揽要》,上海书店出版社 2002 年版,"译本序",第 1 页。

㊺ 李提摩太:"弁言",《列国兴盛变通记》,《续修四库全书》第 1297 册,第 326 页。

㊻ 参见麦肯齐著,李提摩太、蔡尔康译《泰西新史揽要》,第 333—335 页;李提摩太:《列国兴盛变通记》,第 328—330 页。

㊼《俄朝述略》最初发表于 1890 年的《时报》。李提摩太:《时事新论》卷二《俄朝述略上》,上海广学会 1894 年版,第 4—5 页。

㊽ 梁启超:《论不变法之害》,张品兴主编:《梁启超全集》第 1 册,第 11 页。

㊾ 古城贞吉译:《俄皇游历欧洲》,《强学报 · 时务报》第 1 册,中华书局 1991 年版,第 595 页。

㊿ 关于古城贞吉来华时间及其与《时务报》"东文译报"栏目之间的关系,可参见沈国威《近代中日词汇交流研究:汉字新词的创制、容受与共享》,中华书局 2010 年版,第 363—402 页。

(51) 约翰巴罗著,周逢源译述:《俄皇大彼得传》,《知新报》1898 年第 43 册。

(52)《俄彼得中兴记》,《知新报》1898 年第 72 册。

(53) 该书以军事战争为主要线索讲述俄国史,呈现的彼得是一位讲求武备征伐、开辟疆土的雄主。如序言选取彼得事迹,"幸有俄属罗曼懦非家人,起兵克敌,复取保罗的海岸,建造巨城迁都焉,称彼得城",即为一缩影。这与当时康有为等人的挪用与书写很不一致。参见徐景罗《历代总略》,阚斐迪译:《俄史辑译》第1册,益智书会1888年版,“序”,第3页。

(54) 关于《俄彼得变政记》的史源分析,可参见刘芹《王树枏史学研究》,第90—93页;潘光哲:《创造近代中国的“世界知识”:回顾与思考》,《北华大学学报》(社会科学版)2017年第6期,第22—23页。

(55) 刘芹认为这处描述是康有为因袭自王树枏《彼得兴俄记》,这种说法并不确切,实际上王、康二人有共同的史源《泰西新史揽要》。参见康有为《俄彼得变政记》,姜义华、张荣华编校:《康有为全集》第4集,中国人民大学出版社2007年版,第35—36页;麦肯齐著,李提摩太、蔡尔康译:《泰西新史揽要》,第332页;刘芹:《王树枏史学研究》,第91—92页。

(56) 分别参见康有为《俄彼得变政记》,姜义华、张荣华编校:《康有为全集》第4集,第37页;麦肯齐著,李提摩太、蔡尔康译:《泰西新史揽要》,第334页。

(57) 分别参见康有为《俄彼得变政记》,姜义华、张荣华编校:《康有为全集》第4集,第40页;麦肯齐著,李提摩太、蔡尔康译:《泰西新史揽要》,第336页。

(58) 与康“制作”手法相似的还有王树枏的《彼得兴俄记》,此处暂不赘述,后文再作探讨。

(59) 康有为:《为译纂〈俄彼得变政记〉成书可考由弱致强之故呈请代奏折》,姜义华、张荣华编校:《康有为全集》第4集,第26—27页。

(60) 康有为:《进呈〈俄罗斯大彼得变政记〉序》,姜义华、张荣华编校:《康有为全集》第4集,第35页。

(61) 康有为:《上清帝第三书》,姜义华、张荣华编校:《康有为全集》第2集,第75页。

(62) 参见孔祥吉《康有为变法奏议研究》,辽宁教育出版社1988年版,第338页;孔祥吉编著:《康有为变法奏章辑考》,北京图书馆出版社2008年版,第172页。

(63) 康有为:《为译纂〈俄彼得变政记〉成书可考由弱致强之故呈请代奏折》,姜义华、张荣华编校:《康有为全集》第4集,第26页。

㉞ 参见茅海建《从甲午到戊戌：康有为〈我史〉鉴注》，生活·读书·新知三联书店2009年版，第307页。

㉟ 参见孔祥吉《康有为变法奏议研究》，第341—342页；孔祥吉编著：《康有为变法奏章辑考》，第172—173页。

㊱ 康有为：《上清帝第七书》，姜义华、张荣华编校：《康有为全集》第4集，第29页

㊲ 冯桂芬：《制洋器议》，《校邠庐抗议》，上海书店出版社2002年版，第50页。

㊳ 郑观应："游历"，《盛世危言》，夏东元编：《郑观应集》上册，上海人民出版社1982年版，第381页。

㊴ 同上书，第381—382页。

㊵ 陈忠倚辑：《皇朝经世文三编》卷一八《议院十难》，来新夏主编：《清代经世文全编》第82册，学苑出版社2010年版，第266页。

㊶ 《书本报纪力图自强后》，《申报》1900年5月9日，第1版。

㊷ 《得气之先》，《申报》1901年10月8日，第9版。

㊸ 张之洞：《劝学篇·外篇·游学第二》，上海书店出版社2002年版，第38页。

㊹ 同上。需要说明的是，事实上，彼得对欧洲各国的考察前后只有一年多的时间。

㊺ 张之洞：《劝学篇·外篇·游学第二》，第39页。

㊻ 成本璞：《九经今义自叙》，《湘报》报馆编：《湘报》（下），中华书局2006年版，第1327页。需要说明的是，《九经今义》现有清末长沙刻本，收于《四库未收书辑刊》，但未注明刊印的具体时间，只知《自叙》发表于1898年的《湘报》。从《自叙》介绍正文内容而言，正文完成应不晚于《自叙》登报，据此推测，该书很可能作于1898年。另外，收于《四库未收书辑刊》的《九经今义》有28卷，但无《自叙》。

㊼ 成本璞：《九经今义》卷一《周易上》，《四库未收书辑刊》第4辑第10册，北京出版社2000年版，第393页。需要说明的是，将彼得美化到如此程度，并不客观，也不可取。

⑦⑧ 成本璞：《九经今义》卷一《周易上》，第396页。
⑦⑨ 王树枏：《彼得兴俄记·序目》，光绪二十二年陶庐丛刻本，第1页。
⑧⓪ 同上。
⑧① 王树枏：《彼得兴俄记·记游历》，第5页。
⑧② 王树枏：《彼得兴俄记·记商务》，第10页。
⑧③ 同上书，第11页。
⑧④ 参见刘芹《王树枏史学研究》，第86—93页。
⑧⑤ 参见中华书局编辑部编、刘泱泱审订《俄罗斯种类考》，《唐才常文集》，中华书局2013年版，第213—216页。
⑧⑥ 郭实猎：《古今万国纲鉴》卷八《罗马国史》，第32、34页。
⑧⑦ 分别参见徐继畬《瀛寰志略》卷六《意大里亚列国》，第182—183、190页；何秋涛：《朔方备乘》卷二八《俄罗斯奉天主教之始》，《中国边疆丛书》第2辑17,（台北）文海出版社1972年版，第581页；王之春：《国朝柔远记》卷三,（台北）华文书局1968年版，第143页。
⑧⑧ 中华书局编辑部编，刘泱泱审订：《意大利种类考》，《唐才常文集》，第202页。
⑧⑨ 康有为：《上清帝第七书》，姜义华、张荣华编校：《康有为全集》第4集，第29页。
⑨⓪ 同上书，第18页。
⑨① 康有为：《为译纂〈俄彼得变政记〉成书可考由弱致强之故呈请代奏折》，姜义华、张荣华编校：《康有为全集》第4集，第27页。
⑨② 康有为：《进呈〈俄罗斯大彼得变政记〉序》，姜义华、张荣华编校：《康有为全集》第4集，第35页。
⑨③ 康有为：《为译纂〈俄彼得变政记〉成书可考由弱致强之故呈请代奏折》，姜义华、张荣华编校：《康有为全集》第4集，第27—28页。
⑨④ 分别参见康有为《俄彼得变政记》，姜义华、张荣华编校：《康有为全集》第4集，第35—36页；麦肯齐著，李提摩太、蔡尔康译：《泰西新史揽要》，第332页。
⑨⑤ 康有为：《俄彼得变政记》，姜义华、张荣华编校：《康有为全集》第4

集,第 37 页。

(96) 同上。

(97) 同上书,第 35 页。

(98) 林乐知译,范祎述:《俄皇大彼得传略并序》,《万国公报》1902 年第 159 册。需要说明的是,这段小序虽并未注明是林乐知还是范祎所写,但传记正文附有大彼得遗诏,并有按语说明该遗诏是"《中东战纪本末》原译本"。《中东战纪本末》由林乐知译、蔡尔康纂辑而成,而传记序文又有"取旧译大彼得遗诏十四则"之语。由此可以推断,这段小序出自林乐知之手。

(99) 梁启超:《新民说》,张品兴主编:《梁启超全集》第 2 册,第 667 页。

(100) 铁血生:《俄皇彼得》,《选报》1902 年第 8 期。

(101) 剑公:《俄皇彼得》,《选报》1902 年第 11 期;又见高旭《俄皇彼得》,郭长海、金菊贞编:《高旭集》,社会科学文献出版社 2003 年版,第 337 页。

(102)《泰西历史演义》自 1903 年开始在《绣像小说》连载,彼得兴俄载于 1904 年的第 29—38 期。

(103) 洗红庵主演述:《新编泰西历史演义》卷七,《绣像小说》1904 年第 34 期;又见商务印书馆编译所著辑《泰西历史演义》第 32 回,商务印书馆 1906 年版,第 178—179 页。

(104) 洗红庵主演述:《新编泰西历史演义》卷七,《绣像小说》1904 年第 34 期;又见商务印书馆编译所著辑《泰西历史演义》第 32 回,第 181 页。

(105) 关于"文明—野蛮"与"夷—夏"关系,参见黄兴涛《晚清民初现代"文明"和"文化"概念的形成及其历史实践》,《近代史研究》2006 年第 6 期。

(106) 王国维:《欧罗巴通史序》,箕作元八、峰岸米造著,徐有成等译:《欧罗巴通史》第 1 册,上海东亚译书会 1901 年版,第 2—3 页。

(107) 箕作元八、峰岸米造著,徐有成等译:《欧罗巴通史》第 3 册,第 103 页。

(108) 需要说明的是,片面强调彼得改革的历史作用,抹杀彼得以前的俄罗斯历史,是不可取的。

(109) 小川银次郎著,樊炳清、萨端译:《西洋史要》第 3 期,上海金粟斋 1901 年版,第 23 页。值得注意是,"开化其民"一语并非出自日文原本《西洋史要》，是樊炳清、萨端在翻译中的添加。参见小川银次郎《西洋史要》，金港堂1989年版，第222页。

⑩ 参见李孝迁《西方史学在中国的传播(1882—1949)》，华东师范大学出版社2007年版，第28页。

⑪ 作新社编译：《万国历史》，上海作新社1902年版，第161—162页。

⑫ 家永丰吉、元良用次郎著，邵希雍译：《万国史纲》，上海支那翻译学社1903年版，"凡例"，第1页。

⑬ 同上书，第211页。

⑭ 同上书，第212—213页。

⑮ 同上书，第214页。

⑯ 本多浅治郎著，湖北兴文社译：《西洋历史参考书》，群益书社1906年版，第262—263页。

⑰ 同上书，第265页。

⑱ 同上书，第263页。

⑲ 译序将之称为《高等西洋史教科书》。本多浅治郎著，熊钟麟译：《汉译西洋历史》，导文社1910年版，"高等西洋历史教科书序"，第1页。该书又有百城社译本，译文略有差异。参见本多浅治郎著、百城书舍编译《汉译西洋历史》，商务印书馆1915年版。

⑳ 本多浅治郎著，熊钟麟译：《汉译西洋历史》，第363页。需要说明的是，彼得改革不包括政治制度，而只涉及军事、科技、实业、教育、宗教等层面，因此书中"一切制度尽效西欧"的观点是有失偏颇的。

㉑ 本多浅治郎著，熊钟麟译：《汉译西洋历史》，第327页。

㉒ 松平康国著，作新社译："后编"，《世界近世史》，上海作新社1902年版，第184页。

㉓ 同上书，第189—190页。

㉔ 同上书，第196页。

㉕ 二书原文分别为："He planted throughout his vast empire the seeds of Western civilization, and by his giant strength lifted the great nation which destiny had placed in his hands out of Asiatic barbarism into the society of the European peoples。""播西方文明之种子于其国,使其国由亚细亚之野蛮一跃而入欧洲之群。"参见 P. V. N. Myers, *A General History for Colleges and High Schools*, Boston, U. S. A., and London: Ginn & Company, Publishers, 1892, pp. 633 - 639;松平康国:《世界近世史》,东京专门学校出版部 1901 年版,第 250—266 页。

⑫ 经章可的比对辨析,《迈尔通史》即为 *A General History for Colleges and High Schools*。关于原书名另有不同说法,齐思和写作 *Meyers: General History of World*,李孝迁则写为 *Myer's General History*,参见章可《中国"人文主义"的概念史(1901—1932)》,复旦大学出版社 2015 年版,第 69 页;齐思和:《近百年来中国史学的发展》,《燕京社会科学》1949 年第 2 卷,第 17 页;李孝迁:《西方史学在中国的传播(1882—1949)》,第 32 页。

⑫ 迈尔著,黄佐廷口译,张在新笔述:"序",《迈尔通史》,山西大学堂译书院 1905 年版,第 2 页。

⑫ 参见章可《中国"人文主义"的概念史(1901—1932)》,第 72 页。

⑫ 迈尔著,黄佐廷口译,张在新笔述:《迈尔通史·近世记》卷二,第 38 页。

⑬ 小川银次郎著,樊炳清、萨端译:《西洋史要》第 3 期,第 23 页。

⑬ 同上书,"绪言",第 1 页。

⑬ 天野为之助著,吴启孙译:《万国通史》,文明书局 1903 年版,第 97 页。

⑬ 同上书,第 98 页。

⑬ 同上书,第 99 页。

⑬ 同上书,第 98 页。

⑬ 文明书局编译:《蒙学外国历史教科书》下册,文明书局 1905 年版,第 42—43 页。

⑬ 濑川秀雄著,章起渭编译:《西洋通史》第三编,商务印书馆 1910 年版,第 28—29 页。

⑬ 同上书,第 30 页。

⑬ 彼得·伯克著,贾士蘅译:《知识社会史:从古腾堡到狄德罗》,(台

北)麦田出版社2003年版,第289页。

⑭ 参见F. R.安克施密特著、田平原理译《叙述逻辑——历史学家语言的语义分析》,大象出版社2012年版,第101—103页。

⑭ 参见罗志田《中国文艺复兴之梦:从清季的"古学复兴"到民国的"新潮"》,收入氏著《裂变中的传承:20世纪前期的中国文化与学术》,中华书局2003年版,第83页。

语言、知识与政治文化：
"意识"的概念史（1890—1940）*

韩承桦

摘要： 本文研究"意识"在近代中国的语境中，如何从一个"新名词"，转换为能扰动政治文化氛围的"关键词"。这段语言、观念演化的历史过程，牵涉甚广，包括东亚各国文化交流所带起的翻译活动，因文化互动而逐渐生成的新知识/学科及新思想、新观念，以及政治、社会环境对于语词内涵及适用性的多方影响。要言之，"意识"的概念成形和转变，是在"被翻译的现代性"与"政治目的之挪用"两条脉络交织下完成。而这段概念历史变迁所凸显的，即语言和历史环境的互动关系，是属于近代中国历史场景的特色。

关键词： 新名词，概念史，意识，心理

韩承桦，台湾大学历史学研究所博士，现为台湾佛光大学历史学系专案助理教授

---

* 本文曾以《意识：从"学术"到"政治"场域的概念挪用（1890—1949）》刊登于《东亚观念史集刊》第2期。现在的版本经笔者修改、校正，增补近代英华字典相关资料，且增写晚清心理学知识译介与传播的概况，并改写了第四节"成为政治修辞"的内容，将文章论点修改至较为完备。

一、前　　言

人类的"意识"究竟从何而来？这一直是个困扰科学和哲学研究者的难题。"意识"，关系到人类对自我及外界认知、感观，仿如我们于世间从事各种思想或物理性行为的基本机制。近百年来，从事哲学、心理学、脑神经/认知科学者，皆想揭开这个启动人类大脑、心智的触媒。甚如当代知名神经科学家达马吉欧（Antonio Damasio），在《意识究竟从何而来：从神经科学看人类心智与自我的演化》（*Self Comes to Mind: Constructing the Conscious Brain*）这本讨论"意识"机制于人类演化史中形成的科普书籍里，还打趣地征引20世纪美国小说家费兹杰罗（Francis Scott Key Fitzgerald, 1896－1940）中篇作品《一颗像利兹饭店那么大的钻石》（*The Diamond as Big as the Ritz*）的一句话"第一个创造意识之人所犯的罪是大罪"，藉以反衬出，在神经科学家看来，"意识"之形成，绝对是人类生命演化中最为关键的变化。[①]然而，换个角度想，费兹杰罗这句话，在近代中国的语言文化史脉络中，又可作另种解释，或许更切合费氏原意：对于人类"意识"官能及影响之发现，恐为大罪。

"意识"一词及概念的成形、转变，反映了近代中国知识人理解人类以"自我认知"/"认同"为基点、向外展延认识外界人事物的经过。这一过程仿如同心圆般，逐步向外展延，由自我认识进展至区别、分辨各类群体、阶层、族群，进而筑造排他性认同感。这是"意识"这个词汇在20世纪中国由"新名词"转变为"关键词"的历史变化。这牵涉词汇的概念内涵及其指涉对象。要言之，"意识"在当时中国的历史环境里，即如论者研究俄罗斯革命时期的语言、符号，可视为一种"定义性语言"（defining language）。[②]由这套语言筑成之言说和概念化描述的工具，被时人用以说明、描写己身状态以及外在事物，特别是由个人思想、感知推及至小型群体、社会阶层、民族类别等区隔化状态。显然，"意识"的变化，实反映了语言转为政治、思想文化之工具的可能性。

此种词汇、概念的逐层转化，在20世纪中国的历史环境中，受到来自政治、社会、思想文化多方因素交织影响所致。沾染多重色彩的词汇，自然吸引了时论者的注意，特别是如"意识"这类新名词。1936年，当时身兼《文学季刊》《清华周刊》《益世报》几种刊物文学专栏主、副编辑的李长之(1910—1978)，在多是刊登幽默小品文的《宇宙风》上，登载了一篇《说意识》。李长之仔细爬梳"意识"的由来、定义和国人使用的语境。以心理学定义为基础，"意识"是让个人随即知晓"关于一个个体的一切经验的总和"。进者，李氏还指出从个人意识发展为认同感的过程。所谓意识，就是指个人所拥有的某种"自觉"，这是由"教养、个性、情感、传统、习惯……"所铸造成的一种"偏见"。以"偏见"为底，进而形成"认同感"。因此，个人意识、团体意识、国家意识、民族意识、阶级意识等，皆为这种"自然地，从人内心中产生的偏见"，进而转成的对自己所处时空环境下之"认同感"。③当"认同感"成形，"意识"自然成为时人"以言行事"、激发内聚/排他性的语言、思想工具。这也反映了，李氏提笔行文之时，恰好就在民族、国家、社会阶级问题交相侵扰的时空环境中。

打造这套言说工具，概有两条脉络：心理学研究的学术理论、个人对他者所产生的偏见及对抗感。后者更是立基于前者之知识资源所做的延展性论述。也就是说，1930年代的社会大众，对于"意识"的理解和运用，是在能理解基本的心理学知识原理后，将这个新词汇从原初的学术场域，挪用至政治、社会、思想文艺的场域。此般转变对李长之而言，似乎是困扰多于其他感受的。我们现在重读《说意识》一文，即可约略嗅出他试图通过说文解字之法，批评这个新词汇于是时被中国社会滥用，从而制造各种对立的情况。《宇宙风》的创办人林语堂（1895—1976），也肯定李长之的评论，他特别于该文末加注一段按语，说明当时"新进文人"在不知"其所何指"的情况下，就大量运用这类新名词为其文论点缀"摩登"之意，于是，各类环绕着"意识"而生成的词汇、言说，就如"时行烂调"般，充斥于20世纪20、30年代的中国社会。④林氏言中"烂调"实间接说明了，欲理解一个新词汇的影响程度/面向，研究者必须进入各方论者视野里，观察词汇于各类文脉、语境、论述目的中被使用的确实情况，才能深入理解这套语言、概念工具的实际样貌及效度。

本文之宗旨，即是在近代中国政治、社会文化层理中，寻觅语言、概念流衍转迁的历史轨迹。以"意识"为主题，描写晚清时际的"新名词"如何转化为"关键词"，从而型构为一套时人认识、描绘自我及世界所习用之语言工具。语言是人类言说、指涉、认知的基本工具，诚如论者指出，语言符号、人、社会文化结构之间，存在着一种"共变"关系。⑤这是三个相互交织、影响的因素。一个社会的文化景观若然改变，语言系统亦有随之改换的可能与必要，反之亦然。就犹梁启超（1873—1929）所言："一新名物、新意境出，而即有一新文字以应之。"⑥以"意识"为例，其概念在近代中国各类语境中逐渐被建构的历程，就牵涉了中国传统身体文化、佛经翻译、心理学/社会心理学这门西学新知，及其与政治社会文化交织互动的几条复杂线索。追索这些语言发展的线索，本文在考察"意识"的词汇、概念问题时，拟借鉴德国"概念史"的研究取径，采取"语义场域"的角度，同时注意基本词汇与其他关联、平行词汇相交涉的情形。⑦于此，我们便可将当时"意识"一词所涉及的各类语言材料重新脉络化，观察在由不同语言、概念意涵构筑成的场域里,词义如何逐层转迁乃至定型,进而描述新名词如何于近代中国逐渐成形并发展成一套论述、话语系统的过程,及其反映的特殊政治与社会文化风貌。

二、成为新名词:从近代汉字文化圈中诞生的"意识"

"意识"的词汇、概念内涵在近代中国逐渐生成、定型的过程,大体是在近代汉字文化圈的场域内展开。这部分牵涉了,传统汉字词汇在原生语境里的样态,以及单一语汇向外传播后遇到的日本借用汉字词翻译西方新词汇产生的文化转译。这段过程呈现了,一个古汉语名词如何被日本语言使用者挪用对译一个西方词汇,转为另一具有特殊知识、学理意涵所指的新名词,重新回到中国本土语境。诚如刘禾在《跨语际实践》中关于近代汉语新名词的研究统计、归类,"意识"即是这种跨越传统汉语、近代日本、西方三种相异语境,转为对译英文"consciousness"后再回到近代中国语言场域的"回归的书写形式外来词"。[⑧]而近代东亚区域内部思想、文化转译交流和概念变迁的多重痕迹,即是镶嵌在这类新词汇上。由此可见,梳理"意识"这个新名词的故事,可帮助我们理解语言跨越国境藩篱的过程和影响,后者更是包括语言自身及其对应之世界。

就"意识"一词来论,大概有两条线索应注意。首先,最重要的就是古汉语语境里的"意识",怎么与西方词汇"consciousness"建立起词汇、概念上的翻译关系。由此可推出第二条脉络,"consciousness"传入汉字文化圈时,语言沟通者或是语言工具资源的制造及使用者,选择哪些汉字词作为对译词,使之完成词汇与概念的"等价交换"。本节即处理这两条线索,通过考察"意识"的词汇史,试图呈显语言跨越国界并与外来西方因素接轨的历史过程。

传统汉语语境里的"意识",在还未接触西方新学"consciousness"之前,就已是表达感知、思虑之意的词汇。在古典汉籍文献和佛学经典翻译的材料里,皆为如此。譬如,我们通过"汉籍电子文献"可查找出,汉代王充(27—97)在《论衡·实知》中写道:"众人阔略,寡所意识,见贤圣之名物,则谓之神。"⑨又如《北齐书·文宣帝纪第四》:"高祖尝观诸子意识,各使治乱丝,帝独抽刀斩之,曰:'乱者须斩。高祖是之。'"⑩再如《北齐书·列传第二十三》中一段描写人类性情的语句,使用"意识"一词:"贤弟弥郎,意识深远,旷达不羁,简于造次,言必诣理,吟咏情性,往往丽绝,恐足下方难为兄,不假虑其不进也。"⑪细究这三条史料的语境,"意识"均被用以指涉人的感觉、思虑等概念。第一条"寡所意识",应是表达了人主动去感觉外在事物之意涵。第二、第三条史料,"诸子意识"和"意识深远",则为指涉人类思绪、想法的意思。

在另一类史料,即近代以前的佛经书写文字里,也可常见"意识"这个词汇。这部分多半出自佛教体系里专门处理自我对于外在世界之感知和关联性的"唯识学"。在这套知识系统里,人对于外界感知的发起及变化,大致被分成眼识、耳识、鼻识、舌识、身识、意识这六个部分,以及更深层的第七"末那识"与第八"阿赖耶识"。⑫如后秦弘始年间翻译出版的《佛说长阿含经》卷第八《第二分散陀那经第五》中述及:"谓六识身:眼识身,耳、鼻、舌、身、意识身。"⑬经文中的"意识",是有别于眼、耳、鼻、舌、身的第六识,它对外界尘世起的反应,不仅止于色、声、香、味、触,而是具有认识、分别现象的作用。⑭此外,在其他经文里还有诸如"五俱意识""独头意识""明了意识""定中意识"等与"意识"相关的词汇,意思皆不离原词汇的概念。概而论之,"意识"一词在佛经中指涉的,大要是指人类对于外在世界发生感知的心理活动,它是在结合前五识活动之基础下诞生的。[15]不过,值得注意的是,"意识"一词其实是当时为翻译原文经典如梵文或其他文字所用的汉字词。"意识"除对应梵文 mano-vijñāna 外,亦常出现在其他佛典的行文脉络里,并可能产生不同意涵。这个牵涉梵文佛经中译的议题,此处还未能完全处理,也非本文主旨。惟想于此点出的是,"意识"在传统汉语材料里,整体来说就是指涉人类对自身所处之环境,或对己身以外之事物的感知,以及此感知在人身上所形成的思绪或想法。

"意识"产生词义层面的近代转折,是和"consciousness"建立稳定的翻译关系之后,它成为一个承载特定知识意涵、指涉的词汇。欲理解两种语言翻译关系的建立过程,双语辞典是个适切的观察面。诚如论者所言,双语辞典的主要任务就是提供概念和词语的"等价交换"。自 16 世纪起,耶稣会士为了在中土顺利推展传教事业,便已知道必须编纂让外语人士可资利用的汉英/英汉双语辞典,惟此时之成果最后未能正式刊行。至 19 世纪以降,才由苏格兰传教士马礼逊(Robert Morrison, 1782—1834)开启一系列英汉文双语字、辞、韵书典的编写和出版工程。[16]本节即由此来观察,当时这批来自西方语言环境的传教士,在寻找、创建一个或多个字词、词群作为译写西文"consciousness"的语言工具时,会做哪些"选择"。而关于"consciousness"一词的概念,查阅《牛津英语辞典》(Oxford English Dictionary)即可知悉,其意涵就分为两个层面:其一为人类心理对于事物之感知的状态或事实;其二即为现代哲学和心理学面向的,指对于外在世界所产生之想法、感觉和意志的官能,是 17 世纪左右逐渐出现的。[17]此见,"consciousness"的意涵概可归类为,人类对于外在事物的感觉、想法和思维;且是由"心理"这个"看不见的"官能所形成的。这两种层次概念在中文语词/语境里的逐渐成形,反映了这段汉外语言、概念交流、接榫的历程和成果;和汉字文化圈于近代以来,受西方、现代因素介入、影响所产生的变化。

由"人心"的各类活动来触发、制造对外界的感知,此般思考理路可在几部西国传教士编纂之英华/华英辞典里寻得。我们利用中研院近史所的"英华字典数据库"查询,即可得出几部辞书所构成的翻译词汇从多个词汇选择逐渐转变、终至固定的发展线索。而辞书编纂者在翻译"consciousness"的几种选择,始终不脱于"心"之词群的范畴,也显示了一定程度的特定考虑。首先,英国伦敦传道会牧师麦都思(Walter Henry Medhurst, 1769—1857)于1847年编辑、由上海墨海书馆(London Missionary Society Press)出版的《英华字典》(English and Chinese Dictionary),里头就有收录"consciousness",麦都思使用"自知之心"作为译应词汇。这个汉译词的选择,或许显示了麦都思的汉语水平确实到达一定程度。"自知"一词应是来自一个早期的典故,汉代以前的文献《老子》,就有"知人者智,自知者明"的用法。而麦氏的用法,则是在"自我明了、认识"的概念上,加入"心"的元素,强调了这般认识官能是由"心"来引发。[18]

在同样语词脉络下翻译"consciousness"者,在此后的几部双语辞典中皆可见到。而且是以"近义译词群"的形式,为学习汉文的外语人士,提供多个可供选择的词汇。[19]1866—1869年,德国籍传教士罗存德(Wilhelm Lobscheid, 1822—1893)编写、出版四册的《英华字典》(English and Chinese Dictionary, with the punti and mandarin pronunciation),为"consciousness"搜集的译词群就有"自知者""知者""心内知者""自知之心"。[20]颇为明显的是,这个英语词条的对应词汇群,是旧词和新创译词并用,而罗存德的"选择"仍未超出前面辞典编纂者划定的范畴。四个译词所勾勒的中文语意/语境是:以自我作为感知的主体,这部分又特别是从心理所萌发的感官功能。据研究者指出,罗存德这四册的《英华字典》,因其于1969年末遽然返欧,导致该书在中国境内的影响力较难评估。然而,更重要的是,罗存德得到了大量来自日本方面的订单,让这部双语辞书得以影响处于近代学术、知识转型,因西学而急于汲取英语资源的日本。[21]

再如1872年,美国公理会传教士卢公明(Justus Doolittle,1824—1880)编纂的《英华萃林韵府》(*Vocabulary and Hand-Book of the Chinese Language*),该书是在沿用、参酌多部前已出版之双语辞书的基础上纂辑而成的词汇集成。关于"consciousness"的中文译词,就很明显地与前举麦都斯之《英华字典》有延续性。卢公明选辑的中文词仍然是"自知之心"。该书另收录"conscious"这个形容词,相对应的中文词汇则有"自知""心内晓得""自觉""自知己罪""自反而正""自知有理"。值得注意的是,我们可以从环绕着"conscious"的翻译词中,辨别出一条线索,是中性不带价值判断的,《英华萃林韵府》从仅是叙述"人类心理自我认知"的状态,逐渐转向这样的"自我认知"是能辨析己身是无罪恶、有理据的,蕴含价值、道德判断的指涉词汇。和罗存德辞书的命运相似,《英华萃林韵府》也在日本学界获得较高程度的重视,这点在底下谈井上哲次郎的《订增英华字典》会再次提及。[22]

辞书的编辑工程,后出者多半会参照前人的成果,上举双语辞书针对"consciousness""conscious"所搜集的中文翻译词群,就透露了前后赓续的痕迹。像是广东的邝其照(1836—?),这位较早投入英汉语辞书编辑的中文工作者,其纂写之《华英字典集成》(*An English and Chinese Dictionary*)就是用"省人事""自知"来翻译"consciousness"。[23]相似的情况也发生在近代日本学界。1884年,由井上哲次郎针对罗存德四册《英华字典》所做的增订本《订增英华字典》出版。这是在罗氏辞书的基础上,参照卢公明《英华萃林韵府》及其他辞典的词汇,并酌加井上新造译词,重编而成。[24]对于

"consciousness"的中文译词,井上氏则未有任何增订、修改。这个词条的中文译词,是完全照搬罗存德的创见,以"近义译词群"的方式,收录"自知者""知者""心内知者""自知之心",作为英词的译解。[25]这几部出版于19世纪前半期的双语辞书,呈现了"consciousness"首次在中文语境被他人尝试理解和翻译的情况。几本字典所搜集的译词群,概是勾勒出"一种从心理发展形成,使自我能明了、知悉、辨别的官能"的概念意涵。此见,这些熟习汉文的外语人士,是如何从英语的脉络出发,就其所了解、掌握的汉文,包括一些典故的使用,创制译解。而这个"consciousness"的中文译词该是什么的问题,亦凸显了英华/华英双语辞书在汉字文化圈内的流通痕迹和影响。

不过,很明显的是,"意识"并未在他们思索翻译"consciousness"的词汇选项时,进入外籍人士的视野里。无论是单一词汇或是词群,皆未见到他们挑选这个在概念意义上实为相近的传统汉语词汇。究其实,自19世纪后半期始,"意识"已是各论者经常使用的词汇。而这多线的语言/语境脉络所呈现的,有部分仍延续前述佛学典籍的文字脉络,部分则涉及了西方现代医学、身体观念的解释。此外,这阶段最为关键的发展,就是随着多种西方知识译介进入中国,"意识"一词渐与西学内容交织在一起,逐步建立起和"consciousness"对应的主、客语言对译关系。当然,这个环节还是由近代日本学术界提供了关键的助力。此见,"意识"在近代汉字文化圈里的发展、转折,实更反映了中国、日本与西方世界三边文化、观念、知识体系在接触的过程中,于语言、词汇、概念上所造成的影响。以下,我将通过谭嗣同(1865—1898)的《仁学》,以及章炳麟(1869—1936)、梁启超、蔡元培(1868—1940)和严复(1854—1921)在这段知识及语言交流历史中的实践,说明"意识"一词的近代转折。

首先要谈的例子,是谭嗣同在1896年写成的小书《仁学》。这本标举以"仁"为中心观念的论著,汇集了谭氏对宗教的关怀,以及在政治与文化议题上日趋激烈的态度。书里交织了宋明儒学的宇宙观、诸子思想以及佛学思想这三条主线,并辅以些许西学为全书之思想资源。㉖相较于本文关注的"意识"一词,《仁学》里最引人注目的词汇,应为他大量使用的"以太"(ether)和电、光、质点、热力等科学名词。"意识"的出现,则属于谭氏从佛学角度进行诠释时所作的挪使。他与佛学的接触并非突然,谭氏在撰写《仁学》的时候,一边还跟着近代著名佛学居士杨仁山(1873—1911)研读佛学。在大乘佛教的影响下,谭嗣同特别注重儒、佛二家学说在"心学"的会通。㉗

故此,我们在《仁学》里读到有"意识"的词句,大多是在佛学思想或是佛儒互释的脉络中。如《仁学》第二十五段,讨论世间之生灭起微,谭氏便述及"执生意识",会造成人类眼下所见之"成相"。㉘此处,"意识"就是人类之所以能够辨别外物之"相"的起因。表述相似意思的文句,又出现在书本末段:"自有众生以来,即各各自有世界。各各之意识所造不同,即各各之五识所见不同。"㉙此处的"意识"与前例相近,亦如"意识"出现于佛经时,表述人对世界的感觉。至于儒佛互释的情况,亦有一处,谭氏尝试将《大学》的"格物致知,正心诚意",与大乘相宗的"转识成智"连结在一起。他直接指出"《大学》盖唯识之宗也",接着依序谈了第七、第八识,在第六识"意识"的部分,谭嗣同直言:"第六识转而为妙观察智,《大学》所谓致知而知至也。"很明显,谭氏是将佛学里的第六识"意识",直接等同于儒家经典《大学》所述何以成人的环节"致知"。此处的文字脉络和逻辑,是让"意识"从佛家经文里意指"感知"、人类可观诸法相的"妙观察智"之义,转入《大学》的脉络里,让佛教之"意识"和儒学"致知"的概念联系在一起。于此,

"意识"在谭嗣同此处的文脉中,还添加了"知识获得"一意。[30]

《仁学》中的最后一个例子,凸显了谭嗣同对于"意识"的认知和运用,还涉及了身体及医学知识的脉络。谭嗣同在叙述人类对外界外物产生感知,从而在人与人之间制造出各种隔阂的过程中,"脑气"和"意识"就为关键的官能:

> 脑气之动,殆正类此。其动者,意识也;大脑之用也。……夫脑气动法,既万有不齐,意识乘之,纷纭而起。人与人,地与地,时与时,事与事,无所往而不异,则人我安得有相通之理?凹凸力之为害,即意识之为害也。今求通之,必断意识;欲断意识,必自改其脑气之动法。外绝牵引,内归易简,简之又简,以至于无,斯意识断矣。意识断,则我相除;我相除,则异同泯;异同泯,则平等出;至于平等,则洞澈彼此,一尘不隔,为通人我之极致矣。佛氏之言云:"何是山河大地?"孔氏之言曰:"何思何虑?"此其断意识之妙术,脑气所由不妄动,而心力所由显,仁矣夫![31]

我们可以看到,他指出人我间无法相通之障碍,其因皆出于人的"脑气",当"脑气"开始运作,"意识"便会连带生成。各色各样的"意识",构成人类对外界任何人、地、时、事之"我相"的形成。也就是此一"我相",恒亘在人我之际。必须断绝"意识",才能破除"我相",做到如佛、孔二氏对自然景物、人心思虑皆一视平等的境界。

这个例子显现了"意识"被谭嗣同从佛经、儒学脉络移用来描述人类大脑的认识活动。于此,为人类感知外界的官能"意识",就为人体"脑气"所触发。此处的"脑气",应为近代时人翻译"nervous""nervous system"所用的词汇,"脑气筋"也就对应现所通用的"神经"。[32]谭氏此论所反映的,是身体、医学知识于明清两代以降历经的,从"心"到"脑"两者地位和功能的互换,到逐渐理解"大脑"为全身之主,以及"脑"和"神经"的功能的转变。[33]这样的转变,不单单是医学知识层面的突破与改换,还通过医药商品的商业广告,譬如"艾罗补脑汁"这类药品所激发之补脑的政治和消费文化进行转变。晚清的各种实践都显示出人们逐渐意识到"大脑"才是人体体质、行动优劣之关键的认识。[34]此见,"脑气""脑气筋"已渐成为国人常用的词汇,它们在《仁学》中的出现反映了谭嗣同这代知识分子,已然接受西方医学中关于大脑的知识。因此,"意识"在这段文字脉络下,其实是被放在儒学、佛教和中西医学交流三种语境共构的文段内。"意识"是大脑运作时的产物,是制造各种"我相"的主要因素。最终,为了"成仁",谭嗣同必须通过断除"意识"的手段,显露人的"心力"。谭氏的笔调、思路,是在综合西方医学、身体和佛学知识的基础上,以传统思想为依归来著述。这部分和《仁学》整部书所呈现的特点,甚为相符。

在1900年前后,可以见到"意识"一词愈渐频繁地出现于知识分子笔下。大多数的语例,是在描述个体觉察事物时个人特定的、有目的之感知,以及自觉或不自觉的状态。譬如梁启超在《近世文明初祖两大家之学说》介绍笛卡儿（René Descartes, 1596—1650）学说中关于人类对事物之观察与理解时,指出"笛卡儿以为断事理者,意识之事也。见事理者,智识之事也"。梁氏是根据笛卡儿对知识二元论的思考,区辨"意识"与"智识"之于人类鉴察、判断、了解世界的功能。"意识"是觉察事理的基础起点,而"智识"则是在有限度的前提下,来理解世界。[35]在《新民说》中,"意识"被用以描述一个人的行为实践是否是自觉的状况,"有意识"和"无意识"就时常出现在文句内:"姑无论天然无意识之破坏,如前所历举内乱诸祸,必非煦煦孑孑之所能弭也。""用人力以破坏者,为有意识之破坏。""夫此等计算者，对于无意识之损害，可以用之。""夫孰知夫数十年来得延一线之残喘者，尚赖有此若明若昧、无规则无意识之排外自尊思想以维持之。"[36]这种描述个人是否具备既定想法之书写方式十分常见。再如以下几个例子："所谓有意识之生活，自立之一要道也。"[37]"而实行要必先立理论，无理论而有实行，为无意识的实行。"[38]多数的例子都透露了书写者通过"意识"一词，表达个体行为是否蕴含着特定思想、态度和目的。

"意识"大量涌现于清末言论界时，亦以一个日制新名词的角色，重新回到中国。此时，它已与英语"consciousness"完成词汇和概念的"等价交换"，成为早期语言学者王力(1900—1986)所言"来自西洋，路过日本"的新词汇。[39]这波新名词回流的趋势，自然是受1895年后，中国人留学日本汲取现代知识的风潮所致。"意识"和"consciousness"连结的建立，就牵涉心理学及其相关学科术语于近代日本的转译和发明。有论者指出，最早于1873年，就由明治时期致力于介绍西洋哲学的启蒙家西周(Nishi Amane，1829—1897)，创造了用"意识"(いしき)翻译"consciousness"的做法。[40]从明治早期的辞典就可看出，"意识"(いしき)很快就成为英词"consciousness" 的对等词。[41]进一步查询日本国会图书馆的资料即可发现，19世纪后半期，具现代学科意义的"心理学"逐渐在教育体系里建制完备。我们可以藉此发现一些书名为《心理学》《精神物理学》的课堂讲义，书里都有专章介绍"意识"之定义和内涵。[42]这部分的用语，应就是沿西文"consciousness"而来。也就是说，当"意识"从日本回到中国后，其所承载的意义，便多了一层西方特定学科、知识的概念。

在这波游日/留日热潮中，章炳麟的文论即可用来说明"意识"与"consciousness"对译关系的建立。1902年，章炳麟结束日本行返抵国门，是年随即翻译出版一本由日本社会学家岸本能武太

（Kishimoto Nobuta，1866—1928）撰写的《社会学》。这部书不仅揭示"意识"与"consciousness"的对译关系，也凸显了这是随着西学新知输入才能完成的成果。章炳麟在这本书的自序写道："社会所始，在同类意识，假扰于差别觉，制胜于模效性，属诸心理，不当以生理术语乱之。"而这是出于一位美国社会学者"葛通哥斯"的论点。[43]陆续有研究者指出，章氏笔下的"葛通哥斯"是美国倡导心理倾向的社会学学者吉丁斯（Franklin Henry Giddings，1855—1931）。章炳麟翻译的原本著者岸本能武太，即为近代日本社会学发展初期戮力提倡心理倾向社会学的研究者。[44]在此般学脉传衍下，心理学相关术语自然会出现在吉丁斯的论述、岸本能武太的原著和章炳麟的翻译本中。与"意识"相关的术语，就是章氏自序提及的"同类意识"。这是出于吉丁斯解释社会形构的三个心理层面之环节：同情心（sympathy）、同类意识（the consciousness of kind）、协同意志（concerted volition）。[45]而从序言文字就可看出，章炳麟对"the consciousness of kind"此概念之译介，就是在理解吉丁斯原意的基础上，使用"意识"和"类"的概念来转译。

　　章炳麟的翻译透露出，这趋于日本学术界的经历，让他在翻译新学术语的选择上，倾向日方的用词。此外还有一例，亦可说明当时部分知识分子使用的"意识"，确实是和制汉语。1906年，蔡元培翻译了日本哲学家井上圆了（Inoue Enruo，1858—1919）《妖怪学讲义》的总论部分，并由商务印书馆发行。此书旨在通过各种科学的角度，研究自然界的各种怪异现象。井上圆了将"妖怪"区别为"物理的妖怪"和"心理的妖怪"，前者是物质世界的现象，后者即为心灵世界。书中"哲学"的范畴里，有很大一部分是循心理学脉络进行讨论的，其中第七讲《说明篇第二》，就是以"意识"（いしき）为主体的论述。井上氏开头便说："それ心理现象の根基となり、诸知识の本素となるものは意识なり。"[46]蔡元培的译笔，则扣紧原文的要点，指出"夫为心理现象之根基，诸知识知本素者，意识也"。[47]在这里，日语"意识"（いしき）和中文"意识"的对译关系十分明确。换言之，蔡元培此处所使用的"意识"与前述章炳麟同，都为从日本流回的新式词汇。

上举两例展示了"和制汉语"如何经由知识传播和流通的管道，因着中国知识分子对于西学资源的渴求，通过他们的译笔输入中国语境。章炳麟和蔡元培代表的是以日本作为获取知识之渠道，而当时还有另一条译介的途径，是直译西方作品，这就属严复为要。从严复翻译的西学作品，我们可以看到他自创译语的选择及其想法。1902年，严复翻译了弥尔（John Stuart Mill, 1806—1873）的《穆勒名学》，行文中，严复是使用"觉性"或"觉"来翻译"consciousness"。[48]这与当时已为普遍的"意识"形成鲜明对比。严复创造的"觉性""觉"，与他别本译著中惯常使用短词、单字作为英语对译词的做法相似。更值得注意的是，"觉性""觉"两词读来，实易给读者在阅读佛教经典的感觉。这也呼应着如论者所言，严复的翻译深受晋唐佛经翻译的影响，从译经文体中吸收了一些词汇。[49]这些资源，致使严复在已经知晓"意识"这个译词的情况下，仍然坚持创造、使用"觉性"和"觉"。

严复多数的自创译词少有被时人接受且延用的情况，"觉性"和"觉"的命运亦为如此。[50]现在能查其痕迹的材料，大概只剩少数几部编辑、出版于20世纪初期的双语词典。这各自反映了编辑方对于近代汉字新词的想法与实践，以及这些名词的命运。首先是1908年，由时任商务印书馆编辑的颜惠庆（1877—1950）主持编纂的《英华大辞典》。由于后出之缘故，颜惠庆得以参照当时的各类辞书资源，各项证据都指出，编辑过程中他参考了多本辞书、商务印书馆出版的教科书、几种英日辞典。严复的译著也是颜惠庆编写过程中的架上读物。[51]在《英华大辞典》里，对于"consciousness"

的翻译词分成两种类型：首先是，当"consciousness"用以描写人类处于感知状态的官能时，用"悟才""觉悟"来翻译；再者，当"consciousness"被用作叙述立即性的知识、感觉或认知时，则用"感悟""觉"翻译。㊷由此可见，颜惠庆应是参照过严复译词，以"觉"这个单词为基础，做了适度修正后才决定这两种形态的翻译汉字词。五年过后，商务印书馆又推出由自家编译主编的《商务书馆英华新字典》，其对"consciousness"的译词，则显示是接纳过往传教士辞书、日本新名词、严复译词与颜惠庆的资源，将"自知""悟才""觉悟"和"意识"并列在一起。㊳

双语辞典不断推陈出新，这类现象反映的是学术界面对层出不穷的科学、哲学新术语，必须在辞书编纂上快速更新，才能提供最实时且适用的语言资源。清政府也注意到必须通盘整理和审编各色各样的新名词。在这过程与成果中，仍可看见和制汉语和严复译词的角力。1909年，清政府学部设立的审定名词馆，严复就为总纂。该组织运作至1911年，在严复领头下，成绩斐然。据1910年的记录，自开办以来，"算学一门，已编笔算及几何、代数三项；博物一门，已编生理及草木等项；理化、史学、地学、教育、法政各门，已编物理、化学、历史、舆地及心理、宪法等项"。㊴由此可知，心理学相关的词汇，也被认定必须通过一定程度的整编。这成果应该就是论者指出的《辨学订名词对照表（附心理学及论理学名词对照表）》，只可惜现在还无法得见原件。㊵

严复的成果，部分可从1916年出版的一本英华辞典找到。这是由一位德国人赫美玲（K. Hemeling, 1878—1925）编纂的《官话》(*English-Chinese Dictionary of the Standard Chinese Spoken Language and Handbook for Translators, including Scientific, Technical, Modern, and Documentary Terms*)，"consciousness"就被收录其中。《官话》的编排方式，会针对各个英文词汇，采取同时

标注"新译词"和"部定译词",或是仅标示其中一类的做法。前者主要来源于"古典汉语和日语",后者则为严复主导名词审定馆所做的成果。[56]"consciousness"这词条的中文解释,是并呈了"部定词"的"觉"和"新译词"的"意识"。[57]通过《官话》我们可以得知,严复被政府授任于审定科技词汇时,仍延用了"觉"一词来对译"consciousness"。整体来看两个词汇的对抗历程,"觉"应是太过于晦涩,且"意识"既是传统汉语,又已为时人所习用,故而败下阵来。只是,赫美玲在1916年仍将两种翻译同时收入,这或许进一步透露了,"觉"和"意识"仍在词汇平台上进行某种程度的竞争。

晚清民初时期,正是汉文迈向"现代汉语"的转型阶段,涉及语言体系诸如文体、语法和词汇几个面向。其中最重要的,也是与近代思想文化变迁关涉甚深的,即新词汇及与其对应的新概念。这部分的变化反映了,19—20世纪初期,在汉字文化圈内的几个国家都受到了从语言至思想文化体系的冲击和改变。人们为描述大量从域外输入的新事物、概念,十分需要新的词汇。而作为传播媒介的汉字词,在新一波来自异域的文化传衍过程中,也无从逃脱于此天翻地覆的变动;它们触发且容受了这段文化交流的经验及成果。本节讨论"意识"一词于近代汉字文化圈的生成历程,意在说明传统汉语"意识"如何逐渐与西方新词、概念"consciousness"建立起"等价交换"的关联性。而这更是一段,以汉字词为中心,沿西方知识、文化于东亚区域内部环流的途径,串起"中国—日本—西方"三方交流的进程。在名词和概念旅行的途中,协助语言跨越国境藩篱的,是各方语言使用者因着不同目的所作出的各种实践。譬如说,传教士的双语词典是为传教而学习外语所诞生,日本知识人为富强而汲取西方经验和现代学科知识,中国士子则是在相似的脉络中求取西学新知。这多重的历史经验,层累迭致,从而汰换了原有的词汇汉语及概念,造就一个新名词的诞生。

三、成为新学科术语：知识和政治
　　文化交织下的"意识"和"心理"

"意识"在近代汉字文化圈内转型为"新名词"的过程中，西方学科知识扮演了极为重要的角色。上节讨论的西周、章炳麟、井上圆了与蔡元培的例子，就凸显了心理学或心理倾向的社会学与知识分子理解、翻译"意识"，并得在"consciousness"概念脉络中使用该词汇的关系。此见，欲理解语言如何"以言行事"，在厘清词汇史的脉络后，应进一步深化为，该译词、概念是在怎样的文化、思想、知识背景下被使用的。[38] 于此，深描细写语词在其特定时空背景、语境脉络中的各种样态，即为重要工作。在"意识"这个例子上，首先得注意的是，西方心理学、社会心理学、社会学的输入，促使国人对于"意识"的认识和使用，是从现代学科知识的场域出发，涉入晚清政治文化脉络。本节将循此线索，描写"意识"如何借着国人对心理学的译介与探讨，逐渐成为时人认识的新兴学科知识的专业术语。并替其后出现的，往"政治""社会"场域的挪用，打下基础。

1903年，《新民丛报》登载了一篇《心理学纲要》，开篇即就心理学是为研究"心界现象"之科学，说明"意识"这个关键概念。该文作者指出，心理学这门知识，是环绕着"心内现象"，以"几何之知识"扩张成一系统科学。相对于专研"物界现象"的物理、化学等科学，心理学这门探索"心界现象"的知识，判断人心现象的依准，便是人类的"意识"。作者明言，"意识"的定义是相当难立定的。他用一个例子，说明当一个倒地的人，对外界各种刺激即触碰、呼唤都全无知觉、手足无动时，便可谓之"无意识"的状态。而当他恢复"意识"时，便能自己感觉、行动。作者以这个例子来表现人类心理现象的特性，意即为，人类可直接得知的关于身心作用的状况。专对此的心理学，就是种"直接经验之科学"。[59]此文所示，20世纪初期，国人对心理学的认知，是环绕着"心界"/"心意"这个较模糊的概念，且是与自然、社会环境以及个体的遗传、性质等外、内界因素密切联系在一起。[60]"意识"，显为其中关键。

脱胎自近代西方哲学范畴的心理学，约于19世纪下半叶逐渐站稳脚步，开枝立叶。这与它来到东亚、中国的时间点若合符节。自1870年，先是东京开成学校设置了"心理学及论文"的独立科目，后则有西周开始着手翻译美国传教士海文（Joseph Haven, 1816—1874）的《精神哲学》（*Mental Philosophy: Including the Intellect, Sensibilities, and Will*），西周将其译作定名为《心理学》，此举既反映了当时美国学界将"心灵哲学"（Mental Philosophy）转译为"心理学"（Psychology）的讨论，也呈现了"心理学"作为独立学科、知识之名称于近代日本逐步建立的过程。[61]较早在近代中国传播心理学者，则是以传教士群体为要。美国长老会教士狄考文（Clvin Wilson Mateer, 1836—1908）于1870年代创办的登州文会馆，就设计有"心灵学"（Mental Philosophy）课程。1878年，任教于圣约翰书院的中国传教士颜永京（1839—1898）开创比较复杂且具系统的心理学课程群，更在1882、1889年，翻译出版了《肄业要览》与《心灵学》（上册）。[62]其后，随着自日本和美国先后归国的大量留学生、知识分子开始着手编译心理学的相关书籍，报刊杂志上也陆续出现环绕着心理学内涵及应用方向的讨论。从较为宽泛甚或片段的相关信息介绍，到专题式知识的说明，逐步建立起一个环绕着人类心理官能之所以然的知识范畴。

在这波心理学知识译介风潮中，环绕着"Psychology"译词的选择和使用，实间接反映这门知识触发时人对于人类心理、精神"力量"的想象空间。在这批学术翻译书籍问世前，前述罗存德编纂的

《英华字典》是将"psychology""psychological"翻译为"灵魂之学""魂学""灵魂之智""灵魂学的"。[63]颜永京的译词,则从灵魂转向人心,凸显其可能是着重于人心蕴含的力量或才能。他在《肄业要览》里,使用"心材学"翻译"psychology",将"mental science"译作"心性学";更是直接将海文的《精神哲学》(Mental Philosophy)一书译成《心灵学》。如此着重于从"心"的角度来理解这门知识,显示传统思想文化关于"心"的认知,仍为颜氏创制新词的资源。就此,他将"consciousness"翻译成"内悟",也应是在相似的脉络中,强调人类内心反省、体悟的行为实践。此种着重挖掘人类心理机能的学说,还可由个体推及群体心理的状态,思索清末中国"社会心理"的问题。这类知识在晚清的传播和影响,遂容易与国家建构语境连结在一起,当时国人呼喊的"国魂""民族精神",皆缘此而发。[64]而这段国人对于西方知识、术语的翻译和讨论,也就开启了人们对于人类"意识"及"心理"之各种可能性的探索。

着重于探究人类"心"能运作的问题,清末知识分子、从事维新政治运动的蒋观云(1866—1929)就为一例。其多篇文论,展现了当时论者试图从不同角度探索人类"心"之官能的各种可能性。1905年,蒋观云登载于《新民丛报》上的连载文章《养心用心论》,是他探索人类心智运作架构、功能的系列作品。这篇文章,旨在说明人类的"心智"是负责执行认知、思虑功能,而我们的锻炼,也就是"养心"之好坏,就牵涉到个人心智运作机能的优劣。蒋观云在举例说明为何"心智"需要锻炼时,指出个人若欲酝酿"新观念"以成"新理想",即必须仔细审视容纳不同观念的区块。此处,蒋氏所指就是人心里的"意识之区域"。蒋观云指出,"新观念"生成的条件之一,就是必须清理意识这个区域,使其"洞洞然不储一物",不被忧虑之事占据,而排拒任何观念的进驻。此即蒋氏言"养心用心"之概要。[65]"意识"在蒋观云这套心智论述里,被认为是牵涉心智蓄积观念的区块。这篇论述如何锻炼个人心智运作体系的文章，代表着蒋氏整体思想关怀，是环绕着个人心智、情感、道德体系为出发点，创造一套以个人多层次修身为基础的启蒙论述。[66]这反映出在清末的政治文化氛围中，逐渐出现一种以"人心"作为改革基础的声音。

这幅心理知识、概念和政治文化交织互动的图景，我们约可自20世纪初期的历史文献里找到更多线索。这多半是环绕着如何由锻造个体的意识、心理，藉此抟成现代的群体及国家。首先如梁启超针对心理倾向社会学知识的翻译，就有提及个人意识之于团体结成的问题。1904年，《新民丛报》上一篇《新释名》，旨在阐述"社会"这个新名词、新概念的意涵。这篇短文，梁启超是依据日本社会学家建部遯吾（Takebe Tongo，1871—1945）的社会学说而成，与前述岸本能武太的学术路线相近，皆是仰赖心理因素来解释社会结成之因，及其相关现象。[67]在这篇文章中，任公藉建部的学说陈述社会如何形成。首先，社会是两人以上的协同生活体，且是以"有机体"的相互协作的形式运转。接着，梁氏笔触就转入心理层面。第三项条件为"社会者，有意识者也"。从心理学的角度来论，社会是由一群"有意识"的有机体（人类）共构而成。集"众人意识之协合统一"，遂成"社会之意识"，此"社会意识"又可在"个人意识"中找到相似性质。[68]社会意识的形成，又展现了人类共同生活的各种动机、机能与形式。这篇短文透露了，在这种心理倾向社会学的知识脉络中，探讨"社会"形成的问题，人类心理因素及其官能，是必须顾及的要素。此文更凸显出一种依循有机体式思路，逐一建构出由个体到群体的地图。而个人内心的精神、想法及思虑，即为这幅图录的经纬线。

于是，循着此种有机体的思考逻辑，个体的心理状态就能决定群体心理，乃至于精神优劣。个人的意识，也就被视为是决定民族、国家意识强弱优劣的因素。[69]当时登载在报纸书刊的心理学相关知识、信息之译介和讨论,就成为这种西学新知与政治要求交织之论述流通的最佳媒介。1903年的《新民丛报》上有一篇《国民心理学与教育之关系》,作者为梁启超的二弟梁启勋(1876—1965)。梁启勋此文,乃是依傍法国谈群众、社会心理学的著名学者勒朋(Gustave Le Bon, 1841—1931)关于"群体心理"的论点。勒朋是近代谈集体心理学最重要的学者,其关于群众心理学的名作《乌合之众:大众心理研究》(The Crowd: A Study of the Popular Mind),揭橥了群体组织化的过程,会逐渐压抑个人特质,当大家的想法、个性渐趋一致时,即塑形了取代个人的群众心理。这种对于群体恐会压抑、扁平个人性的讨论,或可视为勒朋对于法国大革命之过程、成果与影响保守式的反省。[70]然而,原本出自对激进革命的反思,在当时中国知识分子眼里,却成为鼓吹积极革新国民精神的最佳素材。

梁启勋这篇《国民心理学与教育之关系》,依据的是勒朋于1894年完成的《人民心理》(Psychology of Peoples)的内容。值得注意的是,梁启勋援引勒朋学说为其论述资源、工具的方式,是着重于"国民特别之心理"的"可塑性"来发挥。这样的论点,其实是扭转了勒朋此书的原意。诚如梁氏自道,该文是他"采其理论,引其义证,而别以鄙意判断之"。究其实,勒朋写作这本《人民心理》的思想背景、脉络其实是发源于,认为人性是受社会环境影响、塑造而成的以"民族"/"种族"为研究基本单位的民族取向心理学说。勒朋最主要的论点是,不同民族具有相异的心理特质与由其形塑的特异文化素质和表现;且各优劣民族之间,此种由心理机制触发的文化特质是无法相互转移、影响、改善的。[71]换言之,《国民心理学与教育之关系》对于勒朋原著的置换,便是将其认为不可改换的国民心理结构、特质与其所形塑的文化成就,转换为有可塑性的机制。此即梁启勋文中提及的，提取各民族中"各人之心理特性而总和"的"国民性"。这正为20世纪初期，愈多知识分子热衷追求的，以国民特质为改造之钥的论述基调。

在这般书写策略底下，梁启勋举出了通过教育洗焕人心的方式，以此提倡"国民性"改造的方案。更重要的是，这种从人类内心结构、机制为出发点的论述，仍是环绕着抟集个人/国民成一现代国家的论调而成。在《国民心理学与教育之关系》中，梁启勋最想强调的就是"种族精神"的重要性，以及在扭转勒朋论点基础上所提出的通过教育手段来改变种族特性。何为"种族精神"呢？究其所论，是结合"无数个人之生命，即为一族一国之生命。合无数个人之精神意识，即为一国一族之精神意识"。更甚者，每一"个人"还须具备国家有机体的想法，能体认自己作为一个"个体"，即是这"国家"内部一分子——"国民"。而在社会心理学强调环境影响个人心理特质的前提下，就必须注意到，多数国民结成之环境的强弱愚智，是会影响单一个体的素质。总的来说，梁氏此文提醒了丛报读者，若欲改造中国国民性，即必须从教育方式来锻造个人的意识、心性和精神，才得盼望一个奠基于优异的民族心理、精神的国家能从中诞生。[72]

这种认为人群、国族是由"意识""精神"抟成的结合体，都可从前举梁氏两兄弟的文脉中读出。此种强调个人意识、心理特质与外界环境的互动关系，且可诉诸教育改造的论调，反映了心理学、社会心理学在近代东亚几个国家之间的流动和传播；以及各国知识分子挪用西方学说理论，乃至于改换面貌的结果。这更凸显了相异的历史情境对于行动者的影响。诚如论者指出的，20世纪初期，西方的心理学说流行于明治日本学术圈，让当时正于日本从事学术、政治活动的知识分子得以接触到此类新说。只是，当这些知识通过他们的笔回到中国语境时，已非其原本、单纯的知识面貌，而是以知识包装其政治宣传的混杂论述。除前举梁启勋之文外，同为梁启超办《新民丛报》的同志蒋观云（1866—1929）也发表了《共同感情之必要论》《论中国人崇拜岳飞的心理》等文论，皆在运用社会心理学的部分论点，强调"共同心理"及民族情绪之于形塑现代国家的必要。[73]

当然，主张与梁启超打对台的革命派，亦曾援引群体心理的说法。在这样的例子里，"意识"的用法即在描写集体人群的心理想法、认知。藉此，作者往往是藉由心理因素来诉诸汉人读者的民族情绪。1905年，宣扬革命理念的《民报》登载一篇由同盟会党人朱执信（1885—1920）撰写的《心理的国家主义》。该文笔调带有浓厚的民族革命意味。朱氏起笔即将"国家"的定义区别为两种基础所由，一为法理，一为心理。前者为循法律定义，由客观角度规定人应该归属于何处；后者则是由个人"心中自定其所归向"，相对的是由主观角度定向。基于此，朱执信就将与革命舆论竞争的保皇、立宪派支持清政府的行为，描写为"法理上的国家主义"，认为这是一种"非意识的活动"，是一种"机械的活动"。相对的，朱氏及其党人期盼的未来，则是以民族主义为主体的革命行为，促求一种"心理上的国家主义"。而这想望所指，就如文中以德意志帝国为例，是一种奠基于"人民意识之理想"的国家主义。[74]

于是，国家与"意识"的关系，遂跃上当时社会论说的版面。1906年，《东方杂志》登载了一篇短文《论国家之意识》，该文旨在解释国家形成的几项因素。作者开篇提到，一个国家的拷成，除去种种内因外缘，如历史、情俗、语言等因素，同国人对国家的一种"情愫"，才是最为关键、驱动国人与他国竞争的动力。此处谈的"情愫"，也很可能就是转译了社会心理学中"同情"（sympathy）的概念。通观全文，作者意欲指出的是，当时全国官民、政府与社会大众之间的关系，是缺乏这种"同国之人"的"爱国"及"相爱之情",才会导致政府与众人在"统治"和"分治"两个政治选项间,找不到正确的方向。作者笔下的"国家之意识",概有两层涵义:其一是指称能清楚认知当时中国面临之政治困境,并能理解解决之要法;其二即是呼应着前文提及的,国民心内那种因同国人而生成的"情愫",以此作为国家统合的基础。[75]于此,本文展露的即为论述者运用社会心理学的语汇、概念,再以"意识"作为个体发展成团体的重要因子。这样的讨论,在20世纪初期已愈显常见。

这波心理学知识译介及挪用的风潮,也间接促使人们对于"心理""心理学"乃至于"意识"此些新名词,形成具学术脉络意义的认知与掌握。这方面的资料,可从当时那场"百科全书生意"所催生的几本百科辞书,以及部分登载于报刊杂志的释义文论,找到线索。[76]首先,1903年由汪荣宝(1878—1933)与叶澜(1875—?)共同编写的《新尔雅》,是第一本由中国留日学生编纂,向国内读者说明西洋自然科学、人文社会新词语、新概念的书籍。书内"释教育"栏目下,便可见不少心理学相关的词条。和"意识"相关的词语,共收入四条:

> 辨别事物时心中之状态谓之意识。
> 知一事而悟及他事者,谓之意识之关系性。
> 有常识而对于现象之起伏,不失其一定之形者,谓之意识之统一性。
> 思想现于若明若昧之间者,谓之半意识。[77]

按《新尔雅》的解释,"意识"之发生,是当个人在辨别一项事物时,内心产生的状态。至于"意识之关系性""意识之统一性"两术语,则是延伸原义所作之释明。较有趣的是,编者还引入"半意识"一语,指涉人处于半明昧之状态。其外,栏目内还有一术语,编者用

"意识"来解说,那就是"人格":"有统一之意识,有自由之行动,有道德上之责任者,谓之人格。"[78]这部辞书对"意识"的阐释,是围绕着人类判别事物的状态展开的。这样的解释,从《新尔雅》的成书脉络来论,理应是来自日本的思想资源。[79]

至于中国本土自行编写的部分,则要以1909—1911年间,清政府的审定名词馆和黄摩西(1867—1913)所编之《普通百科新大辞典》,最具代表性。由黄摩西一人主导、编纂之"收辑一切学语,调查种种专门学书籍为基础,中外兼赅,百科并蓄"的《普通百科新大辞典》,[80]共收41条心理学相关的词汇,其中便有"意识"的词条。编者收入的解释指出,传统说法认为"意识"是人心有觉知的"精神生活",新说法则认为"意识"是种精神上的作用。且在人类有意识的状态外,还有"无意识活动"的状况。[81]两部百科辞书对于"意识"的解释,都触及"意识"有无的状态对于人类行为之影响。配合其他材料来看,譬如前节已谈了部分描写"无意识"行为的例子,这显然是当时不少人都注意到的状况,抑或是,"无意识"已经成为一个人们习以描述人类行为的表述方式。

1906年的《新民丛报》上有一篇翻译文《心理学剖解图说》,其为心理学定义时便开宗明义说道:"心理学者,研究意识现象(即心的现象)之科学也。"对于"意识",该文如此解释:"于精神之醒觉时,使发现种种之观念之谓也。"其下又可区分出"无意识""意识"两状态,前者是指人类熟睡时无法辨别各样状态。"意识"的状态,还可细分成"不明之意识""明之意识"两种,两者皆为人类醒觉时辨明事物所产生各种观念。只是,倘若于"不明之意识"时,人类对纷然杂陈的观念并无高下好坏之判别能力,"明之意识"则是专注于一事物、一观念的情状。[82]蒋维乔在1910年,也于《教育杂志》上写了一篇《心理学术语解》,"意识"是第一个释义的词条。蒋的解释不脱前人的内容,就是指个人醒觉时候的"心"的现象；若为就寝睡眠时候，即可称为"无意识"的状态。值得注意的是，蒋氏更指出，不少人会使用"无意识"来描写一个人"不规则之举动"。[83]而这种关于人类在"无意识"状况下所做各种行动的概念，即成为后人借着"意识"来做各种政治论述的理据。

随着国人对各种心理学说的引介，关于"意识"概念的阐释也就更加丰富。最主要的，是指明了"意识"为人类做出任何活动、行为的一种类似触发器的机关。进一步说，就是人在面对各种外来刺激时，"意识"会引导我们做出何种反应。1920年4月，《少年中国》上刊登了一篇翻译文章《近代心理学在社会问题上的关系》，原作者是美国社会学家埃尔伍德（Charles Abram Ellwood，1873—1946），他特别注重社会学与社会问题改良的关联，而心理学则是他探究人类社会行为时所着重的一个侧面。该文谈到"意识"时指出，它"好像是指导和约束复杂的活动的重要东西"，特别是为了让身体能对环境做出最佳的适应/反应，"意识"便是运作来"指导、约束"人的动作。在埃尔伍德看来，"意识"的功用在于促使人类做出"选择"，[84]当人类要做出决定的时候，就是"意识活动的时候"。[85]简言之，当时的读者通过这类型的心理学论述材料，即可逐步建立关于"意识"在学术脉络中的理解。这泰半是围绕着此论点展开，譬如将"意识"定位为"是一种关系——有生的机体和他所特定地反映的环境间的关系"；[86]或是"吾人内心的经验，也是机体行动之一历境，那就是说对于环境反应的一历境"。[87]显然，"人与境之关系与其行为反应"，就是国人渐得理清此新概念内涵的概要。

20世纪初期的中国环境，让知识分子必须向外寻找各类思想资源、概念工具，为其畅论政治理念、构想未来国家蓝图之资才。此时经由明治日本输入中国的西方心理学等相关知识，随即成为知识人可资运用的材料。于是，"心理"和"意识"这类新词汇、新概念,在亟须改良个体、召唤群体以成现代国族的情势下,渐渐成为知识人朗朗上口的、带有知识底蕴的政治术语。政治操作与知识蓝图的开展是双线并行的,这是晚清民初时际的特色。知识人一方面想方设法引介西学新知,另一方面则是尽可能地将之挪用于政治领域,以西学来建构己身的政治论述。这种带有目的论式的知识译介活动,给当时国人揭示了人类心理官能的运作方式,及其可能的结果和影响。"意识"这一新名词,就因着国人对西方新式学科的求知若渴,在各家刊物上频繁出现。甚且,还有心理学专书《意识之概念》《意识论》的翻译本,于坊间书肆贩卖。[88]这股热潮持续至1930年,仍可见两篇文章是从此来讨论"意识"一词。[89]简言之,这时期对"意识"——"consciousness"的说明都指向了,人类与其生存环境之间,"意识"作为中间的键结,会主导人如何辨识周遭事物,这包括一切的感觉、思考、想法,进而作出选择,以及各样反应。[90]结合知识与政治文化两条交织的线索,我们可以看见,当人们开始尝试探索心理官能蕴含的力量时,也从而窥见另一种,以个人心理官能对自我或外界的知能为主体,讨论和描述政治问题、现象的可能性。

四、成为政治修辞:描写内聚力、制造排他感的"意识"

从学术场域游离出来的专业学科术语,历经某种程度的转化及挪用,逐渐成为人们日常生活抑或其他场域的习用词汇。在20世纪以降的中国社会,原属于心理学说的新词"心理"和"意识",在这段词汇、概念转化的过程中,渐渐转入政治场域,成为各种政治论述里常见的词语。诚如研究者指出,"心理"一词在民国初期,就转为一个各方论者惯常使用的词汇,亦为相异政治立场互相竞争时所使用的语言素材。譬如,"国民心理"就是袁世凯政权与倒袁势力两方皆使用过,用以诉诸社会大众支持的政治标语。[91]"意识"的命运与"心理"相仿,同样转入政治场域里,变为论者用文字描写、制造群体聚合及排他感时所依傍的语言资源。由此可见,两个诞生于近代中国语言、概念、知识和政治板块剧烈变动时期的新名词,在褪为惯习用词的过程中,均沾染了部分知识和政治的色彩,成为时人朗朗上口的关键词。

词汇的变化,亦反映了其时语境的特征。民国肇建以后的政治、社会情况,并不如众人原先想象得美好。革命所迎来的,反倒是一连串的政治动荡、战争,以及新兴思想文化风潮。此时,"国民心理"成为时论者竞相取用的政治标语,凸显了各方势力皆想在获得群众意愿、精神的基础上,再造国家之新局。另一方面,时人针对中国政局困境的反省,也易倾向于人类心理素质之优劣,强调必须唤醒人类心理某区块。此些做法均将政治革新与个人/群体心理、民族精神之锻造连结起来,使原属专业学科知识范畴的术语,被转译为人人均可取用的政治修辞。譬如,1917—1920年间,孙文(1866—1925)逐步完成的一套革命与建国知识体系——三卷本《建国方略》,其中一册《孙文学说》就别名为"心理建设"。内容阐述孙文反省民国以降几次革命失败的经验,逐渐形成必须改革人心,破除固有"知易行难"的看法,重造"知难行易"说来锻炼人心的系统学说。[92]

尤有甚者,后期的国民党或心向革命事业的人士,皆不约而同从"心理建设"的角度立论著书,在民国时期的政治议坛,从人心改革的角度抒发己见。"革命先革心,建设先从心理上建设起"之语,一时甚嚣尘上,蔚为常谈。[93]搜寻各类民国图书即可发现,像新生活运动时期历任中央大学、武汉大学心理系教授的陈剑修(1896—1953),就写过《新生活与心理建设》一书。邵元冲

（1890—1936）曾以相关论题作讲，后续也出版为《心理建设论》。甚至，陈仪（1883—1950）也曾出版过一本《心理建设与县政建设》，为其于福建省举办过的精神谈话的集结丛录。[94]"国民心理"和"心理建设"的流行，凸显了西方心理知识与政治议题的结合，致使"人心"这个原为传统思想着重的，由个人扩及治齐天下的修习要处，又得重回现代政治舞台。

（一）从"无意识"到"有意识"："国民意识"的锻炼与醒觉

"意识"在此阶段明显的变化就是，成为人们响应政治问题的修辞。配合几点心理学的基础知识，"意识"成为知识分子、政治从业者构思政治论述的写作理路时，用以描写个人或群体对于情势之体察、醒悟是否清明、透彻，是否直入内心，如是方能再造中国政治的理想新局。如据王汎森的观察，这个年代的思想氛围，是环绕着"新人"概念，从自我之革新来促成政治改革。"新人"的方法，即混杂着部分新的言说内容，"有意识"和"无意识"即为判别个人如何为"新"的明显例子。[95]1919年10月，于上海编辑《建设》杂志、《星期评论》的国民党人戴季陶（1891—1949），在《星期评论》上发表一篇短文《全意识的生活》。戴季陶开笔直指，若欲做一有"人生意义"的人，就必须过一种在"理智""感情""意志"三方面皆完满的"全意识"的生活。此处，戴季陶即是征引了心理学说关于"意识"的三个方面"知"（cognition）、"情"（affection）、"意"（volition）。戴氏笔下的"全意识"概念，概可分成两个层面：第一，人必须通过改造自我，尝试超越"环境"和"传统"的束缚；第二，必须摆脱对于"虚渺的传说和组织"之信仰的仰赖，从而归向"全实在的信仰"。显然，戴季陶期待的"全意识生活"，是得通过类似传统中国自我锻炼的各种方式来达成。

这样的笔调，戴季陶是怀着特定目的，为了回应某些政治、社会议题所设下的。戴氏默认的听众有两个层次。首先,这篇文章是为了回应同党友人徐谦(1871—1940)先前在同刊物上登载的《宗教的共和观》一文。徐谦在《宗教的共和观》里欲表达的是,现在那些革命家谈的"共和",希望从约法制度来创造共和体制的观念,就像当时共和制度遇到的"困境"般,是行不通的。徐谦提倡,真正的共和只得蕴生于基督教思想,而不是人试图创造的法律制度、政治观念。[96]第二层次的"听众",其实是整体的社会氛围。从《全意识的生活》写作时间来看,戴季陶下笔之时,五四运动已于北方爆发了几个月。此时的他,在上海一面耕耘写作工夫,一面思索当前的政治课题。诚如吕芳上指出的,这段时间正为国民党人思索如何"再起"革命的阶段。就此来论,戴季陶的叙述手法及修辞,像是"改造自我","超越环境、传统",寻求"全实在的信仰"。戴氏构想的"全意识生活",实是呼应着此时国民党人面对国内纷乱的政治、文化局势,思考如何重振革命旗帜以再造民国的问题。[97]显然,从人心"意识"着手以行彻底改革,并盼望一种由心生发的日常生活形态,以面对日后不断革命的情势,正为戴季陶思索与期待的方向。

由此可见,"意识"仿佛成为时论者评断人们面对政治议题、社会现象之心态的标准。此般叙述模式,在1910至1920年代间,相当常见。这种评断标准,是建基在心理学知识对于"意识"的基本认识上,即"以我的意思认识对象的一事物",且得以分析、判断事物的能力。更进一步的,人们意识之有无、清明与否的状态,更是关系个人行为是否能"光明正大"与"公理正义不相违背"这样的道德议题。[98]早在1916年,就曾有人用"举动皆近于无意识",描述部分人因不满民国初期混乱局势而向往"前清"政局的人们。[99]除此之外,"无意识"也是用以形容常民任何举动和想法为愚昧、浑沌不清的状态,一篇文章描述的偶像崇拜、淫祀与迷信就为一例。[100]

多数的材料是指向用"意识之有无"评判个人或群体的政治行为是否合乎理据。这些讨论，多半是围绕着共和以后的袁世凯政府、张勋复辟、南北分裂、军阀战争展开的。[101]1920年，陈独秀（1879—1942）在《新青年》上发表一篇《无意识之举动》，内文是用"无意识"之标准，批评不同派系军阀间的战争、联省自治运动、抵制日货运动里的盲目民族主义等。[102]就连1922—1923年间，直系军阀首领曹锟（1862—1938）在掌控北京政府后，意欲经由选举出任总统之职，通过与美国合作发表"中国统一"的声明，也在其批评之列。这份统一令状被时论评为，不顾当时中国内部现实问题，以及曹锟自身作为"总统"之资格的疑虑，是一种"毫无意识的统一论调"，不值多谈。[103]这些例子里的"无意识"多在形容，此些政治判断、行为是全然不了解时局之症结，无助于解决当时困境。而同样针对此些政局的批判，在共产党人看来，即可全数用"无意识之破坏"概括论之，并以此凸显他们的要求，即一场"有意识的革命"。[104]

个体心理、意识明晰与否，不仅是时人评断政治态度、行动的标准，更关系到整体国家、社会、文化的发展路向及轮廓。这种想法，是将国家改革的希望，寄托在以个人为核心的改良方案上。"意识"在这个逻辑次序中，就是关键的精神层面。1937年7月，在新创设的期刊《周报》上有一篇《从意识清明到生活革新》，作者为曾经创办少年中国学会的知名生物学者周太玄（1895—1968）。该文开篇即道：

> 我曾经说过从自我觉醒的持续可以构成一种清明的意识。便是说一个人在其生活经验中所积得的觉醒要使他在永衡状态下维持着这样，则对我对人皆能生一种清楚明白的合理的态度与批判。人人，至少是能引导较多数的群众的人，而

有了这种意识,则在一般的本能机械的生活普象中必可以产生一种有力的革新倾向。这种一般生活中的革新的倾向便是我们所企望的新国家新文化的出发点。[108]

从这段话来看周氏全文的要点,我们即可明白他所欲提倡的,是从个人心理、精神层面着手,培养一种利于在社会生活中保持清醒判断能力的"意识"的状态,从而由清醒的个人来引导社会改革。更重要的,这篇文章反映了一种面对政治问题的特殊态度,即"从日常生活事件的细小处下手",据此扭转当前社会普遍的腐败现象。[109]这种将政治困境与日常生活环境、细节联系在一起的做法,也就呼应着周太玄倡议的,从清理个人内心来激发一种面对日常环境的正确精神、认知和态度。这般以"意识"为改革起始点的想法,似乎也暗示着,"政治"已逐渐深入个人私领域的生活以及心理世界。

既然"意识"的有无关系到人们政治行为、判断的优劣,那么如何增益补强,就成为时人关切的议题。前举例子多半是以"个人"为核心的讨论,以下我会围绕当时关于"国民意识"的案例来说明。如前约略提及的,改善"意识"的手法,是通过"唤醒"或"自觉",也就是使个人心理状态醒觉的办法。"国民意识"这种指涉一国家民族的心理、精神特质的内涵,在国家历经现代发展的过程中,是执政者须留意的。章锡琛(1889—1969)在1916年翻译了一篇日本《公论杂志》上的文章,题为《国民意识与国家政策》。文章围绕着"国民意识"与政策的关联,谈了一个关键问题:面对不同个体的心灵、精神特质,为政者究竟该使其抟成为一种仍能保有原本复杂特性的"浑一体",亦或是原本复杂多元之个性均被扁平化的"均一"政策。这个问题,实关涉国家未来发展的命运。倘若采取将国民意识"均一化"的方式,则易使国民文化程度降低至均贫的程度,且大大削减国家对外在环境改变的适应能力。文章原作者显然是推崇,执政者应当在保有个体意识、精神之相异特质的前提下,创造一种能适应现代世界、协助国家发展的"国民意识"。译介此文的章锡琛,应也是肯定在宽容、自由政策底下,保有个体心灵特质,各自发挥特色,从而组成能改革中国现状的"国民意识"。[⑩]

然而,此种给予较宽广空间的言论,却与民国时期的政治氛围逐渐产生冲突。双方的矛盾,即是聚焦于醒觉个人意识的方法——"革命"之上。这里要举的一份资料,是国民政府训政时期的一篇文章《觉醒国民意识与训政》。文章指出,人类历史上任何形式的政治,皆为共同意识的结晶体。民国初期的袁世凯、各军阀造成的混乱政局,实肇因于国民意识之混沌、谬误。这个潜伏于各国民内心的"意识",必须觉醒、觉悟,人民方得理解自己身处的环境及责任何如。由此,作者笔锋旋至孙文制定的训政阶段问题。在这里,觉醒国民意识的唯一方法,就是仰赖"革命政府"以有主义、有组织的方法,唤醒国民之意识来养成能实施宪政的国民。[⑩]这篇文章透露了潜藏于人心里的意识,是可藉由革命思想、特定政治方针来操练,醒觉其知能至能够参与宪政政治的质量。而能有资格操作此种政治运动以唤醒个人意识者,从文脉来看,显然作者仅认同由国民党政府领衔的"主义"与"革命"路向。

当时,多数人显是认为人类心理素质、官能是可经由反复锻炼得而符合国家、社会的政治需求。这也反映在各种政治舆论之间所透露的,关于"国民意识"的可操作性。这些说法也进一步指出,意识状态的改变,还是呼应着整体社会、经济环境的变动状况。1949年,国共内战行将结束之际,有这样一种说法,是将新中国的建设工程比拟为"国民意识的除旧布新"。此论之意概是,国民心理素质的培养与整体政治、经济、思想文化环境的改造,是双向并行的工作,缺一不可。作者在谈改换"国民意识"方法时指出,个人、社会、国民皆须通过"自觉"来唤醒"意识",使自我与其所生存的环境产生共感关系,能认知个体与社会、国家的逻辑关联。另一方面,在现代国家建设工程上,政治结构、经济条件和思想观念皆须重塑。作者认为,当社会经济条件发生变化,社会意识自然会随之改变。因此,只有在迎来新中国之时,才可能盼得新的"国民意识"。[109]

(二)描写群体成因及动能:"意识形态""阶级意识"和"团体意识"

彼时之社会、语言环境,"意识"作为政治修辞的另一种特色即是,用以描述相异群体成因、特质和动能的概念工具。这就牵涉到自晚清以来,中国社会陷入组织结构崩解与重组的危机中,大量的言论都是环绕着"群"/"社会"的讨论,思考如何重新组建中国基层结构,进而再造现代国家。在这个过程中,知识分子与一般民众逐渐接受一种分辨人群特质的语言模式,就是使用"社会"来区别相异性质之群体。由此,我们可以在多数材料中看到诸如商人社会、农人社会、军人社会、工人社会等,用"社会"作为确义人群的定词。[110]而"意识"在民国时期的多数语境里,不仅是映显相异群体的特质;更进一步的,人们使用"意识"这个牵涉心理感知机能的词汇来书写,承载着先前获取的心理学知识概念,强调个体心智与所处环境交织互动而产生的认知、反应及行为,凸显论者企图思考,一群人是基于何种考虑、目的、原因而结成一个有内聚力/排外力的团体。这类型想法,在人们讨论"阶级意识""团体意识",乃至于"国民"和"民族"意识时,呈现得相当清楚。

首先要谈的是"阶级意识"。这个词汇、概念的形成,关涉国人使用"意识"另一个英文词"ideology"的翻译,所以,"意识"一词就在两种西方概念的交织下,转为当时一众写手用于激发底层民众阶级差别感的新工具。"意识"与"ideology"的交织,与"意识形态"的生成过程相关。据论者指出,"意识形态"也是"和制汉语"的一种。[111]日本的马克思主义学者河上肇(Kawakami Hajime, 1879—1946),于1919年以马克思的《政治经济学批判序言》为底本,译出《経済学批判の序言》,就用"意识形态"(いしきけいたい)翻译德语"Bewusstseinsformen"(意识形态)。李大钊(1889—1927)译介马克思主义思想时,就将"意识形态"一词导入现代中国的政治术语中。[112]1930年,中共文委成员朱镜我(1901—1941)撰写了《意识形态论》,从唯物角度描写人类至社会心理的形成,"常须合于经济,常被经济所决定";而经济生活中客观、独立的现象,也都反映在人类的社会意识中。这种社会心理,经过整理形成一套论理体系时,就是我们所说的意识形态或观念形态。因此,社会心理其实就是"意识形态"的蓄水池;"意识形态"则是"社会的心里底沉淀物,是社会的心理之结晶石"。[113]

另一篇探究"意识形态"的文章,理路与朱镜我文相近,是从物质、经济活动与社会心理的交织互动来说明"意识形态"。文中论及"意识形态"的特征为:人类意识上的客观实在之反应;阶级社会中具有阶级性质的。[114]该文从物质论角度解说"意识形态",从而透露对于"阶级"较高的敏感度。文章指出,"意识"就是个人或阶级为着生活状态着想所生发的想法。这类心理意想,可以通过艺术、科学、法律、宗教等具体方式表现,或维护自己的利益,"而这种独立地、具体地表现出来的意识,便称做'意识形态'"。[115]我们可以想象,彼时读者在读解这个名词时,其所看到的都是"阶级""利益""物质条件"对人类心理的影响。[116]更甚者,有作者是据唯物论从社会阶级推导出"社会意识",认为这种"意识"的生成,与一定的物质条件有关。这种论述脉络,赋予了"意识""阶级性"与"不可调合性"。[117]这样看来,"意识形态"一词是暗符于马克思主义的,它不但反映社会的观念体系,亦凸显社会的生产关系。当这个词汇登上20世纪中国的历史舞台,就代表了经济活动和社会心理、思想的关联如何于各种材料脉络中逐渐被建构起来。

职是之故,社会阶级的现象也可从"意识"的角度看待。1924年,《共进》杂志的一篇短文便指出,"阶级意识"就是奠基于共同利害的感觉,并逐步增大至形成一"普遍阶级的共同意识"。[118]其中当以"无产阶级意识"最受时人注意、讨论。我们从当时关于"无产阶级意识"的讨论可发现,论者以"人类对自身存在与周围关系所具有的一种明白的、自觉的认识",将"意识"的概念嫁接到无产阶级群体上,指出其意识就为无产阶级对于己身之阶级地位、利害之明白、自觉的认识。再者,论者还将此种意识推高至"党",认为这种以"自觉性"为基础的阶级意识,其最高表现就会形成所谓的"党性"。最后,这类"意识"更被比附为可引导革命的坚定心态与立场。[119]总的来说,在"阶级意识"的多数材料语境中,"意识"从一个心理学概念,在共产党人士的操作下,转而成为他们宣扬阶级革命的利器。其外,还融入"意识形态"里强调经济物质条件的概念,让一种专属某阶级的心理状态变得更为强固。此时,原本单纯的西学知识,在原初和后进概念的交织互动下,通过"意识"此关键词在字句中的发挥,转化为一股股深具力道的言论。

同样描写结成群体的情形,"团体意识"也是当时颇常见的例子。从群体的角度思考意识问题,在晚清之际的想法是紧扣着社会有机体式的逻辑,强调个人"集合"为群众的层面。此阶段的讨论方式,一反过去只注重"集合"的环节,转而注重"个人意识"和"群体意识"之间细微的关联及差异。1936年,笔名扬汤者写了一篇《团体意识及其作用》,旨在区别个人与团体意识间的差别,以及团体意识的内容概要。这也反映了,或许在那个时候,很多人都在思考,我们为什么要形成一个团体?以团体形式来生活,与以个体独自行动之间的差别究竟为何？该文指出，团体意识根植于个人意识，但不全然相等。团体意识是由团体中各个分子意识交互作用，综合生成的一种新性质的意识内容。它超越个人意识的范畴，且带有内部拘束力与一定倾向，塑造团体成员朝一方向努力的欲望及情意。这种意识，乃是基于团体全数人一种"自然悦服之倾向"，促成一团体成立，并得"统御各个人之作用"，起到禁止及鼓励团体成员做出有害或有益之行动，并藉此辨别团体间的差异。[120]

显见，"意识"在这篇文章的脉络中扮演了个体凝聚为团体的重要酵素。只是，当团体结成后，此时所拥有的"意识"又会升华成一种约束力，它一方面是团结内部的拉力，另一方面又是不同团体间相互对抗的推力。更甚者，要求团体意识者，反映了当时社会上的一种声音，"每个人只知有自己而不知有团体存在，每个人只是自私自利，而看不见团体利益"。由此，团体意识这类"大我之意识"，就被"自我意识"/"小我之意识"给掩盖。[121]这种批评语言概为常见。比如在一场庆祝学校二十九周年的讲演中，讲者就是以"团体意识"（Group-consciousness）为题开场，他谈道，这种周年庆祝的仪式，其实就是"团体意识"实现的结果。接着，讲者话锋便转至批评其时中国人私心太重，不关心"公"层面的毛病，这就是失去"团体意识"的表现。若遇改善，重拾"团体意识"，则必须通过"舍私取公"来实践。[122]总的来说，不论是"阶级意识"或"团体意识"，"意识"在这些材料语境里，就是发挥着集结相同时空环境、思想文化、物质条件之个体的功用。这也适度呈现了，民国时期的社会舆论里，个人如何结为群体，是否需要以群体为模式、目的来行动，群体与个人间的差异，这些仍十分常见的议题。而这些声音也多半激起了批判以个人为主体的想法，以及各阶层、特质相异之群体间的不可调和，甚至冲突。

（三）战争时期的"转喻"：齐一化和具象化的"心理"及"意识"

抗日战争前后，读者最常在报纸、期刊上看到的是"民族意识"一词。有部分是读者投书的材料，也有不少数量的地方教育机关、政党机构会大谈"民族意识"之于国家存亡的问题。譬如1943年的《新动向》，有笔名为嘉贝者撰写的一篇《燃起民族意识和国家观念》，意在倡导"民族意识"之于眼前的战争与国家的重要性。此处，本文想说明的是，当时的读者在各种材料上看到"民族意识"一词，即意味着读者会理解如何排除以个体为中心的固旧思想，从而建构一副由自我、家族、社会、国家民族的同心圆蓝图。[123]借用王汎森谈"主义"和私人领域"政治化"问题的说法，"主义"这套义理系统，时常对个人在理解日常生活周遭事物时发挥"转喻"的作用，即是将复杂的所见所闻，转解为一套具备思想逻辑的现象、理由以及具体行动。据此，"主义"就成为可调动各种零散资源、共同行动、集结社会力量的思想资源。[124]笔者认为，"意识"在此阶段，就是自1930年代起始至战争结束的这段时间，也发挥了相似的功能。这个政治修辞在抗战前后，将国人因战争而生发之危机感，转换为一种以心理知识为基础，具备理由和具体操作方法的论述和行动方案。"意识"多半以"民族意识"或"国民意识"为目标，作为号召群众，调配政治、社会、思想资源的语词。在战争期间，成为全国人民最习以为常的关键词。

解释"民族意识"，可能是建构这套"转喻"系统的首要之务。多数材料显示，这种解释文义的文论，内容已溢出心理学知识的专业界限，展现了政治社会、历史文化宽泛、多线的知识和思想线索。譬如有人是从教育、经验和动员的角度，说明"民族意识"的生成，是从"坚苦卓绝的教育和经验中体认"，从而形塑人均共享的"共同的信念"，成为现代国家文化不可分离的因素。[125]亦有从历史文化角度描述"民族意识"生成脉络者,这类说法多半就如"民族意识者,由民族悠久历史所铸成"。[126]像这样的论述,并未进一步梳理"意识"究为何物,仅是循历史文化、时间经验的线索,通过对于"民族意识"的阐释,试图激起人民心理一种共通的素质,作为对日作战时可操作的素材。

扣着心理学知识主线的谈法,亦在所多有。有部分的讨论,是由"民族意识"推导出休戚与共的心理感受。1937年,在《中国社会》上有一篇讨论民族意识与自由思想的文章。文章对于"民族意识"的解释,是循着人类心理方面来说明,"常人觉到(Aware)这个概念时,通常称为意识现象"。依此类推,"民族意识"的内容有两个层次:第一,"我们"有"一个"民族;第二,我"属于"这个民族而为其一分子。这种普遍的意识,就是人群"共同心意"的一种表征。[127]对于"归属感"的操作,在地方性刊物里头也能寻得。1940年代,《福建青年》上登载一篇《民族意识与抗战》。该文讨论"民族意识"由来的理路,是从历史文化生成"感情",再从而产生"意识"。此种"意识",起初仅为"一个人觉得自己是属于某一集团的单纯感觉",接着,这类"本能的感情"遂变为"同类同族的意识"。[128]可以这么说,两篇文章谈的"民族意识",其实是在向读者说明,属于同一民族的人民,其心理特质理应会产生"一体"感。这种心理特质,自可于战争时期形成"一道心理的武器,便是民族意识"。[129]

时任中央大学教育系教授与实验中学主任的教育学者许恪士(1896—1967),也曾在期刊上公开说明自己对于"民族意识"的见解。许恪士指出,"民族意识,乃是民族内心的条件。这是民族心理的动力,驱策民族中各分子共同努力最要紧的东西"。于此,假若缺乏"民族意识",就无法培养兴亡与共的观念。[130]这种着重"心理"因素的说法,也用来解释民族形成的理据。有论者认为,"民族"形成的理由并非是语言和血统,而是"纯然心灵上的性质"。以心灵特质作为民族结合的"永续条件",此般说法展现了论者是从"心理学的见地而寻求"。这样的"民族意识",是"国家的一种本能力量,是纯净地可爱",并得而促使民族产生共同的行为。[131]此见,在这类沿用比较宽泛的心理学知识,仅采取民族"心灵特质"说辞所形成的论述,所凸显的就是,生发于内心的特质,能转化为驱使民族形成共通想法、行为的动力。

也有论者以否定传统心理学对"意识"的论述为论述基础,出版于1936年的《民族意识析义》就是这样的文章。作者蒋锡恩对"意识"的解释,先是引用了行为心理学针对传统心理学专研"意识"的批评,再提出自己的说法。蒋锡恩笔下的"意识",相当强调社会与人类行为之间的互动。他指出,"意识"就产生在社会对于人类行为的影响下,在"社会对于行为的好恶、价值"的评断之间。于此,不同群体如农、工、商、学者、政客、宗教信徒,就因着相异社会环境而形成不同的意识,而这些其实都属于"社会意识"的范畴。在蒋锡恩的认知里,"社会意识"包涵以下几种:家族、宗族、地方、国家、民族、职业、阶级、党团、学派、宗教。更重要的是,文章指出,这些"小写的"意识是复数地并存于每人身上,并有互相排挤、冲突的阶序关系。譬如在蒋氏写作的时间点,国家的或民族的意识,就必须压抑诸如家族或地方意识,从而成为最活跃的意识。从此来论,蒋锡恩认为是"民族意识""最高型态"的社会意识,它自然是要排挤其他类型的意识,"适时地"为中国人民所用。[132]

蒋锡恩的论点透露出当时一种颇为关键的论调:"民族意识"的确立,似乎得经过竞争、排除,重新安排资源次序。换句话说,这些说法显然认为,人类心理特质是可以锻炼且调动的政治素材。于此,剔除以"自我""个人""小我"为中心的意识,是确立民族意识的首要之务。这种声音出现得很早。1934年,国民党政府推行新生活运动,试图从改造个体日常生活行为着手,重造政治、文化新局。其时,就有作者以历史溯源的方式,追述以孔子为代表的儒家思想,是能同时顾及"小我"和"大我"意识的理想生活。然而,20世纪以来,传统文化体系遭遇不同挑战而渐次崩解,其所迎来的是"颠倒了中华民族固有意识",是以"小我的""肉体的"意识为主体,而抛弃了"大我的"意识。对此,新生活运动之要旨,就是要唤醒注重"大我"的固有"民族意识"。[133]

直至抗战爆发之前,这种以排除、否定"个人意识"来确立"民族意识"之内涵及发展方向,就是最为常见的做法。[134]此种做法还会提及另一个关键词"国民意识"。1937年,时任国民党中央宣传部部长的邵力子(1882—1967)于7月2日在中央广播电台发表过一次讲演,题为"国民意识的进步"。演讲主题的"国民意识",就他自己的话来说,就是"一个国家的全体国民,至少也是大多数的国民,对于国家和民族所有的共同意识"。邵力子口中的"意识"即是指,每一国民对于国家、民族能形成共通一致的感情与想法,以此为基础,则能进一步培养对外交、内政问题一致的想法。更重要的是,要能将国家考虑置于个人权利之上。时值抗日战争爆发前夕,邵力子通过广播作此宣讲,意图以此唤醒"国民意识",促使人民能将国家未来可能之需求,摆在自我之前。[135]邵力子的声音并不孤独,同年在《文化建设月刊》上一篇《统一救国应先使国民意识统一》,就是在说明"意识的统一"是国家统一事业的基础工作。此处的"意识统一",也是指人民必须培养共感,以此推演出以"国家利害为前提"的意识、思想。[136]这种删除和重新排序的说法会推导出一种结论,即人民的意识是统一、齐平化的。呼求"民族意识"或"国民意识"的统一,实质上就是要求人民将心理建设的工程交由三民主义来打理,实行一种"主义化"的心理建设。以此,方能期待全国人民得以在"主义"的引导下和领袖崇拜的权威笼罩下,创造"心心相印"的"同具之心理"。[137]

凝聚齐一式的个人,创造共通一致的"民族"或"国家"意识,这要求人民必须得注意日常生活环境的状态,从个人举手投足之间,锻炼出清明且彻底符合战时需求的"民族意识"。此种声音在各类报纸杂志上算是常见,特别是在教育类刊物里有为数不少的相关论述。它们均认为应该通过"公民训练""训育""培养"等方式,提高学童的"民族意识"。[138]这般论调,几乎在各省县市、各层级学校场合皆可见得。这些意见都指向了,国人"心理"尚有缺点,未能健全于应付国家危难的场景。比如说,在较早的时间点,广东省教育会办的杂志就谈及,如欲改革"社会意识",就必须通过"完备的社会教育"促成"社会自觉"。[139]1933年,《广西教育行政月刊》登载一份提出问题和解决办法的"方案"。这份数据,从国人的心理问题说起,点出四个面向的大问题,均指明了一种会导致国家、民族灭亡的"个人意识"。至于提高"民族意识"的方法,就是由党部自上而下操作,改造个人生活的周遭环境。如阅读蕴涵"民族意识""精神"的日常报纸刊物,以及在教育环境里,增加能表述国家意识、精神的课本读物,并通过对社会大众宣讲、教育、排演戏剧,还可举行相关讲演、展览,甚至是"民族意识测验"。[140]

零零总总的锻炼方式,其实就是在生活的各种场合的活动中,通过物质文化和实践操演,使个人心理、意识得以具象化呈现。假若"意识"可以称得上是"感官"的一种知能,那么这些宣传、陈述"民族意识"的方法,就是将个人乃至于群体"感官具体化"的各种尝试。政治性的宣传、讲演活动和符码制作、布饰是少不了的。譬如,1936年1月初,安徽省党政纪念周的演讲提及,欲增强"国家意识",各重要机关必须每天举行升降国旗典礼,以象征意味浓厚的纪念活动,将"国家意识"映入人民心里。[141]此外,艺文活动也肩负起表述民族意识的工作。举凡音乐、戏剧表演、图画和阅读书报,皆成了唤醒民众"自觉"的素材。[112]相似类型的"方案",仿佛还逐渐形成各省县市为"训练民族意识"的"标准"。[113]最重要的是,这类呼吁培养人民对于民族、国家之心理基础的建议案,凸显当时人们认为人类的心理素质可经由教育手段,形塑出一致甚至是"正确的意识"。1936年的《青岛教育》有文章讨论培养儿童民族精神时就指出,要"从儿童时期就有了正确意识"。[114]

最后,我想用1933年《南方杂志》的一篇文章《民族意识的展开与冲劲》,说明这套"转喻"语意系统的运作。此文作者为黄闲道(1906—?),是中央政治学校早期培养的学生,曾著有《中国国民性研究》一书。《民族意识的展开与冲劲》概是分成两个部分:简述"意识"定义,逐层阐明个人、家族、阶级、国家、民族意识的内涵与关联;描写如何通过教育、组织、建设三步骤来宣传"民族意识"。首先,作者对"意识"的释义是从心理学知识角度出发,说明"意识"是"理性的认识,必然的欲求,潜伏的行为"。甚且,意识是可能通过文化素养之提高而走向"完善"的。换言之,在黄闲道看来,"意识"就如前举其他材料所述,是可能"错误的",可能且必须要导正的。作者由此即将笔锋转入正题,通过与民族意识的对比,逐层解释个人、家族、阶级、国家意识的内涵,以及两者的差异。我们可以看到,黄闲道说明这几类"意识"的交替出现,由后者演进至前者的原因,是该"意识"不合乎时代需求,因此发生"革命这回事"来淘汰不合宜的"意识"。通过黄氏描写,各种"意识"仿佛一个由内向外扩张的同心圆,只是,彼此之间有交集,亦有排斥和矛盾。而"民族意识"是顺应时代所生,当身兼"阶级意识"与"国家意识"的帝国主义开始统治人类,压迫弱小民族,"民族意识"遂油然而生。且"民族意识"是绝对排斥前几种"意识"的存在。国人必须拒绝个人、家族、阶级甚至国家的"意识"存于心中,一心向着中华民族，好以抵御阶级与国家意识的象征——帝国主义。

　　文章第二个重点是，描写该通过哪些方法来锻炼国人的"民族意识"。这里分成两个部分，首先是谈教育、组织和建设的重要性，第二则是着重于说明以"革命领袖"为领导人的必要性。其实，谈到教育、建设和组织的部分，语调和内容与前举多数材料实为相仿，惟其较细密地列举以"民族意识"为中心的"组织"，诸如政党、学术机构、军队、革命俱乐部等。这反映了作者认为，此些机构是必须承载民族精神的单位，也是能实际操演其"意识"的机构。更重要的是，将冶炼、开展"民族意识"的工作，交由一位能适当领导群众者，即文中写到的"革命领袖"。这其实就指孙文及其革命遗泽。在他的想法里，这位"革命领袖"在某时代获得适当"需要的意识"，再通过"传播作用"得到群众拥护。尤有进者，之所以要仰赖"领袖"引导群众意识的开展及实践，就是为以"民族意识"来和象征帝国主义、共产主义的"国家意识"及"阶级意识"做斗争，以期能创造以各民族平等相待之国家的理想愿景。此处所指涉的两种敌人，就自然是当时中国面对的日本与共产党人了。[149]就上所述，"意识"在黄闲道的文脉下，是从心理学出发，指涉人类感觉和行为。当它被写入各种相异群体内，"意识"则多出一种互相包含却又抵抗的关系。而"意识"的演变，便是由那股冲突的力量为主导，经由一位秀异分子领头，让"意识"产生革命，取代前者。在他看来，"民族意识"似乎就是当时国难当头最迫切的一种"意识"。细读此文，我们可以想象当时的读者，当"民族意识"映入眼帘之际，即会浮现一套以个人心理素质、感知为基础，通过各种教育和训练方式，逐层排除以自我、家庭、阶级为核心的观念，重新组构成的一幅个人直接连结至国家、民族的图像。而在这里头，个人可被民族至上之声音所驱策；这其实也就代表了，个体是得听命于国家、党与主义的。

名词概念的变化，实是浓缩了其所在之社会环境的变迁历程及经验。综上所述，"意识"在这阶段成为多数人所习用的政治修辞；其词汇内涵概念的变化，也反映了20世纪中国政治环境、问题的改变。成为各种语境材料里的"政治修辞"，意味着这个新名词已被多数人从学术脉络挪用至政治、社会议题中。由此，原本蕴含复杂心理学知识的概念，此时在不同人和脉络的使用下，学科专业知识含量会逐次降低，逐渐渗入的则是交杂着政治、社会、经济的问题，或是历史、文化的思想线索。以心理学知识为基础的"意识"一词，配合着其他如"有意识""无意识""团体意识""阶级意识""国民意识""民族意识"，此些关联词汇、叙述文字及其语境更是凸显了，民国政治环境里充满阶级、北洋政府、地方军阀、国共两党、中日两国的对抗气氛。而"意识"论述系统所表征的人类心理感知，以及渐次产生的内聚性和排他力，即成为论者用以描述个体内心对政治问题的思想状态，并逐层推及不同群体间的差异、区隔和对抗，从而塑造"大写"群体——民族、国家——认同感的素材。笔者于前言所论之"定义性语言"（defining language），即为如是。于此，"意识"本意虽仍指人心感知外物的状态，但却很容易从抽象的样态转为时论者、政治党派乃至于革命团体可实际操作的、尖锐且具挑逗性的政治口号，于此纷乱时际，喊得震天价响。

结　　论

本文描述"意识"于近代中国历经之词汇和概念的旅行，尝试在讨论近代新名词转译生成的过程中，观察语言和历史环境的互动关系，及其所映显的，属于近代中国历史场景的特殊性。要言之，"意识"一词是在"被翻译的现代性"与"政治目的之挪用"两条脉络交织下,从晚清时际的新名词转为国人惯常使用的关键词汇。回溯这段词汇概念的变化,"意识"本为汉语脉络的原生词汇,仅指涉个人思虑、想法。其于中古时期,经由佛经翻译进入人们视野,致使读者能联想到"心"的官能。接着,让"意识"成为国人陌生的新名词,是拜明治日本的知识人对其所做的知识加工、改造与翻译所赐,让它得以重换新面貌,再通过"日本—中国"的知识、书籍流通渠道,输入晚清社会。最后在民国以降的社会环境中产生了更深层的影响。就上所述,"意识"成了时人理解、响应政治议题的一种特定语言、修辞。

这段变化的历史过程,反映了近代中国历史环境的几项特点。首先是新名词之生成与汉字文化圈的近代转型。本文认为,"意识"于晚清时际的变化是中国、日本与西方世界三方于19世纪下半叶所开展的多重文化接触、交流的经验和结果。而促成此些知识流通、交涉者,是在异域文化之输入以及本土人士对于域外资源工具的需求的情况下,借着各类物质技术条件的提升,诸如西学书籍、传教士双语辞典的编辑、印刷、出版和流通来达成的。换言之,研究者应可进一步追踪,从新词汇的历史,特别是这种"和制汉语"于汉字文化圈内流通和传播情形所透露的,当时中国、日本书籍、文化市场的概况以及物质技术条件的变化。

再者,"意识"及其相关词汇频繁地出现于政治论述里,则反映了民国政治环境的两个思想特色。首先,我们可以很清楚地看到,"意识"与"心理"这两个心理学专业学科术语,溢出了学科范畴而进入了各种政治辩论语境。这种将政治议题甚至是困境诉诸人类心灵、精神、感知的做法,似乎呼应了王汎森从《中国青年》读者栏中发现的,青年人心理烦闷状态和政治场域的高度连结性。因为知识分子、从政者为解决政治问题,必须通过训育、操弄、动员群众心理,使其成为一股可扭转局势的"力量"。也就是说,从"意识"论述与民国政治问题的高度关联来论,似乎说明了政治是如何通过语言、文字侵入个人日常生活,乃至于在人心深处建筑起必须由锻炼心理方能挽救政局的意念。第二项特点与前一点紧密相连,民国时期关于"心理""意识"教育、建设的论述之所以风行,让知识分子、政治人物皆往"人心"来求取改革现实政治之资源,与传统中国思想环绕着"正心"所生发的哲学系统应是相关的。换句话说,当时的知识分子虽然已经逐渐理解"脑"才为一身之主,而非传统身体知识所归宗的"心",却又在各种政治语言和思想文化的要求里,将解决问题的方法行诸人心、意识。换言之,近代心理学和身体知识的输入,似乎未能在人们的认知和行为里形成一完整的体系。此处的"完整的体系",是指这些新的西方知识,都能逐层有序地归类于每个人的想法、观念和行为实践里头。"意识"在政治场域里展现的例子,反倒显示"心"才是主宰个人做政治判断、选择的关键,而非现代身体知识体系中的"脑"。这样的情况,一方面或许是囿于传统思想文化的强韧作用力,另一方面也适度地呈显了西学新知不匀称的嵌合。

"意识"论述于近代中国的兴起,象征着人们对于政治问题的思考,是环绕着人心、感知出发,并逐渐形成要求内聚以激起排他性的认同感话语。本文前言引述李长之的《说意识》,文章后段说道自己并不否认"意识现象"是可以作为研究的材料,以及"意识"可以维持生物、群体的生存。只是,李长之还是要对读者问道:"我光说学术,我光说艺术。想想看,非我的就不好,非我这个团体的就不好,对不对?'意识正确'这四个字通不通? 勉强造一种意识,能不能?"[⑭]李长之这个提问,流露出自己对于"意识"论述现象的观察和反感。诚如李氏所言,其时人人皆想制造一种"意识",用以套用于自身居处的团体上,以"意识正确"之名,行排他人之实。至此,原为日本铸造之"新名词",遂转为公众舆论的关键词汇、修辞。人们巧妙地挪用"意识"的概念，他们并未去思索李长之的疑问，只是随手拈来，使之读来顺理成章。

1940年代，当时的政治、社会气氛似乎已为"意识"一词量身打造好了历史舞台。让"意识"能继续发挥影响力，成为现代中国相当具渲染力的语汇，并形成各种口号及论述。彼时，抗日战争被认作"三民主义"与"代表日本反动独占资本的法西斯侵略主义"的意识形态斗争。对抗日本，就是一场神圣的"意识斗争"。[49]抗战结束后所迎来的，就是国共两党间的"内战"了。此时仅剩下两种"意识"相互斗争，三民主义与共产主义相抗衡的态势，已然成形。显然，李长之在《说意识》一文中的反省与提问，已经淹没在历史洪流中。这个由文化交流、知识传递所引入的新名词、概念，尽管心理学界已修正了传统学说对于"意识"的认知，唯这个词汇所表征的对抗意味，成为说话者感受最深，也可能是误解最深的部分。直到现在，"意识"仍矗立于现代中国的话语世界中，继续那场由己身揭起，且仍未完成的对抗与冲突。

---

① 安东尼欧·达马吉欧（Antonio Damasio）著，陈雅馨译：《意识究竟从何而来：从神经科学看人类心智与自我的演化》，（台湾）商周出版社2012年版，第40页。

② Orland Figes and Boris Kolonitskii, *Interpreting the Russian Revolution: the Language and Symbols of* 1917, New Haven and London: Yale University Press, 1999.

③ 李长之：《说意识》，《宇宙风》第16期（1936年），第174页。文中这句"意识是让人立刻知道的关于一个个体的一切经验的总合之称"，作者自承是译自"name given to the sum of all experience which are directly known to an individual"，出自 Howard Crosby Warren and Leonard Carmichael, *Elements of Human Psychology*, p. 426。笔者目前尚未能见得此书，只能直接引述李长之

的文字和引证。

④ 同上书,第175页。

⑤ 邢福义主编:《文化语言学》,湖北教育出版社1990年版,第459页。

⑥ 梁启超:"论进步",《新民说》,中华书局1959年版,第57页。

⑦ Reinhart Koselleck, "BEGRIFFSGESCHICHTE and Social History", in Reinhart Koselleck, translated by Keith Tribe, *Futures Past: On the Semantics of Historical Time*, New York: Columbia University Press, 2004, p.88.

⑧ 刘禾(Lydia H. Liu)著,宋伟杰等译:《跨语际实践——文学、民族文化与被译介的现代性(中国,1900—1937)》,生活·读书·新知三联书店2002年版,第409页。

⑨ 王充撰,萧登福校注,"国立"编译馆主编:《新编论衡》下册,台湾古籍出版公司2000年版,第2273页。

⑩《北齐书·文宣帝纪第四》,中研院历史语言研究所"汉籍电子文献资料库",http://hanchi.ihp.sinica.edu.tw/ihpc/hanji?32:259553245:10:/raid/ihp_ebook/hanji/ttsweb.ini:::@SPAWN,检索时间:2018/01/04。

⑪《北齐书·列传第二十三》,中研院历史语言研究所"汉籍电子文献资料库",http://hanchi.ihp.sinica.edu.tw/ihpc/hanji?32:259553245:10:/raid/ihp_ebook/hanji/ttsweb.ini:::@SPAWN,检索时间:2018/01/04。

⑫ *Digital Dictionary of Buddhism*"电子佛教辞典",http://www.buddhism-dict.net/ddb/,检索时间:2018/01/04。

⑬ 这段史料查自"CBETA汉文大藏经"(Chinese Electronic Tripitaka Collection,网络版),CBETA, T01, No.1, p.51c19-20, http://tripitaka.cbeta.org/T01n0001_008,检索时间:2018/01/04。

⑭ 竺摩法师鉴定,陈义孝居士编:《佛学常见词汇》,(台北)福智之声出版社1999年版,第129、291页;另可参考丁福保编《佛学大辞典》,天华出版社1984年版,第2321页。

⑮ 对此概念的理解,笔者是参考圣严法师的著作。圣严法师:《心的经典——心经新释》,法鼓文化2010年版,第29页。

⑯ 沈国威编:《近代英华华英辞典解题》,关西大学出版部2011年版,第

1—5页。

⑰ "consciousness", *Oxford English Dictionary 2*(http://www.oed.com/),检索时间：2018/01/05。

⑱ Walter Medhurst, *English and Chinese Dictionary*, Shanghai: Printed at the Mission Press, 1847-1848, p. 295. 中研院近代史研究所"英华字典资料库"(http://mhdb.mh.sinica.edu.tw/dictionary/index.php),检索时间：2018/01/04。

⑲ "近义译词群"为沈国威的说法,见沈国威编《近代英华华英辞典解题》,第11页。

⑳ Wilhelm Lobscheid, *English and Chinese Dictionary with the Punti and Mandarin Pronunciation*, Hong Kong: The Daily Press Office, 1866-1869, p. 474. 中研院近代史研究所"英华字典资料库"(http://mhdb.mh.sinica.edu.tw/dictionary/index.php),检索时间：2018/01/04。

㉑ 沈国威：《近代英华字典环流：从罗存德、井上哲次郎到商务印书馆》,《思想史》7,联经出版事业公司2017年版,第69—71页。

㉒ Justus Doolittle, *Vocabulary and Hand-Book of the Chinese Language*, Foochow: Rozario, Marcal and Company, 1872, p. 93. 中研院近代史研究所"英华字典资料库"(http://mhdb.mh.sinica.edu.tw/dictionary/index.php),检索时间：2018/01/04。沈国威编：《近代英华华英辞典解题》,第170页。

㉓ 邝其照：《华英字典集成》,《循环日报》,1899年,第75页。中研院近代史研究所"英华字典资料库"(http://mhdb.mh.sinica.edu.tw/dictionary/index.php),检索时间：2018/01/04。

㉔ 沈国威：《近代英华字典环流：从罗存德、井上哲次郎到商务印书馆》,《思想史》7,第72—79页。

㉕ 井上哲次郎：《订增英华字典》,藤本次右卫门出版兼发行1884年版,第300页。中研院近代史研究所"英华字典资料库"(http://mhdb.mh.sinica.edu.tw/dictionary/index.php),检索时间：2018/01/04。

㉖ 此处关于谭嗣同《仁学》的基础论述,笔者是依赖张灏先生的研究。张灏：《烈士精神与批判意识——谭嗣同思想的分析》,联经出版事业公司

1999年版,第89—129页。

㉗ 张灏:《烈士精神与批判意识——谭嗣同思想的分析》,第100页。

㉘ 谭嗣同:《谭嗣同全集》,(台北)华世出版社1977年版,第47页。

㉙ 同上书,第89页。

㉚ 同上书,第48—49页。

㉛ 同上书,第82—83页。

㉜ 黄河清:《"神经"考源》,《科技术语研究》第5卷第2期,2003年,第42—43页。

㉝ Hugh Shapiro, "How different are western and chinese medicine? The case of nerves", in Helaine Selin eds., *Medicine Across Cultures: History and Practice of Medicine in non-Western Cultures*, Dordrecht; Boston: Kluwer Academic Publishers, 2003, pp. 351-372. 传统身体观念认为"心"才是主掌人体情感、意志和精神的官能,并进而能操持人体四肢百骸的运转。杜正胜:《从眉寿到长生——医疗文化与中国古代生命观》,(台北)三民书局2006年版,第95—105页。

㉞ 张宁:《脑为一身之主:从"艾罗补脑汁"看近代中国身体观的变化》,《中研院近代史研究所集刊》第74期(2011年12月),第1—40页;张仲民:《补脑的政治学:"艾罗补脑汁"晚清消费文化的建构》,《学术月刊》第43卷9月号(2011年9月),第145—154页。

㉟ 梁启超:《近世文明初祖两大家之学说》,《饮冰室文集》第13集,中华书局1936年版,第6页。

㊱ 梁启超:《新民说》,台湾中华书局1978年版,第33、60、66、70页。

㊲ 《群俗时评:青年之堕落》(三),《新民丛报》第25期(1903年),第79页。

㊳ 《论教育学之意义》,《新民丛报》第25期(1903年),第149页。

㊴ "来自西洋,路过日本"一语是王力的用语,他早于刘禾指出,"意识"是日本从汉语借去翻译"consciousness",再传回中国的新名词。参见王力《汉语史稿》(增订本),科学出版社1958年版,第531—532页。

㊵ 西周在《生性发蕴》中指出,英语的"consciousness",法语的

"connaisance",德文的"Bewusstsein"与荷兰语的"bewustheid",他都译作"意识"(いしき)。李博(Wolfgang Lippert)著,赵倩、王草、葛平竹译:《汉语中的马克思主义术语的起源与作用》,中国社会科学出版社2003年版,第310页。研究心理学史的著作,则是将西周于1875—1876年间的译著《心理学》视作近代日本创制"心理学"这个名词的重要标志。阎书昌:《中国近代心理学史(1872—1949)》,上海教育出版社2015年版,第40—42页。

㊶ 李博(Wolfgang Lippert)著,赵倩、王草、葛平竹译:《汉语中的马克思主义术语的起源与作用》,第311页。

㊷ 日本国会图书馆数位文献(http://dl.ndl.go.jp),检索时间:2018/01/08。

㊸ 岸本能武太著,章太炎译:《社会学》,广智书局1902年版,第1a页。

㊹ 相关介绍可参见:川合隆男:《解题:近代日本社会学史叢书第一期・草創期(磨木—明治初年)、生成期(明治10年—30年)のこと》,载近代日本社会学使丛书编辑委员会(代表川合隆男)编《近代日本社会学史丛书:海外活动之日本人》第38卷,(东京)龙溪书社2008年版,第26页。另可参见拙文《从翻译到编写教科书——近代中国心理倾向社会学知识的引介与生产(1920—1935)》,收入张仲民、章可编《近代中国的知识生产与文化政治》,复旦大学出版社2014年版,第131—135页。

㊺ Sun Lung-Kee, *The Chinese National Character: From Nationhood to Individuality*, Armonk and New York: M. E. Sharpe, 2002, pp. 38 - 39. 吉丁斯认为,这种"同类意识"是一种社会发展最原始、基本、主观的要素,只有动物具备,非动物则无。以"同类意识"为起点,是很多事物发展的驱动力,例如:经济活动、政治运作或宗教崇拜,每一种行为都是从一种"同类意识"所延展而生的。参见 Franklin Henry Giddings, *Principles of Sociology: An Analysis of the Phenomena of Association and of Social Organization*, New York: The Macmillan Company; London: Macmillan & Co., Ltd, 1909, pp. 16 - 19。

㊻ 东洋大学井上圆了纪念学术中心编,井上圆了著:《井上円了・妖怪学全集》卷一,柏书房株式会社1999年版,第124页。

㊼ 井上圆了著,蔡元培译:《妖怪学讲义》,文星书店1967年版,第

47页。

㊽ 穆勒(John Stuart Mill)著,严复译:《穆勒名学》,辜公亮文教基金会1998年版,第10页。

㊾ 韩江洪:《严复话语系统与近代中国文化转型》,上海译文出版社2006年版,第79页。

㊿ 诚然,严复的译词多半在对抗日本新名词的过程中败下阵来。请见黄克武《新名词之战:清末严复译语与和制汉语的竞赛》,《中研院近代史研究所集刊》第62期(2008年12月),第1—42页。

(51) 沈国威编:《近代英华华英辞典解题》,第210—213页;蔡祝青:《文学观念流通的现代化进程:以近代英华/华英辞典编纂literature词条为中心》,《东亚观念史集刊》第3期,2012年12月,第302—308页。

(52) 颜惠庆主编:《英华大辞典》,(上海)商务印书馆1908年版,第456页;中研院近代史研究所"英华字典资料库"(http://mhdb.mh.sinica.edu.tw/dictionary/index.php),检索时间:2018/01/04。

(53) 商务印书馆编译所编:《商务书馆英华新字典》,上海商务印书馆1913年版,第109页;中研院近代史研究所"英华字典资料库"(http://mhdb.mh.sinica.edu.tw/dictionary/index.php),检索时间:2018/01/04。

(54)《学部:奏陈第二年下界筹办预备立宪成绩折》,收于陈学恂主编《中国近代教育史教学参考资料》上册,人民教育出版社1986年版,第761页。

(55) 沈国威:《中国近代科技术语辞典(1858—1949)》,《或问》第13号(2007年),第142页。

(56) K. Hemeling, *English-Chinese Dictionary of the Standard Chinese Spoken Language and Handbook for Translators, including Scientific, Technical, Modern, and Documentary Terms*, Shanghai: Statistical department of the Inspectorate general of customs, 1916, p. i. 关于《官话》的初步研究,参见沈国威《近代中日词汇交流研究:汉字新词的创制、容受与共享》,第431—453页。

(57) K. Hemeling, *English-Chinese Dictionary of the Standard Chinese Spoken Language and Handbook for Translators, including Scientific, Technical, Modern, and Documentary Terms*, p. 280.

(58) 这样的研究方式，参见狭间直树、石川祯浩主编，袁广泉译《近代东亚翻译概念的发生与传播》，社会科学文献出版社 2015 年版。而他们更是指出，这种问题操作方式可供研究者做进一步的区域性比较研究，从而理解"东亚文化圈"内部的差异与意义。

(59) 内明：《心理学纲要》，《新民丛报》第 37 期(1903 年)，第 55—56 页。

(60) 内明：《心理学纲要》(续三十七号)，《新民丛报》第 46—48 期合本(1903 年)，第 202—203 页。

(61) 阎书昌：《中国近代心理学史(1872—1949)》，第 11—12、40—42 页。

(62) 汪凤炎主编：《中国心理学史新编》，人民教育出版社 2013 年版，第 483—485 页。

(63) Wilhelm Lobscheid, *English and Chinese Dictionary with the Punti and Mandarin Pronunciation*, Hong Kong: The Daily Press Office, 1866 - 69, p. 1397；中研院近代史研究所"英华字典资料库"(http://mhdb. mh. sinica. edu. tw/dictionary/index. php)，检索时间：2018/01/04。罗存德的翻译词汇，后又可在井上哲次郎的《订增英华字典》(1884)、颜惠庆编《英华大辞典》(1908)、《商务书馆英华新字典》(1913)中看到。

(64) Sun Lung-Kee, *The Chinese National Character: From Nationhood to Individuality*, pp. 50 - 51.

(65) 观云：《养心用心论》，《新民丛报》第 3 卷第 21 期(1905 年)，第 2—4 页。

(66) 何立行：《晚清知识人蒋观云(1866—1929)及其启蒙论述》，"国立"清华大学中国文学系博士论文，2012 年，第 180—196 页。

(67) 左古輝人：《初期の建部遯吾における儒学と社会学》，《社会学评论》第 51 卷第 1 期，2000 年 6 月，第 20—36 页；Teruhito Sako, Suzanne K. Steinmetz ed., *Japanese Family and Society: Words from Tongo Takebe, A Meiji Era Sociologist*, New York: The Haworth Press, 2007.

(68) 梁启超：《新释名一》，《新民丛报》第 4 期(1904 年)，第 114—115 页。查找建部的原书在第一章第六节，标题即写着"社会は意識ある體なり"(社会成为一个有意识的主体)。下之内文与任公所述相似，指出，社会是由许多

"有意识"的有机体,集结而成一"有意识"的社会。建部遯吾:《普通社会学:社会学序说》第1卷,(东京)金港堂1904年版,第32—38页。

⑥⑨ 孙隆基就指出,在梁启超的思想体系里,是将伯伦知理的国家有机体说与社会心理学说杂糅在一起使用。Sun Long kee, *The Chinese National Character: From Nationhood to Individuality*, p. 41;孙隆基,《两个革命的对话:1789 &1911》(上),《二十一世纪》1994年4月号,第28页。

⑦⓪ 赫尔穆特·吕克(Helmut E. Lück)著,吕娜等译:《心理学史》,学林出版社2009年版,第41—42页;Sun Long kee, *The Chinese National Character: From Nationhood to Individuality*, pp. 48–50;古斯塔夫·勒庞(Gustave Le Bon)著,周婷译:《乌合之众》,(台湾)脸谱出版社2017年版。

⑦① Gustave Le Bon, *The Psychology of Peoples*, New York: The Macmillan Co., 1898;赫尔穆特·吕克(Helmut E. Lück)著,吕娜等译:《心理学史》,第36—41页。勒朋此著,在1935年还有一个中文译本出版,译者为张公表,这个中文译本比较如实地反映了勒朋的原意。见张公表译《民族进化的心理定律》,商务印书馆1935年版。

⑦② 梁启勋:《国民心理学与教育之关系》,《新民丛报》第25期(1903年),第49—57页。勒朋的学说于20世纪前后的日本备受瞩目,梁启超旅日期间亦十分关注其说,任公后来创办的"共学社"即出版有一本由冯承钧翻译的《政治心理》(1921)。勒朋在书中序言指出,一国家之政治,影响其起灭、变化、优劣的因素,皆出于该国国民的心理。该书初版于民国十年,笔者所据版本为1933年的版本。勒庞(Le Bon, Gustave)著,冯承钧译:《政治心理》,商务出版社1933年版,第2—6页。

⑦③ Sun Lung-Kee, "Social Psychology in the Late Qing Period", *Modern China*, Vol. 18, No. 3(Jul., 1992), pp. 235–246.

⑦④ 县解(朱执信):《心理的国家主义》,《民报》第21期(1905年),第1—24页。

⑦⑤ 蕴照:《论国家之意识》,《东方杂志》第3卷第1期(1906年),第4—8页。

⑦⑥ 相关研究可参见:钟少华:《人类知识的新工具——中日近代百科全

书研究》,北京图书馆出版社1996年版;陈平原、米列娜主编:《近代中国的百科辞书》,北京大学出版社2007年版。

⑦ 汪荣宝、叶澜编纂:《新尔雅》,文明书局1904年版,第54—55页。

⑧ 同上书,第55—56页。

⑨ 沈国威对《新尔雅》的研究,也指出此书应为编者对日本书籍的翻译或改编,唯现下还未能厘清,这本近代中国词汇书的众多底本究为哪些书籍。沈国威编著:《新尔雅:附解题·索引》,上海辞书出版社2011年版,第3页。

⑩ 黄摩西:《凡例》《特色》,黄摩西:《普通百科新大辞典》,国学扶轮社1911年版。

⑪ 黄摩西:《普通百科新大辞典》酉集,第21a—21b页。

⑫ 汤祖武:《心理学剖解图说》,《新民丛报》第4卷第10期(1906年),第69—72页。在汪荣宝编纂的《新尔雅》中,其对"心理学"的解说也提及意识与心理学研究的关系:"研究心意现象、精神现象、意识作用等者,名曰心理学。"汪荣宝、叶澜编纂:《新尔雅》,第59页。

⑬ 蒋维乔:《心理学术语解》,《教育杂志》第1卷第13期(1909年),第1—2页。

⑭ 苏甲荣:《近代心理学在社会问题上的关系译Ellwood的社会学和近代社会问题的第三章》,《少年中国》第1卷第10期(1920年),第20—21页。

⑮ 冯友兰:《心力》,《新潮》第3卷第2号(1922年),第74页。

⑯ 臧玉泾:《侯尔特的意识学说》,《东方杂志》第24卷第14号(1927年),第80页。

⑰ 余家菊:《心理研究备忘录》,《少年中国》第4卷第2期(1923年),第15页。

⑱ 《意识之概念》翻译自E. B. Holt著 The Concept of Consciousness (1914),内容关于意识之讨论与定义。参见《新书介绍》,《少年中国》第2卷第7号(1921年),第62页。《意识论》是译自麦参史的作品,讨论意识与行为之间的关系,参见《图书季刊》,第2卷第3期(1940年),第464页。

⑲ 西田几多郎著,冯意空译:《何谓意识?》,《哲学评论》第2卷第4期(1929年),第84—101页;潘菽:《"意识"的研究》,《教育杂志》第23卷第3

号(1931年),第17—32页;潘菽:《"意识"的研究(续)》,《教育杂志》第23卷第4号(1931年),第14—29页。

⑩ 笔者查找当代的心理学辞典,它对"consciousness"一词的解释为:一个醒觉人类在平常的心理状态,其特质为有认知、思维、感觉、体悟外在世界的经验。通常是一个有自觉的人类所拥有的经验。Andrew M. Colman, *A Dictionary of Psychology*, Oxford & New York: Oxford University Press, 2001, p. 160.

⑪ Sun Long kee, *The Chinese National Character: From Nationhood to Individuality*, pp. 75–76.

⑫ 此书完成于1918年。本文使用的版本为:孙文:《心理建设》,黄埔出版社1949年版,第1—4页;阎书昌:《中国近代心理学史(1872—1949)》,第93页。

⑬ 《心理建设》,《申报》1928年7月13日,第7版。

⑭ 陈剑修:《新生活与心理建设》,正中书局1935年版;邵元冲:《心理建设论》,中国文化服务社1948年版;陈公洽:《心理建设与县政建设》,福建省政府秘书处1942年版。关于"心理建设"的概念如何于民国政治议坛里被理解与挪用,或许值得进一步探究。

⑮ 王汎森:《从新民到新人:近代思想中的"自我"与"政治"》,收入王汎森编《中国近代思想史的转型时代:张灏院士七秩祝寿论文集》,联经出版事业公司2007年版,第186—192页。

⑯ 徐谦(季龙):《宗教的共和观》,《星期评论(上海1919)》纪念号4(1919年),第3—4页。

⑰ 戴季陶:《全意识的生活》,《星期评论(上海1919)》第19期(1919年10月),第4页;吕芳上:《革命之再起:中国国民党改组前对新思潮的响应(1914—1924)》,中研院近代史研究所1989年版,第305—306页。

⑱ 史济才:《意识与无意识》,《静友》第1卷第3期(1921年),第3—4页。

⑲ 王毓嵩:《数年以来国人如在幽室之中一切举动皆近于无意识》,《云南学术批评处周刊》第5期(1916年),第56—59页。

⑩ 维新:《无意识之拜偶》,《兴华》第15卷第24期(1918年),第12—13页。

⑩ 史济才:《意识与无意识》,《静友》第1卷第3期(1921年),第4页。

⑩ 陈独秀:《无意识的举动》,《新青年》第8卷第4号(1920年12月),第6页。

⑩ 吕永坤:《无意识的统一令》,《政治评论》第1期(1923年),第3—4页。

⑩ 柳隅:《有意识之革命与无意识之破坏》,《东方公论》第81期(1932年),第3—6页。

⑩ 周太玄:《从意识清明到生活革新》,《周报》第1卷创刊号(1937年7月),第20页。

⑩ 同上书,第21页。

⑩ 章锡琛译:《国民意识与国家政策》,《东方杂志》第13卷第11—12期(1916年),第1—6、43—48页。

⑩ 韩藻:《觉醒国民意识与训政》,《觉悟》第7卷第22期(1924年7月),第2—3页。

⑩《国民意识亟须除旧布新》,《新中华》第12卷第3期(1949年),第2—3页。

⑩ 这问题可参见韩承桦《当"社会"变为一门"知识":近代中国社会学的形成及发展(1890—1949)》,台湾大学历史学系博士论文,2017年,第58—72页。

⑪ 刘禾(Lydia H. Liu):《跨语际实践——文学,民族文化与被译介的现代性(中国,1900—1937)》,第393页。

⑫ 李博(Wolfgang Lippert)著,赵倩、王草、葛平竹译:《汉语中的马克思主义术语的起源与作用》,第312—313页。事实上,李大钊关于马克思主义的认识,有部分深受河上肇的影响。参见石川桢浩著、袁广泉译《中国共产党成立史》,中国社会科学出版社2006年版,第16—18页。

⑬ 朱镜我:《意识形态论》,《文艺讲座》第1期(1930年),第31—36页。

⑭ 永田广志著,田知译:《意识形态的发展法则》,《民心月刊》第1卷第

1 期(1936 年),第 13 页。

⑮ 萧范:《小辞典:意识形态》,《学习》第 2 卷第 7 期(1940 年),第 11 页。

⑯ 特指一组源于某特定的群体、阶级,某些物质条件观念,这与现代定义下的"意识形态"类似。请参见雷蒙·威廉士(Raymond Williams)著、刘建基译《关键词:文化与社会的词汇(修订版)》,(台北)巨流图书有限公司 2003 年版,第 170—175 页。

⑰ 刘剑横:《意识的营垒与革命的智识分子》,《泰东月刊》第 2 卷第 7 期(1929 年),第 45 页。

⑱ 哈雷:《阶级斗争和阶级意识》,《共进》第 60 期(1924 年),第 1—2 页。

⑲ 吴良坷:《什么是无产阶级意识》,《中国青年》第 2 卷第 11 期(1930 年),第 34、36 页。

⑳ 扬扬:《团体意识及其作用》,《众力》第 1 卷第 5 期(1936 年),第 108—109 页。

㉑ 卢于道:《团体的意识》,《军事与政治》第 5 卷第 5—6 期(1934 年),第 9—10 页。

㉒ 朱泰信:《"团体意识"(Group-consciousness)与母校》,《交大唐院周刊》29 周年纪念特刊(1934 年),第 17—18 页。

㉓ 嘉贝:《燃起民族意识和国家观念》,《新动向》第 84 期(1943 年),第 2114—2115 页。

㉔ 王汎森:《"烦闷"的本质是什么:"主义"与中国近代私人领域的政治化》,《思想史》1,联经出版社 2013 年版,第 96—97、129 页。

㉕ 喻亮:《民族意识与现代国家》,《战士月刊》第 3 卷第 1 期(1941 年),第 1 页。

㉖ 黄文宪:《民族意识与国家前途》,《哲理声》第 7 卷第 3 期(1937 年),第 4 版。

㉗ 曹立瀛:《民族意识与自由思想》,《中国社会》第 4 卷第 1 期(1937 年),第 21—22 页。

⑫⑧ 杨华：《民族意识与抗战》，《福建青年》第1卷第1期（1940年），第22—23页。

⑫⑨ 同上书，第23页。

⑬⓪ 《民族意识》，《民教通讯》第3卷第6期（1937年），第1页。

⑬① 丁蔚南：《论民族意识》，《上海半月刊》第27期（1937年），第4—5页。

⑬② 蒋锡恩：《民族意识析义》，《浙江民众教育》第4卷第5期（1936年），第1—2页。

⑬③ 姚时贤：《新生活运动与民族意识》，《青年与战争》第4卷第1、2期（1934年），第7页。

⑬④ 思迈：《民族意识》，《新运旬刊》第10期（1937年），第19页。

⑬⑤ 《专载：邵部长广播演讲国民意识的进步》，《中央时事周报》第6卷第26期（1937年），第60—61页。

⑬⑥ 陈高佣：《统一救国应先使国民意识统一》，《文化建设月刊》第3卷第5期（1937年），第16—17页。

⑬⑦ 茹春浦：《从蒋委员长被困中证明民族意识之统一》，《时论（南京）》第43期（1937年），第1—3页。

⑬⑧ 《确定今后小学公民训练以唤起民族意识培养国家观念为趋向案》，《浙江教育》第1卷第5期（1936年），第118—119页；《本馆二十一年度实施计划草案》，《浙江民众教育》第6期（1933年），第1—2页。

⑬⑨ 鸣谦：《社会舆论与社会意识》，《广东省教育会杂志》第1卷第1期（1921年），第133页。

⑭⓪ 《附提高民族意识方案》，《广西教育行政月刊》第2—3卷（1933年），第22—26页。

⑭① 《刘主席一月二十七日在党政纪念周演讲：除旧布新提起朝气增强国家意识》，《安徽政务月刊》第15期（1936年），第24—25页。

⑭② 《培养民族意识》，《北夏》第6卷第1期（1933年），第54—57页。

⑭③ 《民族意识训练之标准》，《青岛教育》第1卷第2期（1933年），第20页。

⑭ 王诚之:《怎样培养儿童民族意识》,《青岛教育》第 4 卷第 1 期(1936 年),第 3—6 页。

⑮ 黄闲道:《民族意识的展开与冲进(续)》,《南方杂志(南宁)》第 2 卷第 4 期(1933 年),第 4—8 页。

⑯ 李长之:《说意识》,第 175 页。

⑰ 沈志远:《意识抗战与争取胜利》,《理论与现实》第 1 卷第 2 期(1939 年),第 1 页。

革命即教育,教育即革命:
南京国民政府的三民主义教育政策

翁稷安

摘要:讨论南京国民政府对三民主义的推行,教育政策的制定和执行是最重要的场域,也是最关键的宣传手段,要了解此时期执政者对人民思想掌控的努力,以及将三民主义变成所有国民服膺的信仰,三民主义教育都是不容忽视的议题之一。本文将分成三部分进行讨论:首先经由党化教育至三民主义教育的演变,指出以政治指导教育由负面转为正面的过程,并经由法律规定成为教育宗旨;其次,则讨论三民主义教育的内容,绝非只是对主义字面上的理解和背诵,而是新道德和人生观的建立;最后,则经由考察党义教育在实际推行上的得失,以及一再改革,说明过程所显露主义教育的意义和特性,即藉由模拟两可的方式,形塑中央对教育内容的控制权,但这正如一体的两面,侵蚀着人们对主义教育的信任。

关键词:三民主义,党化教育,三民主义教育

翁稷安:暨南国际大学历史学系

讨论国民党政府对三民主义化的推动,教育政策是最直接影响的场域,教育和宣传是密不可分的两面,是执政者必争之地,以教育为宣传主义的手段,在孩童或青少年时期形塑对主义的信仰

与服从,是主义化政策的关键步骤,影响至巨。有学者便将1928年后南京国民政府推行的教育政策,和1905年清末的学制改革,以及辛亥革命民国政府成立后,视为清末民初教育的三大变化期。①戴季陶(1891—1949)曾回忆,孙中山(1866—1925)生前也认为"教育"一词比"宣传"更适合中国的需要,所谓训政在戴氏看来便是要作国民的老师,去教育人民。②

下面各节中,首先经由党化教育至三民主义教育的演变,指出以政治指导教育由负面转为正面的过程,并经由法律规定,成为全国教育机构遵从的教育宗旨。其次,则讨论三民主义教育的内容,绝非只是对主义字面上的理解和背诵,而是新道德和人生观的建立,企图培育出完全以大我为中心的"主义人"。最后,则经由考察党义教育在实际推行上的得失,以及一再改革,说明主义教育的意义和特性,形塑中央对教育内容的控制权,然而过于模糊的论述有如一体的两面,侵蚀着人们对主义教育的信任。

一、从党化教育到三民主义教育

"党化教育"一词并非南京国民政府首创,最初是作为负面词汇,出现在东南大学校长郭秉文(1879—1969)去职的纠纷中。郭秉文于1919年出任南京高等师范学校校长,1921年出任南高改制国立东南大学后的首任校长,他与副校长刘伯明(1887—1923)联手,以美国大学模式为参照,替东南大学立下现代学术机构的规模与格局。③1925年1月6日,北京政府教育部以教育次长马叙伦(1885—1970)的名义下令解聘郭秉文,校长一职改由胡敦复(1886—1978)接任,此举震撼了东南学术圈,并进一步引发了反胡接任的学潮。该事件原因极为复杂,④整体而言,如胡适所判断,该事件主要的运作者为国民党人,背后藏有控制教育界的野心。⑤

该纷争的焦点在于政治和学术之间的距离,拥郭与反郭的两股力量都指责对方以政治污染学术,"党化教育"成为双方攻击对方的重要罪名。陶行知(1891—1946)指责撤换郭秉文是出于汪精卫"党化教育"的主张,⑥东南大学教授在支持郭氏的《通告全国教育界书》中直言:"传闻此次郭校长免职之举,确为所谓'党化教育'之一幕。"⑦有趣的是,倒郭派亦认为郭不适任的主因也在于"党化教育",国民党大佬吴稚晖回复郭秉文时即言:"此次望免先生之职,得敦复先生代之,乃请党人离教育界,使教育事业归于纯粹之学者,以免学校'党化'。"⑧此处暗指郭秉文和齐燮元(1885—1946)等北洋军阀之间的密切来往,这也是郭秉文最受争议之处。⑨依吴稚晖一贯的文章风格,此处很可能刻意使用"党化"一词,进行"以子之矛,攻子之盾"式的嘲讽与辩驳。张奚若则从另一角度指责郭氏,认为郭亦为"党化",唯"党"所指非政党,而是更等而下之的朋党。⑩陈启天(1893—1984)对倒郭一事无特定立场,但强调继郭氏接任者的条件之一,必须"无政党之偏见,所以严党化教育之禁也"。⑪显见"党化教育"在这次的纠纷中,是用来指责对方的负面词汇。

值得注意的是,在双方辩论中,渐渐出现支持"党化教育"的论调。邵力子(1882—1967)在《论党化大学》一文中,认为在当下,中国政治对政党有急切的需要,即孙中山"以党治国"的主张,因为能救中国的唯有中国国民党,让国民党通过教育的手段宣传主义,似是无可厚非之举。⑫这样的逻辑绝非党人的自我合理化,于《时事新报》上撰文反对党化大学的胡浩然也有类似的推衍,他建议让各政党派人到大学里充分宣传政见,由大学生去合理取舍优劣,"如果有一政党的党见政策,果然最好,有益民众,大利国家……那些大学员生,一定代该政党竭力宣传"。⑬这种只要该党有益国计民生,便可以或必须作为教育主轴的论调,成为党化教育的核心论据。国民党以广州国民党政府为中心,正式推行以国民党党义、党纲、党员为中心的教育变革。1925年1月,广州国民政府中央执行委员会致函广东大学,表示因之前决议要求广州市所有教育机关人员及学校校长、教员等均须入党,故行文要求广州大学校方切实严办。要求唯有党员才可从事教育工作的举动,被视为党化教育的具体举措。[14]

孙中山去世后,在廖仲恺(1877—1925)提议下,广东大学更名为中山大学,由广大到中大,是教育观念的推行,即建立一所"革命大学"。孙科(1891—1973)指出中山大学成立的第一要务是要革命化,"所施行教育,应该为革命化的教育"。[15]曾济宽(1883—1950)则认为,在以党治国的原则下,对中山大学的规划亦应符合"以党治校"的原则,中大的学生应以孙中山的思想人格为模范,以"国民党之党义为前提",谋求群众的福利。[16]周鼎培则直言中大是"党的大学",要以设党代表、政治训练部等方式,贯彻党的精神,"达到党化教育的主旨",负担"党化教育的重责";课程安排上也应以"中山主义"为全校的"通习科"和"必修科",并定期举办纪念周活动和中山主义研究会。[17]综观相关讨论,便是要将教育与革命结合,[18]让教育服膺"以党治国",成为以国民党党义为主轴的教育形态。嗣后接任中山大学校长的戴季陶便依循这样的理念,提出"以学术的价值为体,以政治的价值为用"的原则:"换言之,即大学之党化,有两层意义:一在大学内之党,应造成党的科学化,俾党的一切设施,皆能合乎科学的方法,应用科学的能力,且由大学供给全党以最好资材;二在大学的一切科学的研究,应造成科学的党化,俾一切科学的发展,皆能完全为革命的发展而存在。"具体的作为,则是由党方面设置大学政治训育部于校中,党中央可以随时有效指挥。[19]

"党化教育"由负转正后,如何落实成为各方讨论的焦点。

1926年2月在广东主持教育界事务的要角许崇清(1888—1969)发表了《教育方针草案》,舒新城(1893—1960)直言该文虽未明言党化,却订下了国民政府的教育方针,给予党化教育最初的定义,巧妙地将民生主义和民权主义的要旨,以产业教育和政治教育的方式融入草案之中,展现出不同于民国元年蔡元培(1868—1940)《对于新教育之意见》中偏向抽象价值观的强调,转而采取更务实、与革命相切合的论点。[20]许文指出,中国教育向来只重"支配行动"而不重实际的"生产行动",新教育制度的推行不仅是加入生产行动的内容,而且"关于支配行动的教育,是全然以现代政治科学为基础。关于生产行动的教育,是全然以现代技术的科学为基础"。新式教育的目的则是"推翻从来关于支配行动的一切原理,及从来关于生产行动的一切方法;而扶植一种为中国从来所无的政治组织的新原理,及中国从来所无的经济组织的新方法"。要达成这个目标,中国的教育政策必须和"革命的一般政策"在方向上取得一致。[21]如此将教育政策和社会、政治革命的方向相结合,便成为许崇清的教育主轴,也成为此时期广东教育的主张。[22]这样隐晦包装的党化教育宣言,回避了当时党化教育的争议色彩,试图在教育自主与权威教育之间谋求平衡。[23]然而随着北伐的胜利,执政者对教育控制的需求远超过许崇清所拟之方针,需要并允许更直接、有力的形式。

  1927年4月南京国民政府成立后,随着北伐军于军事上的胜利,"党化教育"成为热门的施政议题。[24]1927年7月,时任教育行政委员会委员的韦悫(1896—1967)发表了《国民政府教育方针草案》一文。该草案已由教育行政委员会大致通过,仅议决于文中将入劳动教育的部分,并对学生参加学生运动增加限制。草案完成后被送交李石曾(1881—1973)参考,另拟条文,为规范党化教育内容的重要文字。1927年8月号的《教育杂志》在"教育界消息"一栏中,刊登了一篇名为《"党化教育"之意义及其方案》的整理文章,这大概是《教育杂志》对这期间这个议题最完整的摘录,将此文与《浙江省政府党化教育大纲》两份文件同时抄录,特别收录此文并讨论此议题,足见该草案和"党化教育"议题的关联。[25]

草案首先论述了党化教育的意义和重要性,强调教育在国民政府进行"国民革命"和"建设新中国"时所扮演的角色,随着北伐胜利,教育的计划更是刻不容缓。并驳斥对党化教育的批评,党化教育绝不是"把教育变成政党的作用,尤其是变成党争的工具",[26]这样的误解,没有认识清楚国民党在本质上和一般"平常"政党间的差异。不同于一般代议制国家里,政党代表特定阶级的政见和利益,国民党是超越既有政治结构,是打破旧有结构的新政治秩序,反映全体人民的利益。国民党既是革命的也是民众的,这两者成为了它神圣性的基础。党化教育"就是在国民党的指导之下,把教育变成革命化和民众化",国民党的革命政策成为教育方针最根本的原则,教育方针的制定一定要依循着"三民主义、建国方略、建国大纲和历次全国代表大会的宣言和议决案"。此外,除了对国民党性质的错误认知,党化教育的批评者将教育目的简化为知识的传授,党化教育也因此被窄化成"把党的观念传授与人",忽视了教育真正的意义,其实是"创造的"和"建设的"活动,党化的重点在于将党的主张实践于生活中,绝非"党义的宣传"而已。

草案亦详细界定了"革命化"和"民众化"教育的内容,在革命化教育方面,首先要反抗传统重演绎法、灌注概念和重记忆的教育模式,代之以"最进步的"自然科学和社会科学;其次强调改造社会和国家的影响力和使命感,教育革命化要成为"推翻一切社会不平等的组织,而建设一个真正自由的、平等的、博爱的社会的原动力",要将教育完全变成"完成政治革命和社会革命的工具"。在教育民众化方面,则着重于受教权的解放,让所有人民都享有平等的教育机会。教育不应再以培养特殊利益阶级为目的,因为特殊利益多半等同于"压迫阶级"的工具,如科举时代的士大夫或民国以来讨好帝国主义者和军阀的知识分子。此外,则是要"以民众的利益为中心的"去研究科学,特别在社会科学上,因为社会科学很容易成为"压迫阶级"者合法化己身利益和作为的工具,民众化的党化教育要以科学的精神和方法,打破这些垄断,创造出符合民众最大利益的科学。综合上述,党化教育革命化和民众化的背后,对应着"科学化"和"社会化"的要求,要和科学与社会紧密地结合互动。

在施行面上,最重要的是将教育行政权统一集中于中央,在党和党政府领导下,建立一个具监督和指挥能力的教育行政系统。一切教育法令皆由最高的教育行政机关制定或核准,各县及各市教育局长应由教育厅长提出、省务会议通过委任,各省教育厅长及国立大学校长与委员应由最高的教育行政机关提出、中央政治会议通过简任。由党通过政府掌握所有教育的人事权和行政权,建立一套由上而下的管理系统。草案还列出十二点以"党的根本原则做根据""从党立场着想"的教育方针及其内容,分别是:"(一)民众教育应与民众运动一并进行。(二)应以短时间实行义务教育。(三)教育应增进生活的效能,强调实用性。(四)应指导学校毕业生到民间去。(五)各学校应增设军事训练。(六)学校应注重体育训练。(七)学生运动应统一在党的指挥之下。(八)科学教育。(九)从外人手里收回教育权。(十)教育和宗教分离。(十一)教育经费应早日确定。(十二)政府应在国内重要的工商业及农业地点开设特别学校。"

这十二点原则可归纳为:一是教育行政权的收回和确立,如从教会学校手中收回他们对教育的影响力,保障教育经费的独立;二是和现实的结合,将民众教育和民众运动融合,鼓励学生走入民间,赞成"统一在党的指挥之下"的学生运动;三则是针对教育的内容而发,增设军事、体育训练,建立专门学校,并实施科学教育作为"物质建设的基础"。

草案另提出几项具体建议,以求落实这十二点方针:一是课程的调整,以三民主义为原则,将既有僵化的课程进行灵活的调整,不只研究主义,对可以深化主义的具体问题也进行研究,并加入党务的实际操作,作为政治训练;二是培养专门的教育人才,以利于党化教育的进行,教职员常"把教育事业当作谋生的方法"而不以专业自居,因此除了给予良好的训练以外,要给他们的生活提供保障,使教职成为可长可久的行业;最后则是教科书的编定,建立教科书的审定机关,编著出符合党义及教育宗旨的教本。[27]

《教育杂志》将该草案和《浙江省政府党化教育大纲》并列,前者近法条,后者则可视为解释。全文分为五个部分,第一部分强调训练学生应和中国国民党训练党员一致,学生读书是要"为革命而读书",读书不只为书本里的知识,而是要强化自己对主义的理解,并投入社会,施行三民主义。并提及和共产主义的对抗,"纠正共产主义及共党策略之错误",以三民主义"感化"那些"误入歧途之青年",藉由教育养成忠贞的党性。

第二部分则是要以党的纪律作为学校的规约,学校组织或不能直接套上党的架构,但仍应秉持"办党的精神"去"办学校","党的精神"是对纪律的重视,一旦有反革命的情形,就必须接受党的制裁。对党而言,"只有党的自由而无党员的自由",同理可推,"只有学校的自由而无学生的自由",因此"党化教育之学校应限制学生绝对的自由"。

第三部分要求以"行易知难"的孙文学说和民族主义第六讲为蓝本,建设"新道德"。"新道德"的第一步是"求知",列出七个子目,分别是:"一、知难行易。二、学生应想为国家做大事,不可想做大官。三、好的中国固有的道德应当保存,忠孝仁爱信义,解释均详民族主义第六讲。四、好的中国政治哲学应当保存,格物,致知,诚意,正心,修身,齐家,治国,平天下。五、废除封建时代遗留下之旧礼教。六、破坏一切浪漫主义、个人主义等舶来品,建设忠孝仁爱信义的新道德。七、学校德育,以新道德为标准(性道德以爱为标准),先期由学校建设新道德宣传于社会。"细究这套"新道德"的论述,其实是要回归中国传统的"旧"道德。虽要"废除"礼教,但"忠孝仁爱信义""格物,致知,诚意正心,修身,齐家,治国,平天下"的儒家传统德目仍为新道德主轴,是"固有"且"好的"。对西方则持仇视、对抗的态度,如"浪漫主义""个人主义",要"破坏"这些舶来品。引用传统道德内容来建构"新道德",还是有无法涵盖之处,如"性道德"一项必须特别注明要"以爱为标准",反映了传统德目的有限。然而特别提及"性道德"一项,可看出这套"新道德"论述,想要全面深入生活各层面,并因应时代的企图。建设、宣传新道德必须以学校为起点,推广到社会各层面,显示党化教育所宣传的党义,除了对党的效忠和对党义的理解,宣扬党所发展出的新道德和新价值观成为党化教育重要的使命。

第四部分则是将训政时期的国家组织和学生自治组织模拟,以控制学生运动为主。虽然"学生对于学校并不似人民对于国家","学校教职员对于学生并不似国家官吏对于人民",学校行政和学生自治应是"不相干涉"的双方,但结论仍是"学生应能自治,但尤应受学校训练",并要求"学生自治的组织应以训政时国家的组织为标准,训政时期人民之组织与活动,一切均受政府之督率与指导,学生在校内校外一切之组织与活动亦一律均受学校之督率与指导"。此外,学生自治组织必须接受教职员的指正教导;受教职员授业的学生,亦不得干涉学校的行政事务。学生的义务是"为革命而读书",所以学生自治的目的也是"为读书而自治",不得于读书之外浪费时间和精力，学生自治是读书求学的延伸形式，是为了日后可以服务国家的训练。此条并刻意区分训政与宪政的不同，"人民不能骤然组织宪政时期国家"，所以学生自治必须以训政时期国家为标准，不能以宪政时期为标准。通过看似开明的言语，剥夺了学生运动的自主性，同时也藉由教育宣传训政的必要，确立不能立即施行宪政的正当性。

　　第五部分则是要求学生以三民主义来确立自己的人生观，三民主义被推上了至高的地位，是一切问题的答案。不只是对三民主义信仰的宣示，而是对个人和大我之间的分析，认为"凡是'民'都是要'生'的"，个人的生存不能脱离民族的生存，个人生命的意义建立在对民族权力的维护，打倒对民族的压迫。也因为中国境内全部民族都是被压迫的，所以"民族主义"应该优先于"世界主义"，等到自己的民族立于和全世界其他各大民族平等的地位时，再设法去拯救其他被压迫的民族。在这样的论述中，"个人主义"是被责难的，革命是为了民族的自由，要"牺牲自己，顾全民众"，才是"个人生活的责任"。本段最后则针对共产主义而发，把"民生"作为历史的中心，而非共产主义主张的"物质"，"物质"不该成为个人的"主观"的信仰，"民生"才是个人信仰的中心。㉓

　　上述文字大抵呈现了此时期党化教育相关的活动和主张，可以从中归纳出党化教育的几项特征：第一是给予党干涉教育的合法基础，通过一种看似开明实则收束的论述，赋予党至高的权力，为国民党政府训政论述中的一环；其次，党化教育具有不可动摇的"神圣"地位，是因为它具有"革命"和"科学"的性质，这两者在当时是最进步、不容置疑的价值观；再次，在革命论述下，作为小我的个人是无关紧要的，一切以具民族主义意味的大我为依归，同样的，三民主义为所有事物最正确的解答，共产主义相较之下则为错误的一方；最后，党化教育在实际的施行上，是通过教职员、课程、教科书和学生组织来贯彻党的意志,然而让党意贯彻于教育之中,仅是阶段目的,最终目的是要经由教育,将新的道德和价值观念推广于社会,这套全新的道德和价值体系是从传统的道德条目中重新汲取养分,故三民主义更适合于中国。呼应着对民族主义的强调,以及对西方的批判,并试图施行于生活的各个层面。换句话说,对科学、革命、民族主义三者的极端强调构成了三民主义的权威来源,成为教育必要的主轴,更进一步塑造一种新的道德价值,推行于社会。

官方的推动并不表示民间对"党化教育"负面批评的消失,即使国民党人也对此感到不安,戴季陶便建议以"三民主义教育"取代争议较大的"党化教育":

> 党化教育之一名词不知从何而起,吾党主张,以党建国,以三民主义化民,故吾党之教育方针,为三民主义之国民教育,此无疑义。党化二字,内容既不确定,出处亦不明了,总理著作,大会议决,均无此名,其为世俗习用无疑。正名定义,宜直称三民主义教育,在正式公用名词,不用世俗用语,以杜流弊。[29]

之后全国教育会议便以此为主轴,[30]确立以三民主义作为教育宗旨,取得指导教育的权威。在1928年5月17日至28日于南京举办的第一次全国教育会议上获得认可后,三民主义教育才确立了合法地位。戴季陶认为在第一次全教会之后,通过宣言的发布,"定出一个主义的中心,于是才把人心安定下来,把思想统一起来,把秩序确立起来"。[31]戴的回忆无疑过于理想,但间接说明了全国教育会议召开的目的,是要以三民主义为中心,确立、整饬整体教育界之前的乱象,订立一人人遵行奉守的权威。

在开幕致词时,蔡元培以主席身份指出本次会议有诸如师资、教育经费、学生运动等实务问题有待解决,其中最关键的一项工作便是如何确立三民主义在教育中所扮演的角色,因为当时主张三民主义与教育的结合,往往"一方面受过激派之附会,一方面又受保守派之利用",因此必须厘清如何在学校或社会教育中,以受教者的程度正确安排主义的教育。[32]代表国民党中央与会的谭延闿,也致词强调"以党治国"的训政原则,以为"以党治国"并不等同于"以党包办",亦非"以党员治国",而是"以党义治国";教育则是训政时期最重要的工作,本次会议会因应各种不同的难题提出应对的方案,但谭氏认为最终都会以三民主义作为共同的趋势。[33]代表国民政府出席的宋渊源(1882—1961)则接着"以党治国"的主旨,直言党化教育的重要,如同"以党治国"是"以党义治国","党化教育"即是"党义教育",三民主义即是教育的唯一方针。[34]开幕的气氛显示了此次会议的趋向,教育的党化与否已不成问题,此次会议所希望达成者,是如何将三民主义于教育内贯彻和实践,并导出了以三民主义为教育宗旨的结论。[35]如杨杏佛于闭幕前为本次会议所定调,会员意见或各不相同,但"要从教育上实现三民主义"的目的是一致的,教育成为"实现三民主义的唯一工具",遂有在这前提下,教育才有意义和方针,而"什么'为教育而教育'的玄话,教育神圣与教育独立的高调,都应该搁起"。换句话说,通过第一次全国教育会议确立了党对教育的完全控制。[36]

全国教育会议会后的报告详细记录了三民主义教育组的相关提案,其中最重要的成果为《中华民国教育宗旨说明书》,该说明书共集结了九项议案的共识,包括姜琦(1885—1951)、邱椿(1897—1966)所提《请大学院确定三民主义为全国教育宗旨案》,从主义本身、党国需要、世界潮流的角度,希望确立三民主义为教育宗旨,并强调不应该仅公布抽象模糊数十字,应以详细说明书的形式呈现。不仅姜、邱二人,陈礼江、张默君(1883—1965)、黄统(1888—1952)、湖南教育厅等皆提案要求以三民主义作为教育的宗旨。向楚琨和周启刚分别从具体措施的角度提案,前者详细规划了各级学校施行三民主义教育的纲要,后者则提案规范了三民主义授课师资的培育。凡此,营造出党化教育已达成共识的气氛,如湖南教育厅所云"近顷以来,党化教育,殆成定义",但在缺乏明文规范和具体方法的情况下,不仅实施起来有困难,同时也会发生向楚琨担心的"为异党所利用"。这些提案中也注意到了训育和三民主义的互通,并进一步强调三民主义和道德观念的关系,如张默君所提:"由大学院推荐富有道德学识经验之教育行政专家,遵循总理遗教,规定民生社会之道德标准。"并同时强调三民主义同时兼有中国传统和西方科学的特色,即湖南教育厅提案所谓"根据中国固有智能与道德,发扬三民主义,实施科学训练"。[37]

最后由朱家骅(1893—1963)、黄琬、金曾澄(1879—1957)、杨廉、刘大白(1880—1932)等参考原案起草,并由大会修正通过《中华民国教育宗旨说明书》。主张一国的教育并要有一贯的宗旨,民国成立17年来,虽曾立过教育宗旨,但却十分空洞,是"无主义"的,因此在国民政府成立之后,首要之务便是确立新的教育宗旨为"三民主义的教育",其定义为:"就是实现三民主义教育;就是以实现三民主义为目的的教育;就是各级行政机关底设施,各种教育机关底设备,和各种教育科目,都是以实现三民主义为目的的教育。"实施三民主义教育,是因为政治和教育是一体的两面,而今日三民主义是唯一适合中国的政治解答,为了让国民能接受并实践,便需要有以实现三民主义为目的的教育。并列出15项施行原则,其中包括了"发扬民族的精神""提高国民道德""提倡科学的精神,推广科学底应用""阐明自由界限,养成服从纪律的习惯"等重要项目。[38]

相较于说明书的原则式论述,由国立中山大学、广东教育厅、广西教育厅所提,大会修改通过的《确立教育方针实行三民主义教育建设以立救国大计案》更充分而翔实地说明何谓三民主义教育。[39]该案分成四大类共九项要目,作为确立三民主义教育的基础,分别为:(一)关于根本建设者:中小学教育、女子教育、农业推广教育、体育;(二)达到根本建设之路:师范教育、教育学院;(三)救济现在之青年者:学生会之改造;(四)谋教育之实际扩张者:奖学、确立教育经费。从内容看,包括了教育行政、课程设计、师资培育、学生团体、平民教育,涉及教育的每个层面,即便看似和意识形态无关的农业推广教育,在该案中也被要求以《建国大纲》、民生主义的理念为依归,以社会教育的形式成为推广国民党政策的一环。[40]

在确立三民主义为教育宗旨的过程中,也通过了另一则影响深远的方案,即《废止党化教育名称代以三民主义教育案》,其理由节录自《确立教育方针实行三民主义教育建设以立救国大计案》这份由戴季陶所拟之文件之一节,并直接作为主文。除再次强调"党化"的不适切外,此版本更对三民主义的进行方式做出界定,即要将主义的精神融入所有的学科和教材之中。同案后附录了姜琦《解释党化教育案》,文中虽未直言替党化教育正名,却也主张党化教育应解释为三民主义教育,他将之界定为广、狭二义,广义针对全国民众:"党化教育,是依照中国国民党三民主义规定教育与手段,使全国人民,都形成中华民国之健全的公民。"狭义则针对党员,进行党务的教育。他引用时下对党化教育的解释"要教育有革命化、人格化、民众化、科学化、社会化"等数项主干,并认为还可以再依民族主义、民权主义、民生主义各自的要旨,再细分成正义化、革命化、人道化、人格化、民众化、社会化、艺术化、劳动化和其他等细项。并强调三主义间的不可分割,一方面强调三民主义教育的无所不包，另一方面也纠正了时人对施行党化教育的误解，以为"学校里面举行总理纪念周，添设三民主义学程"便算是完成党化教育，交差了事，其真谛绝非如此，而是要把主义的精神贯注在教育的每一个面向上。[41]

从党化教育到三民主义教育，不只是名称上的变化，去除党化教育的负面含义而已，同时也是教育主权的宣示，如吴稚晖所言，党化教育一词太过空泛，共产党也是党，很容易造成误会。[42]从党化教育到三民主义教育，是由工具式的词汇变成独占式的词汇，第一次全国教育大会也正围绕着这个宗旨，确立三民主义为教育宗旨，正说明和其他施政一样，要让教育受单一意识形态所主宰，为国民党训政时期"以党治国"理念的延伸。这些三民主义教育无所不包、无所不在的论述，凸显了三民主义的优越，也勾勒出一无法逃脱也不应逃脱的主义世界。

二、"确立三民主义之社会观、人生观"

三民主义教育作为中华民国教育的宗旨，是作为整体革命大潮流的一部分而成立的，"革命即教育，教育即革命"，[43]如果革命是无所不包，那么作为革命手段的主义教育亦应包罗万象，相关论述无不强调主义教育的全面，正对应着当时全面革命的想望；也正因为思想、信仰、学术等自由都必须经由革命的成功才能确立，作为促进宣扬革命的教育方式绝不会妨碍学术的进步。[44]总而言之，以三民主义为纲要的革命，其神圣是不容置疑的，那么三民主义教育亦不容置喙，形成自我证成的论证。是以，三民主义教育的目的绝非只是党义知识的传授，而是希望经由教育的熏陶效果，由内而外，培养出革命所需的人格和国民。此即王凤喈（1896—1965）所言"不外以三民主义的精神融会贯通于整个教育活动之中，以确立三民主义之社会观、人生观"。[45]这样的目的,不免高远抽象,如何于实际的教学过程得到落实,才是最大的挑战。

姜琦提案中所引用的五项主干:革命化、人格化、民众化、科学化、社会化,应出自王克仁《党化教育概论》这本小册子。该书搜集、剪裁孙中山的讲词并加以整理,作为党义教育的解释。[46]书中详加规划了教育的目标和施行方法,在目标上是依据民族主义、民权主义、民生主义分成三类,每一大类再区分成数项,每个大项下面再分数点加以申述:民族主义要达到养成民族精神,结厚民族力量,保存民族思想和恢复民族地位;民权主义则要培养奋斗民权的意志,具有善用民权的智能,切实了解民权的要素;民生主义则要了解产业演进的程序,明白人类生活的要素,信仰解决民生问题的要策。重申三者的不容分割,并反复表明为大我的牺牲、以纪律取代自由、恢复传统道德、历史发展在民生而非物质,以及最重要的培养对主义的信仰和奉行等观念。

在具体施行上,一是要培养师资,设立师资训练院,改善师资待遇和实行师资登记和考试;其次要编审党化教育的教材,中小学正式课本需要政府统一编纂,在过渡期各书局自印教科书也必须经由政府审核;第三点是对学校行政组织进行改革,允许校长制,让学生可以参与校务会议,并将学校经费透明化,最重要的是在学校设有党代表;第四点是普及教育,确立学龄儿童和文盲人数,以法令的方式强迫接受教育,设立适当形式和数量的教育管道,并善加利用无线电收音机等新技术;最后一点,则是达成对各省教育经费的绝对统一,设立专门的机关加以统筹、分配。除这五点外,官方也要对教会学校和私立学校进行清理和控制。[47]

这些理念和施行内容,可以归纳为:一是对三民主义认识的增进,而且是具独占性质的认识,对外排除了自由主义、共产主义的影响,三民主义为唯一的信仰,受教者不能有任何诠释的空间,是出于服从而非理解的认识；另一则是中央（无论党或政府）对教育体系控制的强化，从组织、资金、人员到授课内容，无微不至，全面纳入掌控之中。

在全国教育会之前，各地教育单位如何施行党化教育的讨论非常多，徐蔚南（1900—1952）在《党化教育》这本小册子里便收集了许多的例子。[48]如上海某教育会曾草拟《实行党化教育之计划》草案，要设立政治训育部，安排公民教育课程，并定期举行纪念周和党义研究会。《申报》亦于1927年3月11日刊登了厦门实施党化教育的方法，设立"厦门党化教育研究会"，该会结合了党、地方政府和学生会三方的势力，对主义的课程和教本进行统一的规范和解释，并要求各校教员（特别是教会学校）加入，规定各校一律举行纪念周，加入三民主义、建国方略、建国大纲、国民党重要训令和宣言等相关课程。上海时化学校也发表了《现代之小学校训教问题》，强调通过训育，以举办纪念周、纪念日、训词等等方式，养成一般小学生"一种坚确的信仰"。另外要直接灌输三民主义，加入党义课程，一、二年级以谈话方式，三、四年级采用三民主义教科书，五、六年级则采用《三民主义要义》。而文学科、常识科、史地科、艺术科、音乐科、体育科等，也要加入和主义有关的内容，譬如可激励民族情操、展示革命发展历程以及革命艺术和歌曲的创作。[49]

1927年所公布的《教科书审查标准》和《小学教科书审查暂行标准》，可见得主义教育一贯的主张。《教科书审查标准》在教材的实质内容上，特别提及要"革命化""社会化"，前者要从"平民观点"出发，使教材"包含党的主义及策略，或不违背党义"；"社会化"则是主张"民众的"而非"个人主义的"。[50]《小学教科书审查暂行标准》则要求"教材性质"要"不违背党义"，"须能养成进取的革命精神"，"须从民众的观点出发"。并针对各科目规范相关的内容，如历史科要"发提固有文化，唤起民族精神"，地理科要"略述列强侵略之情形，以唤起主权观念"，社会科则是"须指示个人与社会之关系"，"指示改良社会之途径"。[51]在这些个别而杂乱的规划中，可以隐约见得执行的趋势，就是建立由上而下的教育体制，然后以训育、主义课程为主，各科内容为辅，陶铸学生对三民主义的认识与信仰，即戴季陶所言，党义教育是"修身伦理"，是道德和精神的教育，[52]故在处于人格发展阶段的中小学教育中最受重视。

在经过各地试办的探索期和全国教育会议确立教育宗旨后，南京国民政府推出了一系列的法案，务使以三民主义为教育宗旨的决议得到实行。1929年4月26日国民政府公布，并于1931年11月17日国民党第三次全国代表大会修正通过的《中华民国教育宗旨及其实施方针》案中指出，中华民国之教育宗旨为："根据三民主义，以充实人民生活、扶植社会生存、发展国民生计、延续民族生命为目的。务期民族独立，民权普遍，民生发展，以促进世界大同。"并列出了八点实施方针，规范包括各级学校、普通教育、社会教育、大学教育、师范教育、女子教育、体育、农业推广在内的三民主义的准则，可视为全国教育会议教育宗旨的法制化。其中第一条便注明："各级学校之三民主义之教育，应与全体课程及课外作业相贯连，以史地教科，阐明民族之真谛；以集团生活，训练民权主义之运用；以各种之生产劳动的实习，培养实行民生主义之基础。务使知识道德，融会贯通于三民主义之下，以牧笃信力行之有效。"这种对道德的强化成为该法案的基调，如普通教育一项，也特别要求"须根据总理遗教以陶融儿童及青年'忠孝仁爱信义和平'之国民道德"。

当然，法案仍有规划与科学、知识相关的条文，但由法案的主从和文字编排来看，道德的重要性还是高于科学。[53]对照1931年6月1日国民政府公布的《中华民国训政时期约法》中和教育相关的法条，作为训政时期的根本大法，虽未有那么详细的实行细则，亦规范了"三民主义为中华民国教育之根本原则",并要求"全国公私立之教育机关,一律受国家之监督,并负推行国家所定教育政策之义务",以及教育经费独立保障的条文。[54]呼应了第一次全教会的共识,也和1929年1月16日教育部第186号训令《统一教育管辖》和1929年12月23号教育部第196号训令《国立大学附设之中小学与所在地教育行政机关之关系》有着相同的主旨,[55]即建立一套由上而下的教育管理层级,任何教育机构都必须在中央的管理之下运行。

1931年9月3日国民党中执会第17次常务会议通过的《三民主义教育实施原则》,是对如何进行主义教育最详尽的规范,共分初等教育(幼儿园小学)、中等教育(包括初中、高中及相当程度之学校)、高等教育、师范教育、社会教育、蒙藏教育、华侨教育、关于派遣留学生八章,每章分为目标、实施纲要两部分,实施纲要再细分课程、训育和设备三部分。法条的内容大致可以整理成几项重点:(一)和受教者生命的结合:使"儿童整个的身心融于三民主义教育中",至中学时期"确立青年三民主义之信仰",至高等教育则要令学生确实了解"三民主义的真谛",实现"三民主义之使命",人生的不同阶段都可以找到对应的主义责任去承担。(二)道德化倾向:反复强调"忠孝仁爱信义和平",树立国民道德。对大我而言,国民道德和"民族意识之灌输"是一体两面,建立国民道德,培养民族意识,进而养成"爱护国家发扬民族之精神"。在小我的方面,则是藉由道德进而陶铸"德智体群美兼备"的人格,与"爱好自然的情绪及崇尚礼乐之美德以养成优美刚健的人格"。(三)科学化和常识化:不断强调科学仍是主义教育的要目,将三民主义和科学画上等号,着重于日常生活或具实用价值(如生产)的科学知识,将有助国家的发展。比如在高等教育设备规定中,便强调自然科学或应用科学的科系,都应"设置有关实业计划之研究室",以完成民生主义中物质建设的理想。此外,三民主义在社会科学领域的优越性也不断被强调,"应依据三民主义比较批判其他社会主义学说",视三民主义为唯一的革命原理。(四)以主义为安排事物的基准:所有的设计都离不开主义,在本提案所涉及的范畴里,三民主义几乎与各个事物都相关联,举凡课程编制、设备建置、研究方向、文化价值,又或者整齐、节俭、合作、游戏、运动等等都和主义有所牵连,都是理解并实现主义的部分。(五)无所不包的训育:训育的价值在提案里被最大化,将每个人生活中的每个环节,都和主义紧紧锁上。前述的四大趋向都在训育的规范中得到实践,训育的理想是把每个人都变成主义人,身心皆投入主义之中。这样的意图无所不在:"根据中山先生遗教中合于儿童身心发展之事理,制为信条,以指导其生活。"(初等教育)"应根据团体化、纪律化、科学化、平民化、社会化的原则,使无处不含有三民主义的精神。"(中等教育)"依据中山先生遗教的训导,以确立三民主义的革命人生观。"(高等教育)"养成对于三民主义之明确的认识和坚定信仰。"(师范教育)"依据三民主义的精神,养成公民。"(社会教育)[56]

  法令赋予了中央力量进入的空间与权力,以强制审查和禁止为手段推行主义教育。这些教条式的文字,一旦和党工具、国家工具结合,强制执行,就会形成一种强有力的控制。这也是为什么收回、统一教育行政权于中央,在党化教育的施行中扮演着那么关键的角色。1927年颁布的《教科书审查规程》就规定,各级学校所有教科书都需经由国民政府教育行政委员会审定。教育行政委员会有权要求修改,如不修改,则可通知各校,不得再用,并禁止发行。审定原则为:"审定图书,以不背党义而适合教授目的、教育程度、教育体裁者为合格。"审定合格图书应在书面上标记国民政府教育行政委员会审定,才具出版资格。[57]党义教师资格亦同,从1928年起，国民党中央便开始培育专业的党义教育教师，规定凡在大学讲授三民主义和总理遗教等必修课目的教师，都须由国民党中央党部及教育部合组的党义教师检定委员会检定合格。合格条件有四：（一）年满二十五岁；（二）中国国民党党员且对党有所贡献；（三）曾在大学任教一年以上；（四）具有关于国民党主义及政策方面的著作。[58]国民党中央训练部最初聘请蔡元培、于右任（1879—1964）、周佛海（1897—1948）、廖维藩（1898—1968）为各大学及专门学校的党义教师检定委员，后改聘戴季陶、马叙伦（1885—1970）、陈希豪（1897—1965）等担任。[59]1928年7月颁布的《检定各级学校党义教师条例》，要求全国各级学校党义教师都要通过党义教师检定委员会的测验，内容包括建国方略、建国大纲、三民主义、国民党第一次全国代表大会宣言的内容。[60]嗣后于1931年颁布了更为详尽的《审查党义教师资格条例》，其规定的核心条件有二：一、为国民党党员，并于任一层级的党部任干事以上职务两年者；二、要有一定党义的教学经验。[61]此外，亦颁布了《中央审查党义教师资格委员会组织条例》[62]和各地方《审查党义教师资格委员会组织通则》。[63]这些资格审查使得编写教科书和担任党义教师，成为一种经由党国体制所认证、发放的特许，除了清除不合中央意识形态的声音外，更使人主动地去迎合与服从。

对规模庞大的主义教育而言，正面的列举往往不如负面的禁止来得有效而明确；对教育主事机关而言，与其说什么是符合三民主义，谴责何者非三民主义，并加以禁止，树立权威，反而更形重要。随着北伐的步步胜利，党义教科书的出版亦掀起热潮。陶行知便曾描述，"党军既到南京之后，没有一家书店不赶着编辑党义教科书"。[64]这样的大量出版便出现了党义教科书质量良莠不齐的情况，于是通过了《中训部审查党义教科用书暂行办法》，由教育部初审，中训部复审，再由教育部执行。[65]二十余种送审教科书中，"令其遵照审查意见修正呈核而停止发行者"占大多数(审查结果见表一),⑥显示出当时出版的大量党义教科书系粗制滥造,也显示出相关当局对党义教科书的掌控。当时陶希圣所著《亲属法大纲》已被司法院和法官训练当作立法参考,但即便如此,当陶把商务出版的《五权宪法》教科书送到南京中央宣传部审查时,仍被驳回,不许出版,可见当时对于党义诠释权控制之深。⑥以陶希圣的背景面临如此打压或许还能理解,但和国民党关系十分深厚,甚至被视为国民党宣传者的姜琦也面临相似的命运。从表一的整理结果可知,姜氏所编的《三民主义课程论》也被要求进行修正,而《知难行易与教育》则遭到严厉抨击,说不应以一己之见去对总理遗训进行批判和讨论。因该书今日已不复得见,无法确定其内容为何,但以姜琦一生著作的立场来看,或可合理怀疑批判力道的强度。然而,更重要的是,藉由这样的禁止方式,除将诠释权归于中央之外,让著作者心生警惕,主动去揣摩上意,主动附和官方的意识形态,或才是其真正用意。

表一 中训部审查完竣之党义教科用书一览(1931年)

书　名	册数	编者	出版书局	审　查　结　果
前期小学三民主义课本	八册	魏冰心 朱翔新	世界	转令遵照修正呈核后准予发行
小学校初级用新时代三民主义教科书	八册	朱子辰	新时代教育社	转令遵照修改呈核后准予发行
高中党义	三册	郑伯常 魏冰心	世界	转令照审查意见修正后再行呈送审核
新时代党义教科书五权宪法	一册	陶汇曾	商务	转令停止发行并令各学校一律不准采用
初中党义教本	六册	陶百川	大东	转令遵照审查意见修正后再送审查

（续表）

书　名	册数	编者	出版书局	审查结果
小学初级学生用新课程党义课本	八册	魏冰心	世界	转令遵照审查意见大加修改后再行呈核
小学校初级用党教科书孙中山先生革命史实	二册	宗亮寰	商务	转令遵照审查意见及总评改为高级小学课外读本并准修正后发行
小学校高级学生用党义教科书民权初步演习	二册	唐鸣时	商务	转令遵照修改呈后准予发行
初中党义教科书	六册	魏冰心 徐映川	世界	转令暂停止发行俟改编后呈部再核
小学校初级用新时代党义教科书	八册	赵景源	商务	转令遵照修正呈核后准予发行
小学校高级用新时代三民主义科书	四册	李扬	商务	转令修正后再呈本部审核
小学校初级用新中华教科书党义课本	八册	吕伯攸 郑昶	新国民图书社（中华）	转令暂行停止发行俟改编后再呈审核
生理的三民主义	一册	徐文台	黎明书局	转令遵照签注意见修正后再呈审查
新中华教科书三民主义	四册	郑昶	中华	转令即予停止发行
党义丛书	十册	陈载耘	中华	《中山略传》第四种遵照修正后准予发行，《民族主义》等六种应重行修改后再呈审查

(续表)

书　名	册数	编者	出版书局	审　查　结　果
初级教育辅导丛书第二类三民主义教育的方法	十册	国立浙江大学	商务	遵照审查意见修改并更各种党义教课参考材料
三民主义英文读本	一册	李培恩	商务	转令遵照审查意见修改后送部审核
小学校初级学生用党义教科书民权初步演习	二册	唐鸣时	商务	应饬大加修改，力求平易，在未经修正期内暂令停止发行
三民主义课程论	一册	姜琦	华通	遵照审查意见修正后准予发行以作参考书籍之用
知难行易与教育	一册	姜琦	华通	以一己之见解与立场评判总理遗训之是非实属逾越党义著述范围，应饬令停止发行

数据源：《中央周报》第169期（1931年8月），收于中国第二历史档案馆编《中央周报》第13册，南京出版社1997年版，第515—516页。

这种禁制方式，也反映在对教育行政体制的控制上。中央教育行政机关配合党机器，再与学生运动结合，成为三民主义教育强而有力的高压执行机器。特别在北伐进行时，是挟带着武力进行的。以湖南为例，国民党北伐军入湘后便展开了一系列对教育的整饬："各校教职员，俱须党员充当。每一学校须设一区分党部。如校长非党员，校内无区分党部者，即目为反动派。在公立各校即由政府一纸命令将其撤换，不生若何问题。私立各校，非政府权力所能干涉者，即由学生联合会、省党部，由党部三机关为大本营，运动私立各校学生，藉改良校务为由，纷起罢课，驱逐反动校长，……"党机器通过中央行政机构的权力层层渗入公立教育机构中，私校则靠对学生的动员,总计驱除了幼幼学校长蒋宝三、衡粹女校长黄国厚。此外,含光、尚德等校校长也将校务交由学生、教员组成的委员会。湖南一省"由小学生以至大学,各校教职员中之国家主义派醒狮派俱已驱逐罄尽,成为清一色之革命派矣"。第二阶段也是用相同的手法,针对当时以雅礼大学系统为主的教会学校,收回教会学校的教育权,由学生出面要求学校"不读圣经,改授三民主义,改聘国民党员为教授,学校财政公开,取消做礼拜与祷告,学生得参加校务会议有表决权,学校须依国民政府所颁章程组织,并向政府统一立案,校内一切设置须得学生会同意等项。限二十四小时承诺"。一旦学校方面拒绝,便发起大罢课,迫使部分学校妥协。[68]

另外,如同党义教科书一般,三民主义教育论述中模拟两可的灰色地带,使得执行者拥有很大的解释权限,无形中增强了其控制力。有时甚至连国民党的效忠者,也无法厘清分际之所在,误触禁忌。1926年12月,江西因为学校改组和薪水发放的问题,造成当时江西政务委员会教育科和教职员之间的紧张,教职员组成中等以上教职员联合会向政务委员会、临时政治委员会、总司令部请愿,迫使官方收回对于改组和薪资的相关命令,教职员团体才散去。这次请愿的成功,使得教职员有意组成常设教育员联合会,当时国民党重要分子,任革命军第六军秘书长兼江西财政委员的王恒亦于《南昌和平报》上发表《教育是停顿不得的》一文,表示支持之意。没想到国民党省党部却视此活动为对革命教育的反抗,给予严重警告。从《教育杂志》的记载上,我们并不能知道警告的内容为何,但想必十分严厉,因为相关教育界人士遂不敢再提此议,王恒本人也发表声明"从此不作论文",并辞去财政委员会职务。[69]

这种对学校的控制造成主校者的心理负担,当北伐军取得优势时,便有人劝时掌交通部底下南洋大学的凌鸿勋可以提前表态,以保住个人校长的职缺,凌予以拒绝,其结果便是学校无法开学,凌只能辞去校长职务。直到三月底北伐军攻下,南京原派吴稚晖、杨杏佛接管南洋大学,之后由政治会议改派李范一,凌完全退出校务。⑦对学校行政的干涉,延续了整个南京国民政府时期,1934年考入桐城中学就读的舒芜(1922—2009),也回忆原校长方琛离校后,省教育厅三番两次派非桐城在地者接任,并加重党义教育,每星期一第一节课举行总理纪念周,也不再唱纪念吴汝纶(1840—1903)的"仰止吴公建设劳"校歌,改唱"三民主义,吾党所宗"了。⑦

查禁晓庄学校则是另一个党政权力插手学校事务的例子,晓庄学校为陶行知等人秉持乡村教育理念于1927年3月15日创办,位于南京和平门外晓庄地方,最初仅为试验乡村师范教育,设有小学师范院和幼稚师范院,后逐渐扩充,包括晓庄中心小学、晓庄中心幼儿园、晓庄民众夜校、晓庄医院、晓庄联村救火会,成为一小区型的教育区域,并希望未来能开设中学和大学,校名也从晓庄乡村师范改为晓庄学校。教学理念为陶行知所主张的"教育即生活",采"教、学、做合一",师生共同生活,无特别区分师生,强调实作学习胜于书本,并于内部制订有《教学大纲草案》作为参照。⑦晓庄学校和国民党政府之间,无论在理念或实务互动上,一直维持着良好的关系,陶行知在《晓庄实验乡村师范学校创校旨趣》中便明言,在国民革命势力高涨之秋,在政治革命的同时亦要教育革命,"政治与教育原是不能分离的"。⑦另外,教员中也不乏国民党人士,如方与严在他对1930年的计划中,便希望在新的一年能编述《三民主义与乡村教育》,并增进"党部与民众之沟通",⑦教员沈沛之则在教学用书上提及要用"党义书十种";⑦请赵若愚以"要努力实现三民主义的革命建设"为主旨进行一系列演讲。⑦并获得大学院的辅助,⑦甚至还邀请蔡元培、吴稚晖、杨杏佛参加了晓庄举办的跑山竞赛。⑦然而1930年4月7日,晓庄学校被勒令停办,陶行知本人也被通缉,南京市警备司令部公告停办的理由为:"照得晓庄师范学校违背三民主义,散发反动传单,勾引军阀,企图破坏京沪交通。"[79]实际的原因,应该是和该校与冯玉祥(1882—1948)的关系,以及校内共产党人参与援助工作和反对日本兵舰入长江的运动有关。但违反三民主义和教育理念的差异仍被提及,胡汉民(1879—1936)质疑教、学、做合一的主张,认为在训育的时代里,教育者是要"唤醒民众",转移人民的心理,要让人民以"立法院所议决的法典"为人民的常轨,并希望将乡村教育重新收回中央的管辖。[80]三民主义教育提供了国民党政府介入学校行政的法理基础,在意识形态的宣扬外,对学校事务的监控,这种对教育的完全掌握,是另一个重要的因素。换句话说,对三民主义教育来说,施行的手段或许比施行的目的更加重要,甚至手段本身即是目的。

三、三民主义教育的成效

三民主义教育的推行,最大的阻力来自实践上的困难。总的来说,主义教育的规划充斥着太多高远的理念和口号,却只能利用很表面或教条的方式加以进行,由此造成眼高手低的困境,执行的成效也令人怀疑。三民主义教育开始推行时,主事者便不断强调,这绝非只是在黑板上书写"三民主义"几个大字几可交差了事;[81]但在实际施行上,仍多半沦于口号宣示,主义教育的死板、僵化,没有达到预期的学习、宣传效果,徒然浪费时间,成为主义教育最受人诟病之处。类似的批评往往出自主义教育的执行者或受教的学生,造成对主义教育最直接的打击。对于第一线的教育者而言,要将抽象的主义概念,落实到生活的每个大大小小的细节,原本便是十分困难的任务;再加上教育者本身良莠不齐,对主义的认识有深有浅,更添加了难度。

1928年年底，上海特别市教育局长陈德征，在和上海各地区校长座谈的谈话会中，反复提及三民主义教育的重要性和实施，但内容却十分空洞和仪式化。陈氏认为党义的教导不应该只靠党义教师一人负责，而是全校每位老师的责任。他指出要让学生完全明了三民主义是不可能的，但一定要做到下面几点："不知各校有能力使儿童遇到唱党歌时，学生们会立正没有？又不知看到党旗、国旗，学生能肃然起敬没有？不知儿童面着总理遗像能有向党敬礼没有？教师平日，不知有介绍过党国重要主持政务人的政绩没有？不知指导过他们以最低的民权初步没有？"要从各样细节和小地方着手，养成儿童的风纪，随时随地实现主义的精神，避免发生"小孩子的尿布会与党国旗放在一起，或者美女牌和总理遗像一块儿的挂着，也许小便时唱起党歌来的错误"。主事者举例如此，可知其水平，而且除了尊敬党歌、党旗和遗像的形式外，其他部分非常空泛。[82]校长的发言内容也多半集中在如经费、硬件设施缺乏等比较具体的实际议题，无涉党义教育。有一校长甚至以强调"设备上以三民主义为中心"的方式，希望教育局给予设备经费上的援助。[83]仅有一间学校很认真地筹组师生党义研究会，两星期开会一次，并利用星期日上午举行时事报告、野外教学、公民练习；教职员也自组读书会，并每日书写考勤簿，相互参观教学状况并于课后进行讨论，但终究只是少数。[84]对多数学校来说，党义教育的实施仍是莫衷一是，乃至敷衍了事。

　　督学处去各地巡视时，就发现多数学校在教学和举行纪念周时，有许多不合规范的举动，而且无法引起学童注意；虽然有些学校老师十分热心，结合社会科教学，并绘制图表，可是也有学校教师事前没有准备，不知所云，或教材选择不当，过于艰涩难懂。[85]同时期举行的"党义社会教学讨论会"与会者也有类似的观察，认为各校似乎是因法令强制规定，才实施三民主义，"在无可奈何中，拿教本来聊尽人事"。并将党义教育实施的问题归结成：(一) 党义教师未检定合格；(二) 党义课本过于深奥；(三) 党义教师兼课太多，教学不专心；(四) 设备落后；(五) 未能切实举行纪念周。希望与会的专家学者能共商解决办法。[86]但从会议结果来看，仍多是官样的宣示和文章。上海一地党义教育推行的不力，绝非孤例，广东省也有类似的情况，广东省立第四师范在回顾训育实施时，也指出过去训育教育施行的失败，原因在于缺乏有效而明确的目的，过于机械化，欠缺有训练的组织作为后盾，只将责任交付少数教职员担当。推出的改善方法是确立"革命化""平民化""团体化""纪律化""科学化"的目的，并实施巩固三民主义信仰，训练学生明了"格致诚正修齐治平""忠孝仁爱义爱和平""革命不忘读书，读书不忘革命""亲爱精诚""忍苦耐劳"等等理念，实施方法则不出纪念周、张贴标语格言、各式涉及学校和家庭的日常生活训练集会，并赞助校内党部的党务工作。[87]

对党义教育推行的不力，也引起国民党中央的重视。蒋中正(1887—1975)于1930年4月17日受邀在第二次全国教育会议上致词时，特地提出党义教育的成效不彰："我们知道现在各学校都有党义教育的一课，可是他们虽非有其名而无其实，但是敷衍苟且而不十分认真，的确是一件不能讳饰的事。"造成青年在思想和信仰上不能统一，因此他主张要由教育部至全国学校考察、督促，并由"校长亲自教授"。[88]国民党中央于四全大会亦通过《改进党义教育之实施方法案》，交由教育部妥拟办法，该案开宗明义，直言党治之基础在于党义教育之实施，国内各级学校虽然都设有党义课程，但结果不但没有成效，反而造成反效果，让学生觉得三民主义"实虚干燥，与无意义"。除了师资水平的局限外，实施方法的不良是造成目前情况的主因，特立党义教育一课，"授者虽言之谆谆，听者以其为自作宣传"，党义教师在无其他学门专业的情况下，仅能就党义论党义,此次修正,便是要避免原有的弊端,主要宗旨是将党义融会贯通到社会学科或文艺教学之中,要让学生体认到历史、地理、政治的发展都在主义的解释中,而不是一味"自赞自扬"主义有多伟大。[89]

如此的见解也体现在同期通过的《国民教育案》之中,相关重点有三:一是归并党义教材,设立党义特科,容易流于硬化,党义应是"国民应用之常识",别设一门反而与常识相隔离,陷入"党而不化"的困境,造成党义教育效果的局限,建议将党义拟入社会常识科,即公民科而为中心,"使社会常识党义化";其次是渗透党义教材,过去党义只在党义教材中,其他学门与之无涉,违背了党义教育要将主义深入"国民意识"之中的宗旨,要求以渗透法和归并法两种方式,让党义加入国语、商农业、地理教材之中;最后则是要确立民生史观,作为历史教育的根本,作为民族文化的开展,也同时面对来自唯物史观的挑战。[90]上述两案,反映了时人对三民主义教育的不满,以及对党义教育执行成效落后的共识。但和前面对党化教育的质疑声浪相似,解决的办法是将主义教育再扩大,成效的不彰并非如反对者所述是主义教育先天缺陷,而是后天的努力不足,故要更加彻底地执行。[91]

无论如何,不放弃党义教育是所有批判的前提,问题是要如何在执行上加以改进,前引陶彬的文章即指出,不能因为学生不欢迎党义课程、对党义课程不感兴趣,便认为主义教育没有价值,"欢迎"和"兴趣"并不是评量价值有无的有效指针,由此去否定主义教育是本末倒置,真正问题在于教授法的改善。[92]这可说是国民党内部对党义教育的共识,提出的解决方法是要把主义教育的范围再扩大。其时负责党义教育的史维焕在南京教育研究会演讲时,即再三强调,学校要更全面地实施党义教育,不能仅限于党义课程,或党义教师的责任,甚至连负责社会教育的相关单位,都要更积极地推动党义教学于各个领域。[63]

在教育部任职的吴研因(1886—1975)看法亦同,认为仅设专科教导党义,会让党义变成过去的"修身""读经"一样,被人们放弃,同时各级学校的党义往往雷同重复,造成对小学生而言太难,高中生以上则又不足,易生厌倦。他认为党义施行应循序渐进,小学时把党义融入生活中,中学设特科,大学则以社会科学学院为主体。[64]国民党中央执行委员会将"须使党的主义与全国各种教育事业相融贯,以启导全国青年男女于三民主义之途径"作为党务工作的评量目标之一。[65]并提出了《国民教育实施方针》,在该案中再次强调,今后教育应为三民主义的国民教育,但三民主义国民教育绝非仅是标榜主义之名,要求师生诵习主义的相关文字,而是"必须使一切教育上的设施,全部皆贯之以三民主义的精神,无处不具备三民主义之功效"。唯有如此才能打破现下教育与人民分离、无法养成身心健全的学子、无法推展科学和民生、找不到教育中心思想的弊病。[66]并通过了《确立教育目标与改革教育制度案》,详细规划了各式的执行准则,包括了国民教育、生产教育、师资教育、人才教育四个层面。[67]

教育部也于1932年6月9日,通令全国教育机关《今后中小学训育方面应行特别注重之事项》,订下了此后训育的目标、责任、环境设备、实施方法。其中目标最为关键,成为各校兴办训育的模仿对象,同时也可以看到所谓将党义教育融入生活中的转换,即推行以传统道德为核心的生活改良:

> 应发扬我民族固有美德忠孝仁爱信义和平等,同时并应特别注意:(一)力戒懦怯苟安,养成勇敢奋发之精神;(二)力戒倚赖敷衍,养成自立负责之能力;(三)力戒轻躁盲从,养成审慎周密之思考;(四)力戒浪漫奢靡,养成刻苦勤朴之习

惯;(五)力戒虚伪涣散,养成精诚团结之意志;(六)力戒自私自利,养成爱国爱群之观念。⑱

并如同先前党义教育的执行程序,在定下准则之后,又通过了一系列如《审查中等学校训育主任资格条例》《审查中等学校公民教员资格条例》《审查训育主任公民教育资格委员会组织条例》等细部执行的法案,⑲除了时间拉长、范围扩大外,执行的流程和先前如出一辙,行礼如仪。这似乎形成党义教育的固定模式,即由对现实教育施行不满开始,宣示宗旨,制定具体的细节,于施行之后再检讨,由是反复不断。

这样的模式凸显了两个面向,首先自然是主义教育在施行上的成效不彰,过于高远的目标导致结果多半眼高手低。史维焕形容党义教育"是个广泛的轮廓,是个素描的画谱",执行者的目的是"要在这轮廓下面,建设起实际的庭堂,要在这画谱上面,点缀些琳琅的色彩",这当然是期许之言,却间接说明了党义教育是空中楼阁式的政策,不易执行。然而,换个角度来说,主义教育的空泛,或者反而是该政策最重要的特性,因为它赋予主政者很大的操纵空间,甚至不断重复的"宣示—检讨"循环本身便是施行党义教育的手段,一方面在主义教育的构成中,宣示便占了很大比重,反复重申党义和教育结合的重要,本身便是形塑教育宗旨的手段;而经由检讨则可以扩大该政策的效力,并不只是单纯修正此前的不足,而是在纵向与横向上的再升级,取得更进一步的控制。换句话说,主义教育很大部分是活在字面上的政策,在字面上"宣示—检讨"原本就是加深其活力的因素。

然而,教育又需要十分实际与具体的施行,现实层面推动的困境亦不断反蚀着党义教育:宣示容易,要落实到庞大的教育系统则是困难的,要将主义教育普遍化至教育领域的每个角落,更是十分艰巨的任务,过程中产生的乱象与反感,仍持续发酵。1933年2月,教育部督学视察了南京市的中小学,共133所中等教育、初等教育、社会教育和私塾四类学校。考察结果中关于训育的部分,认为虽然各校所订之训育的原则和标准大同小异,但有些规范太过笼统,除了难以具体执行外,也和学生实际生活无涉;除了负责训育的人员,其他教师则视训育与自身无关,产生"训教分离"的弊病;至于党义训练周、军事训练、童军训练等,往往只是为了应付,学校所悬挂的标语也沦为千篇一律。虽然有些热心教师在教授党义时会自行补充"资本主义之本旨及特征""个人与团体自由",广泛收集演讲教材,但也有训育主任自承对训育不太过问,或另有兼职,不常到校;又或者出现教师在讲述党义时引用失据,与党义主张不符,乃至"一味讲演,不稍停顿,硬事注入""讲述政权治权,未能运用通俗口语,与浅显例证,故学生多不了解"的僵化教学。[100]

1933年薄毓相考察苏、浙、湘、赣、鲁、鄂各省教育时,对训育课程也提出了类似的批评。首先在训育标准方面,各省中学多以国民政府颁布的教育宗旨为优先,并参考教育部颁定的《中小学训育应注意事项六则》,然后自己再加以引申,但纯粹只是照抄法令,完全不顾各校现实处境。又因为东南大学附属中学订立十大信条,声誉卓著,所以各校也纷纷效法,定了各式各样的信条,力求文句整齐划一,结果只是文字堆砌、牵强比附,让学生无所适从,"头昏目眩",反而造成反效果。在训育制度上,"教训合一"的原则,各校都反映施行起来十分困难,主要是训育制度的原则不断更替,一下要独立,一下改行导师制,各校无所适从,莫衷一是。在操行考查上无确定的标准,学生自治亦非学校有能力可以管控;以课外作业的方式推行训育也碍于各乡各村各家的民情,难以推动。训育教材更是缺乏,各校自行编定,标准也难以统一,中央大学实验学校编有《好国民》,山东乡村建设研究院编《礼俗纲要》,无锡竞存女中校长侯鸿鉴编《教鉴》《修身偈语》，湖南明德中学校长胡元倓编《修身约言》，其他还有《怎样训练你自己》《怎样读书》，林林总总，内容多半都是抄录名人传略和格言的集成，欠缺有系统的传授。此外，训育最重教员在日常生活的"以身作则"，在教员素质不一的情况下，无疑更添困难。[101]

薄氏考察各地训育的过程中发现的最大问题，是在"思想指导"上，也就是训育中三民主义的贯彻，多数教育者都讳言这部分，因为要贯彻三民主义教育的另一面便是对左倾思想的打压，这往往依凭武力解决，而非单纯的学校教育。换句话说，政治的高压和党义相关教育密不可分。党员主校者都能做到"罢黜百家，独尊三民"，集中管理学生思想，其他则仰赖地方政治力量的涉入。山东有特务队，专门侦查、拘捕左倾学生，并解散其学校。江浙思想问题较小，但也是因为地方党部监控力的发达。江西接近共产党势力，但因为熊式辉（1893—1974）对左倾态度强硬，无论学生还是教员，一旦发现，必严厉处置，并力倡读经和旧道德。湖南则有旧儒出身的何键（1887—1956）主事，一旦学生被密报左倾，立即处决，造成湖南青年多以"读经书和作四六骈体文为要务"。河北最初采取放任态度，但随着治下左倾思想的盛行，北平军委会和党部便以武力加以整肃。这种"武力制裁"与"提倡旧学与旧道德"双管齐下，成为控制思想的主要方式。之所以如此，原因在于三民主义不为青年所接受与遵行。

> "三民主义"在党治下，本为无疑义之思想标准，然其不能范围青年思想，已成事实。应如何确立之，用完密而有力之方法推行，为解决之大问题也。

这段话无疑是对自北伐开始的主义教育的失败最直接的描述，相关的推行方式,如考查学生日记周记、统计学生阅读、观察学生演讲会发言、厉行门禁、侦查诱惑者,本质上都是一味的压制和围堵,并没有达到引领思想的效果;而各式各样分组上课、举办集会,流于形式,课程内容的贫乏、无标准,多半是无法立即兑现的"空头支票",不符合盼望能马上解决社会问题的青年需要。[102]

1933年,当时就读清华大学历史系的夏鼐(1910—1985)便记录了当时学生对党义教育施行的不耐。期末党义考试,题目为"(一)三民主义所解决次殖民地或弱小民族问题;(二)孙中山思想系统何以始于民族终于民生",由学生二选一回答,考试发卷不到两分钟,便有学生交卷,老师只好"苦着脸"要求学生至少要做100字,但学生还是头也不回地离开了,之后又有人陆续交卷,夏氏自己写了十多分钟也交卷了,考试的表定时间为两小时。夏氏直言"这种党义真无聊"。上年(1932)由崔敬伯(1897—1988)上课,第一次课堂只有三人,第二次只剩两人,第三次连夏鼐自己也决定不去了。本年度教师换成王德斋,夏氏只去了第一次,再来便是期末考。老师对主义教育抱持敷衍态度,学生对主义教育流露出厌烦情绪,这样的教育会有什么成效,可想而知。[103]夏氏的记录反映了多数年轻人的心声,以及党义课程的实况。亦有记者用嘲讽的口吻报道,许多学生觉得党义是"不甚要紧"的课程,那些主义相关的名词与口号早就听腻了,如果想了解或应付考试,买本《三民主义》的教本阅读即可,不用浪费时间听党义教师演讲,因此上课态度普遍不佳,"学生交头接耳的非笑着议论着,那党义教师的声音容态,或是心不在焉呆听,或是置听党义于度外,而看自己带来的其他的书籍,或是索性大睡其觉"。这种情形在各校十分普遍。[104]

综观薄氏及前述各项的观察,均凸显了主义教育最大的难题,即是要将抽象、虚渺的主义具象、落实于教育之中,这是十分困难的事,于形式上加以满足是最容易的方式。再加上强调以日常生活为中心的训育方式的推行,主义教育便更形琐碎,在无法传递主义精神的情况下,结果就只剩下空洞的口号和生活规范上的繁文缛节:"仪式是呆的;书本是死的;标语是空的;民众运动是不常有的;口号是没有时间延续性的。"[109]与青年学子个人或时代当下的现实难题无涉,甚至让他们对三民主义心生厌烦,甚至将其推向了敌对的阵营。由三民主义教育实际的执行情况亦可发现,主义作为教育宗旨其最关键的本质,并不是"应该要教什么",而是"不应该教什么",意即至少在执行层次上,特别明定某种意识形态作为全国服膺的教育宗旨,是否能让全国人民都成为该意识形态的信仰者,藉此禁止人们学习、接触其他意识形态,才是重点所在。这也是拥有政治、军事力量的主政者,所能执行和掌握的最直接的教育优势。即便中央控制力极为有限,各地各校的教育往往毫无章法,各行其是,面对这些乱象,党政高层皆可给予最大限度的容忍,然而只要一涉及特定意识形态,国家机器的暴力立刻铺天盖地而来。教育变成了一张滤网,过滤掉官方所不容的思想,同时这还是通电的铁网,一旦被滤出,必定给予最严厉的惩罚。对教育的许多改革与调整,或许只是在调配网格的大小与电流的强弱而已。总而言之,主义教育这种被动的意涵,可能比正面意涵更值得注意,但同样的,一旦成为暴力的强迫,人们对主义的信仰便更遥远了。

结　　语

党化教育的目标不单是党义的宣传,还要求人民对党尽忠而已,更确切地说,党义所希望构筑的,是一整套的道德观和价值观。党化教育所要做的,不仅是要让人民对党的种种规定朗朗上口,更重要的是要人民接受这套道德观和价值观,用这套体系去思考。

党化教育或党治的根本目的,是让党成为判断什么是好、什么是坏的最终标准。既然是建立判别的标准,它所包含的或适用的,必然深入到生活的各个角落。如前文所述,党义教育初始时的性道德,或后来的训育发展,在这样的过程中,国家机器或党机器不断试图打破公私领域的界限,深入到私人生活的每个角落,这都值得注意。所以,即便党义教育在执行上成效不彰,备受争议,国民党政府的检讨改进之道,反而是进一步扩大党义教育的边线,并藉由一次又一次的宣示,强调主义主导教育舞台的正当性。

主义教育的内容规划充满极端的矛盾性,一方面主张高远而抽象的理念层次,一方面则又细琐繁复到生活的每个细节,这看似矛盾的两面性,赋予主义教育所渴望的力量,因为前者让掌权者有了诠释空间,后者则让掌权者可以控制人民生活的各个层面。此外,党义教育的标准其实杂糅了两个矛盾的面向:一是激烈的革命主张,一是保守的传统道德,两者无疑是相冲突的,造成论述上一种模拟两可、自我矛盾的倾向,尤其是后来越来越有空洞化前者、以传统道德填补的趋势,这说明了传统的道德观点乃至思考模式,正一点一滴地藉由三民主义的转化,重新走上了革命架构的历史舞台。不管有意无意,亦不论自觉与否,主义教育的矛盾构成,反而符合执政者的利益或目的的安排;也或许看似不合逻辑的逻辑,才是最正确的逻辑。

总之,作为南京国民政府推行三民主义的政策片段,三民主义教育显示了一股由上而下推行主义信仰的浪潮,中间涉及了权力、思想、制度组织和个人之间复杂的关系,而这样的纠葛与张力,绝非仅止于教育场域,而是深入执政的每个环节,是我们审视此时期乃至日后历史发展时所不容忽视的重要脉络之一。

---

[1] 朱经农:《中国教育》,载陈衡哲主编、王宪明等译《中国文化论集》,

福建人民出版社2009年版,第166页。

② 戴季陶:《在训政时期中同志应有之认识讲词》,载《戴季陶先生文存》第3册,中国国民党中央委员会1959年版,第993—994页。

③ 许小青:《政局与学府:从东南大学到中央大学(1919—1937)》,中国社会科学出版社2009年版,第44—53页。

④ 郭秉文去职及其后风潮的经过与原因,可参见朱斐主编《东南大学史(第一卷),1902—1949》,东南大学出版社2012年版,第124—134页。唯该书乃东南大学自身校史书写计划,对创校校长郭秉文多所歌颂,对该事件的分析上也较袒护郭,攻击国民党的吴稚晖与汪精卫,窄化了问题的复杂度,也忽视了来自东南大学内部与共产党对郭的批评,陷入隐恶扬善的后见之明中。相形之下,前引许小青博论改定的《政局与学府:从东南大学到中央大学(1919—1937)》一书,问题意识明确,是欲了解该事件比较详尽的参考,见许小青《政局与学府:从东南大学到中央大学(1919—1937)》,第74—100页。

⑤ 胡适1925年1月19日日记,见胡适著、曹伯言整理《胡适日记全编》,安徽教育出版社2001年版,第203页。

⑥《季通致胡适(1925年1月20日)》,中国社会科学院近代史研究所中华民国史组编:《胡适往来书信选》,中华书局1979年版,第305—306页。

⑦ 舒新城:《近代中国留学史·教育通论·近代中国教育思想史》,湖南教育出版社2010年版,第247页。

⑧ 吴稚晖:《复郭秉文函——免去校长事》,载罗家伦等主编《吴稚晖全集》卷二《文教》,中国国民党中央委员会史史料编纂委员会1969年版,第128页。

⑨ 陈启天婉转批评郭氏:"惟不幸郭先生因急求学校发展,不免有奔走权门之嫌,乃为世所深痛耳。"见陈启天《为东南大学校长问题致毕业同学会书》,《教育杂志》第17卷第3号(1925年3月),第7页。来自国共两党阵营的批评更加猛烈,邵力子和汪宝瑄讥讽郭氏得了"拜督热"(拜督军),见邵力子《教育界的"拜督热"》,载傅学文编《邵力子文集》下册,中华书局1985年版,第877—879页。

⑩ 张奚若:《党化教育与东南大学》,《现代评论》第 1 卷第 17 号(1925 年 4 月),第 7—8 页。

⑪ 陈启天:《为东南大学校长问题致毕业同学会书》,《教育杂志》第 17 卷第 3 号(1925 年 3 月),第 7 页。

⑫ 邵力子:《论党化大学》,傅学文编:《邵力子文集》下册,第 1015—1017 页。

⑬ 同上书,第 1016 页。

⑭ 该公文最早见于《教育杂志》的报道,其后被广为引用。见《国民党实行党教育政策》,《教育杂志》第 17 卷第 2 号(1925 年 2 月),第 16 页;舒新城:《民国十四年中国教育指南》,载张研等主编《民国史料丛刊》第 1046 册,大象出版社 2009 年版,第 352—351 页;徐蔚南:《党化教育》,世界书局 1927 年版,第 3—5 页。

⑮ 孙科:《对于广东大学改为中山大学的我见》,载姜亚沙编《民国珍稀短刊断刊·广东卷》第 5 册,全国图书馆文献缩微复制中心 2006 年版,第 2184—2185 页。

⑯ 曾济宽:《对于本校改办中山大学之感言》,载《民国珍稀短刊断刊·广东卷》第 5 册,第 2191 页。

⑰ 周鼎培:《到中山大学之路》,原载《国立中山大学讨论号》,载《民国珍稀短刊断刊·广东卷》第 5 册,第 2191—2198 页。

⑱ 论者曾用比拟的方式,生动地形容改办中山大学是就要让中山大学依"革命学术"和"学术革命"两个"车轮"下前进。杨汉辉:《两个车轮的中山大学》,载《民国珍稀短刊断刊·广东卷》第 5 册,第 2205—2207 页。

⑲ 戴季陶:《呈国民政府陈明关于中山大学组织上之意见文》,载《戴季陶先生文存》第 2 册,第 613—615 页。

⑳ 舒新城:《近代中国留学史·教育通论·近代中国教育思想史》,第 247—250 页。舒氏的推论是非常有见地的,该文将容共时期国民党诸多意识形态融入教育的纲之中,但因无一语直言党字,故时常为论者所忽略。

㉑ 许崇清:《教育方针草案》,载许锡挥编《许崇清文集》,中山大学出版社 2004 年版,第 99—103 页。

㉒许崇清:《〈广东教育公报〉卷头言》,载《许崇清文集》,第104—105页。

㉓舒新城即言该文"也较后来之以党教育为党化教育者之见解高超若干倍",见舒新城《近代中国留学史·教育通论·近代中国教育思想史》,第250页。

㉔《"党化教育"之意义及其方案》,《教育杂志》第19卷第8号(1927年8月),第1页。

㉕该草案按舒新城所言,最早刊登于报纸上,唯舒氏并未记录报纸名称,见舒新城《近代中国留学史·教育通论·近代中国教育思想史》,第250页。因无法寻得最初刊登之报纸,其下引文皆征引自《教育杂志》。该刊于1909年创刊,1926—1928年间,主要的编辑为李石岑(1893—1934)。至1928年6月,李因为出国游学,才由周予同(1898—1981)接任。杂志分为两部分,前半部为单篇文章的集结,内容上是与教育相关的专论或创作,有作者署名,各篇文章不见得有共同主题,但如遇专号时,文章的讨论则会集中在专号的议题上;后半部为"教育界消息"和"噪声",没有作者或编辑名,主要收集过去一个月中和教育有关的各种新闻信息,内容包容万象,从政治迫害到运动会的名次都有,以《申报》等等大报刊为消息来源,无论就流通量和可信度来说,该刊都是值得信赖与参考的史料。《"党化教育"之意义及其方案》一文,见《教育杂志》第19卷第8号(1927年8月),第1—3页。此外,至1928年6月,由民国法政学会所编成的《国民政府中央行政治》,亦收录该草案于其中,说明该文件的价值和代表性。见民国法政学会《国民政府中央行政法》(一),《民国史料丛刊》第19册,第127—137页。

㉖《"党化教育"之意义及其方案》,《教育杂志》第19卷第8号(1927年8月),第1页。

㉗同上书,第1—3页。

㉘同上书,第3—4页。

㉙戴季陶:《维持教育救济青年案》,载《戴季陶先生文存》第2册,第430页。

㉚戴季陶后将本段引文加以改写,提案于第一次全国教育会议上,见

下文。

㉛ 戴季陶：《教育会议与教育方案讲词》，《戴季陶先生文存》第2册，第509—512页。

㉜ 蔡元培：《开会词》，《全国教育会议报告（二）》，载张研主编《民国史料丛刊》第1044册，大象出版社2009年版，第279—281页。

㉝ 谭延闿致词，陈展云笔记：《中央党部代表训辞》，《全国教育会议报告》（二），载张研主编《民国史料丛刊》第1044册，第282—283页。

㉞ 宋渊源致词，陈展云笔记：《国民政府代表训辞》，《全国教育会议报告》（二），载张研主编《民国史料丛刊》第1044册，第284页。

㉟ 蔡元培：《闭会词》，《全国教育会议报告》（二），载张研主编《民国史料丛刊》第1044册，第285页。

㊱ 杨杏佛：《教育会议以后》，《全国教育会议报告》（二），载张研主编《民国史料丛刊》第1044册，第288—289页。

㊲《中华民国教育宗旨说明书（附供参考案九）》，《全国教育会议报告》，载张研主编《民国史料丛刊》第1043册，第77—100页。

㊳《中华民国教育宗旨说明书》，《全国教育会议报告》，载张研主编《民国史料丛刊》第1043册，第73—76页。

㊴ 该案应出自戴季陶手笔，其后也将未修正版收入文集中，相当程度上可视为广东国民党势力对教育的官方见解，其详尽度可谓有备而来，并结合了实务上的经验，如正文所述，大至教育原则、教育行政，小至教育救济、奖学金，几乎无所不包。相形之下，《中华民国教育宗旨说明书》篇幅较小，并和该案的前言多有重叠，大会同时通过两案，将之并陈，其目的和意义值得玩味。两案在部分细节上亦有所不同，如对女子教育，本案认为中等教育时期男女应分校，至少应分班，杨廉和刘大白便致信蔡元培和杨杏佛表示反对，除了因为浙江早已开放女禁，在执行上有所困难外，更认为此案完全违背了男女教育机会均等的教育宗旨，并表明未解决前不出席会议。《确立教育方针实行三民主义教育建设以立救国大计案（附与本案第二节有关系之案一）》，《全国教育会议报告》，载张研主编《民国史料丛刊》第1043册，第136页。但这并不表示两者在根本预设上有差异，无论如何，第一次全国教育会议参与者

多半是和国民党有渊源者,非国民党人的声音是缺席的,故在大方向的见解仍趋一致。

㊵《确立教育方针实行三民主义教育建设以立救国大计案》,《全国教育会议报告》,载张研主编《民国史料丛刊》第 1043 册,第 111—136 页。

㊶《废止党化教育名称代以三民主义教育案(附姜琦提案、解释党化教育案)》,《全国教育会议报告》,载《民国史料丛刊》第 1043 册,第 102—110 页。"革命化、人格化、民众化、科学化、社会化"的解释方式,姜琦并未明言,但应该出自王克仁的说法,下详。

㊷ 原文刊登于 1928 年 2 月 23 日南京《民生报》,转引自舒新城《近代中国留学史·教育通论·近代中国教育思想史》,第 255—256 页。

㊸ 徐蔚南:《党化教育》,第 33—43 页。

㊹ 关于这点徐蔚南有一段逻辑十分奇特的论述:"凡是革命主义,我们敢说决不阻止学术的进步;阻止学术的进步的倒是现代制度。思想自由、信仰自由固然是近代人类生活之一大进步;但是要知道在人间政治革命之后,生活才得到这样的进步。像军阀治下的中国,有思想自由吗?有信仰自由吗?所以本思想自由、信仰自由亦万不可反对革命党化的教育。"引自徐蔚南《党化教育》,第 35 页。

㊺ 王凤喈:《中国教育史大纲·中国教育史》,湖南教育出版社 2008 年版,第 321 页。

㊻ 通观全书,书写模式大抵为先写一段议论,之后再补上孙中山的言论作为证明,这种引主义自重的方式,说明了三民主义经典化的趋势,如同儒家的经典一般,不从其中阐发己意,即难取得正当性。该书详细出版日期不详,仅知出版于 1928 年,推断为全国教育会议之前,因此使用"党化教育"一词。此外,该书封面题有"中国国民党中央执行委员会宣传部审定",可知内容是受国民党方面所核可的。

㊼ 整理自王克仁《党化教育概论》,民智书局 1928 年版。

㊽ 该书写成于 1927 年 4 月,并于 6 月出版,就笔者所引用版本的版权页上所注明,于 12 月已第三版,如此快速的热销显示了该议题的热门程度。此时期世界书局正想在中华书局和商务印书馆两强之间另辟出路,和三民主义

的结合成为了重要的手段之一。

㊾ 徐蔚南：《党化教育》，第43—55页。

㊿ 《教科书审查标准》，《教育杂志》第19卷第10号（1927年10月），第5页。

㈤ 《小学教科书审查暂行标准》，《教育杂志》第19卷第10号（1927年10月），第6页。

㈥ 戴季陶：《党歌是精神教育的基础讲词》，《戴季陶先生文存》第2册，第507页。

㈦ 教育部参事处编辑：《教育法令汇编》第一辑，《民国史料丛刊》第1035册，第39—40页。

㈧ 同上书，第39页。

㈨ 同上书，第52—53页。

㈩ 同上书，第41—50页。

㊼ 《教科书审查标准》，《教育杂志》第19卷第10号（1927年10月），第5页。

㊽ 董霖：《六十载从政讲学》，台湾商务印书馆1991年版，第34—35页。

㊾ 《中央训练部最近之工作》，《中央周刊》第24期（1928年11月），中国第二历史档案馆编：《中央周报》第1册，南京出版社1997年版，第443—444页。

⑥⓪ 《检定各级学校党义教师条例》，《中央周刊》第10期（1928年8月），中国第二历史档案馆编：《中央周报》第1册，第174—175页。

⑥① 《审查党义教师资格条例》，《中央周刊》第167期（1931年8月），中国第二历史档案馆编：《中央周报》第13册，第427—429页。

⑥② 《中央审查党义教师资格委员会组织条例》，《中央周刊》第177期（1931年10月），中国第二历史档案馆编：《中央周报》第14册，第358页。

⑥③ 《审查党义教师资格委员会组织通则》，《中央周刊》第167期（1931年8月），中国第二历史档案馆编：《中央周报》第13册，第429页。

⑥④ 陶行知：《教学做合一下之教科书》，载《陶行知全集》第2册，四川教育出版社2005年版，第531页。

㊿ 《中训部复审党义教科用书》,《中央周报》第169期(1931年8月),中国第二历史档案馆编:《中央周报》第13册,第488页。

㊱ 《各级党部应协助检查党义教科用书》,《中央周报》第168期(1931年7月),中国第二历史档案馆编:《中央周报》第13册,第449页。

㊲ 陶希圣:《中大一学期》,载《潮流与点滴》,中国大百科全书出版社2008年版,第116—117页。

㊳ 《革命军势力下之湘鄂赣教育》,《教育杂志》第19卷第1期(1927年1月),第5页。

㊴ 同上书,第6—7页。

㊵ 凌鸿勋口述,沈云龙访问,林能士等记录:《凌鸿勋口述自传》,湖南教育出版社2011年版,第44—45页。

㊶ 舒芜口述,许福芦撰写:《舒芜口述自传》,中国社会科学出版社2002年版,第34—35页。

㊷ 整理自杨效春编《晓庄学与中国乡村教育》,爱文书局1928年版。该书有另一版本,内容一致,见杨效春《晓庄一岁》,儿童书局1933年版。杨效春虽然后来退出晓庄的营运,但他对晓庄开校规模的记录和看法,仍有相当的可信度。关于晓庄学校的教育宗旨,则可参见陶行知《晓庄三岁敬告同志书》,载《陶行知全集》第2册,第449—457页。在该文中陶氏仍再三强调,晓庄的理念之一是"教民拿民权以遂民生而保民族",绝非主张政治和教育分离的教育机构。

㊸ 陶行知:《晓庄实验乡村师范学校创校旨趣》,《陶行知全集》第2册,第289页。

㊹ 陶行知主编,方与严编辑:《晓庄之一年计划》,儿童书局1933年版,第56—57页。

㊺ 同上书,第71页。

㊻ 赵若愚演讲,方与严记:《教育革命与革命教育》,方与严:《晓庄之一页》,儿童书局1934年版,第42—44页。该书版权页有特别注明该书校订者为陶行知,内容上是陶行知所认可的。

㊼ 《大学院增加补助晓庄研究经费》,载《陶行知全集》第2册,第

602页。

⑦⑧《跑山竞赛——吴稚晖老先生杨杏佛院长一齐参加》,载《陶行知全集》第2册,第611页。陶行知和国民党之间的关系还不仅如此,他还是三民主义千字课的主要纂写者,作为曾经为文批评东南大学党化教育的意见领袖,后来竟成为了普及三民主义的推动者。

⑦⑨陶行知:《护校宣言》,载《陶行知全集》第2册,第461—466页。

⑧⓪胡汉民:《解散晓庄师范的原因和经过》,《中央周报》第169期(1931年8月),中国第二历史档案馆编:《中央周报》第13册,第515—517页。

⑧①戴季陶:《为修改童子军规律告童子军工作人员书》,载《戴季陶先生文存》第2册,第473页。

⑧②上海特别市教育局:《上海特别市教育局业务报告》,载《民国史料丛刊》第1055册,第128页。

⑧③同上书,第135页。

⑧④同上书,第129页。

⑧⑤同上书,第428页。

⑧⑥同上书,第460—464页。

⑧⑦广东省立第四师范学校出版委员会编《广东省立第四师范学校概览》,载《民国史料丛刊》第1109册,第405—411页。

⑧⑧蒋中正:《教育完全学风纯良革命才有希望》,《中央周刊》第98期(1930年4月),中国第二历史档案馆编:《中央周报》第6册,第507页。

⑧⑨《改进党义教育之实施方案》,《中央周刊》第185期(1931年12月),中国第二历史档案馆编:《中央周报》第15册,第185页。

⑨⓪《国民教育案》,《中央周刊》第185期(1931年12月),中国第二历史档案馆编:《中央周报》第15册,第184—185页。

⑨①设立公民科,将主义常识化的设计,牵涉甚广,并和后来的新生活运动合流,值得进一步讨论。

⑨②陶彬:《读任鸿隽先生"党化教育是可能的么"的几个疑问》,《时代公论》第1卷第17期(1932年),第36—37页。

⑨③史维焕:《训政时期之党义教育》,《首都教育研究》第1卷第3期

(1930年12月),第5页。

㊉ 吴研因演讲,董保泰记录:《党义教育问题》,《辽宁教育公报》第13期(1930年7月),第28—29页。

㊋ 《第三届中央执行委员会对第四次全国代表大会之报告》,《中央周刊》第183期(1931年12月),中国第二历史档案馆编:《中央周报》第15册,第90页。

㊌ 《国民教育实施方针提案原文》,《中央周刊》第184期(1931年12月),中国第二历史档案馆编:《中央周报》第15册,第143—144页。

㊍ 《国民教育实施方针提案原文》,《中央周刊》第238期(1932年12月),中国第二历史档案馆编:《中央周报》第20册,第8—9页。

㊎ 《今后中小学训育方面应行特别注重之事项》,《中央周刊》第210期(1931年12月),中国第二历史档案馆编:《中央周报》第17册,第81页。

㊏ 《审查中等学校训育主任资格条例》《审查中等学校公民教员资格条例》《审查训育主任公民教育资格委员会组织条例》,《中央周刊》第276期(1933年9月),中国第二历史档案馆编:《中央周报》第21册,第469—472页。

⑩ 《教育部督学视察南京市中小学及社会教育报告》,《民国史料丛刊》第1106册,第91—93、129、136、144、133、152—153、182页。

⑪ 薄毓相编:《苏浙湘赣鲁鄂冀教育考察报告书》,《民国史料丛刊》第1106册,第250—256页。

⑫ 同上书,第251—252页。

⑬ 夏鼐:《夏鼐日记》第1卷,华东师范大学出版社2009年版,第190—191页。

⑭ 《党义教育一》《党义教育二》,《圣教杂志》第20卷第5期(1931年5月),第291、301页。

⑮ 金桂荪:《我对于党化教育之观感》,《市政月刊》第2卷第4期(1929年4月),第59页。

· 人物和时代 ·

言行之间[*]
——严复与公立复旦公学

张仲民

摘要：本文在既有研究成果基础上，利用新发现的有关资料，对严复在任公立复旦公学监督时的情形，特别是就他与复旦公学职工叶仲裕等人发生的冲突进行了考察，重新梳理和辨析了严复与复旦公学的关系。希望藉此纠正以往严复研究中存在的一些问题，更全面地认识和理解严复的言行，并弥补复旦大学校史记载和研究中的空白；进而为严复的若干信函及行迹考订时间。

关键词：严复，复旦公学监督，端方，叶仲裕

张仲民，复旦大学历史学系

---

[*] 本文原稿见《历史研究》2009年第2期，这里利用最近几年新发现的材料，进行了大规模的补充修正，文字增加一倍余。另外，文章曾蒙上海社科院历史所周武教授、中国社科院近代史所马忠文教授、中研院近史所黄克武教授等师友的指点与斧正，在此一并致谢。

在已往关于严复的研究中,有一些著述涉及严复与复旦公学的关系问题,[1]但这些著作(也包括很多学者所编的严复年谱、年表,乃至复旦大学的校史)对严复任职复旦的情况及辞去复旦公学监督的具体原因,皆语焉不详;对严复信函和行迹的日期也未加详细考辨,有不少的误用、误引。笔者这里根据新发现的几篇严复佚文,以及严复在复旦公学任监督时的相关资料,在既有研究的基础上,来重新审视和描述严复与复旦公学的关系。[2]希望藉此纠正以往严复研究中存在的多关注其言论表达而不注意结合其实际行动、以严复之是非为是非的情况,亦可为严复的若干信函及行迹考订时间,进一步深化对严复的研究,同时还可以弥补复旦大学校史记载和研究中的空白。

一、复旦肇建

在官场发展不顺暂居沪上的严复早有办一学校的打算。1904年8月3日,他曾写信给爱徒熊季廉诉说眼下志向:"复之私心,则欲于东南择地,自立私学,与百十同志为入穴得子之计。"严复并透露他的计划得到张元济、夏曾佑等人的大力支持:"菊生、穗卿、香海诸公,皆极欲赞成此事也。"他打算"先立团体,次议办法",确定办法后大家"分头募化,择地起堂"。[3]1905年3月1日,受到张翼怂恿而去欧洲为之诉讼的严复在巴黎时写信给张元济,认为当下就其本身能做的事情来讲,"只有开报、译书、学堂三事,尚可奋其驽末"。[4]此办学心愿,严复应该也向一些友人如蒋维乔等提起过。

1905年3月初,因教会"废英文重法文,教育各权皆掌之西教习",[5]加之震旦学院华人教员内部发生倾轧,全体学生退校,震旦学院解散。蒋维乔立刻想起严复"渠本有在沪组织一学校之意",遂马上提醒张元济此事,张也觉得"乘学生未散",的确为不错的办学机遇,就"驰函"给尚在欧洲漫游未归的严复,述说此事,"嘱其回来办一学校,以使震旦学生无失所"。为此,蒋维乔、张元济还游说蔡元培去找马相伯商量此事,蔡元培在"往与马计议此事"后,才了解"震旦学生代表叶某欲仍向教会商议要求英法文并重,而以马湘伯依旧总持教育权"。⑥

从马相伯带学生脱离旧震旦开始,上海各界就非常关注此事。⑦陈景韩在《时报》上还专门发表评论说:"此为学界公益之事,国家前途之望。""凡有子弟者,无一不宜协助;凡有人心者,无一不宜协助,财者助以财,能者助以能,力者助以力。"鼓励各界合力建成新震旦学院。⑧在各界的鼓励、支持下,马相伯带领学生准备抛开天主教会另立新学校,并发电报给严复,希望严复返国后能"合办新学院"。⑨

震旦退学事也引起两江总督周馥注意,周馥为此专门发电报给苏松太道袁树勋(海观),询问有关情况:"震旦生退学,闻因教习不允添课,马欲另建一校,确否? 如该生等,果系可造,或拨官款,暂赁校舍,俾免逃散。"并要袁树勋查明后回复。袁树勋也迅速回电,将震旦事件的来龙去脉告诉周馥:

震旦生退学事,饬员查复。该学堂设已两年,课程中西并重,教习系教士充当,所授格致、化炼各科,均用英法两国文字。学生程度颇高,主张爱国宗旨,不肯入教。近因法文教习南君忽议裁去英文,专以法文教授,意欲以教务侵入。学英文者既无所适从,习法文者亦惧教会侵入,颇不满意。后马因此辞退,遂亦退学。现该教习允复英文,惟不许马进院干预学务。诸生以学堂由马创,非马势难久持,乃散各处,意图重建改良等语。

袁的电文最后且说:"查震旦生能知爱国,恪守宗教,实为难得,自应遵谕设法维持,晤商马君,如何定办,再禀。"⑩

或许是受到时论、周馥及上海道对震旦退学事件态度的影响,或许是出自自发的组织,时在上海之绅商如张謇、王丹揆、曾少卿等也纷纷关注该事件,计划成立新震旦解决问题。他们于二十日(1905年3月25日)一起在一品香聚会,推选马相伯为新校校长,并讨论筹措资金办法,商借吴淞陆军公所为暂时校舍,且立即电请两江总督周馥等人,希望得到批准。而周馥等也立即回电,答应会就借用事同军方进行讨论。稍后不久,军方即答应将驻军一律牵走,公所暂借与学生。⑪只是鉴于"行台为外海各营会议之区,不便久假,而学堂则因屋宇住舍嫌少,本系暂为之计",军方同马相伯、张謇、王丹揆等商定,只借一年,学校需要赶快购地扩建学堂。⑫这时允诺担任新震旦董事的张謇已经为新震旦募得万元捐款:"为震旦已散学徒筹款得万元。"⑬随后,新震旦之创办进展迅速,上海道及各绅商亦表示愿意出钱资助,⑭并打算在四十亩吴淞公地上为之建设新校舍;江督周馥且派陈季同前来上海,筹划相关事宜;主事者一度将之改名为"乐群公学"之议。⑮

目睹此情形,陈景韩在《时报》上又赞扬道:"此次新震旦之成立,官与绅俱有力焉,不争意见,不生疑忌,上下一心,更近日新事业中所寡有者。苟能事事如此,中国前途未必无望!"⑯但也有时人在旧震旦解散之初,震旦师生及诸热心绅商向江督请求援手之时,即发表评论,对此行为不以为然:

> 诸君独立之精神,与向学之苦衷,当无人不佩服者矣。然余谓有百余英锐青年之团体,有何事不可为,况区区觅一校舍?(有百余学生,有热心教师,无形之学校已成。)而必赖官场为赞助,甚不可解,得毋为经济之故乎?

进而，该评论还以之前南洋公学退学师生另立爱国学社为例子，表明办学"未尝藉官力为之引援"，也可以成功，现在新震旦接受官方资助，与震旦师生退学之志"未合"，预言将来"必自予官场以干涉之路"。⑰

之后，候补道曾铸、施则敬等人禀请周馥，请求为新震旦拨款每年一万金，以保障复旦收入的"经久"，而周馥根据袁树勋的回复，也认为"该书院办理数年，颇著成效，自应力与维持"，批复江藩司会同上海道、学务处迅速为新震旦之建设筹措经费。⑱但上海道库并无款可拨，后又禀请周馥，让南京、苏州两藩司、学务处迅速合拨一万两白银，给新震旦作经费。⑲

新的震旦本计划改名为复旦，但原址重建的新震旦突然呈给周馥一份震旦学堂章程，致使周馥产生疑惑，在复旦公学开学之际，专门发电向上海道询问新震旦与复旦的关系。⑳事实上，马相伯带领学生脱离震旦之时，曾一度宣布"震旦学院"停办，㉑经"全体签名解散，旧时院名同日消灭"。㉒但仍有部分震旦教习出面维持学校，不点名批评马相伯带学生出走之行为，号召学生返校继续求学，㉓只是效果似乎不佳。故此，天主教会主动同代表新震旦的张謇、曾少卿等人沟通、商议，建议新震旦学校仍由徐汇天主教会办理，并草拟九条合同表达合作诚意，但未得到张、曾赞同，久决不下。最终，由副主教丁出马，"再四熟商"，张謇也认为"多一学堂，未始无益"，答应帮助原震旦公学复校。丁主教询问张謇这样做是否意味着新复旦不再开办，张謇则回答说会继续创办复旦公学，而此公学"系中国自办学堂，更责无旁贷，必合力图成，与教会乐与人为善之宗旨，当不相背"，由此决定教会继续袭用原震旦校名，新震旦另改为"华人自主之学校"——复旦公学。㉔

确定两校分办后，复旦校方随即发布告白，宣布作为酬谢，原震旦校舍赠予教会；其余一切文具、书籍、标本等物品也早已带走，

"一应器具暨书籍、标本早经迁出",与教会"毫无杯葛";且震旦公学名字已经不再使用,在原址新建之学校是否沿用旧名,与原震旦公学丝毫无关,"旧时院名,久已消灭,此后倘有就旧基重行建设者,无论袭用旧名与否,与旧时震旦殆毫无关"。[25]

同时,天主教会方面也运动张謇、曾少卿等成为新震旦的校董,并主动让步,与校董会"公订校章,申明不涉宗教,西人专司教授,管理则归华人"。[26]随即,新震旦公学立即刊登广告表示,学校已经新请"教育之人"为本院"名誉赞助",学校会继续以震旦名义开学。[27]稍后,又发布了震旦学院招考广告。[28]作为回应,复旦方面也立即登报,声明震旦名义已经被人袭用,之后与己无关,所有海内外函件,不要再寄往新震旦公学,而改寄复旦新址。[29]

依靠官绅商合力,复旦公学顺利创设。立校伊始,马相伯便请包括张謇、严复在内等28位名流担任复旦公学校董,以便让他们为学校募集资金,筹建新校舍,提高学校声望,并能参与到复旦校务的管理。

而在5月从欧洲回到上海后,严复也积极参与了复旦公学的创办。他不但答应亲自担任复旦校董,还可能成功推荐了在南昌有过创办乐群学堂经验的得意门生南昌人熊季廉(元锷)成为复旦校董。随后,严复还居首署名,28位复旦校董发出《复旦公学集捐公启》,述说复旦成立之来由及其意义,号召各界为复旦建造新校舍募捐。[30]严复这时还从落实办学经费方面考虑,为复旦拟订了复旦公学管理办法、课程,即《复旦公学章程》文件。尽管严复担心章程未必"切于事情",只能"备发起诸公采择损益而已",可他还是认真负责,感觉"须作到如此,方为正办"。[31]而据当时《时报》《中外日报》等报刊上刊载的《复旦公学广告》也可知,严复与马相伯一起为复旦"评定"了教授法、管理法:"本学教授法、管理法由严几道、马相伯两先生详定;并请校董熊季廉、袁观澜两先生分任管理之责。"㉜在张园对面爱文义路复旦公学事务所,严复还和马相伯共同主持了复旦公学的招生考试,"上午八点钟至十二点钟考汉文,已习西文者下午两点至五点加考一次",以补录四十名新生。㉝这期间,鉴于严复的办学志向和在复旦创校过程中所扮演的角色,曾有不少人建议严复担任复旦公学"总教",可严复担心"主意人太多,恐力不下",故辞而不受。㉞

新复旦本预计8月31日(八月初二)开学,但因"教员寝室尚未修整","学生亦未到齐",故改到9月4日(八月初六)开学。另外,由于屋舍不够,还拟再租住附近房屋。㉟然而9月初的一场雨灾,让"复旦学院寄宿所坍墙一堵"。㊱直到1905年9月10日,一度又因月初风灾、雨灾延迟的复旦校舍修复工作,终于竣工。㊲校方遂决定于14日下午两点正式开学,㊳并在开学当日刊登广告进行确认和宣传:"本公学于本日下午二句钟行开校式,敦请名流演说,并蒙校董萨鼎铭假军乐全部,务请学界同人暨热心教育诸君子惠然贲临,藉增光宠。谨此代东诸希公鉴。"㊴为了庆祝复旦此次开校、开学,为观礼之人提供便利,淞沪铁路方还为此进行了调整,特意在客运火车来回经过复旦时,均停车五分钟。㊵

综合当时亲历现场的《南方报》《时报》记者对复旦开学典礼的报道可知:㊶复旦此次"开校典礼"在下午二时举行,先由萨鼎铭部军乐队奏"开校军乐",接着校长马相伯发表了演说,马相伯以泰西来沪的马戏团作比喻,说虎豹狮象犹可教育,人难道不如虎豹狮象?借此来阐述教育的重要性。随后,作为校董及"名誉教员"的严复也发表了演说,大意为:"中国员幅日狭、民族日凋,不畏外强之侵凌,须忧吾人之不振,所望全校学生,须勉力勤学,万不可有告假偷闲之举,庶几日异月新,为将来之国用云云。"最后,复旦公学"英文正教员"、寰球中国学生会会长李登辉亦发表了英文演说,"谓中国之衰弱,皆由教育之不兴,欲为中国前途造幸福,则必以广推教育为主，所愿在学诸生，各励尔志，是则鄙人之所厚望云云"。演说完毕后，复奏军乐，"到四时始由校员袁观澜摇铃散会"。参加此次开学仪式的复旦学生约有一百六十人，加来宾及职员约三百人。

为感谢周馥的大力支持，复旦校方在开校成功后即致电周馥，表示感谢："两江制台钧鉴：复旦十六日已开校，仰赖成全，敬电谢，全校公叩。"周馥也回电表示期望："复旦公学开学伊始，愿教员实心训导，诸生锐意潜修。谨为全校贺，并为学界贺。馥。"[42]

由上可以看出，刚刚创建的复旦公学是众人合力创办的"公立"之校，[43]其程度相当于大学预科。在创办过程中，代表官方力量的江督周馥的支持和资助，起到了非常关键的作用。但这种官方的高调介入，也为以后复旦不断受到官方的干涉并逐渐官办化埋下了伏笔，正如前引《大陆》杂志上的评论所预言。另外，张謇等在上海的绅商，也为新复旦的建成贡献颇大。1905 年 11 月 22 日（农历十月二十六日），张謇还邀请刚从广西来到上海的郑孝胥参观复旦，伴随参观的还有陈宝琛、王季樵、赵凤昌等人，他们并拜会了马相伯。[44]郑孝胥大概对这次参观感觉不错进而希望其子"佛德"入考复旦。[45]

二、开学风波

脱离震旦，另立新校，马相伯自然是行动的领导者，然而这背后，一批爱校学生也起到了重要的助推作用，其中就包括深受马相伯器重的震旦旧生叶仲裕（景莱）（1879—1909）。马相伯脱离震旦，他和沈步洲带领学生坚决支持，还于报上发表声明号召同学追随马相伯，并与之联系有关事宜。[46]复旦之成立和得以继续维持，他和于右任（即刘学裕）出力不少。[47]

复旦正式开学一学期后，鉴于校舍与经费紧张，时为庶务长的校董袁观澜（希涛）遂在《南方报》《时报》《中外日报》等上海报纸上刊出《复旦公学广告》：

> 本公学于夏间禀借吴淞提辕先行开校，屋少不足容来学之众，地复潮湿，校外借寄书社七处，益形散漫，于卫生、管理二者多所妨碍。现拟就炮台湾拨定地亩，赶筑校舍，一俟落成，即当改定章程，召集生徒来校就学。其提辕借设之校，明年暂不开课，特此广告。[48]

假若照广告所言，复旦暂停招生，这对于刚创办的新学校来说，不啻是自掘坟墓，不仅不孚外来学子之期望，亦大大伤害从震旦以来一直追随的学生，还会影响复旦初创之际在舆论界留下的爱国向学形象，辜负社会各界的支持。更何况该广告所言事出突然，不符合官绅商学各界创立复旦之目的，更导致追随学生无书可读的局面出现。

因之，在《中外日报》上刊出的该广告立即遭到复旦住校学生的关注，他们第二日即登出《复旦住校学生公启》质询：

> 本日贵报告白，有《复旦公学广告》一则，云本公学明年停止开学云云。同人阅之，深为诧异，比即走询各校董，亦皆同深感疑惑，莫明其故。俟查探明确，再行奉闻。此事关系本校者甚大，同人不能默然，先此布陈，乞登入贵报为幸。[49]

这些留校学生在叶仲裕（叶此时大概为复旦学长，角色或类似后来的学生会主席）带领下，马上质询校董，以图挽回。他们分别以叶仲裕与复旦留校学生名义在《时报》《南方报》《中外日报》等报纸上登出广告，谴责袁氏这种擅作主张之行为，并希望想要负笈复旦的学子不受其迷惑和误导。其中以叶名义所发的《复旦同学诸君公鉴》启事言：

> 报登公学明年不开课云云，其中另有枝节。校董不会议，校长不在沪，学生毫不与闻，而谓可独断停学，景莱不才，窃未明公理何在？现竭力禀商各校董，妥筹一切。愿我远近同学，毋遽惶惑。叶景莱敬白。⑩

以复旦留校学生名义所发启事分别为《袁观澜先生鉴》《复旦同学诸君公鉴》，其中《袁观澜先生鉴》曰：

> 昨报告白，复旦明年听课云云，殊深骇异。走询校董，皆不知为谁主持。往谒少卿（即曾少卿，时为复旦校董，引者注）先生，则云稿由先生拟就送登。学生等劳燕分飞，甫有生趣，忽又丁此意外波折，先生素号热心教育、深明事理之人，而忍出此？除商各校董作正当之交涉外，并请莅临开示一切。同深叩祷。复旦留校学生公启。㊶

《复旦同学诸君公鉴》则公布了同学们质问袁观澜的结果：

> 昨请观澜先生莅临开示一切，来函因病未能到，故对付办法未便即决，当随后续布。留校同学公启。㊷

袁观澜也立即登出广告《袁观澜告复旦同学》，回应复旦留校学生的质疑，表示暂时停课的决定不是他一人做出，乃是听命于学校董事会，由他执行而已。他不满学校董事会在学生压力下居然前后不一、立场反复,有委过于人嫌疑,并表示之后不再与闻复旦校事。

  前登复旦明年赶筑新校、暂不开课之广告,系仆闻诸校董。仆深恐年假已过,迟不发布,有妨诸同学求学之计,故特拟就广告,询诸校董,由仆分登各报。今阅诸同学广告,云校董均言未知,则前广告似仆误登。至究竟如何办法,请还问诸校董,仆已辞明年校务,不敢预闻,特此更正。㊼

之所以发生此停课事件,据这些留校学生分析,是因为校董袁观澜和曾少卿存在矛盾,而校长马相伯在年底恰恰奉江督周馥之命东渡日本,㊾遂有因两校董私人意见不合而致登停课广告事。为了挽回大局,他们还分别致电两江学务处总办沈凤楼、校董张謇、驻日公使杨枢,请求援手,两江学务处随即回电表示支持。《中外日报》《时报》上同时刊载的《复旦公学致各处电文》为我们提供了有关的记录。㊿其中复旦学生致两江学务处的电文为:

  两江学务处沈凤楼先生钧鉴:复旦蒙通人提倡,甫见萌苗。今校长不在沪,校董不会议,竟以私人意见,登报明年停学,深骇闻听,乞鼎力维持。复旦留校学生公叩。

致张謇的为:

  通州张季直先生钧鉴:少卿先生与袁先生龃龉,登报明年停学,校董不会议,校长不在沪,竟贸然出此,学生等断不忍坐待瓦解,有负诸先生提倡初心,敬乞竭力维持,详情请季廉先生函达。复旦留校学生公叩。

致马相伯的为:

> 东京清国杨钦使转马相伯先生：校事有奇变,众情愤激,乞公毕速归。学生公叩。

两江学务处的复电为:

> 复旦留校学生来电悉,复旦设立,甚费经营,湘伯先生赴东,不久即归,断无停学之理,已禀督宪,竭力维持。望诸君努力勤学,以光学界。桐。

可能是受到学生、官方及社会各方面的压力,复旦校董会的立场马上出现改变。旋即,《中外日报》《南方报》《时报》等出现了以复旦公学名义发出的醒目大字黑体启事,表明复旦在积极筹建新校舍,并会正常开学:

> 本公学明年照常开学,并即行筹画建筑新校,敬此布告。复旦公学启。[56]

该广告旁边还附有《复旦同学诸君公鉴》启事,表明同校董及袁观澜的沟通获得效果,误会已经消除,各方会通力合作,停课问题得到解决,得以如此之原因,大家要牢记不忘。

> 明年停课问题,已由各校董主持撤销告白。昨仲辉、仲裕、叔和共谒观澜先生。先生躬自厚责,并多勖勉语。君子之过,如日月之食焉,系铃解铃,深感大德。前事已了,诸同学函电,不一一驰复。停课告白出诸意外,蒙沈凤楼、熊季廉诸先

生函电筹挽回。曾少卿先生有一面开学,一面筹建筑,此校不成,将笑中国人不能办事之论。李登辉诸先生有倘因经费不敷,则教员愿减薪水,必竭力共争,不使学生失所之论。热心毅力,至可歌泣。我同学宜永志勿谖,力求进步。谨布告以慰远系。留沪留校学生公启。[57]

除登广告声明之外,复旦留校学生亦致电两江学务处总办沈凤楼,向其表示感谢,《中外日报》亦在"紧要新闻"栏刊载了这则《复旦公学学生致南京学务处电》:

南京学务处沈凤楼先生钧鉴:明年停课事,已由各校董和平商了,学生等同处惊风骇浪之中,纵遇极不平,不敢不委屈含忍,已电禀马师静待开学,仰蒙维持,敬电谢,并乞转禀帅座。复旦留校学生公叩。[58]

春节刚过,两江学务处即回电,表示官方的努力已有结果,原来复旦借住的校舍暂时不必搬迁,大家静等开学可也。

复旦留校生,现复旦新校未成,提镇行辕,暂缓迁让,已由督院电商杨军门,允再暂借,明正仍开校,望诸生勉力向学。桐。艳。印院代印。[59]

人在日本而从《中外日报》《时报》上的报道中了解此次风波的钱玄同,曾在1906年1月27日的日记里对此次事件评论道:

至兄处见《中外日报》《时报》,知复旦公学以曾少卿及袁观澜两人闹意见,险致解散,幸学生急电两江学务处,又与袁开谈判，磋商再四，风潮始平，今岁仍续办矣！我国人公德心缺乏，常有若干人惨淡经营而成之事，以一二私人堕之，良可慨也。⑩

但此事还有余音，春节过毕，复旦公学并未准时开学，一些同学遂发出函电质问复旦管理层究竟。于是复旦留校者不得不再发通告《复旦同学诸君公鉴》，安抚大家情绪：

> 校务已公请熊季廉先生竭力主持，校长临行改定章程，亦已付印。诸同学来函，迫于公愤，自不免过激。在校同人，仍以暂时隐忍为宗旨，静待开学为义务。一切应行公告、学校函件，俟公决再刊布，不欲一时多腾口说，使得以嚣凌，藉口畏葸云云。非惟不甘，劳亦不能，愿勿过虑开学日期及预算表等，校中当即登报，请各少安，以续东装。敬布告，即希公鉴。留校同人公白。⑪

随后，复旦校方即刊出"复旦公学公告"，宣布延期开学时间及收费方案：

> 本公学展期于二十六日（指农历光绪三十二年正月二十六日，即1906年2月19日，引者注）开学。凡旧生务于二十二以前到齐（迟到不留位置，有特别事故者须先函报）。本公学以屋舍不敷，一时势难增扩，设有（徐）[余]额，届时介绍选补，不再招考，远道已报名诸君，请勿跋涉。凡寄宿生，无论校内校外，概收洋一百二十元，通学生七十元（另一律缴校友会费两元，随学费分缴），细章已发刊并白。复旦公学启。⑫

开学一事尘埃落定,可两位校董曾少卿、袁观澜之间业已存在的矛盾却激化了。曾少卿在《南方报》上刊布声明,指责袁观澜渎职,有侵蚀复旦公款嫌疑:

奉书不一答,岂有所见怪耶?复旦开课不过三月,校费用至二万余金。捐款者欲知用法,所以三次奉函,请将帐籍交下,以便应人查阅,乃延不送来,且又不见一复。仅于年秒接学生叶景莱函,云已函达袁先生来淞取送,且有吴淞木行欠款三百余元,袁先生未清付,已出账,催索甚急等语。该校财政乃执事专责,钱由执事手支,账应执事手交,此乃天下通例。若以校务已辞,经手之账即可不(原文此处缺字,疑当为"顾",引者注),恐无如此办法,尊意云何?尚希明教。曾少卿言。⑥³

袁观澜马上刊出答复,反击曾少卿的指责:

阅广告,知曾三次赐函,仆均未接到。复旦总核清册一本,已早交上,其余簿籍,均存淞校,叶君之函,亦未达,固不知公之促交也。一切出账之款,去年无不付清者,至所用二万零五百余元之款目,不但当报告助款诸君,并当以决算之数,请学界公览。⑥⁴

面对袁观澜的回应和诿过于人,被牵连其中的叶景莱也立即登报声明,解释其中原委,表示事情源于信件未达的误会,而非自己在其中的挑拨,但暗中亦将矛头指向袁观澜:

十五日曾少卿先生告白催袁观澜先生交送帐籍中叶景莱

函述云云，谨将详情声布如下：廿五，景莱得少卿先生赐函（廿三付邮），嘱将校中帐籍送往。当即至淞检取，惟册籍纷如，会计张君又以总核册系前会计陈君经手，不详悉其中头绪，势不能冒昧径送，以致别生意见。故于廿六函达观澜先生取送云云。三十饬人投送。

木行欠款云云，则登报停学后，宝大木行曾屡至校催问，皆由阍人支吾答复。廿九晨十钟，该行汪沛云突至会计处询索。当时不得已，会计员即以十三已出账回复，唠唠而去。上少卿先生函曾附及，并言见观澜先生请提及，以时值年关，恐再催索也。

十五下午，至淞，询阍人冷桂，知少卿先生寄观澜先生三信均未由淞校转。

十六见观澜先生，云宝大款已于廿九午后清付，已商该行登报以袪人惑，并云曾信均未收到。景莱当即请观澜先生详询少卿先生寄信处所。观澜先生并言即将收支各款刊布云。景莱谨启。[65]

当事方之一吴淞宝大木行也一并登报声明：

昨阅《南方报》登曾少卿先生询袁观澜先生之告白，内有年杪接学生叶君函，云吴淞木行欠款三百余元，袁先生未曾付等语。查复旦修理所用敝行木料各价，概由袁先生付楚，并无欠款。特此声明。[66]

曾袁之争至此结束，袁观澜就此淡出复旦管理层，其掌管复旦财政的职位——"庶务长"一职，稍后由叶景莱取而代之。[67]

历经曲折后复旦终于正式开学，然而毕竟是借地上课，为长远发展计,复旦必须花费大量金钱建筑新校舍。鉴于此,复旦管理方就派代表到南京向江督周馥游说,《中外日报》以《复旦公学总代表来宁》报道了此事:

> 上海现办之复旦公学,公推马湘伯先生为校长,已有学生二百余人。其经费先由教员、学生倡捐,集有万金左右。唯建筑校舍,推广规制,需款浩繁。顷特举刘君郁之为总代表,来宁谒见江督,面禀办法,商请匡助,以维盛举。⑱

可能这次游说并没有取得好的结果,校舍问题一直困扰着复旦,直至辛亥革命后。

在这次的复旦开学风波中,以叶仲裕为代表的主张维持复旦正常运作的力量,依靠各方面的帮助最后胜出,且推举了热心的熊季廉单独主持复旦校务。于此事即可见叶仲裕对于复旦的爱护以及他在学生中的影响力,当然亦可管窥当时复旦公学境况的尴尬与管理上的混乱,⑲以及舆论界和官方的重视,乃至学生对校事的高度自觉及热心。

不止如此,1906年夏,叶仲裕还与同为学长的温州林孟沧为弥补学校办学资金不敷的状况,⑳"四出号呼,为人捐助。值炎焰甚厉,景莱等触盛暑,至金陵,又至淮扬,又至清江,奔走累月。比归沪时,则面目黧黑,状若鬼薪。幸得款甚夥,校事得以不败"。㉑

三、就任监督

这一时期,严复不断与担任管理该校之责的熊季廉通信,关注熊季廉及复旦情形。从上文所知,熊季廉大概是1906年1月底才开始主管复旦公学事。但实际上,熊对于复旦的事务参与不多,因为他"于正月初四日（1906年1月28日）设席于九华楼,邀请同人集议校务。是晚,未及赴席而腹痛大作,不图一病不起,竟于三月廿九日（1906年4月22日）晏然长逝矣"。[72]寰球中国学生会、青年会、复旦公学联合在报纸上刊登广告,表示星期六（4月28日）下午二时在上海颐园为熊季廉举行追悼会,届时会有郑孝胥、严复到场发表演说,"宣示其生平,以励薄俗,且以表哀悼之情于万一",希望同熊季廉有旧或景仰其"遗徽"者"莅临"。包括郑孝胥、严复、复旦学生等在内,与会者有200余人。[73]严复除送挽联外,[74]还发表了沉痛演说,追述熊季廉家境状况、病逝经过,及情同父子的严熊交谊等情况。[75]

严复之后致信熊季廉之弟季贞,解释熊季廉为复旦事所累情形,其中对复旦校事评论道:"又复旦公学去年为索观澜侵蚀公款,至数千金,反以此为学生罪,天下不平无过此者。季廉知之,故在日力以维持复旦为己任。"[76]在该信里,严复还对复旦的内部矛盾和人事变动做了评述,认为复旦校董张謇、曾少卿等沪学会人士过多干涉复旦校务,原监督马相伯"老不晓事,为人傀儡,已携行李离堂矣"。眼下复旦公学大局岌岌可危,复旦学生在学长的"勉自楮柱下","幸团体尚坚,未即分散",他们迫切希望能"得贤为之校董"。严复还向熊季贞通报了7月19日晚在愚园开会商量维持复旦的事情,表示大家都很思念熊季廉。

据郑孝胥日记记载,7月19日晚,严复与郑孝胥、张元济往愚园赴陈三立（伯严）之约,一起开会商讨维持复旦公学的事情;会议参加者还包括复旦学生代表、庶务长叶仲裕（景莱）等人。[77]经过与会诸人的努力,特别是依赖与熊季廉关系密切、感情深厚的陈三立的奔走,[78]化解了复旦"危业":"为筹维持之术,既资以款,复为之解纷,使龃龉者无,遂（至）[止]于冲突。"[79]校董严复还乐观地相信,从此以后,复旦公学"当不至离散也"。

大概正是在陈三立、严复等人的集体努力下,复旦大学获得了一宗物质捐助及三笔金钱资助,暂时缓解了经济危机。据当时的一则《复旦公学广告》所言:

> 本公学蒙庞青城先生捐助物理、化学仪器十四箱,已照数祗领,敬此鸣谢。本公学因上学期经费稍有不敷,蒙陈伯严先生借垫洋一千元,顷又收到两淮赵渭卿都转筹拨库银二千两;江宁朱菊尊方伯筹拨库银三千两。除分别禀复外,谨登报鸣谢。[80]

复旦这里得到的款项,应该是时任两江总督兼南洋通商大臣周馥通过"扬州运使"划拨给复旦的,如郑孝胥的记载:"银二千两,乃南洋协助复旦公学之款。马相伯已不理复旦事。"该款最后是托郑孝胥转交的。[81]至于上引广告中所言的"库银三千两",或系来自周馥的后续拨款。

这段时间,严复自己可能已经在复旦授课,"任本校教务",亦为复旦介绍了一个教员陈持正——原严复在北洋水师学堂的学生。[82]饶是如此,复旦公学还是发生了一些变故,"刻因复旦公学事急",让严复颇感突然,身为安徽高等学堂监督的他不得不改变原本要去庐州的计划,由安庆直接去南京斡旋,耽搁五六日后再返沪。[83]

1901年新政后,特别是1905年9月科举停废,新的学部于同年12月成立以后,清末社会掀起办学热潮,新式学堂日益成为区分一个地方"文明"与否,以及衡量地方官员政绩和"文明"的标志。在此背景下,有办学经验或懂新式教育的人才炙手可热,一批趋新的社会名流近水楼台,许多都被聘为监督或总教,像吴汝纶、蔡元培、张元济、马相伯、孙诒让、严复等人。不言而喻,一个好的校长对于一个学校意义重大,他不仅可以依靠自己的能力和权势网络为学校争取足够的办学资金等资源,还可以依靠自己的声望为学校聘请好的教师并招来好的学生,所谓"学堂之进步,端赖师资;监督一席,关系綦重"。[84]校长优秀与否,对于如经费上捉襟见肘的复旦公学这样的学校尤为重要。马相伯既不堪重负而辞职,[85]那么寻找新的、合适的公学校长自然迫在眉睫。

在当时往往人去政息的情况下,周馥给复旦的拨款,继任江督就不一定会继续划拨。而此时周馥已经离任,新的两江总督由端方(1861—1911)接任(1906年9月初到任,1909年初调任直隶总督)。[86]端方曾作为五大臣之一出洋考察,为满洲高官中的开明派,时正与梁启超暗通款曲,[87]且表面上"锐意新政,所至以兴学为急"。[88]有此东风,复旦公学干事员叶仲裕(叶景莱)、张桂辛等人作为被复旦公学共推的代表,于丙午冬(大概在1906年12月—1907年1月间)专程到南京向端方申请,提出让复旦学生公议的由严复担任复旦监督的请求,由"端午帅照会严观察接办",并希望端方能为复旦常年拨款,添聘教习。[89]

不过,这时的严复似乎别有所属,志已不在办学,尽管担任了安庆安徽高等学堂监督与复旦校董,但他还是更希望去达官贵人的集中地北京发展。尤其是在担任学部考试留学生的八考官之一的考试结束后,"学部诸堂官坚留之"的情况下,严复自己也有意留下,于是他决定暂向学部请假三个月,待了结在安徽和上海经手的各事项后即回学部任职。[90]严复到达安庆处理后续事宜并打算辞职的消息传出后,新任安徽学务议长兼严复友人蒯光典决意挽留严复,立即"电达学部,力意挽留",新任安徽巡抚恩铭亦认可蒯之提议,命同严复有隙的安徽提学使沈曾植遵照执行。[91]安徽方面的努力最终让严复继续担任安徽高等学堂监督,进而又在两江总督端方的支持下接手了复旦公学监督这个职位。[92]

据严复的"夫子自道",江督端方对严复非常赏识与尊重,屡屡接见,还让其子拜严复为师,甚至谦称自己也想拜严复为师。⑬故由严复继任复旦公学监督,在端方这里并无问题,且他只需要做个顺水人情而已。严复于12月6日早晨在南京首次拜会了端方,他同端方商谈了担任复旦公学监督的条件:"复旦公学须得彼提倡,肯助开头及后此常年经费,吾乃肯为彼中校长。"⑭端方该是痛快地答应了严复的条件,因为不久,在1907年1月14日(农历十二月初一),时任上海道的瑞澂(瑞莘儒)就拨给复旦两千多两银子。⑮这个拨款应是出自端方授意,是满足严复任职要求之举。

由严复接任监督,达到了复旦公学学生的预期要求,如严复1906年11月29日在写给其外甥女何纫兰的信中所言:"本日复旦诸生以书恳我为之校长,经诺之矣,不识能兼顾否?"⑯表明严复任监督是先受到复旦公学学生的吁请。而稍后在《中外日报》《时报》上刊出的《复旦公学广告》,也可作为严复之言的注脚。

>本校向经前校长丹徒马相伯先生管理,嗣以事繁告辞。客岁冬(即1906年冬),公举代表禀谒江苏督宪。蒙端制军力任维持,特为延聘侯官严几道先生来任校长。伏维此校前承热心学界诸公发起以来,其间伫苦停辛,仅克虏立。全体同学,矢慎矢勤,唯恐陨越,为学界羞,又一年于兹矣。今幸为鸿硕不弃,将提挈而振董之,于以竟前者马先生、发起诸公之美志。全校同人倍深感奋,海内留心教育者,倘亦深所乐闻一共邪许也欤?谨此布告,伏乞公鉴。⑰

综合以上情况可知,严复接任复旦公学监督,最先由复旦学生提议,后来得到了江督端方的同意与任命。这个结果实际是众望所归,反映了复旦学生的诉求,也得到官方的支持。端方在《筹拨复旦公学经费折》中对严复夸奖道:"有候补道严复,淹贯中西,学识闳达,已派充该公学监督,管理教授,一切由其主持。"[98]

至于严复正式接任复旦公学监督的时间,《严复年谱》说是1906年11月29日复旦学生恳求严复为校长之时。[99]不过,这样的说法有问题,请求为监督并不一定马上能当监督,还需要官方的任命函。[100]我们可以从相关材料中考证出严复正式接任监督的时间。如在1907年1月21日(光绪三十二年腊月初八日)严复写给何纫兰的信中,还没有提及复旦校长的任命一事。但在1907年1月30日(光绪三十二年腊月十七日)写给何纫兰的信札中,严复就言"复旦校长,南帅照会已到"。[101]故此,严复正式被端方任命为复旦公学监督的时间就应该在这九天之内,尽管之前严复已经以复旦监督身份接受了瑞澂的拨款。农历春节过后,严复就在《中外日报》《时报》上同时发表了任职声明——《几道启事》。

  启者,不佞近承复旦全体公举,并两江端制军檄派为复旦公学校长,辞不获命,实惧弗胜,但当勉竭鄙诚,以副期待。尚望知爱诸公有以匡助之耳。谨白。[102]

该启事主要说的是严复接任复旦公学监督的原因。既被"公举",又被"檄派",在此情形下,严复正式就任复旦监督,月薪五百元大洋。

只是严复这时还兼任安庆安徽高等学堂的监督,由于其长期吸食鸦片,[103]很难兼顾相隔如此之远的两个学校;加上严复名望日隆,非常热衷官场事务,南来北往,杂事繁多,又嫌弃安庆地方简陋,[104]在14个月的监督任内,他只在安庆呆了122天。[105]在此情况下,严复不得不任用代理人,来替自己处理两校的日常事务,以减轻自己的负担。在安庆安徽高等学堂,他使用的是追随他多年的亲信兼同乡——北洋水师学堂毕业生周献琛等一些旧日学生、同乡。[106]在复旦他使用的主要是其一干亲属,其妹夫何心川(镜秋,即何纫兰之父)早于严复任职复旦,一度曾担任斋务长。[107]严复任监督后,何继续担任斋务长,代表严复视事,并负责复旦的招生工作。何也不定期向严复汇报复旦校内情况,以让严复了解:"本日汝父有信与我言复旦事。"[108]另外严复还曾推荐其岳父(即朱明丽父亲)担任复旦文案:"月薪约五十元,不知汝爸爸肯就否?"[109]朱父担任文案(书记)后,月薪又增至六十元。

如此任人唯亲和遥控两校,最终使严复在两校都招致了学生的不满与驱逐,且引起时论(主要是《南方报》《神州日报》)的批评。像《南方报》上就发表评论,指责严复任职安徽高等学堂的不尽责,以及严复言行不一的情况:

  安徽高等学堂之风潮,追源立论,大抵咎于该学堂监督。该监督素负学界重名,其著书有曰民智愈浅,则希望愈奢。此语甚为确切,请下一转语曰,理想愈高,则措施愈谬,我于高等学堂见之,于复旦学堂又见之。[110]

下面主要讨论严复就任复旦公学监督后及被迫离任的一些情况,特别是会比较详细描述他与叶仲裕及另一复旦职工张桂辛之间的冲突,而正是这个冲突,造成了严复从复旦的辞职,双方高开低走,不欢而散。

四、内部冲突

有了严复这个新校长,复旦公学马上在报纸上打出了"复旦公学增额招考广告"。⑪广告中表示,该校要"添借宿舍,增额二十名,招补旧额十名,共招插班生三十名",并欢迎学子前来报名处报名,其中严复住处新垃圾桥北长康里严公馆即为一个报名处。这次招生大概比较顺利,居然招到40个人,复旦公学将这40人名字登报备案,并要求他们于本月二十七日(农历)开学以前到校报到。⑫

1907年3月11日下午二时(即农历正月二十九日),复旦公学举行新学期开学典礼。⑬先有代表报告,重头戏则是新任监督严复的演说,严复讲述了接办复旦后之举措,"以赶建校舍、访延西士为至亟",接着又公布了担任斋务、庶务的责任,随后李孟符、斋务长何镜秋登台演说,典礼到六时才结束。据记者报道,当时已经到校者160余人,后续还会有人来,而校方已经聘好体操、音乐诸科的西人教习,还正在设法送法文甲班生出洋。

这时,端方也在实际行动上给予严复支持,向清廷奏请批准每月拨给此时有175名学生的复旦公学银1 400两(约2 000元),"作正开销"。⑭端方还在1907年3月底致电严复,表示:"复旦公学禀悉,经费每月由财政局筹拨洋两千元,即来宁具领。督院庚印。"⑮稍后,端方还派夏敬观和桂垍于三月初三日(1907年4月15日)早上前往复旦调查有关情况,两人视察校内外情况后,复入课堂旁听教员上课。午后三时,学校开欢迎大会迎接两人,两人相继登台演讲,"勉励周至"。晚上两人又去计划中的复旦新校舍选地炮台湾视察。第二日两人又到学校,"详询一切,并嘱将经费收支表及学生名册、课程表等详细开呈",以便"转禀立案",向端方交差。⑯

但随着学生的增多及教职员队伍的扩大,复旦的经费问题与校舍紧张程度愈发加剧,经济困境加重。严复深切感到"复旦事难办",决意再赴南京与端方交涉,"须与端督院破脑决断,若不起校舍,吾亦不能办也"。⑰应该是在此次会面中,严复请端方拨款六万金作为复旦建筑校舍之费,而"江督已允如所请,饬由江南财政局于某项内照数拨发,以成其事"。在获得了端方支持新建校舍及补充经费的承诺后,严复信心大增,决心好好管理复旦公学,"为之整顿吴淞复旦公学",以不辜负端方期望。

不过,对于端方每月2 000元(相当于银1 400两)的拨款,严复经过调查后发现,并不足够开销,学校收入依旧是"有绌无赢",于是他又向端方提出改由每月拨款二千两白银,"俾可从容布置",但被端方以财政困难为理由予以驳回。

就在严复欲大展拳脚之时,他在复旦校事上却遭到叶仲裕的杯葛。其实,严复能接任复旦公学监督,其中亦有叶仲裕之功,就是他与张桂辛等人赴南京向端方申请经费,希望端方同意让严复担任复旦监督的。但严复接任复旦监督后的所为,特别是其任人唯亲、言论和行动脱节的做法,却不能令包括叶仲裕等在内的一批老资格复旦人满意,叶仲裕此时大概开始与严复所派来的诸管理者为难。何纫兰之父何心川曾写信给时在安庆的严复"言复旦事",要其速速返回处理,所指估计就是叶仲裕带头掣肘事,"因复旦叶仲裕亦在彼捣鬼故也"。

考虑到叶仲裕等人在复旦的影响力(也可能包括其家族背景),严复决定在处理叶仲裕事件前先要得到端方的支持,"以复旦公事须与端午桥扎实交代,方好办理"。严复还准备到南京后,将详细情况报告给端方,若是端方不同意自己的处理办法,便辞去复旦监督。严复并要何纫兰把这个意思转告其父何心川:"吾到南京,必将种种情节告知端方,若意思不对,便亦辞去不办。此意可告汝父知之。"严复到了南京之后,初见端方,并未言及复旦事,他打算等考试完出洋留美学生后再告诉端方,"复旦情节尚未与言,准俟考后提及"。随即,在同端方谈过复旦事后,严复原本的计划似乎没有得到端方的支持,否则严复就不会拿辞职说事。

然而辞职遭到端方拒绝,严复无奈,只得继续留任,履行监督职责:"复旦事力辞不脱,已电汝父,令赶紧登报招生矣。"[127]很快,《神州日报》等上海各报上就刊出了"复旦公学招考插班生"的广告,招生额限 40 名,年龄 18 岁以上 24 岁以下男青年皆可来投考,七月一日、二日(即 1907 年 8 月 9 日、10 日)在寰球中国学生会考试,云云。[128]

而严复上任伊始,即面临两江财政吃紧的局面,端方为办理新政透支严重,不得不压缩各学堂经费,又大肆借债,贻下"债帅"之讥。[129]有官员奏请江督端方削减各学堂经费,清查其中的不实用款,以防"冒滥"情况出现,端方听从其议,开始派人稽查各学堂经费开销情况。[130]

对于复旦来说,可能在获得江督端方全年经费支持后,校方松懈,财务管理出现混乱,学生不缴学杂费、学校经费浪费的现象比较严重,且八个月时间都没有向江督汇报财政拨款的开支情况。为了防止复旦任意开销经费,1907 年秋天,端方特意派候补道夏敬观会同上海道去复旦进行调查。

> 上海复旦公学常年经费,前经江督奏准,由江南财政局每月拨银一千四百两,并批饬自正月起赴局具领,核实开支,按月造报在案。兹午帅(即端方,引者注)以迄今八阅月,未据该学造送清册,究竟支用是否,核实款开奏拨,未便听凭该学干事各员,任意开销,漫无稽考,特派夏敬观观察赴沪会同上海道前往,澈底清查,以重公款。[131]

由于缺乏资料,我们不知道这次夏敬观的稽查结果具体如何,但显然,不论结果如何,此调查的发生,作为监督的严复及管理学校账务的叶仲裕、张桂辛等,都要承担一定责任。而且,此次清查工作应该也加深了复旦内部业已存在的严复派同叶仲裕等人的矛盾。

到了1907年年末,严复同叶仲裕等人的矛盾日益尖锐,严复认为庶务长叶仲裕私挪公款三千元,⑬²而另一庶务张桂辛管账无方,导致学校亏空达五六千元之多,使学校的日常运行出现问题。在此情况下,严复决定以进为退,去南京当面向端方提出辞职,结果自然没有得到端方同意。

回到上海后,严复决定好好管理复旦,出重手惩治叶仲裕、张桂辛。他向江督端方写信揭发两人,表示了自己处理两人的举措:

> 复旦公学,蒙月饷二千饼金,加以诸生百五六十人之学费,期六十元,又旧有募款,若综覈撙节经用,即有不敷,当亦为恨(似应为"有限",引者注)。乃本年岁暮,尽(似应为"竟",引者注)亏短至于五六千金之多,此其故有二:一则学生短缴学费,两学期计三千五六百元;一则庶务叶景莱借用三千元存款,至今屡催不能照缴。复为监督,原有理财用人之责,虽经费出入,向系叶、张二庶务手理,而稽察无方,致令纠纷如此,诚无所逃罪者也。但在校各教员薪水,尚有两月未领,岁事峥嵘,群怀觖望,乃不获已,由复电请恩饬主者,许其探支明年发款,借苏辙鱼。顷承电准预拨正月经费二千元,感荷莫名!当即交付庶务张桂辛,属其分别缓急应用,俟赢绌如何。再令将本年校帐,据实造报,以重公款。但重有恳者,前在左右,已将复旦监督力辞,未蒙俯准。是明年此校乃属复经理,惟校事经费最重,倾立视之,似应由复收回存号,按月发交会计员撙酱应用,即令于月杪造销,交监督汇报,庶不致再循前此覆辙。至一切章程,亦须重新斟酌,遵照部章厘订,庶成可久之规。至叶景莱、张桂辛二人,一则延欠校款,一则造报稽延,实属都不胜任,应准由复开除,以维校政。是否有当,伏

乞垂示遵循，自出不恭，不胜惶悚待[命]之至，敬请慈鉴。监督复谨禀。㉝

严复此函所述处置办法大概是得到了端方支持，因而他敢于采取铁腕措施，首先发难，发布公告，指出要亲自打理复旦财政。除了旧账可以找叶仲裕、张桂辛结算外，丁未年(1907)后的账目，就与两人无关。严复此举实际是将叶仲裕、张桂辛两人开除出复旦，且他们还必须要为以前之旧账、坏账负责。严复亦责令新老学生必须交齐各项费用后，才能入校就读。并在报上发布《复旦监督严复启事》，说明这些情况：

敬启者：今年本公学庶务、财政奉督宪谕，归鄙人督率会计员自行经理。除丁未年，以前所有帐目报销，应有叶仲裕、张桂辛两员结算外，嗣后校政与之无涉。特此声明，以清界限。谨布。再启者，本公学校费，每学期旧生应缴学费及膳宿费六十元；新生应缴六十六元；又生每学期另交号衣费五元，洗衣费三元。均须于入校前亲赴本校会计处缴足，掣取收条，各自由监学派定学舍居住。其未行缴清楚，虽经擅入，均行挥出，决不通融。特此敬布。㉞

稍后，严复还应该同有关人士制订了《复旦公学预行声明章程》，进一步严格了新旧生的入校、缴费、分班、课程安排、请假及考核等制度，最后还严令："法所必行，新旧各生须自揣，果能悉行遵守，即便来校，否则另自为计，勿谓言之不预也。"㉟这些措施对于促进学生学业、加强学校管理和增加学校经费收入，无疑有重要作用，但实际上也得罪了一些不愿意遵守新章的旧生，为他们群起反对严复埋下了伏笔。

严复的这些做法迅速遭到叶仲裕、张桂辛的回击。叶仲裕马上于光绪三十四年正月初八日致电端方:"南京督宪钧鉴:严监督忽有不令厮理之广告,如有电至宁,乞暂缓覆,当趋陈一切。复旦叶景莱敬叩。"㉞此外,叶、张两人还联合上海多家报纸连续刊载内容相同的广告,反击严复。其中叶仲裕发表的《叶景莱启事》以列举事实的方式反驳道:

　　自丙午冬,景莱与张君桂辛赴宁,禀请拨定复旦常年经费后,又禀请延聘侯官严几道先生为监督,以冀于教授管理一切,力求进步。迨皖学风潮起,舆论所激,颇有以此举为大不然者。景莱亦因有他事滞沪三月后,校中一切即未暇过问。监督月索五百金,终岁莅校三五次,于督宪原奏、景莱等原禀中延聘专门教员诸节概不提及,而亲故坐食者且纷至:其妹婿何任斋务,月修二百;何戚某任杂务,修五十;又某任书记,修六十。下学期以人言啧啧,陆续自退。中国公学同时请款、同时请监督,监督、校员独能力尽义务,刻苦办事。以彼例此,时深痛心间。秋,督委员夏观察至沪,曾力陈节省持久办法。冬间,复赴宁面请督宪委胡君子靖来校整理。数年来,委曲求全,原为复旦全局着想,不意监督乃有此先发之举也。启事云云,于情理为未合,除另行交涉外,先此广告,敬希公鉴。再此事由景莱自行交涉,远近同学请照常莅校,勿多疑阻,以全大局为幸,并白。㉟

张桂辛发表的《张桂辛启事》亦言:

　　敬启者:复旦公学自桂辛与叶君历经困难,保存成立。丙午冬,请端督宪聘严幼陵先生为监督。一年以来,种种为难,故于去腊立意告辞。原俟今正将经手事件汇具报销,一面登报声明。乃昨见严监督启事,殊为诧异。除另将详情布告及询明意见外,特先声明。[138]

两则启事尤其是《叶景莱启事》,将严复败走安徽的情况,严复任复旦监督的原因及之后的举措,甚至是严复亲属的姓氏与所担任的复旦公学职务,乃至自己采取的应对措施一一公布,并将复旦和同时获得端方资助的中国公学作对比,[139]以此凸显监督严复的不称职。叶景莱还特别点出奥援——"远远同学",来警告严复。另外,两则启事也都夸大了两人对于严复出任复旦监督及复旦获得常年拨款的作用,目的不仅在于表功,亦在于凸显严复的"忘恩负义"。

严复立即看到了叶、张的启事,不为所动,马上也在报纸上刊出《严复启事》回击,祭出更强大奥援——"督宪",并发出最后通牒。

> 昨阅叶君景莱、张君桂辛两启,为之怃然。叶君所言尤与事实大有径庭,姑不与辩。但两君所未明者,丙午以前,复旦公学虽赖众擎之举,尚为私立之校。自丁未春,经两江督宪奏拨常年经费、派定监督之后,已成官立之校。今昔性质皦然不同,夫岂吾党所能盘踞?校款挪欠,迄无报销,不佞责无旁贷,故尝于客岁五月、腊月亲谒督宪,一再力辞,不行不获命,是以决计本年将校政大加改良,驻校亲督。前者划清界限之启,乃至不得已而开罪于朋友。总之,此事解决不出两途,如两君自谓有永远管理此校特权,即烦具禀请撤监督,则校事从此与复无关。若犹是不佞而为监督也,则前者吾启固一字不可动也。至于交涉风潮,固前知其如此矣!诟何为者。谨布。[140]

从上面这则启事中严复对叶、张的反批评可以看出,严复对叶仲裕关于他很少到校视事以及任人唯亲的批评,并没有当即反驳,尽管这其中确有冤枉严复之处,如其妹夫何心川任斋务长的时间,是在严复入校任监督之前。严复在启事里自白,说自己于去年五月、本年腊月(约在 1907 年 7 月、1908 年 1 月)两次向端方请辞复旦监督,但都没有得到允许,于是才下定决心整顿复旦。在这里,严复重点针对叶仲裕,抓住叶挪用校款事做文章,并抬出"官办"和"督宪"作为尚方宝剑,表明自己并不畏惧学潮,企图迫使叶就范。[41]

张桂辛看了严复这则启事后,马上在报上发表了《张桂辛启事》反驳严复,并表示叶仲裕暂时不在上海,他返回后定会有所回击。

  阅严幼陵先生第二次启事,有所未明,谓官立、私立今昔大殊,求之事实,容有未合。且以告辞,何云盘踞?现叶君旅行数日,即当返沪,俟叶返时当再分别剖白,以质诸公论。[42]

非惟如此,或许是出自学生自发的组织,或许是出自叶、张的鼓动,面对叶、张与严监督之争,一份以复旦公学学生名义发布的《复旦公学学生广告》也在报纸上公开发表了:

  复旦自与震旦分校后,当事者竭力组织,始底于成。嗣以风潮叠兴,方知众擎之不可久恃。意候官为东南巨子,故奉为我校监督,乃一载于兹,于教育规则不独未尝过问,且淹留沪上,月享厚薪,而又荫及戚友,官款二万四千元,浸润于监督及其戚友者达半数,其裨益于我校者未之或问。同人为全校计,为学界计,既不愿阻我校之前途,尤不愿以扰乱秩序之风贻讥当世,故忍气吞声,迄于今日,然犹望监督之或图振作也。乃监督不独与众望相违,反以官办二字之徽号宠锡我校,我校何幸得此? 但不知我校之受官款津贴者,其体制为何如耳? 同人因阅逐日告白,奔走来沪,谨举大概情形,质诸海内外士大夫鉴而查之。远道诸仝学,如有函件,仍寄本校可也。复旦公学学生谨启。[143]

从该广告看出,一部分学生并不愿意承认复旦为"官办"学校,尽管复旦事实上已经接受了官方津贴,倘若没有这些津贴,"公立"复旦公学可能早已关门大吉。当然,学生也有可能只是把"官办"作为反对严复的口实。[144]再者,这些学生耿耿于怀的,仍是严复在监督任上的不尽职负责、任人唯亲。该启事还反话正说,"不愿以扰乱秩序之风贻讥当世",实际是威吓与暗示当局,如果严监督不下台,就可能会酿成使当道头疼的学潮,奔走来沪支援的同学即是证明,老震旦之解散则是前车之鉴。

至此,复旦的学生开始介入这个冲突,并发挥了极大的象征效力,复旦内部的校长与教工矛盾开始激烈化和公开化。在当时学风乖戾的环境下,身为监督的严复的处境开始不利,尽管他最初拥有来自端方的支持,可一旦酿成学潮,很难保证严复会继续得到官方有力的支持,特别是在前不久严复任安徽高等学堂监督时已经引发学潮的情况下。有意思的是,1907年4月安庆安徽高等学堂的罢学风波之焦点所在,也是严复的任人唯亲和尸位素餐,以及其铺张浪费:"实以监督遥制,任用非人,糜费过多,取予恣意,学科不备,卒业无期……"[145]"监督任事两年,住堂不过两月,共糜修金两万",又"约记开销,闽籍教员款项每岁不下二万左右"。[146]

在上引这则《复旦公学学生广告》发布后不久,大概一直在暗中运作此事的叶仲裕又发出《叶景莱启事》,表明叶、张与严复之争已经告一段落,江督业已派员来处理复旦内部纠纷。

侯官先生及景莱等广告诸节,已有江督委毛学宪、夏观察来沪理处一切,可付诸公论。诸同学务即照常莅校上课。至关于复旦全局诸事,景莱仍当力持正论,断不诿卸。远近来函,恕不一一奉复。[146]

从这个启事可以知道,复旦的此次风波所关颇大,致使江督端方不得不派提学使毛庆蕃、候补道夏敬观来斡旋叶、严之争,复旦学生也曾一度没有正常到校上课。而一句"至关于复旦全局诸事,景莱仍当力持正论,断不诿卸",表明严复开除叶景莱的计划没有获得成功。以上三则启事发表后,严复与叶、张及复旦学生、江督端方等人之间还有一些往还,部分材料见之于一档馆所藏端方档案,已有学者对此进行过勾陈,此处不赘述。[148]

五、主动请辞

毛庆蕃、夏敬观到复旦探查情形后回到苏州迅速电复端方表示,"复旦业于念四开学,差慰钧厪,维持之法,谨另详陈"。[149]稍后,接到端方回复的夏敬观又亲自从苏州到复旦向严复通报端方旨意。根据严复在二月三日(1908年3月5日)写给端方的密函可知,端方担心出现学潮,此前曾亲自给严复写信寻求复旦校事的解释,同时为表达对严复的安抚与鼓励之意,特意送其一"严字元押"。严复此密函即是向端方进行解释,以及对其关注复旦校事、支持自己表示感谢。

陶帅钧座:开岁得承手书,兼领严字元押,十朋之锡,盖有不啻。寅维圭卣增华,旌旗发秀,起居燕喜,悉叶颂私。复旦校事,正月间所以与叶张两庶员划清界限,登诸广告,诚属事不得已。昨者夏道来沪,备述钧旨,感何可言?复诚不肖,乃与后生打笔墨官司。事后思量,真堪发笑耳!但本期内地学子至者益多,校舍阗咽。既受宪事,又不得不努力经理,去泰去甚,敬竢后命而已。风潮谅当不兴。叶其足迹并未至校,知关宪廑。谨此布达,并叩崇绥,不宣。严复谨状。二月三日。[150]

通过严复的回信我们可知,端方由于担心会爆发学潮,对严复整改复旦的措施并未完全赞同,[151]但仍然在信中表示对严复继续担任监督的支持,并委托夏敬观代自己向严复致意,并询问叶景葵行迹,提醒严复勿与叶等后辈打笔墨官司。严复在该信中还进行了自我检讨与反省,解释了与叶、张进行广告战的迫不得已,表示自己不会让端方失望,会努力做好监督职务,不让复旦爆发学潮。严复这里还趁机向端方申述复旦缺乏校舍的困难,完全没有表现出辞职之意。三月二日,端方复电严复表示:"上海复旦公学严几道兄鉴:执事为难情形,鄙人深悉,已与苏戡商量办法,详载苏函。方冬。"[152]

此后一段时间(1908 年 3—4 月)里,严复依然不断到吴淞复旦办公,还在农历二月十一日(1908 年 3 月 13 日),收到复旦所给该年第一月的薪水。所以,对于张、叶的第二次启事和《复旦公学学生广告》中的批评,严复都没有再做公开回应,这对于一向爱惜羽毛的严复来说,其实颇不寻常。半年前他在辞去安徽高等学堂监督时,曾发表洋洋长论《辞退安庆高等学堂监督意见书》,[153]反驳学堂学生与时论(主要是《南方报》《神州日报》)对他的批评。而对于这次他与叶仲裕的纷争,严复只是在给友人的信中略作说明和辩白:

复缘复旦学校事,大为叶仲裕所撼。自开学以来,极力怂煽旧生与不佞反对。而远道学子则来者日多,校舍添咽,至无以容。私念衰老之人乃与顷领小儿计论短长,真为可笑。㊀

严复此函认为是叶仲裕挑动复旦老生来反对他,他这里虽自白不愿意与"顷领小儿"(即指叶仲裕等人)计较,但其自视甚高、愤愤不平之意却展现无疑。实际上不是严复不屑与叶仲裕计较,而是他答应端方在先,表态不再"与后生打笔墨官司"。这样在与叶的较量中,严复渐处下风,再这样下去更可能是斯文扫地、自取其辱,故才决心以拒绝公开回应作结。严复在稍后(约 1908 年 4 月)模仿韩愈《答柳柳州食虾蟆》诗之志趣,㊁写下的三首绝句也可表明这点,当然这诗中不乏自我解嘲与反悔当初接任复旦监督之意。

桃李端须著意栽,饱闻强国视人才。而今学校多蛙蛤,凭仗何人与洒灰。
瓶水才添起小澜,爬沙手脚恣盘桓。通宵鸣唤知何意,且说盆池不属官。
龙雀东南白虎西,从渠吞月罪应齐。吴烹卤馔吾何择,不更攒眉吃水鸡。㊂

因此,严复这段时间虽然依旧担任复旦公学监督,但他很可能只是例行公事,并没有像他在向端方的表态中所言的那样要"努力经理",尤其是在端方并未切实有效支持他的情况下。毕竟身为复旦公学监督的严复,没能成功开除作为"眼中钉"的下属叶仲裕、张桂辛,又不能指望端方解决拖延已久的校舍问题,这其实就意味着他的失败。

凑巧的是,直隶总督杨士骧恰巧在这时给了严复一个待遇更为优厚且又容易接近北京中枢要员的"北洋新政顾问官"职位：[157]"适昨者北洋莲府尚书有信相招,则电请南洋派员接理。"[158]严复遂决定不再恋栈,于3月23日(或24日)正式发电通知端方("电请南洋"),请求辞去复旦公学监督职位。但他总需要向对他有知遇之恩的江督端方交代一下复旦现在的办学情况,以及自己为什么出尔反尔不愿再"努力经理"复旦的原因。更重要的是,严复还需要向端方解释一下自己在任复旦监督时没有任人唯亲,而是尽职尽责,并非像叶仲裕等人所批评的那样渎职。

> 刻该公学自开课以来,诸[事]尚称就绪。内地各处学生,来者日多,达二百余未已,皆以校舍已满,无从收录。刻以二百人为额,分为七班,循序渐进。深知校费为难,故亦未敢禀请宪派斋庶诸长,于干事仅设三员：一监学,一会计,一文案,藉资助理。而监学系严教员兼充,会计系教员张汝辑兼充,文案则去年之监学周明经良熙改充。月各给薪五十元,为撙节之地。
> 复仍隔日到校一次,监视巡阅,但今有下情须向钧座沥禀者,复以望六之年,精神荼短,加以气体素羸,风雨往来,肺喘时作,实万万不胜监督之任,应请我宪早日派人接理,常川驻校,庶校政不至放纷,上辜煦植人才至意。前者夏道敬观到校察看,复已属其将此情形上达钧听,兹郑廉访赴宁,更求其剀切代陈。务望仰体下情,弛其负担,俾得免于罪戾,不胜激切屏营之至。[159]

严复此札展示了很多东西,也有意掩饰了很多东西。复旦招生增多、经费益形困难,这固然是现实问题。至于严复说由于节约经费,进行了管理改革,监学由严教员兼任,文案由周良熙担任,[160]这就有些欲盖弥彰。其实这种情况只是在 1908 年 1 月后才发生,之前则多是严复一干亲属在管事,严复很少到校视事。⑩且还要不断赴安庆、南京与北京等地公干,如 1910 年 10 月他就曾赴北京参加学部考试留学生的工作,如非因学部提供待遇稍差,他可能就答应学部侍郎严修留下任职。⑫至于严复隔日到校一次的情况,则是在他和叶仲裕、张桂辛发生冲突——叶、张及一些学生批评严复到校视事次数不多、没有恪尽职守之后。当然,严复这里说他身体衰弱不胜监督之苦虽然是借口,但也有部分实情,他的确一度"忽患肺炎,几成危候。幸叨远芘,于十七日热退,痰喘稍苏"。⑬在 1907 年 9 月底,严复还因为"肺疾",一度辞去充当北京学部考试的阅卷官一职。⑭同叶仲裕冲突后,严复大概尤感力不从心,此种感受像他在和郑孝胥的诗句中所自白,"水中盐味饮方知","老夫真欲把降旗"。⑮

进而,严复担心端方因为找不到接任复旦公学监督的合适人选不准自己辞职,还专门附信向端方推荐继任复旦监督的合适人选,他首先推荐了夏敬观(1875—1953):

> 复旦监督一席,若一时难得其人,许复举贤自代,则窃意夏道敬观与此校交涉凡三四次,于其中办理情形极称熟悉,其人亦精明廉干,似可派充。若我宪必求精通西学之人,则复忆去年学部秋试,所得最优等游学美国专门教育之两进士,一熊崇志,一邝富灼,皆广州人,于教育一道实有心得。现经邮部指调差遣,用违其长,未免可惜,若调其一,使之接理,必能胜任愉快。复一为自卸责任,二为学堂发达起见,故敢沥诚布悃,伏乞照察。⑯

可能是端方觉得严复眼高手低,缺乏解决实际事务的能力,更可能是端方的确在为严复着想，考虑了严复在复旦的尴尬处境，终于答应严复辞职的请求，随后任命夏敬观接任复旦公学监督。[166]至此严复担任复旦公学监督的时间正式结束。这在严复写给熊季贞的信里有所反映："复本计三四月北游燕赵。嗣以复旦候建成（即剑成、剑丞，夏敬观的字）交代，交代后有江宁之行，及归，天时已酷热。"[168]从严复此言可知，严复移给夏敬观约在公历 1908 年 5 月初。这个时间也与复旦大学的档案记载相吻合。[169]从 1906 年年末到 1908 年 5 月初，严复任复旦监督总计约一年半的时间。[170]在这段时间里，后来成为著名学者的竺可桢、陈寅恪、梅光迪（1890—1945）、钱智修（1883—1948）等人都曾在复旦公学求学。[171]职权移交之后，1908 年 6 月 5 日，严复去南京拜会了端方，6 月 8 日还同郑孝胥等一起参加了端方招待上海商人的宴会。[172]6 月 9 日，严复返回上海。[173]端方应该会对严复有所慰留，还可能让严复继续领有拿钱不做事的薪水每月三百两。[174]此外，端方稍前还曾出面奏请清廷，请赏给严复以文科进士身份，弥补了严复没有科举功名的遗憾。[175]

当请辞复旦公学监督时，严复私下向友人称，一部分学生对之进行了挽留："不意诸生闻之，又群起挽留，电宁请勿去。进退殊不自由，大苦。"[176]一些闽籍教师也曾致电端方请求挽留严氏，但严复去意已决，不愿再掺和到复旦各方的矛盾中。况且按照惯例，如果办学者在管理学校过程中激起风潮，"纵非撤差，亦必辞职"。[177]这是当日官场上的惯常情态，严复对此自然心知肚明，如他从安徽高等学堂辞职时即已明白："闻外界方纷纷，相与逐吾失鹿；大抵知吾决去，则极口挽留；稍示回翔，则攻者更炽，此真其长技也。"[178]

之后，严复与复旦的缘分还没有完全结束，1908 年 8 月 12 日，严复致函伍光建，讲述夏敬观请代为推荐复旦算学教习事，问伍能否帮忙："顷复旦监督夏剑成观察来言：该校算学教习周益卿因病辞馆，一时难得好手弥缝其阙，嘱复寻人，复实无以应之，盖益卿造诣甚深,欲得同等地位人固甚难也。因问尊处夹袋中有如此人否?恳复奉询左右,祈即回信。夏观察于该校维持之意甚殷,惜有贝无贝二者皆甚困难缺乏,据括可怜。稍能助之,亦一盛德事耳。"[179]严复担任复旦公学监督的时间虽难称愉快,可他依旧愿为复旦帮忙,并对夏敬观的努力表示佩服,希望伍光建也能为解决复旦的困难出些力气。

总　　结

平心论之,在担任复旦监督之前,严复曾为复旦做了一些工作。在正式就任监督期间,他也为复旦做了不少事情,比如争得了端方的资助,[180]制订了不少教育规划,曾亲自出招生的英文试题和阅卷,[181]亦曾为学生批改英文翻译,解答翻译问题,[182]还试图将私立复旦朝向官办化发展,以获得稳定的经费来源。乃至辞职后还为复旦监督夏敬观帮忙聘请算学教习。但总体来说,作为复旦公学监督的严复并不太称职,其言论表达与实际行为脱节严重,正如叶仲裕及复旦学生在启事中集中抨击的,就是他徒有虚名,遥控复旦,任人唯亲,又没有为复旦延聘专门的教员。[183]

转言之,在当时学风嚣张的情况下,学生闹事、罢学已是常态,如时人之评论:"平时居学校则以放纵为自由,以顽劣为平等,一有不合,则动以退学为挟持,以冲突为目的,致热心办学者亦有所顾忌,而整顿无从。夫今日官立之学,大抵重压制,则奴隶之教育也;私立之学堂,大抵主放任,则野蛮之自由也。"[184]加之很多学堂的管理者并不"谙学务","其办学堂非借以交接官长,即藉以侵吞公款"。[185]故此,这些管理者的任何举措都有可能遭到学生的杯葛,对于一个"溺职"又"引用私人"的校长来说,其行为尤易引发学生的罢学闹事现象。[186]严复的任职情况无非是这种状况的反映,无怪乎时人会对严复有这样的指责与讽刺：

> 严复的为人，只晓得自私自利，只享权利不尽义务。他在安庆高等学堂里面，天天抽鸦片，一个人都不会，一件事都不做，每月白白的骗五百块洋钱；还有时候住在上海，又骗用复旦学院的修金。实在是个大滑头了！[187]

上述引文虽不免有些夸张和苛刻，可在某种程度上也表明，严复同时兼任两校监督时的一些做法，确有招致物议之处。无怪乎后来《民吁日报》上曾载文评论马相伯创办复旦公学及严复继任监督后，"其中风潮叠起，走者走，而死者死，而学堂数年来进步之机遂停顿"。[188]甚至到了袁世凯复辟帝制时期，严复因为列名筹安会发起人，媒体又拿出他当年在复旦任职时的情况当作话柄，抨击严复"以大鸦片烟瘾著名"，又非常"懒惰"："严又陵在沪任某校教员时，每岁仅到十余次，其懒为人所共知。"[189]

同时担任两校监督，对于缺乏实际行政事务能力，又经常南来北往、身体状况欠佳的严复来说，已非力所能及，可严复并没有坚辞（后来的请辞或是被迫或是作为以退为进的策略），[190]除了没有更好的去处及出任监督可以更好与官场联络外，[191]两校监督的丰厚薪水应该是严复恋栈最重要的考虑。对此，严复自己也不讳言，像他曾不断地表白自己妻妾、儿女众多，[192]"一一皆须教养，此皆非巨款不办，真不知如何挪展耳"。[193]而当严复赴天津任职后，他对在地环境又开始感到不满，"依人作客，种种不自由，然只得忍耐下去"。[194]1909年底，"北洋现已换人"，陈夔龙接替端方为直隶总督（端方在1909年6月28日上任），严复担心自己的"六成薪水"在"北洋现已换人"的情况下能否"照旧"发放的问题。[195]到1910年旧历二月结束，严复北洋新政顾问官薪水停发，严复"甚不高兴"，视为一年"霉气"开端,连带对担任学部审定名词馆总纂一职也不再感兴趣。[196]但出于金钱考虑又不得不就任,"此来不过为些钱文"。[197]实际上,时人也早有严复"好利"及只会空谈的印象,如根据皮锡瑞日记乙巳年正月十三日(1905年2月16日)的记载,不太了解严复其人的皮锡瑞在读了严复文集之后,"叹其议论透快",但一个朋友"蓉墅"却提醒皮锡瑞说严复"此人能说不能行,译书赚钱,而不为学堂办事,颇有好利之累"。[198]对于这样的评价,我们通过严复与南洋公学、商务印书馆关于版税谈判中所表现出来的锱铢必较,也可以得到印证。知识分子做事都为稻粱谋,半是无奈,半是悲哀,国家不幸,其实"诗家"也难幸,而自感家累甚重的严复甘愿为五斗米折腰,全然不顾自己曾经公开的主张与抱负,又何足厚责焉?又何能寄予厚望焉?

---

① 如冯保善《严复传》,团结出版社1998年版,第127—131页;皮后锋:《严复的教育生涯》,《史学月刊》2000年第1期,第54—62页;马勇:《严复学术思想评传》,北京图书馆出版社2001年版,第213—220页;皮后锋:《严复大传》,福建人民出版社2003年版,第279—286页;等等。

② 在王栻主编之《严复集》(中华书局1986年版)五卷本基础上,学界关于严复佚文的收集整理,集大成者为孙应祥、皮后锋两先生所编之《〈严复集〉补编》(福建人民出版社2004年版);关于严复一生行迹,考订较为精审者,当属孙应祥所编《严复年谱》(福建人民出版社2003年版)。惟以上两书亦存有一些疏漏之处,此处不赘述。

③《与熊季廉书》(二十六)(1904年8月3日),《〈严复集〉补编》,第252页。稍早时,严复也曾致信熊季廉,说自己"教育感情至今未冷,然须行踪稍定后乃可计画。此事非面不尽"。《与熊季廉书》(二十五),《〈严复集〉补编》,第252页。

④《与张元济书》,《严复集》,第555页。

⑤《震旦学院解散》,《时报》1905年3月9日,第1张第1页。天主教会主办的《汇报》对此次震旦退学事件也有追踪报道,只是非常模糊,轻描淡写。参看《震旦院生退学》,《汇报》第8年第10号(1905年3月15日);《震旦学院续闻》,《汇报》第8年第11号(1905年3月18日);《震旦学院最近消息》,《汇报》第8年第13号(1905年3月25日)。皆收入桑兵主编《近代报刊汇览·汇报》第11册,广东教育出版社2012年影印本,第149、165—166、202页。

⑥ 蒋维乔:《鹪居日记》,乙巳年二月初四日日记第1册《蒋维乔日记》,中华书局2014年影印本,第522—524页。参看张人凤、柳和城编著《张元济年谱长编》上,上海交通大学出版社2011年版,第162页。

⑦ 关于这些学生脱离震旦的原因及马相伯在其中所扮演的角色,马相伯事后曾有回忆,蒋维乔日记也有记载,而当时不同媒体也有报道,可参看马相伯《从震旦到复旦》(1935年10月31日),转见《复旦大学百年志》编辑委员会编《复旦大学百年志》上卷,复旦大学出版社2005年版,第11页;《蒋维乔日记》第1册,第522—523页;《震旦学院解散》,《时报》1905年3月9日,第3页第1张;冷:《宜合力助成震旦新学院说》,《时报》1905年3月11日,第1张第2页;《江督电饬沪道代筹震旦学院事》,《时报》1905年3月15日,第3页第1张;《新震旦学院之生机》《旧震旦学院之复活》,《时报》1905年3月20日,第3页第1张;《震旦学院解散记》,《中外日报》1905年3月10日,第1版;《论江督令上海道扶助震旦学院之善》,《中外日报》1905年3月17日,第1版;《震旦学院学生退学始末记》《忠告震旦学生》,《大陆》第3年第3号,光绪三十一年二月二十五日,"纪事",已收入《复旦大学百年志》上卷,第13—14页,唯《复旦大学百年志》所列《大陆》出版日期有误;《复旦公学集捐公启》,复旦大学档案馆档案:《复旦大学集捐公启》小册子,目录号:ZH0101—1,案卷号:0001,该册子收入复旦大学校史写组编《复旦大学志》(第1卷),复旦大学出版社1985年版,第51—53页。

⑧ 冷:《宜合力助成震旦新学院说》,《时报》1905年3月11日,第1张第2页。

⑨《新震旦学院之生机》,《时报》1905年3月20日,第3页第1张。

⑩《江督与上海道往来电文(为震旦院生退学事)》,《中外日报》1905年3月20日,第1版。

⑪ 参看《震旦学院之最近情形》,《时报》1905年3月31日,第1张第3页;《杨军门札以行台假复旦学院》,《时报》1905年4月2日,第1张第3页。

⑫《震旦学堂不日开课》,《中外日报》1905年4月11日,第8版。

⑬《张謇日记》,二月二十四日(1905年3月29日),张謇研究中心等编:《张謇全集》第六卷,江苏古籍出版社1994年版,第548页。

⑭ 像商人曾少卿即自谓为复旦捐款万金:"今年则提倡复旦万金。"《曾少卿致商学界书》,《申报》1905年8月9日,第2版。

⑮ 稍后,据当时的报道,复旦选定在吴淞炮台湾皇宫大校场地建设新校舍,该地"本已筑成宽阔马路多条,南通淞镇,北通宝城,东至外滩马路,西即永清大马路",已有复旦学生多名曾在此勘探,以备将来兴工,"将来此学堂造成,屋宇宽敞,操场广阔,可比诸南洋公学"。《复旦学校改期开学》,《中外日报》1905年9月3日,第5版。胡适当年曾参观过规划中的炮台湾复旦新校址,亦认为"地址甚大,骤观之,南洋公学不是过也"。胡适:《澄衷日记》,闰四月初八日,曹伯言整理:《胡适全集》(27),安徽教育出版社2003年版,第39页。

⑯ 冷:《震旦新学院之大局定》,《时报》1905年4月14日,第1张第3页。

⑰ 吼:《忠告震旦学生》,《大陆》第3年第3号,光绪三十一年二月十五日,"纪事",第2页。

⑱《江督批查复建设震旦新院拟请筹助经费禀》,《时报》1905年6月10日,第1张第3页。参看《学务风声》,《汇报》第8年第52号(1905年8月9日),《近代报刊汇览·汇报》影印本第12册,第152页。

⑲《督批筹拨震旦新院学费》,《时报》1905年7月30日,第1张第3页。

⑳《江督电询震旦、复旦两学堂之原因》,《申报》1905年9月5日,第4版。

㉑ 后曾有震旦旧生"梨花馆主"担心震旦解散后真的停办,就写信问《汇报》情况:"震旦学院自散学后,老学院将从此停办乎?抑另须招考也。请答

示报中,以餍心向老院诸士之望。"天主教势力主导下的《汇报》遂回答道:震旦学院必将重开,现由教员与绅商商议此事,大约最迟二三月后必有佳音,届时准备一切,想秋季第二学期正,诸君入学时也,请拭目以待。《答问》,《汇报》第8年底23号(1905年4月29日),《近代报刊汇览·汇报》影印本第11册,第368页。

㉒《震旦学院解散》,《时报》1905年3月10日,第1张第1页。

㉓《震旦同学公鉴》,《时报》1905年3月27日,第1张第1页。

㉔《详纪复旦、震旦交涉情形》,《时报》1905年7月22日,第1张第3页。

㉕《前震旦学院全体干事、中国教员、全体学生公白》,《时报》1905年6月29日,第1张第1页;《中外日报》1905年6月29日,论前广告第1版。

㉖有关的文件,参看《震旦学院开办约》,《汇报》第8年第48号(1905年7月26日),《近代报刊汇览·汇报》影印本第12册,第90页;《震旦学院第二次解散始末》,《神州日报》1907年10月9日,第5页。

㉗《徐家汇震旦学院》,《中外日报》1905年6月29日,论前广告第1版。《汇报》上也曾刊出报道,庆祝震旦学院即将重开:"近日沪上各日报登有震旦学院广告,略谓前因学生误会意旨解散,而各教员于中国教育之前途热心未懈,现拟延请中国清望素著、讲求教育之人,为本学院名誉赞助员,约于七八月间开办云云。是震旦学院大有重开之望,不禁为我中国学界前途庆也。"《徐家汇震旦学院最近消息》,《汇报》第8年第41号(1905年7月1日),《汇报》影印本第11册,第650页。

㉘《震旦学院招考》,《中外日报》1905年7月23日,论前广告第1版。

㉙《复旦公学广告》,《中外日报》1905年7月23日,论前广告第1版。此广告亦见《时报》1905年7月22日,第1张第1页。这些广告在报纸上都是多日重复刊登的,下同。

㉚复旦大学档案馆档案:《复旦大学集捐公启》小册子,目录号:ZH0101—1,案卷号:0001。

㉛《与熊季廉书》(三十一)(1905年7月),《〈严复集〉补编》,第256页。此章程到夏敬观任复旦监督时进行了更改,参看《本署司详复厘定复旦

公学章程文》,《江宁学务杂志》第 8 期,己酉十月十五日(1909 年 11 月 27 日),"公牍",第 3—6 页。

㉜《时报》1905 年 7 月 22 日,第 1 张第 1 页;《中外日报》1905 年 7 月 23 日,论前广告第 1 版。

㉝《复旦公学广告》,《中外日报》1905 年 8 月 18 日,论前广告第 1 版;此广告又见《时报》1905 年 8 月 21 日,第 1 张第 1 页。

㉞《与长子严璩书》(二)(1905 年),王栻主编:《严复集》第 3 册,第 781 页。

㉟《复旦改期开学》,《申报》1905 年 9 月 2 日,第 17 版。

㊱ 霜:《吴淞水灾记略》,《南方报》1905 年 9 月 6 日,第 4 页新闻。

㊲ 参看《复旦公学特别广告》,《中外日报》1905 年 9 月 3 日,论前广告第 1 版;《复旦公学开学广告》,《中外日报》1905 年 9 月 10 日,论前广告第 1 版;《学务汇录·复旦公学改期开学》,《中外日报》1905 年 9 月 3 日,第 3、4 版。

㊳《复旦公学开学广告》,《时报》1905 年 9 月 10 日,第 1 张第 1 页。

㊴《复旦公学广告》,《中外日报》1905 年 9 月 14 日,论前广告第 1 版;《复旦公学广告》,《时报》1905 年 9 月 14 日,第 1 张第 1 页。

㊵《淞沪铁路启》,《中外日报》1905 年 9 月 14 日,论前广告第 1 版。

㊶《记复旦公学开校典礼》,《南方报》1905 年 9 月 15 日,第 3 页新闻;《复旦公学开学记》,《时报》1905 年 9 月 15 日,第 1 张第 3 页。

㊷ 两电均见《中外日报》1905 年 9 月 18 日,第 3 版。

㊸ 据江苏学务处的启事所言,当时上海学堂的办学性质分为"官立""公立""私立"三种。参看《江苏学务总会广告》,《南方报》1906 年 4 月 9 日,第 1 页告白。时人亦有言:"学校性质,有官、公、私立之不同,即学校程度有发达、腐败之互殊。"吴江璞庵稿:《官立学校腐败之原》,《神州日报》1907 年 8 月 29 日,第 5 页。1985 年出版的《复旦大学志》中也明确说复旦"是一所公立的高等学堂",该书又根据《奏定中学堂章程》,列举了"官立""公立""私立"的标准:"由官府设立的名为官立,由地方绅富捐集款项或集自公款的名为公立,由一人出资的名为私立。复旦完全符合公立规定。"参看复旦大学校史编写组编《复旦大学志》第 1 卷,第 58 页;又见《复旦大学百年志》,第 19

页。另外，复旦大学档案馆所存清末文件中，对复旦公学的全称是“江苏省宝山县公立复旦学堂”（《复旦公学一览表》(1910)，复旦大学档案馆藏，目录号：ZH0101—4，第1页）。而据1909年初送去立案的《复旦公学章程》，起首便言：“本公学由各省官绅倡捐，并蒙两江督宪奏准，辅助常年经费，檄拨吴淞官地……”《咨送复旦公学厘订章程请核转详准予咨部立案由》（宣统元年），第1页，复旦大学档案馆藏，目录号：ZH0101—3。

㊹ 劳祖德整理：《郑孝胥日记》第2册，中华书局1993年版，第1018页。参看《张謇日记》，第560页。不过，张謇该日日记没有记载去复旦参观事，只记了几人一起去视察了鱼业会所，实际上，现存的张謇清末日记，除了偶有提及震旦之处，从无有提及复旦之处。

㊺ 劳祖德整理：《郑孝胥日记》第2册，第1019页。

㊻《同学诸君公鉴》，《时报》1905年3月12日，第1张第1页。

㊼ 参看复旦大学同学会编《相伯夫子与复旦》（该文原载《复旦同学会刊》，1939年3月号），转见《复旦大学志》（第1卷），第53—54页；《马相伯年谱》，第215页；《中华民国史事纪要（初稿）民国纪元前七年(1905)（正月至八月）》，（台北）“中华民国国史”馆1987年版，第687页；赵聚钰：《于右任谈复旦创办》，收入彭裕文、许有成主编《台湾复旦校友忆母校》，复旦大学出版社2003年版，第4页。

㊽《南方报》1906年1月13日等期，第1页告白；《时报》1906年1月13日等期，论前广告；《中外日报》1906年1月13日等期，论前广告第1版。

㊾《中外日报》1906年1月14日，论前广告第1版。

㊿《南方报》1906年1月16日等期，第1页告白；《时报》1906年1月15日等期，论前广告；《中外日报》1906年1月15日等期，论前广告第1版。

(51) 同上。

(52)《时报》1906年1月16日，论前广告；《中外日报》1906年1月16日，论前广告第1版。

(53)《时报》1906年1月17日等期，论前广告；《中外日报》1906年1月17日，论前广告第1版。

(54) 据《中外日报》后来的报道，马相伯“去岁（农历，引者注）奉玉帅委，赴日本调停留学生退学事,今岁三月间始回沪”。《复旦校长上兴学条陈》,《中外日报》1906 年 5 月 23 日,第 3 版。此次取缔规则事件发生在 1905 年 12 月中旬,所谓“自日本行取缔规则后,留学生大起风潮”(《咨送留学生人数表格》,《中外日报》1906 年 6 月 19 日,第 3 版)。陈天华跳海死后,有人认为其系“取缔规则”而死,事件迅速升级,“一时人心大震动”[胡适:《四十自述残稿六件》,见耿云志主编《胡适遗稿及秘藏书信》(5),黄山书社 1994 年版,第 528—529 页]。复旦公学学生也很关注此次事件,曾在报上刊登广告并致电南京,主张集思广益,团结对外,寻求解决之法。参看《敬告主持学界诸君子》,《时报》1905 年 12 月 17 日,论前广告;《规正同盟停学事》,《时报》1905 年 12 月 27 日,第 2 张。马相伯等是 1905 年年底受周馥委派,于 1906 年年初赴日,意图在“安抚三江留学生,劝令照常上课,勿附和罢学归国之议”。参看《江督派员赴日安抚学生》,《中外日报》1905 年 12 月 31 日,第 2 版;《纪苏绅莅宁劝谕学生事》,《时报》1906 年 1 月 5 日,第 3 页。马相伯大概四、五月之交(农历三月)回国后,随即去上海会见江督,讲述在日本情形,并以复旦校长身份给江督周馥上条陈。《复旦校长上兴学条陈》,《中外日报》1906 年 5 月 23 日,第 3、4 版。有关此次留日学生反对日本政府的取缔规则斗争及马相伯的一点活动情况,可参看实藤惠秀《中国人留学日本史》,三联书店 1983 年版,第 377—407 页。

(55)《中外日报》1906 年 1 月 17 日,第 3 版;《时报》1906 年 1 月 17 日,第 2 页。

(56)《中外日报》1906 年 1 月 18 日等期,论前广告第 1 版;《南方报》1906 年 1 月 18 日等期,第 1 页告白;《时报》1906 年 1 月 18 日等期,论前广告。

(57)《中外日报》1906 年 1 月 18 日等期,论前广告第 1 版;《时报》1906 年 1 月 19 日等期,论前广告。

(58)《中外日报》1906 年 1 月 20 日,第 3 版。此电《时报》1906 年 1 月 19 日第 2 张亦有刊登,唯报道标题误作震旦学生——《震旦学生再电江苏学务处》。

(59)《两江学务处致复旦公学电,为复旦仍旧开校事》,《中外日报》1906 年 1 月 28 日,第 5 版;《南京学务处致复旦公学电》,《时报》1906 年 1 月 28

日,刊载本消息之版无列版面。

⑥⑩ 杨天石等整理:《钱玄同日记》上册,北京大学出版社2014年版,第19页。

⑥① 《时报》1906年2月1日等期,论前广告;《中外日报》1906年2月1日等期,论前广告第1版。

⑥② 《时报》1906年2月4日等期,论前广告;《中外日报》1906年2月4日等期,论前广告第1版。

⑥③ 《袁观澜先生鉴》,《南方报》1906年2月9日等期,第1页告白。

⑥④ 《袁观澜敬答曾少卿先生》,《南方报》1906年2月10日等期,"特别告白二"。

⑥⑤ 《声明》,《南方报》1906年2月11日等期,第1页告白。

⑥⑥ 《吴淞宝大木行声明》,《南方报》1906年2月11日,第1页告白。

⑥⑦ 大概在光绪三十二年二月,叶仲裕接任袁希涛(观澜)担任复旦公学庶务长。参看复旦大学档案馆档案《历任教职员一览表》,目录号:ZH0102—1,案卷号:0010,第8页。必须说明的是,这份档案所收教职员名单并不完整,且各教职员任职时间也不尽准确。如第16页说张汝楫是光绪三十三年八月入校,即误,张1905年10月即为复旦教员了。参看《请究火车美兵驱逐华人电》,《申报》1905年10月4日,第2版。

⑥⑧ 《中外日报》1906年3月5日,第3版。

⑥⑨ 曾在1906年5月30日到复旦公学访友的胡适即观察到:"复旦校规太宽,上课时间亦少,非'苦学生'也。"胡适:《澄衷日记》,闰四月初八日,曹伯言整理:《胡适全集》(27),第39页。

⑦⑩ 关于复旦办学经费的收支情况及缺口,可参看复旦公学会计部所作《复旦公学丙午上学期收支报告》,《中外日报》1906年7月11日,论前广告第1版。

⑦① 叶瀚:《叶景莱行略》(续),《神州日报》1909年11月27日,第4页。叶瀚这里的文字,重点彰显了叶景莱为复旦公学募捐所做的贡献,"是则景莱生平之事最可叹美者也"。

⑦② 《追悼会员》,《寰球中国学生报》第1期(丙午五月),第38页。

⑦③ 参看《追悼会》,《时报》1906 年 4 月 27 日,论前广告;《追悼会》,《中外日报》1906 年 4 月 27 日等期,论前广告第 1 版;孙应祥:《严复年谱》,第 271—272 页;劳祖德整理:《郑孝胥日记》第 2 册,第 1040 页。《寰球中国学生报》上也发表了三篇诗文悼念熊,参看郑孝胥《挽熊季廉主政》,《寰球中国学生报》第 1 期,第 38 页;伯严(陈三立):《哭南昌熊季廉》,子舫:《哭南昌熊季廉主政》,《寰球中国学生报》第 2 期(丙午七月),第 45、48 页。熊季廉妻兄夏敬观亦有诗《哭熊季廉》悼念,参看陈谊《夏敬观年谱》,黄山书社 2007 年版,第 25 页。

⑦④《挽熊季廉》,《〈严复集〉补编》,第 58 页。稍后,其亲友曾登报收集熊季廉译著:"海内知交凡存有诗文尺牍零篇断简,请抄寄江西省□东湖边熊氏心远英文学堂代收转交是幸。观妙楼主谨启。"参看《搜求熊季廉先生遗著刊稿》,《中外日报》1906 年 6 月 4 日等期,论前广告第 1 版;《时报》1906 年 6 月 21 日等期,广告版。不过,严复建议:"尊处所抄集遗文,仅当载家乘中,不必问世……"严复:《与熊季贞、熊文叔书》(七)(1907 年 12 月 29 日),《〈严复集〉补编》,第 278 页。

⑦⑤《四月初五日追悼会严几道先生演说》,《中外日报》1906 年 4 月 30 日,第 6、7 版;《中外日报》1906 年 5 月 1 日,第 7 版。

⑦⑥《与熊季贞书》(1906 年 7 月 20 日),收入《〈严复集〉补编》,第 276 页。

⑦⑦ 劳祖德整理:《郑孝胥日记》第 2 册,第 1049 页。

⑦⑧ 有关陈三立与熊季廉的关系,可参看拙文《陈寅恪与复旦公学关系考》,《中国文化》2013 年春季号。

⑦⑨《与熊季贞书》(1906 年 8 月 5 日),收入《〈严复集〉补编》,第 278 页。标点略有更动。

⑧⓪《中外日报》1906 年 8 月 20 日等期,论前广告第 1 版。

⑧① 参看《郑孝胥日记》第 2 册,第 1050 页。郑孝胥是在 1906 年 7 月 23 日日记中记载此事的。

⑧② 据复旦公学刊登的一则广告可知:"蒙严侯官介先生任本校教务,惟先生赣闽住址未能详悉,务请见报后开寄安徽高等学堂或径寄吴淞本校,以

便电请束状。复旦公学谨启。"《陈持正先生鉴》,《中外日报》1906年9月7日等期,论前广告第1版。但据复旦档案馆所藏《历任教职员一览表》,没有关于陈持正曾就任复旦教习的记载,或许陈最终并未到任。但此前陈持正曾在熊季廉负责的江西铁路工程处为外国工程师担任翻译,月薪150元。参看"九江",《申报》1905年7月2日,第10版。

⑧③《与夫人朱明丽书》(二)(1906年9月20日),《严复集》第3册,第735页。郑孝胥1906年10月5日记载:"张蹀五来言复旦事。"《郑孝胥日记》第2册,第1059页。此处张蹀五(即张桂辛)所言事与让严复改变行程的复旦事或有关联。

⑧④《江督照会郑京卿孝胥为中国公学监督文》,《江宁学务杂志》第1册,丁未年三月十五日(1907年4月27日),"公牍",第2页。

⑧⑤ 根据马相伯自谓,他在1905年底即不实际参与复旦事,实际辞职时间或在1906年年末:"复旦公学去秋开校至年终,仆于银钱言定不问不用,所有修屋置器及教员俸等九千余两,均由曾少卿先生津贴,理当代为鸣谢,今年校事一切均未过问。马良启。""马相伯通信处"广告,《时报》1906年11月18日,论前广告。马相伯任内,应该还存在教员欠薪问题,据《申报》后来的报道,曾有复旦的西洋女教习控告马相伯欠其薪水三千金。参看《教员追索束脩》,《申报》1907年4月14日,第19版。

⑧⑥ 参看钱实甫编《清代职官年表》第2册,中华书局1980年版,第1501—1503页。

⑧⑦ 参看夏晓虹《梁启超代拟宪政折稿考》,收入氏著《梁启超:在政治与学术之间》,东方出版社2014年版,第17—77页。

⑧⑧ 吴庆坻:《端总督传》,收入端方《端忠敏公奏稿》,沈云龙主编:"近代中国史料丛刊"第10辑第94种,(台北)文海出版社影印本,第8页。

⑧⑨ 参看《复旦公举严观察为总理》,《新闻报》1907年1月30日,无版面;《叶景莱启事》,《申报》1908年2月10日,第1张第1版。

⑨⓪《严观察已允留京办事》,《中外日报》1906年11月18日,第4版。

⑨①《皖绅挽留高等学堂监督》,《时报》1907年2月23日,第3页。

⑨② 在当时科举改制后,办学堂不但有名声,还有利可图,故此许多趋新

㉝《与甥女何纫兰书》(八)(1906年12月6日),《严复集》第3册,第832页。

㉞ 同上。

㉟ 参看《复旦公学广告》:"本月初一,蒙关道宪瑞莘儒观察筹拨银贰千两余。除复呈收据外,敬登报鸣谢。"《中外日报》1907年1月16日,论前广告第1版;《时报》1907年1月17日,论前广告。

㊱《与甥女何纫兰书》(五)(1906年11月29日),《严复集》第3册,第830页。

㊲ 该广告见《中外日报》1907年2月20日等期,论前广告第1版;《时报》1907年2月20日等期,论前广告。

㊳ 端方:《端忠敏公奏稿》,第1009页;《复旦大学志》第1卷,第79页。关于《筹拨复旦公学经费折》,《端忠敏公奏稿》编者将该折时间系于光绪三十三年四月,但该折也曾在《江宁学务杂志》第5期[丁未年七月十五日(1907年8月23日)]、《四川教育官报》丁未第9册(1907年10月)(第4页)、《北洋官报》丁未第1453册(第3—4页)上刊载,折中言"本部堂于光绪三十三年四月二十八日(1907年6月8日)会同江苏巡抚部院陈恭折专差具",又言叶仲裕、张桂辛的禀请是在"本年二月"。(《督宪端札筹拨复旦公学常年经费,谨陈办理情形一折文》,《江宁学务杂志》第5期,"公牍",第5、6页。)笔者根据《叶景莱启事》"自丙午冬,景莱与张君桂辛赴宁禀请拨定复旦常年经费后"云云,则《筹拨复旦公学经费折》所言可能不确。因该折肯定系端方幕僚所写,其所言的具体日期不如叶景莱所记准确。且从上奏到得到批准,一般都要稽延一段时日,很可能"本年二月"是端方批准叶、张禀请的时间。严复也说:"自丁未春,经两江督宪奏拨常年经费、派定监督之后,(复旦)已成官立之校。"《严复启事》,《时报》1908年2月12日,论前广告。因之,这里采用叶景莱的说法,为"丙午冬"。参看《叶景莱启事》,《申报》1908年2月10日,第1张第1版。

㊴《严复年谱》,第292页。复旦大学档案馆馆藏档案《历任教职员一览

表》(目录号:ZH0102—1)记载,严复担任监督是在光绪三十二年二月(约1906年3月),根据我们上引材料,此记载明显不确,或许指的是严复参与管理复旦的时间,而非担任监督的时间。也可能是档案编者误记,因该档案为1937年所编。参看《历任教职员一览表》,第1页。

⑩ 当时的复旦虽然名为"公立",但早已接受两江总督周馥的资助,周馥的支持对于水深火热中的复旦固然是雪中送炭,但由此也把复旦置于官方的影响之下,这时的"公立"复旦实际正在官办化;后来端方插手后,复旦监督更需要由官方任免。

⑩ 《与甥女何纫兰书》(十),《严复集》第3册,第834页。此"照会"为《江督照会严又陵观察为复旦公学监督文》,刊载于《江宁学务杂志》丁未年三月十五日第1册,1907年4月27日,"公牍",第1—2页。该照会又载于《时报》1907年4月28日,第4页。其内容如下:"为照会事,照得泰东西之立学、教育与管理并重。论者谓教育为学界之母,而管理得人又为教育之后盾。上海复旦公学规模宏远,执事以科学大师总持教务,学子莘莘,将有一日千里之效。惟是校长,名称取义稍狭,未足缩縠全体。夙谂执事深通名学,界说谨严,其于全校规则,有应变通厘定,以及纡筹经济,扩张器物,不系教育一部分而属之管理范围者。执事或逊让,弗居校务,即美犹有憾,用特加具聘牍,敬延执事为复旦公学监督,凡全校教育暨管理事宜,悉归主持,并饬财政局刊刻关防,备文赍送开用,以昭慎重,将见振裘,挈领组织,日底于完全,祭海先河,中外皆奉为矩矱。除行财政局遵照外,为此合行照会。谨请查照,须至照会者。"可惜的是这则照会并没有注明确切的颁发日期。

⑩ 该启事最初登在《中外日报》1907年2月20日等期,论前广告第1版;同期《时报》也有该启事。此则材料,《严复集》以及《〈严复集〉补编》皆未予收录。

⑩ 严复很早就开始吸鸦片,这种情况可从他写给其夫人朱明丽的信中明显看出来,当然他给别人的信中也有意无意地透露了他吸食鸦片上瘾的情况。实际上,之前安徽巡抚诚勋曾命令各学堂师生员工,不得吸食洋烟:"洋药为鸩毒之尤,各省学堂均应悬为厉禁,无论官师学生,及服役之人,有犯此者立行斥退,万不可稍纵宽假等因。"(《安徽巡抚通饬各学堂严禁吸食洋烟

札》,《中外日报》1905年7月9日,第3版)后新任皖抚恩铭也发布《严防教习学生吸食鸦片》的命令:"自兹以往,倘有教习犯此者,立予退席;学生犯此者,立予退学。"(《中外日报》1906年10月3日,第3版)严复就任安徽高等学堂监督前,一度想戒烟,但似乎并未成功。他抽鸦片的事,当时即曾受到安徽高等学堂学生的指责:"统计(严复)三学期用银万两余,在堂仅两月。而两月在堂,又高拱深宫,学生欲一睹容颜、一闻声欬而不可得,秘密踪迹之惟烟缕缕,自户出,香气扑鼻端而已。"(安徽高等学堂全体学生:《对于严监督之公愤书》,《南方报》1907年6月2日,第1页)严复后来还遭到时人(可能也是出自安徽高等学堂的学生)很刻薄的挖苦:"侯官大士,船政学生,自称宾塞门徒,又见子陵再世。改良物质,全凭莺粟三钱;淘汰天然,空逐槐花五次。呜呼!迟迟钟鼓初长夜,耿耿星河欲曙天。如是等众生、渺渺烟魂,乘此良宵,来受甘露味。"参看《新焰口经·严几道》,见《安徽白话报》戊申第3期,戊申年九月下旬(约1908年10月)。关于严复抽鸦片的情况,还可参看黄克武《惟适之安:严复与近代中国的文化转型》,(台北)联经出版事业公司2010年版,第41—48页。洪宪帝制失败后,作为筹安会六君子之一的严复受到舆论抨击,有人仍旧拿严复抽大烟旧事进行挖苦:"吞咽吐雾伴如豆之灯火也,佐治筹安酿滔天之大祸也。身败名裂此名士之结果也。斯宾塞曰:非吾徒也,小子鸣鼓而攻之可也。"尘梦:《六君子赞》,《民国日报》1916年8月14日,"艺文部"。

⑭ 严复在致熊季廉的信中曾说:"安庆地方极陋,房屋如鸡栖,几椅粗糙,久坐令人股瘏,故到此之后,羌无好坏。"严复致熊季廉(三十八),《〈严复集〉补编》,第259页。严复在致夫人信件中也屡次嫌弃安庆条件差,此间生活不够舒服,"饮食起居诸凡不便,甚以为苦"。《严复集》(第3册),第735、737页。

⑮ 沈寂:《严复办学试点的成功与教训——安徽高等学堂》,《近代中国》第15辑,上海社科院出版社2005年版,第107—108页。

⑯ 因为安徽高等学堂严重欠缺教习,严复曾在报纸上登广告《几道启事》,招揽旧日学生前来安徽高等学堂帮忙。启事内容为:"前北洋海军学堂前后各学生鉴:自遭乱停学之后,劳雁分飞,不知诸君现居何处,刻复在皖办

理高等学堂,需用教员既多且亟,颇望同学诸君前来相助。为理为此登报,祈即通信前来,俾知居址;即在有事,诸君亦望以数行见教为恳。严复白。"《时报》1906年4月18日等期,论前广告;《中外日报》1906年4月18日等期,论前广告。此则材料《严复集》《〈严复集〉补编》等亦皆未收录。

⑩⑦ 复旦大学档案馆档案《历任教职员一览表》第8页有何心川(字镜波)为斋务长的记录,说他于光绪三十二年正月(1906年1—2月间)到校,福建闽侯人,北洋水师学堂毕业。当然,何任复旦斋务长也可能出自校董严复的推荐。

⑩⑧《与甥女何纫兰书》(十一),《严复集》第3册,第834页。

⑩⑨《与夫人朱明丽书》(六)(1907年4月8日),《严复集》第3册,第737页。

⑩⑩《评论》,《南方报》1907年6月1日,第2页新闻。

⑪⑪《中外日报》1907年2月20日等期,论前广告第1版;该广告又见同期《时报》。

⑪⑫《复旦公学录取新生案》,《中外日报》1907年3月8日,论前广告第1版。

⑪⑬《复旦公学开校典礼》,《中外日报》1907年3月13日,第1张第4版。

⑪⑭ 参看端方《筹拨复旦公学经费折》,《端忠敏公奏稿》,第1007—1009页。马相伯年谱编者认为此拨款来自马相伯的努力:"先生复请于江督,月拨经常费二千元,于是复旦公学之基础始固。"不确。参看张若谷编《马相伯年谱》,沈云龙主编:"近代中国史料丛刊"第67辑第664种,第215页。

⑪⑮《江督端致复旦公学电》,《中外日报》1907年3月26日,第1张第4版;《申报》1907年3月26日,第4版。

⑪⑯《江督派员考察复旦公学》,《申报》1907年4月18日,第18版。

⑪⑰《与夫人朱明丽书》(六)(1907年4月8日),《严复集》第3册,第737页。

⑪⑱《江督准拨复旦公学建校巨款》,《申报》1907年4月30日,第4版。此款应该未到位,直到1909年高凤谦任复旦监督时,还在为建设复旦校舍事奔走。参看《复旦公学建筑校舍之动议》,《申报》1909年11月1日,第

⑲《与曹典球书》(八)(1907年5月6日),《严复集》第3册,第572页。
⑳《江督不允复旦公学请加津贴》,《申报》1907年5月21日,第4版。
㉑《与甥女何纫兰书》(十三)(1907年6月4日),《严复集》第3册,第836页。
㉒叶仲裕其兄叶景葵(揆初),其叔父叶瀚,均为近代文化名流,他们两人与赵尔巽、郑孝胥、陈三立、端方等人也有较密切关系。
㉓《与甥女何纫兰书》(十二),《严复集》第3册,第835页。此札未署具体日期,结合前后文推断,当写于1907年4、5月间。
㉔《与甥女何纫兰书》(十三),《严复集》第3册,第836页。
㉕《与甥女何纫兰书》(十四),《严复集》第3册,第836页。
㉖端方此时大概正忙于徐锡麟事,无暇顾及严复的要求。如据当时媒体记载,徐案对端方打击颇大,端方"自皖事出后,神志不怡,大有挂冠之志"。《述江督近日情形》,《中外日报》1907年7月20日,第2、3版。
㉗《与甥女何纫兰书》(十六)(1907年7月11日),《严复集》第3册,第836页。
㉘《神州日报》1907年7月15日等期,第1页广告版;《中外日报》1907年7月15日等期,论前广告第1版。
㉙参看《御史胡思敬奏参前江督端方折》,《时报》1910年1月1日,第6页。
㉚《南京江督端札藩司文为核减各局所学堂经费事》,《中外日报》1907年1月18日,第6版。
㉛《委查复旦公学经费》,《中外日报》1907年9月21日,第4张第2版;《江督派员清查复旦公学用款》,《申报》1907年9月21日,第4版;《江督派员稽查复旦公学经费》,《上海(报)》1907年9月21日,第1版。
㉜根据叶仲裕当时的情况以及他对严复的回应,叶挪用校款应该属实。这时叶正代替于右任主持《神州日报》,尤其是《神州日报》馆在1907年5月8日因邻居失火而被殃及后,"同人生命无恙外,所有一切悉数被毁"("本社启事",《神州日报》1907年5月10日,第1页广告版),报馆需钱孔亟,叶景

莱"以一身独任其难,四出奔驰,艰窘万状"(叶景葵:《鹪痛记跋》,收入顾廷龙编《叶景葵杂著》,上海古籍出版社1986年版,第289页)。为此,叶景莱在杨守仁引荐下甚至直接同江督端方接洽,请求获得端方支持与资助,参看杨守仁致端方函,虞和平主编:《近史所藏清代名人稿本抄本》第1辑第143种《端方档》,大象出版社2012年版,第225页。顾廷龙先生言及叶景葵主持《神州日报》时也说,"亏负甚巨,卒不振。所遇多拂逆"(顾廷龙:《叶公揆初行状》,收入《叶景葵杂著》,第421页)。故此,叶庶务长挪用复旦校款于《神州日报》馆是完全有可能的,还可能得到了端方的默许。

⑬《与端方书》(一),《严复集》第3册,第582—583页。《严复集》与《严复年谱》编者均将此札系年为1906年冬所书,当误。因端方实际拨给复旦常年经费是在1907年正月,严复1906年12月6日见端方时,还要求端方肯资助"开头及后此常年经费",才能"为彼中校长"。严复此札中"本年岁暮""两学期"等语,表明复旦已经收到两学期拨款,但仍然入不敷出。根据《江督不允复旦公学请加津贴》《委查复旦公学经费》及下文将引的《复旦公学学生广告》等可知,复旦得到端方每月2 000元的拨款是自1907年正月,至1908年1月刚好"一载于兹"共24 000元。唯"明年此校乃属复经理"中之"乃",似乎表明该函应为1906年岁末所写,但假若此札为1906年冬所书,则严复为何直到1908年初才发难要开除叶、张两人?此处说到已经收到端方拨款两学期,则到1906年末时,端方甫任江督三个月,复旦断不会已经收到其两学期拨款的。而且1906年年底,严复就任监督,也不会立即向曾请他担任复旦监督的叶、张发难。再者,根据《与端方书》(二)中严复自谓,复旦"文案则去年之监学周明经良熙改充",而周良熙至少在1907年5月底安徽高等学堂发生风潮之前,一直在该校担任"杂务"(参看《严复年谱》,第301页),1906年年底时还不可能在复旦任职,所以应该是在1907年5月底安徽高等学堂发生风潮之后,严复被迫辞职,周又随严复到复旦任职。《与端方书》(二)与第一札内容关联,应可断定第一札系严复在1907年年底或1908年年初写给端方的。

⑭《中外日报》1908年2月7日等期,第1张广告第3版;《中外日报》1908年2月9日等期,第1张广告第1版;《时报》1908年2月9日等期,论前

广告。《严复集》《〈严复集〉补编》等皆未收录该文。

⑬⑤《复旦公学预行声明简章》,《中外日报》1908年2月19日,第3张第1版。

⑬⑥《为请缓给复旦严监督回函代祥陈事自上海致端方电报》,一档藏端方档案,编号:27—01—002—000174—0116。

⑬⑦《神州日报》1908年2月9日,第1页广告版;《申报》1908年2月10日,第1张第1版;《时报》1908年2月10日,论前广告;《中外日报》1908年2月10日,第1张广告第1版;《新闻报》1908年2月11日第1张。

⑬⑧《神州日报》1908年2月9日,第1页广告版;《新闻报》1908年2月9日第2张;《申报》1908年2月10日,第1张第1版;《时报》1908年2月10日,论前广告;《中外日报》1908年2月10日,第1张广告第1版。

⑬⑨此时的中国公学监督是由端方委任的郑孝胥:"查有候补四品京堂郑孝胥……已照会为该公学监督,主持一切。"《江督筹拨中国公学常年经费折》,《神州日报》1907年7月21日,第3页;该折又被收入《江宁学务杂志》第5期(丁未年七月十五日),"公牍",第3—5页;还被收入《端忠敏公奏稿》,第1010—1013页。郑孝胥于1908年3月24日曾"致中国公学书,报告辞退监督",端方还想让郑继续任监督,但郑志不在此。参看《郑孝胥日记》第2册,第1134、1136页。实际上,很快,在1908年9—10月间,夏敬观任监督时,中国公学也发生了大规模风潮,绝大多数学生退学而另立了"中国新公学",时在中国公学求学的胡适就是其中的积极参与者。

⑭⑩《时报》1908年2月12日,论前广告;《中外日报》1908年2月12日,第1张广告第1版。此则材料《严复集》《〈严复集〉补编》等亦皆未收录,研究者也未利用到。

⑭①沈寂先生认为严复在主持官办安徽高等学堂时,"刻意自治"为其失败原因之一。这样的判断显然有些理想化与简单化,太美化严复了,误将严复巩固自己监督权力、任用私人的举措等同于是他在摆脱官方搞自治,等同于严复是在选择官立学校作为自治试点。参看沈寂《严复办学试点的成功与教训——安徽高等学堂》,《近代中国》第15辑,第137页。

⑭②《神州日报》1908年2月13日,第1张;《时报》1908年2月14日,论

前广告;《中外日报》1908年2月13日,第1张广告第1版。

⑭³《神州日报》1908年2月17日等期,第1页广告版;《时报》1908年2月17日等期,论前广告;《中外日报》1908年2月17日等期,第1张广告第1版。该广告的《神州日报》版把"复旦自与"误作为"复相自与",《神州日报》后来再刊载此广告即纠正了。

⑭⁴后来中国公学亦曾面对相似的情形。1908年11月17日,中国新公学诸人来找郑孝胥,"言公立之中国公学不应改为官立事",郑孝胥立即从官方立场驳斥之:"如学生能自筹费,不借捐款、官款则可;今'公立'二字久已卖却,复何言乎?"见《郑孝胥日记》第2册,第1166页。

⑭⁵《皖省高等学堂风潮续志》,《南方报》1907年6月10日,第3页;《皖省各学堂教员为高等学堂事上学使禀》,《时报》1907年6月9日,第4页。

⑭⁶《续志高等风潮之原因》,《神州日报》1907年5月30日,第4页。据皮锡瑞记载,严复任安徽高等学堂监督的脩金为每月500元,待遇非常优厚,直让皮锡瑞感叹"阔哉"。舆论这里批评严复两年脩金为二万元,严复实际在任时间不足两年,所得薪金总额应不足两万,此处数字当为约数。参看皮锡瑞日记乙巳十二月二十一日(1906年1月15日)日记,见吴仰湘编《皮锡瑞全集》第11册,中华书局2015年版,第2015—2016页。

⑭⁷《时报》1908年2月23日,论前广告;《神州日报》1908年2月23日,第1页广告版。

⑭⁸参看张建斌《端方与复旦公学》,《史林》2017年第3期,第109—117页。

⑭⁹《未探得复旦于廿四开学事自苏州致端方电报》,一档馆藏端方档案,编号:27—01—002—000174—0120。

⑮⁰严复函,收入中研院近代史研究所编印《匋斋(端方)存牍》(史料丛刊第30种),中研院近代史研究所1996年6月版,第128—129、218页。该书整理者阎崇璩将严复此函系为1907—1908年(第219页),不准确。

⑮¹稍后于宣统元年(1909)公布的《复旦公学章程》,从中亦可看出江督端方对学生主张的迁就与对严复官立化做法的纠正,该章程不得不承认复旦非"官立"学校,仍为"公立":"本公学之设不别官私,不分省界,要旨乃于南

北适中之地设一完全高等学校,俾吾国有志之士得由此研究泰西专门学术,底于有成,应定为公立高等学校,一切章程详请两江总督宪咨。"《咨送复旦公学厘定章程,请察核转详准予咨部立案由》,目录号:ZH0101—3,第1页。

⑫《为执事为难事已与郑孝胥商量办法详载苏函事致上海复旦公学严复电报》,一档藏端方档,编号:27—01—001—000167—0044。

⑬ 该文也发表在1907年6月24、25、26日《中外日报》上(皆在第3张第2版),题为《严几道辞退安庆高等学堂监督意见书》。《严复年谱》只提及该文曾发表在《直隶教育杂志》(丁未年第8期,光绪三十三年五月十五日,第121—128页)上,没有发现其发表在《中外日报》上。

⑭《与熊季贞书》(八)(1908年3月24日),《〈严复集〉补编》,第279—280页。

⑮ 韩愈《答柳柳州食虾蟆》诗有教育虾蟆犹如对牛弹琴之意,虾蟆非但不感恩图报,反作跳梁小丑,让人不堪,不过长期下去,教育者对此已经司空见惯了,但明智的人最好独善其身。该诗颇长,此处不录,可参看韩愈《韩昌黎全集》,中国书店1991年影印本,第106—107页。

⑯《三月自吴淞复旦学堂还寓,因忆昌黎〈食虾蟆〉诸诗,不觉大笑,戏成三绝句》,《严复集》第2册,第366页。此诗可能系严复三月初一日所写,据郑孝胥记载,严复曾于1908年4月2日(即农历三月初二)寄此时身在南京的郑孝胥诗一首,此"诗"很可能就是严复的仿韩愈《食虾蟆》诸诗,郑当时"即答之"。参看《郑孝胥日记》第2册,第1136页。笔者翻检郑孝胥的《海藏楼诗集》,没有发现可以与严复仿韩愈《食虾蟆》诸诗旨意相近的诗句。但以上只为笔者推测,尚需进一步的资料挖掘,才能确定严复、郑孝胥此时唱和的诸诗具体为何及其写作时间。

⑰ 据后来《顺天时报》报道:严几道观察奉札充北洋新政顾问官一节,现闻杨莲帅以观察为新学名家,深资臂助,拟俟直隶改订官制,其左参赞一缺将观察位置云。《严观察有得北洋参赞消息》,《顺天时报》1908年9月20日,第4版。

⑱ 参看《与熊季贞书》(八)(1908年3月24日),《〈严复集〉补编》,第280页。后来据严复自承,此职位为"新政顾问官",待遇非常优厚,月薪300

元,加每月车马费 200 元。参看《与夫人朱明丽书》(十二)(1908 年 9 月 2 日),《严复集》第 3 册,第 741 页。

⑲《与端方书》(二),《严复集》第 3 册,第 583 页。《严复集》编者将此札系年为 1907 年上半年,明显为误。严复该札附函有"去年学部秋试"句,查《严复年谱》,严复参加学部秋试时间在 1907 年 10 月初,周良熙任职复旦则至少在 1907 年 6 月后。该札中还提及夏敬观(即叶景莱启事中的夏观察)来复旦查看事,故此札当写于严复与叶仲裕冲突后,应该在 1908 年 3 月初之后(据郑孝胥记载,夏敬观 3 月 7 日在上海曾拜访郑孝胥,参看《郑孝胥日记》第 2 册,第 1132 页)。严复文中所提"赴宁"的"郑廉访",是端方手下红人、严复好友郑孝胥。查郑孝胥的记载可知,郑孝胥是 3 月 23 日坐船赴南京见端方的(《郑孝胥日记》第 2 册,第 1134 页),他在南京还遇到夏敬观,则此札当在这之后,在 4 月 16 日前。如严复在 1908 年 4 月 16 日(农历三月十六日)写给熊季贞的信中言:"兄尽此月内,计当北上。然颇舍不得南中诸友。"[《与熊季贞书》(九),《〈严复集〉补编》,第 280 页]上述材料表明,严复本计划农历三月即交卸复旦公学监督职务。

⑳ 严复这里说的"严教员",是浙江余姚的严鹤龄,他于光绪三十四年正月(约 1908 年 2 月)开始担任监学,1908 年 8 月考取浙江官费留美法科,同时考取官费留美者还有翁文灏等 20 人(参看《浙江考试留学生揭晓》,《神州日报》1908 年 8 月 13 日,第 3 页)。周良熙开始担任文案也是在光绪三十四年正月,二月则又兼任会计。只有张汝辑(复旦档案作"楫")是在光绪三十二年八月(约 1906 年 9 月)入校的。参看《历任教职员一览表》,第 6、12、14 页。同一档案第 21 页居然又说严鹤龄是光绪三十四年八月入校,显然为误。

㉑ 时为复旦学生的回忆也可证实这种情况:"严虽长母校,但因兼长安大,不能时常到校,特委何某(名字记忆不清),常川住校,主持校务。……严校长因不能时常到校,校务不免废弛,各方表示不满,即引退,从不与学员为义气之争,相持不下,致危及校本者。"薛祐宸:《母校吴淞时代之回忆》,转见薛明扬、杨家润主编《复旦杂忆》,复旦大学出版社 2005 年版,第 20—21 页。

㉒《与夫人朱明丽书》(十)(1906 年 10 月 21 日),《严复集》第 3 册,第 739—740 页。

⑯³《与曹典球书》(八)(1907年5月6日),《严复集》第3册,第572页。

⑯⁴《沪道复学部电(为代禀严复婉辞襄校试卷事)》,《申报》1907年9月24日,第5版。

⑯⁵《答郑太夷》,《严复集》第2册,第366页。原诗未署时间,但《严复集》编者将此诗列于严复仿韩愈《食虾蟆》诸诗之后。笔者推测,此诗应该是严复作于仿韩愈《食虾蟆》诸诗后不久,大概是严复对郑孝胥和诗的和诗。

⑯⁶《与端方书》(二),《严复集》第3册,第584页。

⑯⁷据当时媒体报道:"端督派夏剑成观察接办复旦公学,兼中国公学监督,不日赴沪。"《申报》1908年5月2日,第4版。

⑯⁸《与熊季贞书》(十)(1908年8月1日),《〈严复集〉补编》,第281页。

⑯⁹复旦大学档案馆馆藏档案说夏敬观入校任监督时间为光绪三十四年四月(约1908年5月),参看《历任教职员一览表》,第1页。另根据郑孝胥记载,夏敬观至少5月8日就在上海了,而郑于4月28日在南京还见到过夏,参看《郑孝胥日记》第2册,第1141、1139页。5月8日前后,夏应该就接任复旦监督了。《夏敬观年谱》说夏于1908年6月接任复旦监督,未知何据。参看陈谊《夏敬观年谱》,第32页。

⑰⁰《马相伯年谱》言:"严又陵先生长复旦公学,未一年即辞去。"参看《马相伯年谱》,第218页。此判断为误,《复旦大学百年志》编者也将严复任复旦监督时间误系于1906—1907年。

⑰¹参看复旦大学档案馆馆藏《复旦公学考试等第名册》,目录号:ZH0101—2,案卷号2,第7、8、12页。据《戊申夏季期考甲乙清册》可知,此时陈、竺、钱同在丁班,陈考试成绩九十四分二,竺为八十六分六,钱为七十七分九;梅在庚班,考试成绩为八十九分八。而据《复旦公学录取新生广告》可知,梅光迪是1908年初被录取进入复旦的,此时正是严复与叶景莱矛盾激化之时。《复旦公学录取新生广告》,《时报》1908年2月21日,论前广告。

⑰²参看《南洋劝业会官商合办情形》,《申报》1908年6月19日,第1张第4版。

⑰³据《郑孝胥日记》1908年6月5日记载:"坐午正快车赴南京,遇严又陵。七点半,至下关,同入城至中西旅馆……遂谒午帅(端方)。"次日端方还

宴请了严复、郑孝胥等人。由郑孝胥日记可知,严复该日与郑孝胥结伴到南京,并一起拜见了端方,可惜郑孝胥这里并没有提及严复与端方的谈话内容;6月9日返回上海时,郑孝胥恰巧又与严复同车。参看《郑孝胥日记》第2册,第1144页。

⑭ 参看《严复集》第5册,第1483、1486页。

⑮ 唯《严复年谱》并未提及此事,笔者是阅读别的资料时发现的。参看《江督请给严复进士出身原奏》,《申报》1908年5月3日,第5版;端方:《江督端奏选用道严复请赏给进士出身折》,《四川教育官报》戊申第七册,光绪三十四年七月(约1908年8月),第4—5页;《江督端奏请赏给选用道严复进士出身折》,《四川官报》1908年第18册,第13—14页。需要说明的是,该折亦未被收入《端忠敏公奏稿》。补充一点,直到1910年1月17日,严复才被赏给"文科进士",了其想拥有正途出身之夙愿:"(严复)平生以未预科第为耻,此后虽奋发治八比,终于报罢,以积劳为道员……"参看《上谕》,《申报》1910年1月18日,第2版;《严复集》第5册,第1503页;赵叔庸:《严几道》,《古今》半月刊第38期,1944年1月1日,第7页。关于严复受困于科场的情况,也可参看黄克武《惟适之安:严复与近代中国的文化转型》,第77—92页。

⑯ 《与熊季贞书》(八)(1908年3月24日),《〈严复集〉补编》,第280页。

⑰ 《学界之今昔观》,《神州日报》1910年7月25日,第3页。

⑱ 《与沈曾植书》,《严复集》第三册,第590页。

⑲ 《严复集》第3册,第585页;《严复年谱》,第323—324页。《严复集》将此函系年为1907年7月,误。应该是《严复年谱》所认为的,该函日期应为1908年8月12日。

⑳ 严复的书法给当时一些学生留下了深刻印象,而他从端方那里得到的拨款,也让当时某些学生印象深刻。参看薛祐宸《母校吴淞时代之回忆》,见薛明扬、杨家润主编《复旦杂忆》,第20—21页。

㉑ 参看周越然《追忆先师严几道》,《杂志》1945年8月号,第15卷第5期,第16页。

㉒ 参看朱德高(彦卿)《复旦公学之回忆》,《复旦同学会会刊》,1936年

第9期,第78页。朱在回忆录中说:"余班英文翻译,均严校长亲自批改,每星期一次,……有不可解处,即赴严校长处请益。"但其回忆录有许多不准之处,如说"时严先生常住校中",又说"严去,继其后者为现任李登辉校长"。实际上,严复并不常在校,偶有替学生改作业、答疑事,应有之,但说其"每周一次"则为夸大。李登辉时为教务长,接任校长为民国时的事了。

⑱ 另外,据1907年夏秋之际以第一名身份进入复旦求学的周越然(之彦)回忆,严复执掌复旦时曾以《社会通诠》当作教科书,此举也颇遭学生非议:"他(指严校长)收了我们的学费,还要译出书来骗我们的钱。可恶啊,可恶!"再者,根据周越然对严复任复旦监督时的描述可知,严复开学接见学生时派头很足,但在例行的训话会上最后并未训话,只是走走过场,其气势却让周越然念念不忘:"他出门时提了那根手杖,真是'神气',他圆圆的脸,微微的须,绸袍缎褂,瓜帽便鞋,加以随从者数人——虽然是个候补道台,但比实缺更加大方。"周越然在接下来的回忆里还认为:"先师严先生在一生中,曾经两次受冤枉。第一次是在拳乱之时……第二次是在洪宪时代……"其中并未曾提及严复在复旦受冤事。且周自谓,自复旦开学时见过严复外,直到民国四、五年,就再未曾见过严复。这除了表明在当时的复旦,校长与一般学生等级差距较大之外,其实更表明严复到复旦视事次数和接见学生次数并不多,所以连非常敬仰他的学生周越然亦无从记起。参看周越然《追忆先师严几道》,《杂志》1945年8月号,第15卷第5期,第15—18页。

⑱ 庸:《中国前途之问题·教育问题》(四续),《神州日报》1907年5月2日,第2页。

⑱ 《论中国人之学问》,《新闻报》1907年1月9日,第1张。

⑱ 《谨告各学堂之学生》,《中外日报》1905年7月14日,第1版。

⑱ 楚元王:《谕立宪党》,载《天讨》,《民报》第12号临时增刊(1907年4月25日),(台北)中国国民党党史会1969年影印本《民报》,总第2066—2067页。

⑱ 《复旦公学之再造说》,《民吁日报》1909年11月2日,第4页(总第240页),(台北)中国国民党党史会1969年影印本。

⑱ 《北京特约通信·筹安会与全国联合会》,《新闻报》1915年10月1

日,第1张第3版。

⑩ 据《时报》中刊载的《皖绅挽留高等学堂监督(安徽)》报道:严几道观察在高等学堂为监督,前经学部电调赴京,嗣经严观察请假百日,来皖清理经手未了事件。兹经皖绅蒯光典观察电达学部,力意挽留,昨由抚宪恩新帅行知沈提学遵照云。《时报》1907年2月23日,第3页。此材料表明严复一度打算辞别安徽高等学堂监督赴北京学部就职,但并未成功。

⑪ 严复内心的自我认同可能未必将两校"监督"当回事,出任学堂监督(包括译书、办报等活动)只是他谋生的无奈之举,"不能与人竞进热场,乃为冷淡生活"。严复:《与张元济书》(八)(约1900年),《严复集》第3册,第537页。他渴望做"帝师",他在不同时间曾让郑孝胥和英敛之给他写条幅——"有王者兴,必来取法;虽圣人起,不易吾言"(《严复年谱》,第278、311页),他自拟的书房联语也是此联(《〈严复集〉补编》,第83页),在在可见严复之抱负与自信。

⑫ 严复自谓他有二妻一妾,五子四女,其中一子早夭。参看《与熊纯如书》(七)(1912年9月25日),《严复集》第3册,第607页。

⑬ 《与张元济书》(十八)(1905年3月1日),《严复集》第3册,第555页。

⑭ 《与夫人朱明丽书》(十一)(1908年8月28日),《严复集》第3册,第740页。

⑮ 《与夫人朱明丽书》(三十一)(1909年12月9日),《严复集》第3册,第755页。

⑯ 《与夫人朱明丽书》(四十)(1910年4月26日),《严复集》第3册,第761页。

⑰ 《与夫人朱明丽书》(三十九)(1910年4月24日),《严复集》第3册,第760页。

⑱ 皮锡瑞日记,见吴仰湘编《皮锡瑞全集》第11册,第1882页。

论夏曾佑的"宗教"观

徐佳贵

摘要：本文一定程度上结合概念史的视角，讨论夏曾佑的"宗教"观。在夏氏晚清阶段的论述中，"宗教"明确延续了"教"的部分传统意涵，由此被纳入传统"政""教"关系中进行讨论。至于"政""教"孰为因孰为果，则时常因时因事而异。而夏氏虽精研佛典，其与西国宗教作比的中土"宗教"的所指，却多为"孔教"或"儒教"，唯"孔教"在基层民间缺乏基础的问题，也屡为夏氏所萦怀。基于对中国政教前途的焦虑，他每每强调"宗教"的负面作用与历史性，实已走到"废教"的边缘；可他又秉持文化精英自上而下的立场，称"教"不可废只可改，这便为民国年间夏氏转入消沉埋下了伏笔。

关键词：夏曾佑，宗教，政教，儒教，孔教

徐佳贵，上海社科院历史所助理研究员

关于晚清以至民国某些群体或个人的宗教观，现今研究已不胜枚举。但据笔者所见，其中多数默认"宗教"对应英文词 religion 或其他同源的西文词，所谓"宗教观"也通常是指佛教观、基督教观之类由今义"宗教"规限的思想观念。另有学者从语词史或概念史的角度切入，指出近代意义上的"宗教"一词虽是经日本管道方得推广，但此前中文语境中亦存在"宗教"的提法，而晚清阶段，

"宗教"仍留有传统"教"的大部分意味,与 religion 不能完全等同。① 相应地,"孔""儒"之称"教",在晚清之前本不是问题,反而是佛、老二氏,有时甚至被认为"既已弃绝人伦事物之常,将何以副教之名哉"。② 另如清中叶的赵翼,对包括孔教在内的各教有过评论,称:"孔子集大成,立人极,凡三纲五常之道无不该备,乃其教反不如佛教、天主教所及之广。盖精者惟中州清淑之区始能行习,粗者则殊俗异性皆得而范围之,故教之所被尤远也。"③ 也即称"学"、称"教"本非关键,关键在于"孔"或"儒"务必高于佛、老、回、耶。为免以今律古,本文所论便是这一历史上的"宗教"概念。而浙江杭州人夏曾佑(1863—1924),在晚清是一位有一定影响的思想者与"报人",以往的研究者多关注其史学(主要依托其编著的《最新中学教科书中国历史》,即后来的《中国古代史》一书)、文学(主要是小说学)上的贡献,及其今文经学背景,④ 而其对于宗教的理解阐发,近年有学者曾作探讨,但似乎仍未充分注意到其人当时理解的"宗教"与今义的差别。⑤ 职是之故,笔者不揣谫陋,就此问题复作爬梳与申论,疏舛之处,敬祈方家指正。

一、政 教 关 系

据笔者所见,夏曾佑早期言论中似多用"教宗",而非"宗教"一词,与传统的"教"大致等义。如 1898 年的《论近代政教之原》一文中称:"盖必有一至圣至仁、无始无终、无在无不在之物,以皋牢亭毒此宇宙也,是之谓上帝。有鬼神魂魄与上帝矣,有豪杰出,明鬼神之情状,辨魂魄之行受,阐上帝之意旨,以为此出于天而传于民,是之谓教。创教之人谓之圣,纪教之书谓之经,文之于事谓之典礼。"而今日所行,均为秦人之"政法""学术"与"教宗","夫以秦法为因,而遇欧洲诸国重民权与格致之缘,于是而成种亡教亡之果"。⑥但在另一些场合,他又以为今日中国"教宗"并非纯然始自秦代,先于秦代的"孔教"并非已不存在,只是渐失其"真"。他说:"教宗之例,二教相遇,其始必相争,其后必相化。其相争也,教宗因之而盛;其相化也,教宗因之而衰。"由宋至清,"皆紫阳之学,而于孔子之教无与也"。八股兴后,"又非朱子之学,而于孔教则愈远矣";咸、同年间文风衰败,"盖至此,又非明人与国初之八股,而于孔教更无论矣"。总之,"兰陵"(荀子)为孔教之一变;"新师"(刘歆)为再变,但至此期国人"倘遇欧人",尚可一争;后宋代理学为孔教之三变,中国之衰颓遂不可挽。"然则旧国之变,虽云不易,而以中国今日所欲变之法观之,则强半起于中古,并非与教规相涉。而自古为然也,且正所以障教者焉"。⑦

不过,稍后的历史进程表明,其时"变法"的可能只是昙花一现。百日维新失败后的1899年,夏曾佑作有一则寓言,寓言主人公被其同党"谥"为"单相思之宗教改良者",此或即夏的自喻。⑧而至20世纪初年,夏氏言论中已广泛使用"宗教"一词,"教宗"一词转为罕见。如在《最新中学教科书中国历史》中,他称:"国朝诸儒,稍病宋学之空疏,而又畏汉学之诡诞,于是专从训诂名物求之,所发明者颇多,而于人之身心,渺不相涉,其仍非宗教之真可知也。"⑨虽称"宗教"而非"教宗",在此关乎"孔教"的宗教问题亦基本等同于后人所谓的"学术"问题。但他后来又称:"中国之教,得孔子而后立;中国之政,得秦皇而后行;中国之境,得汉武而后定。三者皆中国之所以为中国也。……譬如建屋,孔子奠其基,秦、汉二君营其室,后之王者,不过随事补苴,以求适一时之用耳,不能动其深根宁极之理也。"⑩究竟是后世遮蔽了孔教之"真",还是孔教为后世之政"奠基",也即孔教究竟是时势变迁的受害者还是始作俑者,这一问题在夏氏的行文中,亦难以寻得一个前后一贯的确凿答案。

不单如是,"宗教"之"宗",且有"宗派"或"宗法"之意。如《最新中学教科书中国历史》中称:"昔之学人,笃于宗教,每多入主出奴之意。"⑪又曾说:"人之于宗法社会也,进化所必历也,而欧人之进宗法社会也最迟,其出之也独早,则以宗教之与政治附丽疏也。吾人之进宗法社会也最早,而其出也历五六千年,望之且未有厓,则以宗教与政治附丽密也。"⑫与"宗派"的负面意味及"宗法社会"的历史性相应,"宗教"本身在此也有了一些显著的负面意涵。

在1903年的《论国家将以学堂为书院》一文中,夏氏且将"宗教"与"迷信"建立明确的逻辑关系。他说:"以一人而范围亿兆人之身,而使之不得自由者,谓之君主;以一人而范围亿兆人之心,而使之不得自由者,谓之教主。在数千年以前人心未有范围时,有一人焉,为整齐而秩序之,其益固已大矣。惟今已世变时移,数千年以前之人之言,必不能适于数千年以后之人之用,强而就焉,所苦实多。"即这种"范围人心"的功用只有历史的合理性,故随着时代"进步",若教主确实心系"万民之康乐",那么"其教如有妨吾之康乐者,则吾可以废之,而定为教主所默许"。进言之,"基督之教,与政不相附丽,而西人犹谓其不便,谈教育者每欲解其束缚;况我国之教,辗转滋误,已非孔子之旧,而其弊之中于社会者,罄竹难书",故教之当"改",也便是题中应有之义。⑬

显然,此处的所谓"迷信",大致指盲从某一学说教条,与所谓"怪力乱神"没有必然联系(关于夏氏对"宗教"与"鬼神"之关系的理解见下节)。而宗教的这种使人"迷信"的功用,也曾被夏氏纳入传统"政教"关系问题中予以申论。在他的一些用法中,传统"政"便等于"政治"或"政体","教"即"宗教"。他曾在致严复的信中称:"试观今日教旨,皆藉政体而存,一旦不做八股,则《四书》可以不读矣。其有作宗教之论者,亦均从自保其身起见,无专为宗教者,此非吾族种性之独劣,因其教之宗旨无上帝、无灵魂、无天堂地狱,亦无清净涅槃,毕生所希望皆富贵,外无他物。富贵者,形器上之事,不能不受制于政体,而宗教亦遂不期然而然,而受制于政体矣。"[14]又曾说:"今我国社会之情状,乃先有专制之政体,而后创为专制之宗教。其宗教之宗旨,专以解明专制之政体所以合于天人之故。是政体者,如于地面安一物,而宗教者,恐其物之坠,而即于此物着一钉也。宗教、政治,两相和合,不可复分。"[15]但在另一些场合,他又反过来以为在历史上,"宗教纷争则人材盛,宗教统一则人材衰,而政治纷争与统一,亦为人材升降之一大原,然政治要不能不视乎宗教"。[16]即宗教种"因","政治与风俗"结"果","乃成一完全无缺之专制政体"。[17]至1905年一文中他还归结说:"凡合一群之人同立一国,其国中必有要质数端。"其中"地形""生计""风俗""宗教"为"因","政治"为"果"。[18]

可见对于政治与宗教孰先孰后、孰为因孰为果,夏氏所论不免前后抵牾。但就"国情"而论,中国政教联系紧密,则是他一以贯之的判断。1904年他曾撰文强调这一国情的历史性,及这一历史性自身不限中外的普遍性。如称法国在百年前"国人方在迷信宗教界内",而"我国当今之世,国人已出迷信宗教界外"。他重申了自己对"君主"与"教主"的定义:"然人之一身常听命于其心,则国之政术,常依附于其教,此亦事所必至,不必由于宗教家之嗾使把持者。所可虑者,政之依附于教愈深,则教之良楛将一一发现于其政,而使国家食其报。……教主在其本群,各为绝世之人,赞以生民未有,亦非过誉,惟人之聪明,必有所缘起,其缘起又即为之界限。"据此,他再次强调在理论上宗教亦须随时变通,"真教主"亦"必不怨人之改革"。[19]由是观之,夏氏对"宗教"的负面观感多是对"专制政体"之恶感的延伸。在另一些文本中他还曾说:"其宗教与政治附丽疏者,其蜕易;其宗教与政治附丽密者,其蜕难。"政治与宗教的"附丽",欧国疏而中国密,中国"政治与宗教既不可分,于是言改政者，自不能不波及于改教。而救危亡与无君义二说，乃不谋而相应，始胶固缭绕而不可理矣"。⑳之后的1904—1905年间，"专制"之沙俄与"立宪"之日本的战争成为时事热点，夏明确支持"立宪"，故他又借批评俄国之"政"，指称沙俄"迷信宗教"，因专制政体"实与人之本性不相适"，强欲推行，"则不能强造一种无理之理，号曰圣教，以勒国民之信从而禁绝天下之疑念"。㉑

那么，关乎"教"的改革，又当从何措手呢？对此，夏氏的回答亦不免含糊与矛盾之处。一方面，因为"政""教"密不可分，故"改政"与"改教"亦息息相关。如夏曾佑在致严复的信中称："前例言欲改政必先改教，……今以为政若改则教将不攻而破。政出于教者，群之常理，惟孔教则稍有不同。"这是由于中土"宗法社会远在孔教之先"，㉒即对中国而言，"教"可随"政"而改。但后来他又专文讨论当前中国应用"何种之宗教"，提及一法，即对"孔教"本身进行改良。㉓

不仅如此，夏曾佑鉴于宗教与"迷信"的逻辑关联，复称天主教之类的"宗教"在西方已趋衰落，可见"宗教亦有不能不破坏之日"。"猝遇一新族人，发明一新物理"，而消阻此类"发明"的宗教家后也只得转向"弥缝附合"，此类新理遂"日益繁夥"，而"古教之书，彼此通译，愈足发见教中之公例，则宗教之权力必愈以摧拉"，于是"多神教必渐进于一神教，而后为无神教"。㉔当前的"教"既然终不可保，故政教的密不可分这一"国情"本身也是有问题的，由此理应提倡所谓"政教分离"。㉕除却长久之计，其最直接的好处便体现在外交，尤其是涉外宗教事务方面。他认为清雍正朝以前的洋教，在中国无论行与不行，"均专属乎宗教，与政治无涉"；而因只是"教"与"教"争，故"社会亦未尝有所大不便"。道光以后，"传教载入条约，而宗教始与政治相连，而滔天之祸从此始矣"。㉖他还希望清政府能"直请教皇颁谕于中国教会，使其直接罗马，而一面商之法人,明定确限",好处是此后"天主教与法人相分,庶几有教案出,则纯乎教务,而无他种之外交政策杂糅其间,则其事之易处,万倍于今日矣"。[27]

到这一步,夏氏的论断已隐约涉及"废教"之危险。在另一些场合,他则又强调,传统上"宗教"对"天演"之"公例"所显现的"强权"意味尚有某种制衡作用。他说:"循夫优劣之理,服从强权,遂为世界之公例,威力所及,举世风靡,弱肉强食,视为公义。于是有具智、仁、勇者出,发明一种反抗强权之学说,以扶弱而抑强,此宗教之所以兴,而人之所以异于禽兽也。"出世的佛、耶反抗"天演",而入世的孔、墨亦"有舍身救世之一端"。[28]后来他又说:"中国自古无宪法之制,亦未有宪法之说,仅有宗教训辞稍以为全权君主之栏柙。"[29]这反映的乃是传统上"君统"与"道统"的关系模式,一方面掌"教"者不能完全屈从执政者的意志,另一方面这些人却又必须为时"政"的良窳负责。总之,"宗教"一切正面的、负面的社会功用均有历史性。问题在于,现实正是历史的延伸,故它一面同样服从历史演进的"公理公例"("宗法社会"或"专制政体"亦是"演进"的一个必经阶段),一面又可以也应该对此类"公例"纠偏救弊。这两个方面不无抵触,多少反映出在参照外国(主要是东西列强)的"强国"经验之时,本土性与所谓"普世性"的冲突依然无可避免,其时关乎"宗教"的讨论既生长在传统"政教"关系问题的延长线上,又对传统政教关系模式造成了无可回避的冲击。

二、大小传统

由上节引文可知,夏曾佑在涉及中国"宗教"问题时,非但不回避孔教或儒教,甚至很多时候就是"默认"或"专指"孔教或儒教,以与外国宗教如天主教、基督教等对应。但对"孔教"实际的社会覆盖范围,夏氏亦有认识,如曾说:"中国之宗教,孔教也。今孔教之经皆在,取而读之,为天子、宰相言者十之六,为士大夫言者十之三四,为愚民言者殆不及一。且其教之行也,愈上愈便,愈下愈不便,所以上之人亦不乐以此喻民,而民亦不乐过问此教,于是一国之中有二国教。(上、中二等之妇女,其宗教与下等同。)"㉚而上下之分尚有关乎"种族"斗争的历史成因:"盖凡优族入劣族之地而统治之,则国中必有分等之法,中国古人实尝分等,其优族(即外来之族)谓之百姓,其劣族(即旧有之族)谓之民,百姓之俗尚术数,民之俗尚鬼神,二者愈古则愈切分,至周渐合;然人种与宗教虽已混淆,而视民为异类,不复措意,礼乐教化,至士而止,则习已成而不可改,自黄帝至今无异也。"㉛后又曾说:"中国世崇孔教,而孔子立教,即置民于国家之外,惟由士以上方有与闻国事之责,而庶民则无之。"㉜这层意思亦体现在其编写的《最新中学教科书中国历史》的相关段落中,而古时创教本为标示等级,流衍至今,"乃为社会之大碍矣"。㉝

从历史上讲,夏氏虽称"孔子一身,直为中国政教之原,中国之历史,即孔子一人之历史而已",但孔子之前的情形,本也无容回避。对此他说:"中国自古以来,即有鬼神、五行之说,而用各种巫史卜祝之法,以推测之,此为其学问宗教之根本。而国家政治,则悉寄于礼乐、文物之间,[閟宫、]清庙、明堂、礿宗、辟雍是也。"到春秋时期,"人事进化,骎骎有一日千里之势,鬼神术数之学,遂不足以牢笼一切。春秋之末,明哲之士,渐多不信鬼神术数者"。即"宗教"或可包括鬼神术数的成分,但不信鬼神术数,亦可称为"宗教"。而春秋战国时期"诸子虽号十家,其真能称宗教者,老、孔、墨三家而已"。这一时代之大变化,乃至被其称为中国"宗教之改革"。㉞

这中间，"老子之书有破坏而无建立，可以备一家之哲学，而不可以为千古之国教"，墨则与孔"成相反之教"。"其后孔子之道，成为国教，道家之真不传。（今之道家，皆神仙家。）墨家遂亡"。其中，老子之道是因为宗旨过高，孔虽成"国教"，却仍与下流社会不合，而墨家乃是由于苦行之类的要求过高，"上下之人，均不乐之"。㉟至秦代，中国"宗教"又发生了一次大变化，如其所云："秦政之尤大者，则在宗教。"李斯实为儒家（因荀子为其师），而从仲弓到荀子，"其实乃孔门之别派也"。"别派"入主"正统"，孔教虽名为国教，其"真"已失。但秦之"宗教"，又"不专于儒，大约杂采其利己者用之。……中国国家，无专一之国教，孔子、神仙、佛，以至各野蛮之鬼神，常并行于一时一事之间，殆亦秦人之遗习欤"？汉武独尊儒术，亦"非有契于仁义恭俭，实视儒术为最便于专制之教耳"。㊱可见夏氏在此注意到了中下层民众的信仰问题，但总体上，他对历史上之宗教的论断还是偏向其与"政"的关联，相应地倾向于关注上层的政治与文化精英的影响与历史责任。

另外，夏曾佑且认为，"墨教之亡，不亡于汉武之绌游侠，而亡于墨子之言鬼神，若墨子当日有天堂地狱之说，则华夏之为共和也久矣"。而"孔子不言鬼神，非不知也，势不便也；墨子之不言天堂地狱，非势不便也，智不及也"。㊲可在其他表述中，夏又认为老、孔、墨三家实际"于古说未能尽去"，"三家数传之后，诸弟子不欲保存其教而已，欲保存焉，非兼采鬼神、术数之说不可也。一既采之，则曾不逾时，已反客为主，所存者，老、孔、墨之名称而已。观秦、汉时之学派，其质干有三：一儒家，二方士，三黄老。一切学术，均以此三者离合而成之"。中如方士之说，"内丹始见于屈原，外丹始见于邹衍，而后皆并入孔教"。之后儒家与方士分离，此即"道教之原始"。㊳

至于佛教，夏氏则称："至佛教西来，兼老、墨之长，而去其短，遂大行于中国，至今西人皆以中国为佛教国也。"[39] 至晋南北朝隋这一中古史的"中衰时代"，中国乃由"单纯之种族、宗教（汉以前之种族、宗教，亦不得谓之单纯，惟较汉以后为单纯耳），转入复杂之种族、宗教时"。"凡国家之成立，必凭二事以为型范，一外族之逼处，二宗教之薰染是也。此盖为天下万国所公用之例，无国不然，亦无时不然。……其宗教复杂之原，则与种族相表里。两汉所用，纯乎六艺耳。至魏晋时，乃尚老庄，其后渐变为天师道。……而河、洛、秦、雍诸国，其种人本从西北来，天竺佛教早传于匈奴与西域，至此即随其种人，以入中国。……于是佛教之力，由江北以达江南，久之，与古之巫风合而为一。而儒家不过学术之一家，士大夫用之，非民所能与也"。[40]

由此可见，夏氏已认识到孔教或儒教只是中国众多"宗教"之一种，在历史上，孔教连整个"大传统"也不能涵盖，而只是"大传统"的一部分。而也正因为此，道、释得以乘其隙，深刻影响到中国的下层民众。再具体到现实而非历史问题，夏氏亦大体以为中国上行孔教，下则流行佛、道诸教及其他属于"怪力乱神"的信仰。在1904年的一篇文章中，他再次强调："盖宗教之公例，必不能行于奉此教而得不利之人。孔教之教规，只利于男子，又只利于男子之为君卿大夫士者，而不利于民与妇人，故民与妇人无信用其教者。既非儒教，而其畏惧希冀之心荡漾而无所归，乃一注之于佛教。"[41]

然而，鉴于孔教于古说亦"未能尽去"，在此方面夏氏所论前后亦有不同。如他曾说："中国人之鬼神，具一种特别之色，为糅合孔、佛二教而成。孔教之鬼神，无报应，无转轮，依人而成立，故天子为百神之主，而祖宗魂气必就养于其子孙，此一说也；佛教鬼神，则有报应，有转轮，鬼神与人皆六道之一，而同以阿赖耶识为主体，法身流转六道，是曰众身，此又一说也。此二说者，理不相容，而中国乃两存之。"究其缘由，"孔说"是被当作宗法社会的根本，"佛说"则是为救宗法社会之穷，"至于术数者，则谓事有前定，一切非人之所能逃，其说与鬼神异趋，而其用亦与鬼神同理"。㊷即"在上"的孔教在夏氏的某些表述中，亦是关乎"鬼神"的，天子地位的确立及流行于社会各阶层的祖宗崇拜等等，即是明证。

与之相应，对于各教流行导致的社会后果，夏氏有时也分开讨论。在他看来，主要影响士大夫的孔教自身之原理"虽不免于贪生畏死"，"然尚有一义可以挽救于万一，则立名是也。……其术较西方诸教瞠乎后矣，但当其盛时，亦可以诱人于死"，汉之党锢、明之东林，即为明证。㊸然而，与"诱人于死"相反的"贪生畏死"，有时亦可产生正面的社会价值。他曾言及外国宗教演变的一般情况，称："有不世出之伟人，深观乎人心之变，社会之机，种种因缘，知不可以无宗教，于是创设宗教以董率之，而宗教之说以起。继而又有不世出之伟人，知欲保全社会，安慰人心，必不可以不从其说也，于是躬率众人以遵其说，而宗教之说以定。若是乎，创教与奉教之原理，皆所以求义安天下而已。然而其果则有时适得其反，往往宗教既立，各有所信，不胜其入主出奴之心，遂致有流血杀人之祸。"幸运的是，"惟中国则不然。中国立国，不见其首，有史者五六千年，其宗教中变迁糅杂之迹亦多矣，从无因争教相杀之人。诸生之骈诛者，仅仅秦始皇帝所坑之四百余人，较之外国不过千分之一"。究其原因，乃是中国"教旨"并不强调所谓"他方世界"，"中国既奉此尊生远鬼之教，国威之堕地者以此，（尊生则畏战斗。）生齿之独蕃者亦以此（远鬼则重子孙）"。㊹尽管他曾以为"孔教实以弭兵为主义，……于是乃欲以养成柔弱国民为弭兵之正道，施于事实，适得其反"，㊺在此却又认为"为利为害似可相抵，不可不谓吾民之幸福矣"。当时民教冲突，屡见"因教杀人"，则"盖不系乎宗教问题，而出乎外交问题"。㊻值得注意，此处"宗教"实仍主要指向孔教，而其产生正面社会价值的人群,却似已逸出"君卿大夫士"的范围,而遍及本国的全体民众。

至于鬼神术数之类,亦有维系社会道德底线的作用,"若无鬼神、术数,则荡然而回决,其社会将散矣"。[47]只是在"眼光向下"之余,夏氏又指出,认可其作用不等于任其泛滥,而"中国之所以日即于贫弱者",原因之一便是"下流社会之迷信鬼神"。显然,这里的"迷信"才较接近今人通常理解的意义,而此类"迷信"亦关乎"宗教"。如夏氏所云:"此事原于宗教,成于社会,其来因至繁复而深远,自古已然,于今尤甚。"主因则依然是"中国之宗教,行于上而不行于下,故至今日,惟士大夫间有学术,而农、工、商贾以至妇女则无学术"。鉴于"今日之中国,其足为全世界之主动力者,不外二种人:一曰下流社会,一曰儿童,而士大夫不与焉"。夏氏进而倡设蒙养学堂,普及教育。[48]后来夏氏径称"鬼神实大有益于社会",因为"一以生命言,则鬼神可延长人之生命;一以道德言,则鬼神可扶持人之道德";但其消极面亦须引起重视,不应"听其自然,且从而扬其波",而当"因势而利导之",总之,"则不禁绝鬼神而改良鬼神之说也"。[49]

综上,无论是在政教关系还是在大小传统层面,夏曾佑围绕本国"宗教"问题的言论,均不免种种难以消解的内部张力。此类张力当可理解为是其纠结心态的一种反映,"宗教"问题直接关系到当前中国国势衰微的根源何在、改革从何方面下手、主要依靠何种社会群体,而对这些问题夏氏亦难作出明确而一以贯之的回答。此类心态相对最集中的展现,便是其1905年刊发的《论中国前途当用何种宗教》一文。

在该文中,他首先重申了"宗教"的一般意涵:"宇宙之间,天人之际,凡诸一切,可以二义括之。一造物自然之事物,一人心假设之理想而已。……由前之说,是谓科学;由后之说,是谓宗教。

古者科学为微,不足以关系于社会,种种社会之根源,皆在宗教;晚近欧美之民,其于科学,证解愈深,遂能确然证实各宗教之伪,于是宗教之信用失,而科学之势力彰。……人心之例,必取其所自以为真者信之,其崇科学,抑宗教,不足怪也。"然而"科学之理,惟其真也,则自有大力者主之,无论受造者之知与不知,而其倒之行也自若。……不宁惟是,天行之虐,非人所能堪也,是以古之仁圣贤人,本其智、仁、勇之德,以发为反抗天行之说,……幸而天下后世有宗其说者,而后优胜劣改之理,有所扞御于十一,强者不至甚肆,弱者不至灭尽,则人类之幸福多矣"。于今之世,科学之势益彰,只是"虑乎宗教一去之后,则天演之势,浩然无所抵制,……由斯以谈,则人群不可无宗教,其理可以决定,所当研究者,何等风俗当用何等宗教耳"。

接着,他列出中国五种"现行之教":天师道("其医卜、星相、白莲、八卦、糍粑等邪教皆此分支")、儒家、佛教、回教、基督教(分"罗马教"与"路德教"两派)。此五教中"惟回回、基督二教,其奉教之人与别教不相混",其余三教之人"则难指定其为何教"。进一步讲,"就中释、道二教,尚可辨别,惟儒家最难。盖儒教虽名为中国之国教,然中国人并不笃信其教。……士大夫既如此,其女子与下流社会更可想见"。而"宗教之为物也如机器然,轮杠相维,而求一所制之物,如以一群而杂用数宗教,则必就其与本俗相宜者用之,而失其相维之用,其所求之物终不能达,而社会必日退,此宗教公例也。中国既杂用数种宗教,故有宗教与无宗教等,且各得其弊,更不如无宗教焉。于是二千数百年以来,与孔教原理相差弥远,浸至于面目精神截然别为一物,而流俗相沿,仍以孔教称之"。

做了这一番愈转愈下、本真渐失的描述后,夏氏便试图就当前应采何"教"的问题作出回答。在他看来,天师道"其道之有碍于国家进步,更何待言",而佛、天主、耶稣教为"他人所曾行以致富强者也,然而自我行之,则于外交有牵涉之故,似亦不可"。"然则莫如别倡一教为愈矣,然此事待其人而后行,非吾人之所敢知也。然则莫如孔教改良矣。然改良孔教,必择其本有者而表彰之,择其本无者而芟薙之,不能择其本有者讳言之,择其本无者而厚诬之也,此亦有待于圣人之亚者"。[50]

总的来看,在夏氏的表述中,中国之"宗教"要为中国之现状负责,但另一方面"宗教"又是时移势易的"受害者";他标举关乎"宗教"的"天演之公例",却又并未表现出掌握了所谓"历史规律"的亢奋与乐观,乃至屡欲通过提倡宗教,"遏"此"公例"之"横流"。他每每强调"教"的负面作用与历史性,实已走到了"废教"的边缘;可同时他又秉持文化精英自上而下的立场与视角,称"教"不可废而只可改,惟具体如何着手,则又声称应有待"圣人之亚者"现世。在他这里,政治、文化精英与其他民众均应是"政教"改革的主体,却又都应是改革的对象;而对于本国"宗教"的前景,他主要感受到的,似也是某种基于其自身文化危机感的取舍无定、进退维谷之境。

结　　语

以上两节,对夏曾佑的"宗教"观作了一番梳理。而因其存世文章时段的相对集中,其言论的内部张力,似也不见得可以惯常用于梁启超等人的"善变"形容之。只是有一点与梁近似,因夏氏长期为报馆工作,报刊文章往往难免"急就章"之嫌,加上其为国家现状找寻原因与出路的急迫心态,相关概念的使用与论述逻辑的展开,便无法像遵从当代标准的学术专著那般严谨与前后一致。在另一面,将有外来要素掺入的"宗教"大致视为传统"教"的概念的一种延伸,也可能是此类矛盾张力的成因之一。晚清国人对"宗教"与西文 religion 的对译关系,并不一定如今人那般敏感,故其讨论"宗教"问题,往往只是包含部分可归为 religion 的内容,而中国传统"教"的概念所蕴含的"教化"、有一定宰制性的"学说",乃至"宗"字所提示的"宗派"之类的意涵,此时亦未剔除,故"宗教"一词的使用每每呈现某种"存故纳新"的意味,乃至多以旧义为基底接引新意涵,便也无足深怪了。

质言之,对外来 religion 概念的包容,或也正反映了近代士人的世界观从"天下"到"万国"的转变;但在晚清,这一转变尚不彻底,士林精英对包含外来成分的概念作"本土化"的理解,以及立足中国自身概念框架的观察视角,均未有根本变化。因此,神祇谱系、超凡出世的教义等等今日判别"宗教"的要点,在当时似非关键,关键还是在于是否具有相当的历史或现实的影响力(乃至具有某种"宰制性"),或具备统合国族人心的社会与时代"功能"。[51]在这一"功能化"的理解氛围中,"孔教"或"儒教"继续位处"宗教"之列,只是其不再天然地高于殊方之教,其将何去何从,也便开始需要以其他国家地区的宗教变迁轨迹作为参照。不过,在中国一国范围内,孔教或儒教仍可能是知识阶层最重视的一种"教";夏曾佑本人精研佛学,而其言及"宗教",所论最多的也是孔教或儒教的历史变迁与命运,乃至同时论及中外宗教,常常也是直接拿孔教或儒教与洋教作比,将佛、老之类与洋教作比的情形反较少见。换句话说,晚清时人讨论宗教问题的涵盖面,显然较今人为广,而其讨论之"重点"亦与今人明显有异,这便是梳理近代中国思想之流变时,务必纳入考虑的一种较为深层的"今昔之别"。

对此,陈熙远先生曾有过精当的总结,他说:"传统中文每以'教'字定位本土与外来大小传统:诸如'佛教''道教''天方教''耶教'甚或种种'邪教',但此'教'字的义涵却不必然等同于现代对'宗教'的一般界定。在传统士大夫的论述里,与'礼教''名教'

同义的'儒教',不仅是诸'教'的典范,而且往往是唯一正统'教'义的化身。在'宗教'一词尚未输入中国之前,几乎没有一篇分析比较各教的论述,会将儒教排除在外,在传统'教'义的论域里,儒教更往往置于参照坐标的原点,其他各教无不悉心揣度与儒教的对应与联系。而在'宗教'的概念入主中国之后,儒教竟谪配到'宗教'范畴里的边缘,甚而成为六合之外存而不论的异类。"[52]此论诚为的见,只是笔者以为,恐怕不是"儒教"遭到"谪配",而是传统"教"的意涵进一步让位于外来的 religion 的意涵,"宗教"一词本身因此渐被负面化,到民国中后期乃至今天,"孔"或"儒"若仍想受人肯定,在某些论者看来便要尽力撇清与"宗教"的关系(或至少要斩断"宗教"与"迷信"的联系)。而夏氏的思想言论作为晚清时代舆论的一个组成部分,已参与提示了日后两个思想史上的演变路向:一是"宗教"概念自身的负面化,"宗教"与"迷信"的逻辑关联越发紧密,进而被坐实为"科学"等正面价值观念的对立面;二是"孔"或"儒"无论是否称"教",都要为晚清以降国势的衰颓与国族的屈辱负责,只是这种"负责"在部分民国的中青年思想者那里会引申出"打孔家店"之类的结论,则恐怕不是走到"废教"边缘而终于悬崖勒马的夏氏所愿想象与接受的。[53]

现存夏曾佑本人的著述史料集中于晚清时段,而民国代清后,夏氏的精神似乎越发消沉,一面嗜酒,一面又继续钻研佛学,除此以外则几乎"只字不写"。他民初受蔡元培之邀担任教育部社会教育司司长,据说便是因他之前"贬孔"的声名;可之后他似又改变了态度,转而与孔教会中人亲近。1913年孔子诞辰,教育部官员集体参加祭孔典礼,被夏氏的下属周树人(鲁迅)描述成一幕闹剧,而此举听闻即是"由夏穗卿主动",周氏评称"真阴鸷可畏也"。[54]或许这份颓唐与阴沉,正可被理解为是其晚清阶段言论所透露的焦虑与茫然的某种发展;此时的"老新党"夏曾佑但求退而自守,而不愿再像某些新一辈思想者那样,以更决绝的态度参与清理历史遗产,并终借此进一步塑造了中国之"政教"或"宗教"在20世纪及之后的意义变迁轨迹。

---

① 陈熙远:《"宗教"——一个中国近代文化史上的关键词》,《新史学》第13卷第4期(2002年),第37—66页。另有论者从概念史的角度切入,强调中国人认识到外来宗教内部的分别,也经历了一个较长期的过程,见章可《概念史视野中的晚清天主教与新教》,《历史研究》2011年第4期,第73—87页。

② 朱彝尊:《原教》,载朱彝尊《曝书亭集》卷五八,世界书局1937年版,第684页。

③ 赵翼著,王树民校证:《廿二史札记校证》,中华书局1984年版,第792页。

④ 参见朱维铮《跋〈夏曾佑致宋恕函〉》,《复旦学报》(社会科学版)1980年第1期,第58—63页;陈其泰:《夏曾佑对通史撰著的贡献》,《史学史研究》1990年第4期,第37—46、78页;李洪岩:《夏曾佑及其史学思想》,《历史研究》1993年第5期,第110—123页;陈业东:《夏曾佑小说理论探微》,《明清小说研究》1995年第3期,第195—208页;汪高鑫、邓锐:《今文经学与史学的近代化——以康有为、崔适、梁启超和夏曾佑为考察中心》,《史学史研究》2009年第4期,第25—32页;章小亮:《夏曾佑思想研究》,福建师范大学硕士论文,2009年;张国元:《夏曾佑历史教育思想评述》,云南师范大学硕士论文,2009年;朱仁天:《从书信解读夏曾佑及其人际交往》,湖北大学硕士论文,2014年。

⑤ 马平安:《夏曾佑的宗教思想初论》,《世界宗教研究》2015年第5期,第39—50页。

⑥ 夏曾佑:《论近代政教之原》,载杨琥编《夏曾佑集》(上),上海古籍出版社2011年版,第30、32页。原载《时务报》第63册,1898年6月9日,署名"某君来稿"。

⑦ 夏曾佑:《论八股存亡之关系》,载杨琥编《夏曾佑集》(上),第33—35页。原载《国闻报》,1898年7月4—6日。

⑧ 夏曾佑:《单相思》,载杨琥编《夏曾佑集》(上),第39页。

⑨ 夏曾佑:《最新中学教科书中国历史》第1册,载杨琥编《夏曾佑集》(下),第839页。

⑩ 夏曾佑:《最新中学教科书中国历史》第2册,载杨琥编《夏曾佑集》(下),第947页。

⑪ 夏曾佑:《最新中学教科书中国历史》第1册,载杨琥编《夏曾佑集》(下),第790页。

⑫ 夏曾佑:《〈社会通诠〉序》,载杨琥编《夏曾佑集》(上),第127页。

⑬ 夏曾佑:《论国家将以学堂为书院》,载杨琥编《夏曾佑集》(上),第89—90页。原载《中外日报》1903年10月6日,"论说"第1版。

⑭ 夏曾佑致严复书二(1903年1月7日),载杨琥编《夏曾佑集》(上),第491页。

⑮ 夏曾佑:《论中国自治之难》,载杨琥编《夏曾佑集》(上),第112页。原载《中外日报》1903年12月4日,"论说"第1版。

⑯ 夏曾佑:《论国家盛衰与宗教盛衰有反比例》,载杨琥编《夏曾佑集》(上),第115页。原载《中外日报》1903年12月14日,"论说"第1版。

⑰ 夏曾佑:《论中国风俗之本于宗教》,载杨琥编《夏曾佑集》(上),第121页。原载《中外日报》1904年1月8日,"论说"第1版。

⑱ 夏曾佑:《论变法必以历史为根本》,载杨琥编《夏曾佑集》(上),第373页。原载《东方杂志》第2卷第8期,1905年9月23日,署名"别士"。

⑲ 夏曾佑:《书本报所纪法国禁约教会事后》,载杨琥编《夏曾佑集》(上),第124—125页。原载《外交报》第69期,1904年1月21日。

⑳ 夏曾佑:《〈社会通诠〉序》,载杨琥编《夏曾佑集》(上),第127—128页。

㉑ 夏曾佑:《书〈俄国黑暗面〉后》,载杨琥编《夏曾佑集》(上),第169页。原载《中外日报》1904年5月9日,"论说"第1版。

㉒ 夏曾佑致严复书四(1904年3月15日),载杨琥编《夏曾佑集》(上),

第492页。

㉓ 夏曾佑:《论中国前途当用何种宗教》,载杨琥编《夏曾佑集》(上),第336—338页。原载《中外日报》1905年5月11、13、15日,"论说"第1版。该文下节将有详论。

㉔ 夏曾佑:《书本报所纪法国禁约教会事后》,载杨琥编《夏曾佑集》(上),第125页。

㉕ 另如康有为倡言"政教分离",却并不以"教"的负面化为代价,他曾建言:"今莫若令治教分途,则实政无碍而人心有补焉。"(康有为:《请尊孔圣为国教立教部教会以孔子纪年而废淫祀折》,载姜义华、张荣华编校《康有为全集》第4册,中国人民大学出版社2007年版,第98页)又曾说:"日本之变法,只师欧美之政学,而极保其神佛之教,……故各国皆妙用政教之分离,双轮并驰,以相救助,俾言教者极其迂阔之论以养人心,言政者权其时势之宜以争国利,两不相碍,而两不相失焉。今吾国亦宜行政教分离之时矣!"(康有为:《中华救国论》,载姜义华、张荣华编校《康有为全集》第9册,第326—327页。)

㉖ 夏曾佑:《论教案之大概》,载杨琥编《夏曾佑集》(上),第215页。原载《中外日报》1904年7月26日,"论说"第1版。

㉗ 夏曾佑:《论国家亟宜派专使于罗马》,载杨琥编《夏曾佑集》(上),第242页。原载《中外日报》1904年9月8日,"论说"第1版。

㉘ 夏曾佑:《最新中学教科书中国历史》第2册,载杨琥编《夏曾佑集》(下),第1022页。

㉙ 夏曾佑:《刊印〈宪政初纲〉缘起》,载杨琥编《夏曾佑集》(上),第402页。

㉚ 夏曾佑:《乱事之已往》,载杨琥编《夏曾佑集》(上),第55页。原载《中外日报》1903年3月5日,"论说"第1版。

㉛ 夏曾佑:《中国社会之原》(一),载杨琥编《夏曾佑集》(上),第60页。原载《新民丛报》第34号,1903年6月24日。

㉜ 夏曾佑:《论中国风俗之本于宗教》,载杨琥编《夏曾佑集》(上),第121页。

㉝ 夏曾佑:《最新中学教科书中国历史》第1册,载杨琥编《夏曾佑集》(下),第799页。

㉞ 同上书,第824、828、912、915页。另,夏曾佑在致宋恕的信中亦曾谓:"中国政教,以先秦为一大关键。先秦以后,方有史册可凭;先秦以前,所传五帝三王之道与事,但有教门之书,绝无国家之史。"见载杨琥编《夏曾佑集》(上),第445页。

㉟ 夏曾佑:《最新中学教科书中国历史》第1册,载杨琥编《夏曾佑集》(下),第829、839页。另,夏氏曾将西人斯宾塞与老子作比,称"斯宾塞等生基督宗教之季,基督之教,称天以为治,主宰前定之义,原于宗教,而达于政治,均与老子之时同"。见夏曾佑《侯官严氏评点老子叙》,载杨琥编《夏曾佑集》(上),第373页。

㊱ 夏曾佑:《最新中学教科书中国历史》第2册,载杨琥编《夏曾佑集》(下),第951—952、962页。

㊲ 夏曾佑:《中国社会之原》(二),载杨琥编《夏曾佑集》(上),第65页。原载《新民丛报》第35号,1903年8月6日。夏氏还曾说,侠客"其人自与孔、墨不相附,固非宗教中人也"。见夏曾佑《最新中学教科书中国历史》第2册,载杨琥编《夏曾佑集》(下),第1023页。

㊳ 夏曾佑:《最新中学教科书中国历史》第2册,载杨琥编《夏曾佑集》(下),第1000、1002—1004页。

㊴ 夏曾佑:《最新中学教科书中国历史》第1册,载杨琥编《夏曾佑集》(下),第839页。

㊵ 夏曾佑:《最新中学教科书中国历史》第3册,载杨琥编《夏曾佑集》(下),第1029—1030页。按夏曾佑之前曾称佛法为"法中之王",而此道后亦趋于衰落,究其原因,"则实由禅宗而起"。见《夏曾佑致杨仁山(文会)居士书(约作于1895—1896年间)》,载杨琥编《夏曾佑集》(上),第493页。

㊶ 夏曾佑:《论近时官绅与寺院之冲突》,载杨琥编《夏曾佑集》(上),第261页。原载《中外日报》1904年10月10日,"论说"第1版。

㊷ 夏曾佑:《论旧俗不可骤易》,载杨琥编《夏曾佑集》(上),第274页。原载《中外日报》1904年11月3日,"论说"第1版。

㊸夏曾佑：《论今人之无廉耻由于社会之无毁誉》，载杨琥编《夏曾佑集》（上），第284页。原载《中外日报》1904年11月28日，"论说"第1版。

㊹夏曾佑：《论在华各教皆有受外人保护之渐》，载杨琥编《夏曾佑集》（上），第262—263页。原载《外交报》第92期，1904年10月13日。

㊺夏曾佑：《论中国宗教以贱武为宗旨》，载杨琥编《夏曾佑集》（上），第179页。原载《中外日报》1904年5月21日，论说第1版。

㊻夏曾佑：《论在华各教皆有受外人保护之渐》，载杨琥编《夏曾佑集》（上），第263页。不过"生齿独蕃"不久后又在夏氏的表述中成了中国的缺点，他称国人一意谋求繁衍与生存，"其教则以后嗣代灵魂，故人皆以传种为不死之乐"。见夏曾佑《论中国人口之多由于政教》，载杨琥编《夏曾佑集》（上），第293—294页。原载《中外日报》1904年12月17日，"论说"第1版。

㊼夏曾佑：《论旧俗不可骤易》，载杨琥编《夏曾佑集》（上），第275页。

㊽夏曾佑：《论革除迷信鬼神之法》，载杨琥编《夏曾佑集》（上），第328—329页。原载《中外日报》1905年4月9日，"论说"第1版。另如严复言及中国所行之教实为"佛教"与"土教"而无关"孔教"时亦称："验人之信何教，当观其妇人孺子，不在贤士大夫也；当观其穷乡僻壤，不在通都大邑也；当观其闾阎日用，不在朝聘会同也。"见严复《保教余义》，载王栻主编《严复集》第1册，中华书局1986年版，第84页。

㊾夏曾佑：《论宁波因赛会翻船事》，载杨琥编《夏曾佑集》（上），第342页。原载《中外日报》1905年5月22日，"论说"第1版。

㊿夏曾佑：《论中国前途当用何种宗教》，载杨琥编《夏曾佑集》（上），第336—338页。

○51 另如康有为也强调"教"首先是中文词，日人以"宗教"对译religion本有问题，对"教"本应取一种功能化的理解，"入世"特征非但不妨碍"孔"成为"教"，反是孔教相对其他诸教的优点，见康有为《意大利游记》，载姜义华、张荣华编校《康有为全集》第7册，第374—375页；康有为：《英国监布烈住大学华文总教习斋路士会见记》，载姜义华编《康有为全集》第8册，第34—35页。

○52 陈熙远：《"宗教"——一个中国近代文化史上的关键词》，第64页。

○53 与当时的其他思想精英作一比较，可见夏曾佑与力倡"孔教"的康有为不同,而与严复相类,受西语及和制汉语相关定义的影响,部分承认"宗教"在近代的负面意涵。而严复对"西教"与"西学"之别亦颇敏感,并曾称"孔"虽可为"教",却并非"宗教",而类于"哲学"(在这一点上,梁启超《保教非所以尊孔论》一文的观点与之类似,见《饮冰室合集》文集之九,中华书局1989年版,第1册,第52页)。严氏一面批判"纲常名教",一面又称中国事实上不尊"孔教",而仅尊"佛教"与"土教",故为西人所嗤。参见魏义霞《康有为、严复宗教观比较》,《社会科学战线》2012年第1期,第30—35页。

㊴ 参见戴海斌《夏曾佑、钱恂与鲁迅——从"祭孔"一幕说起》,《上海鲁迅研究》2012年冬,第59—72页。

民国元年孔教会上海发起史事钩沉

裘陈江

摘要: 民国元年大成节,孔教会在上海创办发起,一度掀起了巨大的尊孔浪潮。而在这样的时间节点,选择上海作为发起地点,值得作一番深入的考证和挖掘。因此,本文从以沈曾植为中心的遗老圈、姚文栋等人早期成立的尊孔组织、美国传教士李佳白所建尚贤堂的串联作用切入,和上海的媒体宣传之利等角度,考证和梳理孔教会发起于上海的详细史事,探讨上海一地对于该会发起的特殊条件和缘由。同时对相关孔教会发起人的创会事迹、各自的身份背景及其所扮演的角色加以落实和钩沉,重现孔教会发起的历史场景。

关键词: 孔教会,上海,发起人,遗老,传教士

裘陈江,上海中医药大学科技人文研究院助理研究员

谈及历史上儒学的功能,陈寅恪曾说过:"二千年来华夏民族所受儒家学说之影响,最深最巨者,实在制度、法律、公私生活之方面。"[①]因此反观20世纪初年中国儒学危机的开端,在制度层面来讲,"传统思想及伦理纲常至少有四个重要的建制性的凭借:科举、法律、礼仪及皇权,它们在二十世纪次第倒台,使得原来仅仅依托于它们的传统思想与纲常伦理顿失所依,从而也使一个广大的群众随着它们的消逝而茫然失措"[②]。而这四种建制性凭借的依次

倒台,以民国元年时任教育总长的蔡元培签发《普通教育暂行办法通令》,借行政力量废除学校读经最为仓促和突然,在当时便掀起了轩然大波。故而孔教会等尊孔团体的创立,多半原因也是因此反动而起。③十余年后,积极参与四川孔教活动,作为"五老七贤"之一的徐炯更是夸张极言:"学部废经而前清亡,教育部废经而民国乱。"④将清末民初的一亡一乱皆归结于废经一事。

在此之前的1911年,后来成为孔教会负责人的陈焕章即将从美国学成归来,据当时国内报载:"中国学生留学美国哥伦比亚大学者,以今年为最多,其毕业得学位者,尤以今年为最盛。"该年6月11日,哥伦比亚大学举行毕业典礼,而作为末代进士的陈焕章在当时报载中居于中国毕业博士三人之首。⑤至于回国路程,参考陈焕章同校同学顾维钧1912年初的回国路线:经欧洲,由西伯利亚铁路回北京。⑥顾氏因归国前已得知国内政局变更,而时任临时大总统袁世凯去函驻美使馆,邀其担任袁氏办公室的英文秘书,故其出路已有,从政之心尤切。⑦陈氏的路线虽也是"渡欧洲,遍游英、法、德、意各国始归",但其归国的终点却在故乡旁边的香港,而非局势混沌的北方。与顾维钧不同的原因在于,陈焕章乃是在归国路上得知国体变更的消息,而其母断然由高要乡间"抵香港相晤,属以暂勿作官,专办孔教为务"。⑧而在归国前,陈焕章也对"当时国内政府机关、党派团体,函电分驰,敦请他早日归国任职,且许以尊位高薪"的邀请概行谢绝。⑨陈氏当时无意仕进,在后来的记载中多受孔教人士的褒扬。⑩陈母嘱咐陈焕章"专办孔教为务",实因为当时国体变更之后,由晚清开始的废经废孔诸说在民国一开始便扑面而来。故陈焕章于壬子二月移居上海,⑪并于1912年10月7日倡议发起孔教会于上海。

孔教会发起的事实层面的研究已多被学术界所关注,⑫而本文拟在已有研究的基础上,特就孔教会发起于上海这一问题作新的研究，探寻上海一地对于孔教会发起有何特殊的条件和原因，同时就孔教会13位发起人参与创会的事迹和各自所扮演的角色，加以考证钩沉。

一、民初官方废经废孔的刺激

晚清学制改革，虽废科举、兴学堂，可毕竟保留了经学科以及学校祀孔、孔诞日拜圣等节目。但须注意的是，废孔废经之言论在此前后已多有出现。在20世纪初年的时论中已有人极力痛陈："海波沸腾，宇内士夫，痛时事之日亟，以为中国之变，古未有其变，中国之学，诚不足以救中国。于是醉心欧化，举一事革一弊，至于风俗习惯之各不相侔者，靡不惟东西之学说是依。"而文中鉴于甲午后"以日为师"的风气，更认为"亡吾国学者，不在泰西而在日本乎"！[13]这也如同时者所言，已是"尊西人若帝天，视西籍如神圣"的大气候了。[14]

1902年，时任京师大学堂教习的吴汝纶致信管学大臣张百熙，其中有言："崇饰孔庙，无益于学，欧美尊奉耶稣，不闻祀之学堂，似可仿行。"[15]当日吴汝纶赴日考察学务，类似言行传入国内后，对于吴氏的批评甚多。当时严复在与友人书信中也讲到此事："挚甫先生东渡后……近者因同行伴侣稍稍先归，于是辇下哗然，谣诼蜂起。其所指为先生罪者，不肯具仪以谒孔像，一也；谓四子六经可以竟废，二也；耸诱留学生以与蔡公使冲突，三也。"而在当时严复看来，第一、二两事"藉令有之，或先生不为非礼之礼，或为有为之言，特自拘挛者观之，皆足诧怪，而言各有当，先生不任咎也"，[16]反而是第三事亟亟为吴氏辩解。从中亦可看出，在严复眼中当日废经废孔定非少见。而吴汝纶作为桐城古文传人，又兼曾国藩弟子，其学源均是晚清理学根基所在，尚如此立说，更遑论革命党、留学生辈了。

又如1903年广东时敏学堂教员,也是康有为弟子的程大璋,鉴于当日"西学东渐,甫露萌芽,举国若狂,醉心欧化,废经之说多有倡者。即或倡言国粹,亦子史之学已耳。罔以经为念也",[17]故程氏当时力倡以今文经学为学者之正路,后辑成《经学导言》一书。书中专设"传教"一章,其中云:"至于今日西学东渐,自由说入土,士论狂横,浅学少年未窥经蕴,诋毁孔子,辄复随人且有倡废经者。"故其疾呼:"若爱中国,则必爱孔教,既爱孔教,则必爱六经。倘曰废经是自杀也。"[18]

稍后,晚清参与湖南戊戌维新的皮锡瑞,在1907年曾就学堂章程应诏陈言,鉴于当时学堂学生多有离经叛道者,故草拟《增订学堂章程六条折》提出六条建议,其第三条为"经学一门宜特重也"。因欧化思潮盛行,五经四书不获尊重,故为尊孔崇经计,皮氏建议:"似宜定章严饬各处学堂,无经学者,亟加一门;有经学者,更加课程。凡学堂不教经学者,即行封禁;不重经学者,罪其监督堂长。"第四条为"修身伦理,宜并入经学也",在其看来,由于分科,别出修身伦理于经学之外,又无修身伦理教科书颁行,浅儒妄人私编乱讲,背谬圣教,结果适得其反,应该仍将修身伦理归并于经学。[19]又如山东下层儒生江钟秀在清末预备立宪时(1908年)曾撰写《尊孔大义》,其中也担心预备立宪之后孔教衰微,而当时山东巡抚杨士骧也特札行全省各学堂尊崇孔孟,推广学务。[20]更有如清末朝廷行"大祀"于孔庙,当时欲特升孔子之尊为前代所未有,[21]但反过来看或许只是儒学已经式微下的急救而已。

到1911年5月,当时有各省教育总会联合会之召开,其目旨在向清廷学部施压,以求速行改革教育。[22]而当时齐集此会的各省教育家,其提出的议案中已有"初等小学不设读经讲经科目"一条。[23]到5月底,学部因各省教育未能统一,故拟仿照日本高等教育会议办法,召集各省教育总会职员及各学堂监督教员等,于京师召开中央教育会议。此会于7月15日召开,为时一月之久,到8月14日闭会。[24]在临近会期结束之8月9日,中央教育会就初等教育方法案等在京进行最后讨论。据当日参会的黄炎培记载,变更初等教育方法案之第二条,即为"初等小学不设读经讲经科",当时虽争议甚烈,但最后投票通过。[25]而8月10日之第十六次会议,高小及中学读经讲经案亦被否决。故在清亡前夕,废除学校读经已成为多数教育改革者之共识。

1911年10月10日,辛亥革命爆发,以各省纷纷独立的方式,颠覆原有的政治秩序,并于1912年元旦在南京成立临时政府,建立中华民国。同年1月9日,临时政府设教育部于南京。而前提之废经令,则是1月19日蔡元培以南京临时政府教育总长名义签发,原令为由蒋维乔和陆费逵草拟的《普通教育暂行办法通令》,其中规定:"小学读经科一律废止。"[26]2月8日蔡氏又发表《对于新教育之意见》,其云:"忠君与共和政体不合,尊孔与信教自由相违。"在此语后,蔡氏虽也指出"孔子之学术,与后世所谓儒教、孔教当分别论之。嗣后教育界何以处孔子,及何以处孔教,当特别讨论之"。[27]而在稍后的时间里,并未见蔡氏有何特别之讨论,反而于7月北京召开的中央临时教育会议上,蔡元培重申废经一案之重要。1912年7月10日,中央临时教育会议第一次开会,蔡元培以教育总长身份作演说。在演说中,蔡氏特地重申学校废经一事:"我中国人向有一弊,即是'自大'。及其反动,则为自弃。自大者,保守心太重,以为我中国有四千年之文化,为外国所不及,外国之法制,皆不足取;及屡经战败,则转而为崇拜外人,事事以外国为标准,有欲行之事,则曰是某某国所有也;遇不敢行之事,则曰某某等国尚未行者,我国又何能行? 此等几为议事者之口头禅,是由自大而变为自弃也。普通教育废止读经,大学校废经科,而以经科分入文科之哲学、史学、文学三门,是破除自大旧习之一端。"[28]蔡氏不仅废止读经,且将大学之经科割裂散入学科分类之中,实为近代学制演变又一大问题,此处暂对此事不予讨论。但废经一事,蔡氏一直认为乃是教育界之一大进步,如 1915 年言:"往昔科举之制,含有半宗教性质。废科举而设学校,且学校之中,初有读经一科,而后乃废去,亦自千九百年以来积渐实行,亦教育界进步之一端也。"[29]

此后,在前述中央临时教育会议会期中,自 7 月 12 日第一次会议开议的四大问题之一便是宗教问题,当时报载:"西洋学校均拜耶稣,中国学校均崇孔子,本则取无宗教主义,此后中国学校应否注重宗教,抑专敬孔子,亦须解决。"[30]在 15 日的第二次会议中,这一问题引起激烈争论,当时先提出学校拜孔有"三不合":"前清学堂管理通则有拜孔子仪式,孔子非宗教家,今以宗教仪式尊之,其不合者一。教育、宗教各有目的,今以似是而非之宗教仪式,施于学校,有乖教育目的,其不合者二。立宪国,信教自由,今学校以拜孔子之故,致他教子弟不肯入学,有碍教育普及,其不合者三。"但是在究竟是否明订规则,公言学校不祀孔子,终因分歧太大,恐生无谓之风潮,采取了折衷方案:"不提及祀子仪式,各地方有沿旧习拜孔子者,亦无甚碍,若必公然提出,反觉难于解决,不如将此案取消为善。"[31]此即所谓民初的废孔废经案的争论,主要是由官方行政命令引出,且特在教育领域。但在蔡元培看来,教育问题不仅仅是教育问题。蔡氏前言之教育方针,其认为儒学的教育和宗教两面可以分疏,但废孔废经一出,其造成的消极影响和保守人士的观感则并不能对接。如此废经废孔举动,只会在民间闹得沸沸扬扬。

民初的尊孔言论,多将争论的源头追溯到废经这一问题,1913年因有国教运动之兴起,众多言论便直指此事:"中国不革命,国教之问题不起。中国即革命，而一部分之偏激分子，对于孔教不至演出倒行逆施之举，则国教之问题亦可以不起。国教问题之所以起，起于革命后学校之废止读经，而各省且间有毁弃圣庙之事，有以大拂乎人心，而使之不安也。"[32]且更有直指蔡元培者："原国教之说之所由起，实种因于二年前，民国第一任临时内阁教育总长蔡元培，逞其一偏之心思，欲为惊人之创举，昌言曰废孔。废孔于是丁祭不准举行，学校不许拜孔，学田学产，没收入官。……蔡氏去位，此案全翻，未几而孔教出焉。"[33]1913年同在中央教育会演说的严复，也直以"亡天下"视此废经之事："吾闻顾宁人之言曰：有亡国，有亡天下。使公等身为中国人，自侮中国之经，而于蒙养之地，别施手眼，则亡天下之实，公等当之。"[34]

非惟如此，民初确也出现了诸多因缺失制度保障下的毁孔行为。1912年9月，上海国民公会有尊崇孔祀之举，但当时"上海孔庙已破，兵士居住大半践踏"而难以致祭。[35]1913年初张尔田致信陈焕章，其中有言："光复伊始，各县圣庙，均拨归地方公产。两庑尘封，鞠为茂草，春秋二祭，因焉未修，每过黉宫，辄不胜礼坏乐崩之惧。"[36]而尤以广东钟荣光废孔之公案为极恶劣，钟氏原在晚清曾加入保国会，但后来投了基督教。而到了民初，其任广东教育司司长，向中央教育会发出废孔议案，且于孔庙办教育，撤去孔子神牌、神像，引起当地士绅公愤、声讨。[37]当时此类事件在全国各地发生甚多。

加上辛亥以后，国内政局、社会处于板荡之中，痛心时局之士多穷究其源头，而往往以废孔废经作为世局乱、人心离的要因，正如篇首引徐炯所言："学部废经而前清亡，教育部废经而民国乱。"故而维护孔教、重振儒学的呼声遍于海内，当时诸多尊孔团体纷纷创立，仅1912年便有山西宗圣会、山东孔道会等重要的尊孔团体出现。

二、康有为的办教指示

鉴于民初的种种乱象和儒学危机，1912年7月底，康有为致书已回国并移居沪上的陈焕章，指示其负责创办孔教会一事。在此之前，康有为和陈焕章于1907年曾就政教二事孰轻孰重的问题发生过分歧，彼时康有为因国内立宪运动形势大好，故主张二事不可得兼，其言："陈重远大发教愿，请吾重主教事，二者皆大事，不可得兼，必有一取舍于是，正拟大聚吾党一议决之，然天下之责望，会众之辛勤，皇上之付托，如是其重且大也。"㊲因而其偏重于政事，惟陈焕章一人于纽约创办和维持昌教会。但到此时，辛亥革命大局已定，清室退位，保皇党原有的对于清廷立宪的期望代为泡影。故教事与政事之天平开始倾斜，民国元年7月30日，康有为致书陈焕章：

仲远仁弟：近者大变，礼俗沦亡，教化扫地，非惟一时之革命，实中国五千年政教之尽革，进无所依，退无所据。顷并议废孔教，尤为可骇，若坠重渊，渺无所属。呜呼痛哉！自吾中国以来，未危变若今之甚者也。虽然，时变之大者，必有夫巨子出济艰难而救之，今其时也。吾欲复立孔教会以振之。

昔者吾中国号称天下，故人无国籍，举国亦皆覆帱于孔子，故人无教会籍。今则列国并立，必当有国籍，否则无公民权。诸教并立，必当有教籍，否则为无教之民，近于禽兽矣。今以人必饮食男女，则已为儒而非释。人必尊祖敬宗，则已为孔而非耶。以此语人，计必易人。趁方今旧学士夫诸生遍于全国，及今令人人入会，计必景从。议入会者，无分男女老幼，一律注册。人收二毫，妇女半之，未成丁者半毫，以为入会注册笔墨费。其高等者为特别会员，收二元特别会费，以备为值理讲生之地。每乡必一会，举讲生讲焉。以来复论孔子而说经，借地为之，不必迁设席。吾注有《礼运》《中庸》《四书》《春秋》及《礼记》选，可以宣讲，发明升平、太平、大同之义，令人不以君臣道息而疑孔教之不可行。但以勇猛之力，精切之辨，忧大教之废，伦纪之坠，家人之失，启诱大众，计无不来归者。先行于（瀛）[沪]，徐推行于各省会，不及半年，人心愤激，必可令各郡县皆有孔会焉。今为政党极难，数党相忌，（以任之力）半年而无入手处。弟海外新还，始附党末，我始为仆，几时树勉难矣。昔弟在美，以行孔教为任，研讲深明。今若以传教自任，因议废孔之事，激导人心，应者必易，又不为政党所忌，推行尤易。凡自古圣哲豪杰，全在自信，力以鼓行之，皆有成功，此路德贾昧议之举也。及遍国会，成则国会议员十九吾党，至是时而兼操政党内阁之势，以之救国，庶几全权，又谁与我争乎，此又所谓远之而近之也。吾欲决开是会，欲付托于弟，而宪子、君勉皆强力者，相与成之，必能尽收全国，可断之也。弟其许之乎？若弟身任其事，孺博今有他事，或不专办，亦必相助为理。援引二三耆旧，如吾故人沈子培先生及朱古微之流，自为发起，当可一鼓而成。即不然，吾筹款来，租地办会事，真积力久行之，亦必有效。办教会，吾亦可出名，可与孺商，弟其勉之。弟若专<u>致</u>身于<u>教</u>（按：下划线为原文所加），实可与任为两大，若仅附托政党，则末之也已。吾顷欲取加拿大报之机器寄（瀛）[沪]办孔教会之报，即请弟主之，弟谓何如？日间即寄会章来。此问近祉，有为启。六月十七日。此书留示孺博、宪庵，吉甫实亦宜办此，可示之。㊴

此信极为重要，是少有存世的康有为和陈焕章之间的来往文字，其主题便是在上海创办孔教会。在信中，康有为此时欲梁启超（"以任之力"之"任",即任公梁启超)和陈焕章分掌政教二事,实则希望两大,故而前此康、陈二人争论分歧也渐趋消弭,教事与政事并提也成为可能。因此信之重要,几乎所有研究孔教会这一议题者都会征引,且往往将之与数月后孔教会创办于上海相联系。但笔者初阅此信,便发现有一字未妥,文中两次出现的"瀛"字,据笔者考证应为"沪"字之误,否则信中有关孔教会的内容与上海的关联存在跳跃。[40]

再探究该信的内容,首先,康有为在直斥政权更迭乃是"礼俗沦亡,教化扫地,非惟一时之革命,实中国五千年政教之尽革",而自道其处境乃是"进无所依,退无所据",这也是前言政事不能得行的尴尬境地。又如同前提种种对于民国废经废孔的回应,康氏更为痛心疾首,其言:"顷并议废孔教,尤为可骇,若坠重渊,渺无所属。"故在此危变剧甚之际,其提出"欲复立孔教会以振之"。所谓"复"字,应是康氏欲承续戊戌年间想要创设孔教会的心愿,此处实为康有为欲立孔教会之缘起。其次,康氏估量当时办会之形势,就会员组成而言,其认为"趁方今旧学士夫诸生遍于全国,及今令人人入会,计必景从"。当时科举废除未久,儒学士绅尚遍布民间,故有此估计。而所行的理想的模式乃是"先行于沪,徐推行于各省会,不及半年,人心愤激,必可令各郡县皆有孔会焉"。而这两点确为后来孔教会主要的会员来源和办会模式。第三,所谓"今若以传教自任,因议废孔之事,激导人心,应者必易,又不为政党所忌,推行尤易。凡自古圣哲豪杰,全在自信,力以鼓行之,皆有成功,此路德贾昧议之举也。及遍国会,成则国会议员十九吾党,至是时而兼操政党内阁之势,以之救国,庶几全权,又谁与我争乎?此又所谓远之而近之也",此乃是康有为设想以孔教会为道具,干涉政治之心迹,这在后来孔教会的国教运动中也得到印证。第四,所谓"援引二三耆旧,如吾故人沈子培先生及朱古微之流,自为发起,当可一鼓而成",康有为指点陈焕章可利用其在戊戌年间的同道关系（二三耆旧），即朱祖谋和沈曾植诸人，作为主要联合策动的人物，且朱、沈在当时的上海乃至全国清遗民中都有一定的影响力和号召力。第五，康氏还允诺为陈焕章筹办孔教会发起资金和印发宣传品设备等事，同时指示其可借助于康氏本人和同门，如"办教会，吾亦可出名"，又"可与孺（麦孟华，字孺博）商"，"（麦）或不专办，亦必相助为理"。

1912年9月和大成节（10月7日），康有为二写《孔教会序》。在第一篇序中，康氏痛惜民国废孔会导致"经传道息，俎豆礼废，拜跪不行，衿缨并绝，则孔子之大道，一旦扫地"。[41]第二篇又言："自共和数月来，礼乐并废，典章皆易，道揆法守，扫地无余。遂至教育之有司，议废孔子之祀典，小则去拜跪而行鞠躬，重则废经传而裁俎豆，蕢序鞠茂草之场，庙堂歇丝竹之声。"[42]而更鉴于东邻"日本近者广厉儒学，崇祀孔子，况吾宗邦而自弃之"。故本不必立会之中国，而今亟须注册"教籍"以为自立。[43]以上种种均可见康氏在孔教会发起时的作用和地位，陈焕章为直接筹备者，而康乃是幕后运筹帷幄者。故孔教会初办时，康虽不在上海，陈焕章也是遥尊其为会长，而康有为在1913年下半年致信孔教会也再次提及创会之事："去岁（1912年）夏，际亘古未有之变，俎豆废祀，弦诵绝声，大惊深忧，乃草序例寄门人麦孟华、陈焕章，令开会沪上。"[44]故虽二人在清末有所分歧，但此时就办孔教会一事达成共识。而如本文开首所提，陈焕章自回国后，遵母命欲专务于教，且在壬子二月（1912年3月）早已移居上海，故创办孔教会便提上议事日程。

三、发起于上海

（一）遗老：以沈曾植为中心

研究孔教会的历史，必会接触到陈焕章的《孔教论》。此书与孔教会发起同时出现,在该书的《孔教会开办简章》末页附有孔教会发起人名单,共13人:"沈曾植、朱祖谋、王人文、梁鼎芬、陈三立、张振勋、麦孟华、陈作霖、姚文栋、沈守廉、姚丙然、沈恩桂、陈焕章。"⑮其中清遗民居多,如沈曾植、朱祖谋、王人文、梁鼎芬、陈三立、姚文栋、姚丙然诸人可明定其遗老身份。对于孔教会发起人的研究基本都会关注这本册子和这群人,但究竟13位发起人如何具体参与孔教会发起事务,则仍存有待厘清的空间,故此处先以遗老为叙述对象。

辛亥革命后,上海与京津、青岛等地同为清遗民聚集之地,其租界更成为遗老们的"首阳山"。故陈焕章在1912年春间到沪,与众多遗老有过接触。1916年陈氏为追悼孔教会发起人之一的姚丙然作纪念文,曾回顾民初孔教会发起情形:"及壬子之春,旅居上海,亲见乎群言淆乱,孔教陵夷,废孔毁教之声,弥漫全国,乃欲赓续旧贯,为孔教会之组织,首谋嘉兴沈乙盦先生,乙老非常嘉许,允为居中主持。焕章乃四出奔走。"⑯1913年《孔教会杂志》⑰创刊号中也有过相同记载:"本会之发生始于去年春间,沈君乙盦(曾植)实主其事,发起诸人开谈话会于沈宅者屡矣。"⑱这两则记载提供了极为有用的信息。首先,发起孔教会的准备始于1912年春季,与前言陈焕章二月到上海的时间极为接近,可见陈氏一到上海,办教的目的便十分明确。第二,沈曾植实为主持,沈宅是讨论的主要地点,故发起人中其也列于首位。故前提康有为《致仲远书》之前,上海已有准备发起孔教会的举动。康有为《致仲远书》中所提可与以沈曾植、朱祖谋为首的二三耆旧联络,陈焕章也早已照办。而在孔教会起步期间,沈曾植亦确实出力尤多。同样据《孔教会杂志》创刊号纪事记载,孔教会发起之日"祝圣之祭品,及一切费用均由沈乙老筹备"。⑲

1913年二次革命爆发,距离孔教会成立不及一年,陈焕章与沈曾植有一封通信：

> 乙盫老先生大人座右：
> 　　久未侍侧，思慕良深。前奉一函，想已达览。南海承认会长一职，惟何时发表，请老先生主之。前晤王君书衡，彼于本会宗旨（拜跪亦已首肯）深表赞同。惟渠意总须祀孔之典礼议定，方为实事，否则尊孔亦不过一虚名。乞约礼学专家议礼，以备政府之采行。若此，则孔教之根基定矣。南北战事既起，此间进行有绝大妨碍。拨款事，殆无可着手。投身政界，似更不相宜，惟会事当如常办理耳。此间局于北方，消息恐不得确，更无从观察。大易之几，至圣之时，伏乞常常示以机宜，俾得奉行。以耳目既不灵通，智识又复浅陋也。专此，敬叩道安。焕章顿首。
> 　　阙里大会，无论乱事如何，决不停办。冀因此大会或能仰邀圣灵而得定乱之方，转祸为福。[50]

从此信中可知，陈焕章提到的"南北战事"即是癸丑之役，也就是二次革命。陈焕章1913年6月因准备移总会于北京等事，曾一度北上，故此信大体为在京期间所作。信中内容颇多，而尤为重要的是从中可以看出陈焕章对沈曾植极为尊敬，如康有为承认担任孔教会会长的消息何时发表等事，均请沈氏主之。其他如议定祀孔典礼、京中拨款和政局，又如最后关于曲阜阙里全国孔教大会等，也均向沈氏报告。

实则在孔教会办会之初，上海事务所的接待也多由沈曾植出面担任。当时山东青岛的德国传教士尉礼贤来沪访问，孔教会刊物记载：

此次来沪,欲于本会有所尽力,特订期与沈乙盦君、陈重远君相见。本月初九日,尉君如期至沈宅,极言孔教之不可不保存,且述仰慕之意。乙老询以礼贤书院之课程,尉君答以上午教德文,下午教中文,而以四书五经为主。且言近日中国学校废止读经,实为莫大之祸。乙老因以中国旧日之教育,与今日之教育比较,而指其利害得失,大要则注重于学校之读经。尉君极以为然。陈君乃赠以本杂志一册,乙老又取《孔教论》四册赠之。尉君披阅会章,当即担任在青岛组织支会,并谓陈君曰:吾辈久欲得条举孔教大义之书,译作德文,以供德人之研究,而苦无善本。今得君之《孔教论》,殆可偿素愿矣。暇当译之,以传播于德国也。尉君又言彼将译《大学》《中庸》及《礼记》云。将行,以钞票二十元交陈君,以为其入会费常年费,及定阅三年之杂志也。今年阙里大会,尉君亦将赴会云。孔教行于欧洲大陆之机,将以尉君为先导矣。乙老曰:孔教者,亚洲大陆之产物也,其特质与欧洲大陆之种性尤相合,故德人当必欢迎之。又曰,已往之百年,为政治家时代,此后之百年,为宗教家时代。今日世界政治之腐败,达于极点,非宗教不足以救其穷。此义虽中国人或未之知,若欧人当深知之矣。尉君深佩以为名言。[51]

该记载中提到的《孔教论》一书,与《孔教会杂志》同作为孔教会重要赠品赠予尉礼贤,而该书实系在沈曾植帮助下出版,用以在孔教会创会之初宣扬孔教。[52]

更为要者,沈曾植在遗民中的地位极高,故其帮助拉拢诸多清遗民参与孔教会的发起和运作。辛亥革命后,沈曾植避地沪上,旅沪遗老多集会沈宅以图收拾时局大计。在此期间,陈三立、梁鼎芬、朱祖谋等人便多在会中议论政事,诗词集社。[53]沈氏人脉极广,

故牵线搭桥之作用不可估量。例如应是在孔教会发起前后,沈曾植曾致信梁鼎芬:

> 《孔教会章程》谅经达览,此事情形竟有抱残之感,务恳公大力提倡,公吸力高于鄙人万万也。望日能过我,同往一看,以慰重远。

故梁鼎芬参与其事,且后来虽于孔教会宣布成立之日不在上海,但其独往曲阜,在曲阜孔庙行礼以为呼应。

除此之外,后成为孔教会刊物主要撰稿人之一的孙德谦,及其好友张尔田,均与沈曾植谊在师友之间,二人也均是孔教会的积极参与者。后来王蘧常作《孙德谦行状》,其中记载了民初孙氏参与孔教会事的细节:"番禺梁文忠公鼎芬、嘉兴沈子培尚书曾植创孔教会,以高要陈重远博士焕章为主办,征文表指趣,欲得先生一言弁卷首。先生谓孟劬太守(张尔田)曰:'我乃不知孔子之所谓教。'而重远索之亟,乃申经义,作《孔教大一统论》。论出,美利坚李佳白读之,曰:'予今日始知孔教自有真也。'"[56]于此可见张尔田更为热烈,此次便是助陈焕章催稿于孙德谦。而当后来孔教会同人请定孔教为国教时,张尔田与孙德谦、姚文栋于上海主持编辑部之事。[56]当时《孔教会杂志》也记载:"自本会委托陈君焕章入都请定国教,并组织总会之后,沪上一切事务,均由沈乙盦、姚菊坡、姚东木诸君主持。至编辑部之事,则当陈君未入都之前,曾亲诣苏州,特请张尔田、孙德谦两君来沪担任。"[56]张尔田还曾致信好友王国维,吐露其参与孔教活动之心迹。[57]而且孔教会拟建明伦堂时,张氏也代陈焕章向王氏求撰考证明伦堂文字。[58]1918年,孙德谦五十寿辰,沈曾植专门作《隘盦先生五十寿言用昌黎送侯参军韵》一首,其中将陈焕章、孙德谦、张尔田三人并赞:"陈子(陈焕章)捍圣道,当冢崒川腾。君(孙德谦)助佽天口,不辞折医肱。张侯(张尔田)越纽贤,同方各柧棱。"⑨

清遗民对于胜朝的忠守追念往往体现在对民初政治和社会的批评,而批评的理由多归结于孔教废弛,伦常丧亡。如前提康有为直斥清末民初政权更迭乃是"礼俗沦亡,教化扫地,非惟一时之革命,实中国五千年政教之尽革"。沈曾植致信梁鼎芬亦言"此事(孔教会)情形竟有抱残之感",同时梁氏也致信曾在湖广共事之马贞榆称:"天有日月,人有孔子,孔教废,日月亦可废乎?"⑩而同为孔教会发起人的陈三立"深有慨于改革以来,孔教废弃,学术沦丧,冀复彰明之,以维持世教世",故辛亥革命后与马其昶题诗言:"狂氛荡阛阓,人极搢且殆。"⑪故其参与孔教会的发起,也是在政治和文化上对民国抵斥排拒的一种表达。

(二) 早期上海的尊孔组织基础

日人宗方小太郎在辛壬之际曾对中国政党结社情形特加关注,其对于有关风教之团体也有专门记载:"革命事变以来各种以矫正社会风气为目的之团体相继出现。此等团体志在剔除中国历来之积弊,改良恶习,助长文明风尚。"而据宗方氏所记,仅于1912年在上海设立的该类团体,便有世界宗教会、昌明礼教社等 11 个之多。⑫而据笔者所见,数目当不止于此,故本小节专以与孔教会发起相关的风教团体为研究对象。

1. 国民公会上海支部

遗老参与孔教会发起,实不止以沈曾植为中心串联的一群。还有早已以组织结社的形式在上海进行活动的一类,而这些组织和人员都为孔教会在上海的创立、初期活动、分支机构等等都有着现实而可观的贡献。

辛亥革命在武昌爆发后,上海也发生了革命党谋求独立的军事行动，因之也经历了不少动乱。在乱局中，上海文庙以及不远的松江文庙均被军队占领，且有毁坏之事发生。故在乱后创团办会踊跃、党团林立的上海，出现了诸多保存儒学、维护孔教的社团，其中也多由遗老主持。

首先，1912年6月9日由姚子梁、李伯埙、薄稚卿、陆履台等人成立了中华国民公会上海支部，而姚子梁即为不久之后参与孔教会发起的姚文栋，在晚清作为外交官和边疆地理学家颇具名声，清末已回籍在嘉定南翔定居。据报载，该国民公会是"援照苏省成法"，故称为上海支部。㉓而开成立大会时，到者400余人，姚文栋当选为会长，江确生为副会长。㉔其创设之理由则为："近以沪上党会林立，名目繁多，或为政府监□（督）；或为言论机关，大都均由官、绅、商、学各界组织而成。独于我纯粹之国民，绝少团体，故曰言保护权利，而权利殊形剥落；曰言自由言论，而言论不免掣肘，较昔专制，殊觉尤甚。"㉕此言中纯粹之国民云云，固可不必理会，但其缘由总在不满当时处境，即所谓"较昔专制，殊觉尤甚"，也是遗民对于民国政治、社会不满的反映。而该会"承会员豫园得意楼主张继华君热心扶助，允于楼后新屋内，假为事务所"，㉖并在当年7月开常会，其初分五科，其中有宣讲科，"以期开通下等社会之智识"，且在事务所所在之豫园城隍庙每逢星期日轮流宣讲。㉗

到9月14日，国民公会组织较为成熟后，因"慨念民国成立以来，礼教沦亡，人心愈坏"，同时鉴于辛亥革命中上海文庙被破坏且遭士兵践踏占领，故以副会长江确生主稿呈文于时任大总统的袁世凯。全文如下：

> 为呈请事，窃维立国有改革粃政之举，而决不能废弃道德礼教之范围。试观日本之兴全国尊孔，故收攘夷之功，成伟大

之业,况吾庄严神圣之民国乎?夫孝弟忠信,礼义廉耻,四维八达,立国之本;四维不张,国乃灭亡。尊崇孔教,即所以唤醒国人之道德心、礼教心,故立国当以孔教为脑筋,若废弃之,是不啻剜全国人之脑筋,人人将趋于异说邪途,甚至天理民彝,澌灭已尽,天下岂有无礼无教之国,率无教之人,而可立于地球之上哉?此孔教之不能不尊崇者也。慨自民国成立以来,以正大光明之民族,而竟忍言罢黜孔祀,学堂则废弃孔经,恐于世道人心,不堪复问。涓涓不塞,将成江河,恐将来人心愈形险诈,奸伪日出,晦言否塞,廉耻道丧,势必至嚣嚣然。于朝野者,开口同胞,闭口同胞,而亲生父母,同胞之弟兄,误解平等,不孝不弟,则争权争利,国基摇动,或则以公益热心为口头禅,而内怀疑贰,不忠爱于本国,不见信于社会。夫言忠信,行笃敬,蛮貊可行,若不忠不信,又安望列邦之承认哉?且目空傲慢,桀骛性成,非礼则为之,不义则行之,甚至卑鄙龌龊,男女误解自由,种种不规之举动,廉耻道丧,四维不张,至于此极。夫浩然之正气全消,势必哗然之群魔益肆,莽莽神州,可悲可悯,可吁可叹也。公民等为此沉痛警辟之辞,觉一字一泪,一句一血,圣道作灭,即以礼教为范围。故尊崇孔祀,为昌明礼教之一线光明。前者读南洋公学唐蔚芝曾有争存孔祀请复丁祭之电,伟人伟论,全国钦佩,诚提倡孔教,有益于世道人心者匪浅。明知大总统政务纷繁,千端万绪,无暇及此。然尊孔乃维持礼教,唤醒道德,万不可缓,务求大总统立即训令教育部修订丁祭典文,修葺天下孔庙,并要求通告二十二行省,四万万国民,一律尊崇孔祀。即全国昌明礼教,至于上海孔庙已破,兵士居住大半践踏,亦须大加修葺,公民等并拟联合各团体,担任在孔庙组织一大宣讲部,以正人心,而维世道。万急!立候电复。

此文后刊载于《孔教会杂志》。㊽由该呈文可知，国民公会上海支部尊崇孔祀的原因，首先也针对民国成立以后非废孔废经命令，而革命战事中，上海文庙的破坏更是现实而直接的缘由。故在呈文总统同时，国民公会尚拟开讨论会，讨论修葺孔庙、组织礼教宣讲团等事。㊾

于是一周之后，国民公会会长姚文栋等于9月22日，在城隍庙牛痘局内事务所开讨论维持孔教会，研究进行事宜，此次明确提出了讨论会主题乃是"维持孔教"。⑩此次会议，当时"邀请各团体及英美博士梅殿华、李佳白、李提摩太诸君，并南洋公学监学唐蔚芝（唐文治）君等，研究尊崇孔祀，昌明礼教问题"。具体讨论事宜为：一、拟于孔子诞日由公民致祭；二、拟于明伦堂定期宣讲孔道；三、函商军方，请将正殿及洒扫局所驻兵士，设法迁让，以便洒扫致祭；四、于洒扫局内正厅附祭革命诸先烈，以为光复周年之纪念。可见，其中前三事全为维持孔教而发。这次会议中，陈焕章也应邀参加，并与多人发表演说，其"大致谓孔教为立国之本，启发人民之道德，无孔教不能立国，无道德不能为人。并申明孝弟忠信礼义廉耻，反复讲演，阐发无遗"。⑪而当时已接到袁世凯通令昌明礼教，引起与会者热烈反响。据陈焕章几年后回忆，其与姚文栋也早由美国传教士李佳白之尚贤堂结识，并联络办会事宜。⑫在这次讨论会中，公推商会总董陈润夫为主席，陈润夫即也是孔教会发起人之一的陈作霖。⑬此会已距孔教会成立大会不远，故不啻为孔教会之前导。而孔教会成立时，国民公会仍在活动，其主旨也仍是尊崇孔教，而主要的工作便是为预想的于上海文庙举行大成节祭祀。但因当时"驻有敢死军队，一时不克迁让"，故"虽有副会长江确生君与刘司令熟商，蒙允暂让一二日，并许代为饬人洒扫，以便致祭。然地方甚广，非惟难于收拾，即桌凳器具及一切祭品均已散佚不全，一时殊难措手，暂将前议作罢，容缓再图"。⑭但直至10月7日大成节,仍出于同样原因,不及筹办祭祀典礼。[75]因军队侵占上海文庙,故此次本来预定的祭祀极有可能与孔教会联合,在孔教会成立以及稍后一段时间里,只能借在山东会馆行祀圣礼。[76]

2. 世界宗教会、希社与尊孔会

当日除了国民公会上海支部外,姚文栋还在上海发起过世界宗教会。1912年初,姚氏与云南黎炳南、山东陈治镐,邀各教同人王人文、沈曾植、李瑞清、狄葆贤、张吾军、吴忠本、黎养正、濮一乘、陈彦通、陈焕章、哈麐、金煦生,英人梅殿华、李提摩太,僧谛闲、月霞、圆瑛、太虚,发起世界宗教会,于上海关帝庙图书馆成立。当时姚氏作有《世界宗教会发起辞》和《世界宗教会小引》两篇文告,其中《发起辞》曰:"今者中华民国艳心共和,希踪隆古,而议者以其道德消乏引为人心风俗之忧,此无他,无宗教之观念使然耳。尊孔之意渐衰,辟佛之心愈炽,耶、回各教向居少数,几何而不为无宗教之国耶? 屏宗教而专任教育,则教育无功;舍宗教而侈陈法政,则法政寡效。"[77]可见,姚氏初心并非要摒弃他教,惟尊孔教,其出发点无非也是提振道德心以挽救人心风俗。而"屏宗教而专任教育,则教育无功;舍宗教而侈陈法政,则法政寡效"一句,尤其是针对民初教育部的废孔废经命令而发。《小引》大体也是如此,姚氏言:"教无论美恶,异己者攻,将使孔、佛操戈,耶、老对垒,因形式之细故,忘先师之本心,不亦悲乎? 顷者伪诈萌起,大道绝灭,灾害繁惨,众生沉沦,愿环球教主互相研复,去其忮争,节彼离滞,吸此共实,庶几达义,俱举祈符复合。"[78]故姚文栋在孔教会的发起中所起的作用,更为具体而实际,其所创社团在人脉上也与孔教会多有重合。又因其本为上海人,故能联络地方绅士和上海其他政教两界精英。在孔教会成立之日,姚文栋与姚丙然、李宝洤、麦孟华、陈焕章,被推为干事员。[79]故而也有后人记述:"辛、壬已还,废孔之议汹汹朝野,学术风气壤乱益甚。上海姚东木先生文栋,冒当世不韪,首创孔教会，力持尊圣读经之说。梁节庵（鼎芬）、沈子培（曾植）、朱彊村（祖谋）诸遗老附和之，东南士大夫稍稍响应。"即将姚文栋作为孔教会的主创者。[81]

姚氏除主创尊孔组织外，尚在上海参与发起了其他尊孔社团。如姚文栋与高翀便在1912年夏一起发起希社，[81]据记载："太痴（高翀）文学邕，夙负才名，著作甚富。壬子秋间，创设希社于上海，欲于孔教寝衰、国学垂废之秋为张皇补救之计，亦今世之有心人也。"[82]据最初《希社简章》所述，该社为文社，即孔门四科之文学科，仿照几社、复社之例，而宗旨为"扶翊圣教，保存国粹"。[83]而在1914年重修简章时，希社社恉为"翼卫圣教，昌明国学"，[84]范围略宽。希社以文人雅集为活动方式，而唱和之作则编有《希社丛编》。由其会员可知，当日参与孔教会诸人也多为希社社员，如为孔教会发起人的姚文栋、沈守廉、陈作霖，孔教会青浦支会的徐公修等人均是。[85]而以希社初创时期论，自壬子年（1912）七月成立，至癸丑年（1913）十一月止，其课题中便有《复丁祭议》《送丹阳姜君怡云代希社赴曲阜大会》《孔教应否定为国教私议》等，[86]均为当时有关孔教的热议问题。

又如孔教会发起人之一的沈恩桂，1912年便在苏、沪各地倡办"尊孔会"，如苏州的尊孔会时有五六十人，而当孔教会成立之后，沈氏将该会隶属于孔教会。在青浦，沈恩桂与姚文栋鉴于青浦历来有孔宅，故联合各界人士80余人创立尊孔会，在孔教会成立之后均改为其附属支会。嘉定、宝山等地亦均有沈恩桂倡议的尊孔会先后归附。

（三）尚贤堂：孔教会发起人的联络枢纽

前文提到姚文栋与陈焕章结识，乃是由美国传教士李佳白创办之尚贤堂促成，并从此开始联络孔教会创办事宜。而李佳白和尚贤堂在近代中国,特别是清末民初的政治、文化变动中有其特殊地位。李佳白在中国的时间长达45年,给人的形象是一位一手握圣经、一手握四书的传教士。自1882年来华,首先在山东传教达十年之久,而随着时间的推进,李佳白开始探索更契合中国国情的传教方式,而这种方式便是继承明末利玛窦等耶稣会士的传统,在服饰和礼节上尊重中国习俗,李氏自道:"穿中式服装最重要的理由是修好,是职责范围的事情。"在1890年上海召开的在华新教传教士大会上,李佳白更是反对那些指责祭祖为偶像崇拜的言论,认为"禁止祭祖不但妨碍传教工作,甚至有可能导致传教事业的失败"。㊆故李氏还深入研究儒家文化,以与中国士绅接触交流。甲午战争之后,李佳白更与李提摩太等殷切关注中国,希望中国能进行改革维新,与维新派人士康有为、梁启超等人交往密切。㊈

在清末最后十余年中,李佳白多次往返中美,为其传教事业募捐。最后一次是1910年,而不久辛亥革命爆发,当时李氏刚回到上海。而1897年李氏曾于北京创办尚贤堂,后遭义和团运动毁坏,后于1903年迁移至上海租界。而据1906年重新刊印的《尚贤堂章程》,李佳白自问自答叙述尚贤堂之缘起:"此堂之设正欲使中国风气大开,上行下效,转移教化,于此权舆,且欲使辑和中外,绥靖民教。"㊉实际上该堂并非只是一个基督教会堂,在李佳白主持下,该堂的一项重要的工作便是以尚贤堂为基地,推动中西文化交流,乃至沟通儒学与基督教。

因而前言姚文栋与陈焕章的结识,便是陈焕章在1912年到上海后,多次应邀前往尚贤堂讲演孔教而来。陈氏之所以应邀,乃因1910年李佳白返美期间两人曾相识于纽约,当时陈焕章在美早已开办昌教会并宣扬孔教。且陈氏在尚贤堂之孔教讲稿后来汇集成册,即《孔教论》一书,李佳白亦为之作序。㊊当日不仅是尚贤堂,德国传教士创办的《协和报》也专门介绍《孔教论》一书,曰:"孔教者，中国数千年来最善最美之国粹也，不意中国共和告成伊始，竟有以非宗教故而唱废孔祀者，一唱百和，举世骚然。陈博士焕章悁焉忧之，乃日夜奔走，联络硕彦，以昌明孔教为己任，其在尚贤堂之演说'论孔教为一宗教'与'论今日当昌明孔教'崇文弘论，裨益世道人心之巨作，本报已次第登载矣。今者陈君恐日久散佚，乃又订成专册，名曰《孔教论》，内容除原文外，更益以中西名人对于孔教之序论，与陈君《孔门理财学》之旨趣，孔教会开办章程等精美完备，诚中华国民人人当手执一册，以作处世之指南也。"[91]

据陈焕章后来回忆："焕章是时留学纽约，获交于李博士，及壬子（1912年）之春，旅居上海，亲见乎群言淆乱，孔教陵夷，废孔毁教之声，弥漫全国，乃欲赓续旧贯，为孔教会之组织，首谋嘉兴沈乙盦先生，乙老非常嘉许，允为居中主持。焕章乃四出奔走，联络中外人士，一日偶至尚贤堂访李博士，谈及立孔教会之意，博士极端赞成，即预约焕章于七月二十日及二十七日，在尚贤堂演说孔教，[92]树厥先声，以为大成节开成立大会之预备。其演题为论孔教是一宗教，及论中国今日当昌明孔教，皆博士所拟者也。届期，焕携稿往读，而座中多知名之士，先生及上海姚东木先生，均于此时相识。时壬子七月二十日也，而孔教会之发轫基于是矣。是后先生及东老，常与焕会议于沈乙老之宅。"[93]故可称尚贤堂亦是沈宅之外孔教会发起创会时的另一枢纽。除陈焕章之外，当时学术、宗教各界名流多曾演讲孔教于此。1912年，俄国哲学家盖沙令来中国游历，其也极力赞成孔教，曾演说于尚贤堂，其讲稿《中国之新命必系于孔教》由陈焕章翻译，后刊登于《大陆报》和《孔教会杂志》。[94]

诸如李佳白辈的外籍人士和传教士参与孔教会以及尊孔组织，在民国初年成为一种现象。第一次世界大战爆发之后更是如此，相较于当时兴起的新文化运动等中国国内的反传统思维，诸多外籍人士对于儒学和中国传统文化的关注和提倡，远超过中国人自身。而参与孔教活动的除尉礼贤、李佳白、李提摩太等人，更有如庄士敦在报上得知孔教会成立消息，便投函孔教会表达极端赞成之意，并且申请入会。⑮而到了 1930 年代，上海的东方读经会曾专门出版《历代尊孔记孔教外论合刻》一书，⑯将民国以来外籍人士尊孔言论汇集于"孔教外论"部分，以为当时宣扬国学道德之用。

另外，孔教会发起人之一的姚丙然与李佳白和尚贤堂之关系更为特殊。尚贤堂庚子后南迁上海，姚氏即参与创堂并担任教科。1916 年姚丙然因奔波于江浙沪三地，忙碌于孔教三地支会、分会以及上海事务所事务，积劳成疾离世。孔教会同人和姚氏门生故友等先后齐集孔教会北京事务所和尚贤堂开追悼会。⑰据李佳白自述："尚贤堂创始之手续，又先生（姚丙然）之与为擘划者，先生既为人所中伤，自兹即隐居不起，而本堂亦于庚子后南迁来沪。嗣后，乃复得先生为分担教科者数年，襄助堂务者数年。"⑱而又据当时尚贤堂就读之学生回忆："先生（姚丙然）设教本堂之始，距今已十年矣。忆吾人受教于先生之日，正本堂办学最发达之时。当光绪丙午（1906 年）之岁，李博士以本堂国学，主持无人，因与先生相契久，且素稔其对于本堂赞助，最具热忱，爰请其由苏月一莅堂，鉴校月课。同堂学子，咸庆得人，尊重国学之风，为之一振。迨次年丁未，先生即下榻于堂，每日为高级生授经学外，并于每星期六，为全体学生特讲阳明之学，人给讲义一纸，钞写刷印，皆先生躬自为之，不以为苦。至于讲授，尤乐此不为疲，盖以阳明之学，足以挽我国人心之陷溺，故不惜以此为牛刀之试，识者有以知先生之感时深，卫道切也。其后先生因鉴于文献之日坠，更于本堂组织国粹科，以诸生之有志国学者隶入之，别为一班，专授以词章之学。于是本堂之学科，乃益以为美备。"⑲姚氏晚清因在山东学政任上的风潮而落职，此后便在尚贤堂任主讲，"颇自负扶翼孔教"。[100]据当时记载，尚贤堂中"尤以姚菊坡君之孔教演说词为精研透辟"。[101]

孔教会成立之后，姚丙然与姚文栋、陈焕章等同为干事，当时虽陈焕章主其事，但会中文告等事尤以姚丙然出力最多。孔教会成立后报部立案之公呈，即公推由姚氏起草。而当时孔教会初开于上海，事务所中仅有陈焕章一人办事，而"一切精粗巨细之事，乃至各种贱役，亦须躬自为之"。但因上海时为孔教总会所在，陈焕章一人实难统筹兼顾，故陈氏在姚氏追悼辞中回忆："先生（姚丙然）每至会所，必问有何待办之事，或两人合拟一稿，而先生操笔削之权；或各办各稿，而互相讨论。"而时届1913年春，姚氏又先后"在苏、杭两处，设立支部，以为江、浙两省各支会之枢纽"，姚氏往来于苏、杭、沪三处，总理其事。故当时上海总会虽有五干事之书，但因姚文栋多乡居于南翔，而亲自参与会务琐事，与陈焕章同分其劳的，惟有姚丙然一人而已。[102]而又据姚文栋1916年尚贤堂为姚丙然开追悼会时的回忆："辛亥国变，孔教几废，祀典不举。予于壬子之秋，偕旅沪诸遗老议立孔教总会，先生（姚丙然）复来联合，盖堂中本亦有尊孔之举也。会既成立，公举经理五人，先生与余并首列，公呈报部立案，出先生手笔。先生旋回浙分立浙支部，予亦立苏支部，先生自以居苏郡久，于苏支部赞助尤力，未尝分畛域。"[103]其所述与陈焕章也大体相似，故可知姚丙然亦于孔教会初创前后出力尤多。

而前提姚氏发起江浙沪三地之支会、分会，更是居功至伟。首先，苏州支会。姚丙然"以吴中乃人文渊薮，支会之设，刻不容缓"，故于1912年回苏组织、设立事务所于苏城北张家巷。而姚氏虽本为浙江籍，但因山东"退老后卜居苏州十有五年，于绅学各界不少相知"，[104]故苏州支会实由姚氏一人号召而起。而后苏州支会之望日常会，姚氏也必由上海赶至，与该支会干事筹商讨论，同时还鼓动苏籍名士出山。第二,杭州支会。杭州支会先是姚丙然与其弟姚丙勋共同筹备,成立后更利用时任浙江都督的朱瑞的同情和支持孔教会活动之便开展活动,如期与杭州支会干事同请拨款修葺浙江省城文庙,筹备丁祭等事。[105]故总体而言,孔教会创办之初五干事中,陈焕章、姚文栋、姚丙然三人实为主脑。[106]

(四)上海的宣传之利

前引康有为《致仲远书》,康氏曾指示陈焕章可借助于同门之力:"吾欲决开是会,欲付托于弟,而宪子、君勉皆强力者,相与成之,必能尽收全国,可断之也。弟其许之乎?若弟身任其事,孺博今有他事,或不专办,亦必相助为理。"康氏此处提到的宪子即伍庄,君勉即徐勤,而孺博即为孔教会发起人之一的麦孟华。而鉴于孔教会在上海创办的事实,同时麦孟华在上海与众遗老交往密切,其与朱祖谋、沈曾植诸老多有诗词唱和和社集活动,[107]故可知麦氏确为陈焕章之助理者。

另外,自晚清以来,特别是甲午、戊戌之后,办会办报已大为发展。以报刊为例,据统计,1895—1898年间,中国的报刊数量从15家增加到64家,到1913年已是487家,到五四时代更是数量激增。[108]而清末民初之际的上海,作为全国的舆论中心,同时又是外国领事聚集之地,若能掌握舆论阵地,则办会之事必易。至于如何借助,康有为信中虽未明言,但按保皇党擅长的运作思路,办会和办报是其长处。正如康氏在信中对陈焕章许诺:"吾顷欲取加拿大报之机器寄沪办孔教会之报,即请弟主之。"故可推知,后来《孔教会杂志》的创办极有可能便是这一许诺的产物,而当时除姚丙然多有协助外,一直都是陈焕章一肩承担。

戊戌变法之后,康梁逃至海外,梁启超长期在日本东京办报,而宣传立宪思想反传入中国。同时在国内,因上海有租界存在,租界内不受中国法律制裁,故清末的立宪派、革命派的社团和报刊都托生于此,上海租界和东京成为当时的两个舆论中心。如康有为弟子狄楚青所办之《时报》,辛亥革命时期销量极大,在知识阶层的影响一度超过《申报》等大报。包天笑后来回忆:"狄氏的创设《时报》,在上海新闻界不为无功,那正是《申》《新》两报暮气已深的当儿,无论如何,不肯有一些改革。他们以为改革以后,读者将不欢迎,而且对于广告有窒碍。这两个老爷报,都执持一见,他们原以广告为养生之源也。但人心总是喜新而厌故,时报出版,突然似放一异彩,虽然销数还远不及《申》《新》两报,却大有'新生之犊不畏虎'的意气。他注意于文艺界、教育界,当时的知识阶级,便非看时报不可了。"⑩虽然狄楚青专信陈景韩、雷奋诸人,与其余同门未必极为亲密。然而在孔教会发起前后,《时报》毕竟因"注意于文艺界、教育界",而多有关注民初尊孔和道德等相关的新闻,如《时报》多次报道世界宗教会之发起与活动,⑩也介绍了诸如昌明礼教社等尊孔社团,⑪并对当时有关孔庙丁祭和信教自由等问题多有报道与评价。除此之外,上海还因有《申报》等大报社存在,又有办报所需要的成熟条件,故也有利于孔教会早期的宣传和造势。

四、总会北迁

孔教会创立之后,迅速产生发酵作用。因其简章中有"支会分会"一条:"本会于国内各县皆设支会,各市镇皆设分会,于外洋各埠亦设支会分会,其重要地点或合若干支会特设一支会联合部。"⑫因此各地纷纷有支会、分会创办,或是如前提沈恩桂创办的尊孔会般因利乘便改名而已,或是新创而归属于孔教会名下。仅在上海本地(以今上海范围为限),便有上海支会、松江支会、青浦支会、嘉定支会、宝山支会、南汇支会等数处。而江、浙两省也因姚丙然等人之力，支会也达于各主要县市。

孔教会开办初期，在总会带动之下，各支会也多有奋起反对侵夺文庙庙产等事。以姚文栋为之介绍而发起的松江支会为例，其成立于癸丑年正月十八日（1913年2月23日），发起者顾薰联合同志40人，齐集华亭县学明伦堂开谈话会，并当众宣布拟就的组织法六条：一、定名为孔教会松江支会；二、以县学明伦堂为会址；三、于府县学洒扫项下暂行拨用，以充经费；四、暂免收会费；五、于交通利便处设立事务所；六、依总会简章，先由发起人中推举干事五员，执行会务。并推定姚大任、金佐宸、顾薰、叶有圭、张永济为干事，当时事务所暂设松江普照寺河南金宅，决定举办仲春之丁祭。在初定种种事项后，当时作为总会机关刊物的《孔教会杂志》称赞该支会："使各地支会尽能入松江之办法，则会所堂皇，会款充裕，而会务之发达自必一日千里矣。"[113]1913年1月19日，北京教育会有请教育部将全国文庙学田充公一事，[114]故当时孔教总会便拟电稿直达大总统、内务部和教育部以争此事，以为"事关孔庙田产，乃孔教之根本，万不能不竭死力争"。[115]并以"孔教会全体公论名义"撰成《斥北京教育会破坏孔教之罪》一文，先是连载于《孔教会杂志》，后更印刷单行本分发宣传。[116]而二月初二日（3月9日），松江支会正式宣告成立，当日陈焕章亦由沪莅会。会中，发起人顾薰于报告开会宗旨时便言："近教育部托名补助地方小学经费，函请内务部通饬省长，转饬各县知事清查，已属不问理由，侵及庙产，至剩有区区洒扫、田亩，尤为孔庙庙产所必不可少者，断不能再令藉端侵夺云云。"幸该支会函报华亭县知事时，大获赞成，谓发起诸人"钻仰师承，昌明孔教，以支会之组织，作卫道之干城，深堪嘉佩"。[117]故虽华亭县议会有"欲攘夺洒扫田亩，以充别用"之举，[118]而松江支会能力争此事，且于创办初期，在知事支持下，经费充足，孔庙祭祀如仪(后松江支会经历过一番权力争夺,此处不详述)。由此可见,当时孔教总会设于上海,而总会与邻近支会间颇有互动。

但毕竟1912年初,临时政府北移,政治中心早已转到北京。而孔教会成立之初,其《孔教会开办简章》"总会"一条中已言明:"本会暂设总会于上海,现赁海宁路一千七百九十八号(北浙江路东首)为事务所,将来或迁于首都。"[119]孔教会成立时,已为1912年10月7日,当时首都早已是北京。而在1912年底、1913年初之际,孔教会呈请内务、教育两部立案,受到内务部和教育部的赞许,并批准立案。当日教育部批文中云:"当兹国体初更,异说纷起,该会阐明孔教,力挽狂澜,以忧时之念,为卫道之谋,苦心孤诣,殊堪嘉许,所请立案之处,自应照准。"[120]之后,内务部批文亦云:"该发起人等鉴于世衰道微,虑法律之有穷,礼义之崩坏,欲树尼山教义以作民族精神,发起该会以'昌明孔教、救济社会'为宗旨,并尽纳其事于讲习、推行两部,务去浮文,力求实际,具见保存国粹之苦心,所订开办简章尚属切实妥洽,自应查照约法,准予立案。"[121]

同时伴随的是,1912年3月任临时大总统后的袁世凯先后颁布了一系列保守孔教的通令文告,一反南京临时政府时期的废孔废经论调。如1913年6月22日颁布《尊崇孔祀令》,1913年11月26日颁布《尊孔典礼令》,1914年2月7日颁布《规复祭孔令》,1914年2月20日颁布《崇圣典例令》等。其中《尊崇孔祀令》云:"近自国体改革,缔造共和,或谓孔子言制大一统,而辨等威,疑其说与今之平等自由不合,浅妄者流,至悍然倡为废祀之说,此不独无以识孔学之精微,即于平等自由之真相亦未有当也。"故通过"国务院通电各省,征集多数国民祀孔意见",当时因未收齐回复,通令称:"俟各省一律议复到京,即查照民国体制,根据古义,将祀孔子典礼，折衷至当，详细规定，以表尊崇，而垂久远。"[122]故当时在孔教会看来，氛围已较民国肇始时为有利。

而1913年4月8日，中华民国第一次国会正式开幕，依照国会组织法第二十条之规定，"民国宪法案之起草，由两院各于议员内选出同数之委员行之"。故照此项条文，参、众两院各选30人组成宪法起草委员会。[123]待此事成，宪法起草委员会成立，已是当年6月底了。在此之后，宪法起草委员会便开始制定民国第一部宪法。当日宪法起草，分为大纲和条文两部分。大纲十二条草拟后，于1913年8月2日宪法起草委员会第四次会议开议，到9月23日第二十一次会议议毕。但在9月23日这次会议中，除了大纲之外，尚有经表决应列入议题者，其中就包括孔教问题，是为孔教定为国教案之发轫。[124]

故在此形势下，1913年6月底，陈焕章便北上到京，当时孔教会已有请定国教的计划："本会前月委托陈君重远赴京，于二十四日（在农历五月，即6月28日）出发……于本月（六月）初一（7月4日）至京[125]……顷已决定在太仆寺街衍圣公府内设立本会事务所，洵可谓得地利矣。"[126]而在京的主要活动便是联络"一国之彦"，请定孔教为国教。[127]这在之后的《孔教会杂志》通告中也有说明，为防文告、通电、来函等无所适从，当时在杂志第九号宣告："本会设总会于上海，原为移建首都计。自陈君焕章赴京后，即由陈君组织成立，其地点则在太仆寺街衍圣公府为北京总会事务所。凡会中诸事皆陈君主干，此后各省支分会如有紧要事件或通函致电，径达会所与陈君直接可也。其一切论说文稿足备杂志资料者，仍请寄至沪上，藉用采录，恐致误两歧，爰特分别声明以为支分会通告云。"[128]时为1913年10月，可见北京总会已成立，惟事务尚南北分治，上海仍专门负责《孔教会杂志》的编辑出版。1913年12月12日，孔教总会曲阜事务所宣告成立，[129]而在其开幕通告文中也明言当年大成节时即定"将总会移至北京"。[13]此后上海事务所降格,与北京、曲阜同为主要事务所之一,[13]而实际上则以北方二所为重,北京总会为国教运动之中心,而曲阜则为孔教大会举办之所。

① 陈寅恪:《冯友兰〈中国哲学史〉下册审查报告》,载《金明馆丛稿二编》,生活·读书·新知三联书店2001年版,第282页。

② 王汎森:《思潮与社会条件——新文化运动的两个例子》,载《中国近代的思想与学术的系谱》,吉林出版集团有限责任公司2011年版,第243—245页。

③ 如房德邻《儒学的危机与嬗变——康有为与近代儒学》等均以此立论,文津出版社1992年版,第189页。

④ 徐炯:《八月初一日讲演》,《大成会丛录》1927年第20期。

⑤ 《申报》1911年7月13日第6版载:"前月十一日该大学(哥伦比亚大学)举行毕业礼。"而对陈焕章的介绍为:"陈焕章,广东高要县人(甲辰进士),研究理财。"

⑥ 中国社会科学院近代史研究所译:《顾维钧回忆录》第1分册,中华书局1983年版,第79页。

⑦ 同上书,第74页。

⑧ 吴德元《陈重远博士墓志铭》、陈应嵩(陈焕章之子)《哀启》,均载陈应嵩辑《陈重远哀挽录》,1933年。陈焕章母亲的情况,可参看陈焕章辑《高要陈母寿言》,1929年铅印本。此书乃是陈焕章为其母七十一寿辰所辑贺寿诗文集。

⑨ 陈应宾等:《端州首名博士陈焕章》,载政协高要县文史资料研究委员会编《高要文史资料》第2辑,1986年,第6页。

⑩ 参见陈焕章辑《高要陈母寿言》。

⑪ 陈应嵩:《哀启》。

⑫ 已有的几篇孔教会研究博士论文对此都有所提及,如韩华《民初孔教

会与国教运动》，四川大学博士论文，2003年，2007年以《民初孔教会与国教运动研究》为名由北京图书馆出版社出版；范玉秋：《激荡中的更化与拯救：清末民初孔教运动研究》，山东大学博士论文，2004年，2006年以《清末民初孔教运动研究》为名由中国海洋大学出版社出版；宋淑玉：《孔教会研究》，北京师范大学博士论文，2005年，2011年香港社会科学出版社有限公司出版；张松智：《中国现代孔教运动研究——以孔教会为中心》，上海师范大学博士论文，2007年；等等。另外张松智尚有《孔教会始末汇考》(《文史哲》2008年第1期)一文，其对于孔教会发起史事亦有所交代。但是各文对于孔教会发起人和上海的关系着墨不多。

⑬ 黄节：《〈国粹学报〉叙》，载张枬、王忍之编《辛亥革命前十年间时论选集》第2卷，三联书店1963年版，上册，第44页。

⑭ 邓实：《国学保存论》，《政艺通报》甲辰年第3号，第6张。转引自罗志田《经典淡出之后——20世纪中国史学的转变与延续》，生活·读书·新知三联书店2013年版，第273页。

⑮ 吴汝纶著，徐寿凯、施培毅校点：《吴汝纶尺牍》，黄山书社1990年版，第268页。

⑯ 《与王子翔书》，载《严复集》第3册，中华书局1986年版，第580—581页。

⑰ 程大璋：《经学导言》自序，《邬氏丛书》第1册，第1a页。

⑱ 同上书，第17b—18b页。

⑲ 吴仰湘：《皮锡瑞与晚清教育变革》，《湖南师范大学社会科学学报》2001年第3期。

⑳ 江钟秀：《尊孔大义》，1908年铅印本。

㉑ 陈荣捷著，廖世德译：《现代中国的宗教趋势》，文殊出版社1987年版，第3页；陈熙远：《孔·教·会——近代中国儒家传统的宗教化与社团化》，载林富士主编《中国史新论：宗教史分册》，(台北)联经出版事业股份有限公司2010年版，第536页。

㉒ 《唐会长(文治)致各省教育总会代表欢迎词之大略》，《江苏教育总会文牍》六编丁，第121—122页，载朱有瓛等编《中国近代教育史资料汇编·

教育行政机构与教育团体》,上海教育出版社1993年版,第183页。

㉓《教育家讨论议案告竣》,《申报》1911年5月9日,第19版。

㉔《中央教育会闭会》,《申报》1911年8月19日,第6版。

㉕黄炎培著,中国社会科学院近代史研究所整理:《黄炎培日记》第1卷,华文出版社2008年版,第9—10页。当时不设读经讲经一事的争论,具体可见陆费逵《论中央教育会》一文,其中记述了当时中央教育会中新旧之争,旧派如林传甲、孙雄等均极力反对初等小学不设读经议案。见《教育杂志》1911年第3卷第8号,载《中国近代教育史资料汇编·教育行政机构与教育团体》,第178—179页。

㉖朱有瓛主编:《中国近代学制史料》第3辑,华东师范大学出版社1990年版,上册,第1—2页;陶英惠:《蔡元培年谱》(上),中研院近代史研究所1976年版,第226—227页。

㉗中国蔡元培研究会编:《蔡元培全集》第2卷,浙江教育出版社1997年版,第16页。

㉘《临时教育会议日记》,《教育杂志》1912年第4卷第6号。

㉙中国蔡元培研究会编:《蔡元培全集》第2卷,第369页。

㉚《临时教育会解决问题》,《申报》1912年7月14日,第2—3版。

㉛《中央临时教育会开会三志》,《申报》1912年7月22日,第3版。

㉜《尚贤堂王振民君演说词》,《宗圣学报》第17号附刊《孔教问题》下卷。

㉝丁义华:《教祸其将发现于中国乎》,载经世文编社编《民国经世文编》,沈云龙主编:《近代中国史料丛刊》第五十辑,(台北)文海出版社,第5147页。

㉞《读经当积极提倡》(癸丑中央教育会演说),《严复集·诗文卷》(下),第333页。

㉟《尊崇孔祀之公呈》,《申报》1912年9月14日,第6—7版。

㊱《张孟劬先生来书》,《孔教会杂志》第1卷第1号。

㊲见《孔教会杂志》第1卷第1号《粤人声讨钟荣光废孔之公案》和第4号《钟荣光罪浮于秦始皇》。韩华《民初孔教会与国教运动研究》第一章中特

别关注此事。

㊳ 光绪三十三年九月廿九日(1907年11月4日),康有为《与任、勉、博三子书》,丁文江、赵丰田编:《梁启超年谱长编》,上海人民出版社2009年版,第275页。

㊴ 康有为:《致仲远书》(1912年7月30日),上海市文物保管委员会编:《康有为与保皇会》,上海人民出版社1982年版,第369—370页。

㊵ 此信最早出于上海人民出版社1982年出版的《康有为与保皇会》,其中注明为抄件,藏于上海博物馆,笔者未能获睹原件。但据信件上下文和相关史实互证,应可大致推定。具体来说,首先,信中所言"援引二三耆旧,如吾故人沈子培先生及朱古微之流,自为发起,当可一鼓而成",当日沈曾植、朱祖谋等人均寓居上海。第二,此信作于1912年7月30日,仅两月余后,10月7日孔教会创办于上海山东会馆。故若为"瀛"字,应指日本,虽康有为时居日本,但陈焕章已人在上海,且此信提到康氏弟子,如可助陈焕章办会的麦孟华即在上海,且即仅这短短时间内应无可能。第三,原文有"先行于瀛[沪],徐推行于各省会,不及半年,人心愤激,必可令各郡县皆有孔会焉"一句,若为"瀛",则何能与中国各省会并称?第四,同时期康有为还作有《孔教会章程》一则,《康有为全集》(第十集,中国人民大学出版社2007年版,第348—349页)录自《万木草堂遗稿外编》,其注释有:"《章程》前原置1912年9月所作《孔教会序》全文,今删。"此处可能是《康有为全集》编者以孔教会成立而定《孔教会章程》写作时间,实则此章程恐与《孔教会序》同时撰成。而章程中所列第十条"暂以上海为孔教总会",故可见康有为于9月时也认定上海为孔教会发起之地。第五,繁体"滬"字与"瀛"字书写时极相似,恐原整理者有误认疏忽之可能。故笔者推论"瀛"字乃"沪"字之误。

㊶《康有为全集》第九集,第341页。

㊷ 同上书,第344—345页。

㊸ 同上书,第346页。

㊹《康南海先生来电》,《孔教会杂志》第1卷第10号。

㊺《孔教会开办简章》,《孔教论》,商务印书馆1912年版,第100页。

㊻《孔教会追悼姚菊坡先生演说辞》,《宗圣学报》第2卷第5号。

㊼ 孔教会在撤到香港之前，前后共刊行过两种机关刊物。第一种便是创刊于 1913 年的《孔教会杂志》，为月刊，共出版 13 期，前 12 期为 1913 年，最后一期为 1914 年，作第二卷第一号。前 12 期每期的最后部分均载有孔教会和支会、分会的纪事，是孔教会早期重要的会务记录和创会史料。

㊽《本会纪事·总会》，《孔教会杂志》第 1 卷第 1 号。

㊾ 同上。

㊿ 嘉兴博物馆编：《函绵尺素》，中华书局 2012 年版，第 216 页。其释文略有错讹，已订正于引文之中。

(51)《本会纪事·总会》，《孔教会杂志》第 1 卷第 3 号。

(52) 陈焕章：《孔教会追悼姚菊坡先生演说辞》，《宗圣学报》第 2 卷第 5 号。

(53) 许全胜：《沈曾植年谱长编》，中华书局 2007 年版，第 367 页。

(54) 王蘧常：《孙德谦行状》，载卞孝萱、唐文权编《民国人物碑传集》，团结出版社 1995 年版，第 632 页。

(55) 姚明辉编撰，戴海斌整理：《姚文栋年谱》，《近代史资料》总 125 号，中国社会科学出版社 2012 年版，第 207 页。

(56)《本会纪事·总会》，《孔教会杂志》第 1 卷第 12 号。

(57) 马奔腾辑注：《王国维未刊来往书信集》，清华大学出版社 2010 年版，第 242 页。

(58) 同上书，第 248 页。

(59) 钱仲联校注：《沈曾植集校注》下册，中华书局 2001 年版，第 1198—1204 页。

(60) 吴天任：《梁节庵先生年谱》，艺文印书馆 1979 年版，第 315 页。

(61) 孙雄：《诗史阁诗话》，载《民国诗话丛编》二，上海书店出版社 2002 年版，第 156 页。

(62) [日] 宗方小太郎：《辛壬日记·一九一二年中国之政党结社》，中华书局 2007 年版，第 201—204 页。

(63)《组织国民公会支部》，《申报》1912 年 6 月 9 日，第 7 版。

(64)《国民公会支部开成立会》，《申报》1912 年 6 月 11 日，第 7 版。

(65)《民立报》1912年6月9日,第10页,载上海社会科学院历史研究所编《辛亥革命在上海史料选辑》,上海人民出版社1981年版,第887—888页。

(66)《中央临时教育会开会三志》,《申报》1912年7月22日,第3版。

(67)《国民公会开会纪要》,《申报》1912年7月30日,第7版。

(68)《保存孔祀之文电之二》,《孔教会杂志》第1卷第1号。

(69)《尊崇孔祀之公呈》,《申报》1912年9月14日,第6—7版。

(70)《讨论尊孔问题》,《申报》1912年9月22日,第7版。

(71)《尊崇孔祀之会议》,《申报》1912年9月24日,第7版。

(72)《孔教会追悼姚菊坡先生演说辞》,《宗圣学报》第2卷第5号。

(73) 孔教会发起人陈作霖,在《中华民国史资料丛稿》特刊第二辑中,误作南京人陈作霖(字雨生,号可园),余多因此以讹传讹。见该书第72页。

(74)《尊崇孔祀之谈话》,《申报》1912年10月3日,第7版。

(75)《尊崇孔祀之审慎》,《申报》1912年10月7日,第7版。

(76)《本会纪事·总会》,《孔教会杂志》第1卷第1号;《申报》1912年12月2日,第7版。

(77) 姚明辉编撰,戴海斌整理:《姚文栋年谱》,《近代史资料》总125号,第200页。

(78) 同上书,第201页。

(79)《本会纪事·总会》,《孔教会杂志》第1卷第1号。

(80) 沈其光:《瓶粟斋诗话》初编卷三,《民国诗话丛编》五,第518—520页。

(81) 姚明辉编撰,戴海斌整理:《姚文栋年谱》,《近代史资料》总125号,第201页。

(82) 孙雄:《诗史阁诗话》,《民国诗话丛编》二,第169—170页。

(83)《希社简章》,《孔教会杂志》第1卷第3号。

(84)《希社丛编》第3册,第1页。

(85) 同上书,第3—6页,《本社社友录》。

(86) 同上书,第3—4页。

(87) 胡素萍:《李佳白与清末民初的中国社会》,中山大学出版社2009年版,第17—18页。

㊽ 同上书,第31页。

㊾ 李佳白:《尚贤堂缘起》,见《尚贤堂章程》,上海美华书局1906年版,第3b页。

⑩ 陈焕章:《孔教论》,商务印书馆1912年版,开首有《美国李佳白先生序》。

⑪ 《介绍孔教论》,《协和报》第3卷第10期。

⑫ 陈焕章在尚贤堂演说孔教,当时上海报纸亦有记载,如《申报》1912年9月7日第7版之《尚贤堂再讲孔教》等报道。

⑬ 陈焕章:《孔教会追悼姚菊坡先生演说辞》,《宗圣学报》第2卷第5期。

⑭ 许全胜:《沈曾植年谱长编》,第364页。

⑮ 《本会纪事·总会》,《孔教会杂志》第1卷第1号。

⑯ 程淯编:《历代尊孔记孔教外论合刻》,东方读经会1938年第15版。

⑰ 《孔教会追悼姚菊坡》,《宗圣学报》第2卷第5期;《纪本堂为姚菊坡先生开追悼会事》,《尚贤堂纪事》第7卷第6期。

⑱ 《纪本堂为姚菊坡先生开追悼会事》,《尚贤堂纪事》第7卷第6期。

⑲ 《王声勇先生演说词》,《尚贤堂纪事》第7卷第6期。

⑳ 沃丘仲子:《近代名人小传》,崇文书局1918年版,"官僚"第12页。

㉑ 陈伯熙:《上海轶事大观》,上海书店出版社2000年版,第245页。

㉒ 陈焕章:《孔教会追悼姚菊坡先生演说辞》,《宗圣学报》第2卷第5期。

㉓ 《姚东木先生文栋演说词》,《尚贤堂纪事》第7卷第6期。

㉔ 《本会纪事·总会》,《孔教会杂志》第1卷第1号。

㉕ 《本会纪事·总会》,《孔教会杂志》第1卷第3号。

㉖ 吴丕绩:《孙隘堪年谱初稿》,其中1912年记事言:"(1912年)冬梁文忠公鼎芬、沈子培尚书曾植、陈重远进士焕章在沪创孔教会,邀先生(孙德谦)入会。会中主事者,一为姚菊坡太史丙然,一为姚子梁观察文栋。"上海图书馆藏秦翰才抄本,无页码。

㉗ 罗掞东:《麦孟华传》,《中国实业杂志》第6年第4期。

⑩ 张灏：《中国近代思想史的转型时代》，《幽暗意识与民主传统》，新星出版社 2006 年版，第 135 页。

⑩ 包天笑：《钏影楼回忆录》，中国大百科全书出版社 2009 年版，第 422 页。

⑩ 《世界宗教会开会纪事》，《时报》1912 年 3 月 15 日，第 5 版。

⑪ 《昌明礼教社□言书》，《时报》1912 年 4 月 25 日，第 6 版；1912 年 4 月 26 日，第 6 版。

⑫ 《孔教会开办简章》，载《孔教论》，第 98 页。

⑬ 《本会纪事·松江支会》，《孔教会杂志》第 1 卷第 1 号。

⑭ 《中华民国史事纪要》编写组编：《中华民国史事纪要（初稿）》[中华民国二年（1913）正月至二月]，中华民国史料研究中心 1971 年版，第 94 页。

⑮ 《本会纪事·总会》，《孔教会杂志》第 1 卷第 2 号。

⑯ 《孔教会杂志》第 1 卷第 2 号。山西宗圣会创办的《宗圣汇志》也在第 1 卷第 2、5 两号连载。

⑰ 《本会纪事·松江支会》，《孔教会杂志》第 1 卷第 2 号。

⑱ 《本会纪事·松江支会》，《孔教会杂志》第 1 卷第 3、5 号。

⑲ 《孔教会开办简章》，《孔教论》，第 98 页。康有为的《孔教会章程》第十条则暂以上海为孔教总会，他日或立大本会于曲阜，见《康有为全集》第十集，第 349 页。

⑳ 《教育部赞许孔教会》，《申报》1912 年 12 月 29 日，第 7 版。

㉑ 《内务部亦赞许孔教会》，《申报》1913 年 1 月 13 日，第 7 版。

㉒ 中国第二历史档案馆编：《中华民国史档案资料汇编》第 3 辑（文化），江苏古籍出版社 1991 年版，第 1—2 页。

㉓ 吴宗慈：《中华民国宪法史》，法律出版社 2013 年版，第 158 页。

㉔ 同上书，第 163 页。

㉕ 李时品：《知类强立斋日记》上册，稿本，第 62 页。

㉖ 《本会纪事·总会》，《孔教会杂志》第 1 卷第 6 号。

㉗ 同上。

㉘ 《本会纪事·总会》，《孔教会杂志》第 1 卷第 9 号。

⑫《本会纪事·总会》,《孔教会杂志》第 1 卷第 11 号。
⑬《曲阜孔教支会开幕通告》,《申报》1913 年 12 月 3 日,第 7 版。
⑭ 陈焕章:《孔教会追悼姚菊坡先生演说辞》,《宗圣学报》第 2 卷第 5 号。据该文陈氏回忆,上海事务所之事务由其弟陈郁章主持。

"自立"的焦虑：1927年前顾颉刚的人生追求与关怀[*]

丘文豪

摘要：顾颉刚多以其学术成就为我们所认识，但其作为一个"人"的"人性"与"个性"遂掩盖在种种学术成就标签之下。余英时的《未尽的才情：从〈顾颉刚日记〉看顾颉刚的内心世界》一书已"窥测"顾颉刚的"内心世界"，并涉及其"情感世界"。余氏认为有别于一般印象中的象牙塔中的学者，顾氏的"事业心"仍在"求知欲"之上，自从1930年代其生命形态越来越接近一位事业取向的社会活动家。本文则认为顾氏的"事业心"可能是在1927年以后才开始出现，是因为这时他身边开始有青年围绕，其中尤为关键的便是与傅斯年互争雄长。若考虑顾氏34岁（1927年）以前的状况，顾氏究竟有无"事业心"便是一个值得探究的问题。因此，本文检视顾氏于1927年产生强烈"事业心"前的人生态度及其关怀，特别集中在其自认学术基础建立的30岁（1922年）以前。最后则初步由顾氏"个人"的"个性"观察"现代知识分子转型与命运"、新文化运动的特质、传统与现代等大问题。

---

[*] 本文曾发表于2017年香港浸会大学"第五届中国研究青年学者研讨会"。

关键词：顾颉刚，生命史，新文化运动

丘文豪，台湾大学历史学研究所博士生，专业为明清以降思想史、文化史

一、前　言

谈到近代中国知识分子，顾颉刚在其专业领域的贡献绝对不小于胡适与傅斯年等人。然而不若胡、傅两人受关注，[1]顾颉刚往往多以其成就为我们所认识，如提出"层累地造成的中国古史观"开启了古史辨运动、收集歌谣的民俗学奠基者、中研院院士等。[2]其作为一个"人"的"人性"与"个性"遂掩盖在这些成就标签之下。

笔者认为，要讨论一个"人"的种种作为与成就时，我们必须先了解他的一些基本性格，也就是说在达成种种成就与贡献以前，他是个怎么样的人？他的追求为何？目前与笔者的提问最为接近的研究为余英时的《未尽的才情：从〈顾颉刚日记〉看顾颉刚的内心世界》一书。余氏欲"窥测"顾颉刚的"内心世界"，并涉及其"情感世界"，但笔者认为余氏的论断或有值得进一步追问的空间。

余氏认为有别于一般印象中的象牙塔学者，顾颉刚的"事业心"在"求知欲"之上。从1930年代开始，其生命形态越来越接近一位事业取向的社会活动家。[3]但余氏使用的史料多集中在1930、1940年代，其中最为重要者为1942年顾颉刚自言"事业心"的部分；[4]以及余氏认为他"事业心"不在"纯粹学者"之下时则是引用1934年的日记。[5]此外，从余氏的论述中，笔者发现顾氏的"事业心"可能是在1927年以后才开始出现，因为这时他身边开始有青年围绕，[6]而更关键的是，与傅斯年的互争雄长，傅斯年想要"征服他以为己用……反而激起了独树一帜的雄心"。[7]1929年后顾颉刚对学术普及事业的投入，便与傅斯年的决裂有很大关系。[8]就史料

的使用来看,余氏的立论并没有考虑顾氏34岁(1927年)以前的状况;[9]就余氏自己的论述来看,顾颉刚与傅斯年决裂之前,他究竟有无"事业心"也是一个值得探究的问题。

至于具体的研究方法则是通过顾氏日记检视顾颉刚于1927年产生强烈"事业心"前的人生态度及其关怀,[10]并特别集中在其30岁(1922年)以前,因为顾颉刚认为这是他一生学术基础建立之时。[11]关于"日记"作为史料之特性与价值,前人已有甚多发明,[12]简略而言,自清末以来便有学者以日记作为研究材料,[13]近来学者也呼吁日记的史料价值。[14]诚然,与所有史料一样,日记也有其局限性,即使每个历史人物皆经历相同的事件,其记录的事实也会是千差万别的,故其史料价值有相对性,因此研究事件不能径以日记为信史,要配合历史脉络与其他史料。[15]然欲探究一个人的内心时,正如学者所言,"日记是研究历史人物最好的素材,也是记主内心世界最真实的纪录,是研究历史人物生平与思想的宝贵文献",日记展现作者内心最隐密、深刻的独白,是研究心态史、思想史最好的材料。[16]通过顾氏日记我们确实可以发现其发现内心世界,发现其发展积累人格的过程以及自我内心交流的重要面向,这是外人观察与评论所无法触及的一面。此外需要说明的一点是,本文虽然聚焦在一个"个人"的"个性",看似相当微观,但其实笔者心中始终持有"现代知识分子转型与命运"、[17]新文化运动的特质、传统与现代等大问题,希望藉由对个案细致的了解后,能对这些问题有所反省。

二、社会角色的自我期望

(一)专心投入学问的向往

过去一谈到新文化诸君,脑中总是浮现"激烈""反传统""忧国忧民"等印象。然而在阅读以古史辨运动闻名的顾颉刚最有代表性的一篇文章《古史辨自序》后,便为其中展现出的强烈的"避世"心态所吸引。如其言:

> 我知道我是一个有二重人格的人。在一切事务上,只显得我的平庸、疲乏、急躁、慌张、优柔寡断,可以说是完全无用的;但到了研究学问的时候,我的人格便非常强固……所以我为发展我的特长计,愿意把我的全部生命倾注于学问生活之内,不再旁及它种事务。[18]

在这段文字中,顾颉刚认为自己除了研究学问外,可谓是一无是处,故他想专心于此,不问其他。这样将人生投入于学问的向往却无法达成:

> 自从出了学生界,免去了无聊的上课,我总以为可以由我自己支配时间了,哪知道又不然。……我因为屡屡受了他人的邀约而发表些文字,姓名为世所知,所以一般人也以为我是有意活动的,结合什么团体,每承招致。[19]

出了学校,时间仍然不能随心所欲支配,为外在事务分割,因此他说:"我惟一的想望,便是如何可以获得五六年的闲暇,让我打好一个学问的根柢,然后再作研究,再在文坛上说话。"[20]但他自己也清楚,这样的渴望只是单相思,其言:

> 我虽有这样的渴望,可是我很明白,这仅仅是我的"单相思",社会上是不容许我的。他们只有勒逼我出货,并不希望我进货。更质直的说,他们并不是有爱于我,乃是有利

于我。[21]

其实早在学生时代,顾氏为挚友叶圣陶拟定为学程序时,便安慰叶氏于无事之时,"不必以寂寞自伤,正研索学术以自怡天怀之时也"。[22]再观上引文字,顾颉刚先是由对全心投入学问的想望与对其他事务的排斥出发,进而有点愤世地认为社会只是有利于他。这显然无法以社会活动之"事业心"加以说明。[23]

(二)对交际应酬的严重排斥

若说顾颉刚将侵害他自由支配时间于学问的对象指向"社会",未免有些抽象。但若我们就顾氏实际的社交状况来看,正可以发现他是一个极度排斥、也不擅长交际应酬的人。诚然,在学生时代顾氏与叶圣陶、王伯祥等同学、挚友于课余之暇也会四处闲晃,上茶馆聚会,[24]然这与"出社会"后的应酬交际性质相差甚大(其重视真感情而排斥形式化的交际还可见后文讨论家庭的部分)。

如他自言:"予在人家应酬,总觉甚苦。以既无事可作,不能不坐待时尽;而专以应酬遣生涯之人,盈庭满室,四顾无可语者也。"[25]又言:"予颇害羞,深不愿他人窥伺我爱好之情,以为杂坐谈笑之柄。"[26]从这两段文字可见,顾氏不喜欢去人家拜访,他既不愿意以自身爱好为谈笑之话题,又排斥那些在他眼中以应酬为消遣的擅长应酬者。这些言论不只是顾氏自命清高之谈,有一生动的例子将其"孤僻"的个性展示得活灵活现:

> 余不忍独食,又不愿虚与人委蛇,以是在津浦中恒苦饿极不得食。这回归去,未尝下车购一些饼食,也未尝叫唤车中饭食,仅将友朋赠遗者得间略嚼而已。赠遗之物,大半酸甜,食

多胃泛,几至呕吐。㉗

前次坐车时便为了不想与人交谈应对,宁可挨饿。这次也仅吃手边大抵是伴手礼一类的酸甜食物,导致胃不舒服。此外,在另一次坐长途车的过程中,顾氏也两日没吃饭,只以朋友送的饼干充饥。㉘

顾氏宁可挨饿、胃痛也不愿与人应对,这实在是因为交际应酬对他来说太不舒服。无论是身体本来就孱弱的缘故,或是心理影响生理,社交总是为顾氏带来身体上的不适。有一次,仅是与稍微多的人应对,就使他的身体有了不良反应。

> 今日四点钟后出去三小时,见人略多,到处敷衍,以至头昏脑胀,血复上升。如我身体,又具此性情,真不能事交际,或做教员。茶馆中,人以为舒齐,而我徒见人头挤挤,憧憧往来,不胜其繁,目为之涩。㉙

与人稍事敷衍就头昏脑胀,光是见人多拥挤就算不用应对也会使他眼睛干涩、不舒服。此外,与人深谈同样也不行:"今日父大人及徐玉诺君等来,说话过留心,遂又头涨。予真不能交际,又见又不[能]任上课事矣。"㉚谈话太过用心就导致头涨,这样的状况还会影响到隔日,如在整天感到疲倦时顾氏记下:"今日之倦想是昨日开会之故,予真不能作交际矣。"㉛而在一次家族祭祀活动后,顾氏记下:"午饭间,予代账房,送礼者纷至,一忙即升肝肠,精神颇不舒服。予只能过秩序的生活,不能过劳烦的生活,有如此者!"㉜隔日因忽觉困怠,连晚餐也没吃,因此记下:"予不能经辛苦,大是受累。"㉝

从与人应接深谈或处于人多的环境就会导致身体不适,顾氏得出了自己不能交际,不能操劳,也不能当教员担负职务责任的结论。为此,顾氏还费了不少力气去避免。

1921年2月,顾氏对自己灵光一闪的点子感到相当兴奋,这便是:"征行有日,忽然想起何不取学校中职务在家里做,可以长侍祖母,得此意,喜甚。"㉞然主事者却没顾氏那样的开心,因为从来没有这样的先例,最终抵不过顾氏的请求,只能同意其先请假,而后找人代替。对于这样的结果,顾氏记下:"这也很好……但我仍要在家编目。我这回归去,一来是侍奉祖母,二来是为校办事,三来是自己读书,四来是安慰履安;我很怕应酬。"㉟从此可见,职务之事只占了四分之一的安排,其他则以家庭(详后)与自己的学问为重。从《日记》可见,顾氏一直都有失眠的毛病,然此患正与其讨厌交际应酬密切相关。虽然失眠大多是白天用脑造成的,但同样的情况于苏州家中就比在北京时好:"夜中又醒了几次,以日间埋头稍久也。但比北京总好得多。"㊱北京职场上明显的压力,使其在一次失眠后记下了其时相当鲜活的情绪反应:"夜间不作文而看小说,望其得眠,竟不可得。……饮葡萄酒一茶杯,头中血虽震动,得眠极迟。愤甚,拟即请假归家。"㊲早先顾氏已反对校方要他暑假归家的决定,预定于春假返家,㊳但在失眠的气愤下,决定立刻请假!

顾氏在北京待不住绝非逃避职务责任,而是真切地对与人交际应酬感到反感。这样的态度同样显示在他与朋友的交往上。《日记》中有一段特别的记录,是关于一段看来相当有趣的户外活动。顾氏朋友为主人,邀请顾氏在内的八人,并有歌妓六七人伴游,一行人坐船游河、访山、聚餐,顾氏也自言这是他人生中第一次坐花船、挟妓游山、吃船菜。但他并非将此作为一件趣事记下,反倒是说:"今日并未多走路,而背痛腿硬甚,不知何故。将精神受彼辈拘束过甚耶,体之衰耶?"㊴过没多久,主人再次邀请同游,顾氏认为"当审考",因为比起去郊游,顾氏觉得"在研究所看书写字甚好,绿杨、红墙、白云、青天,极快心目"。随后他便以校务牵制为由回绝。[40]除此之外,顾氏学生时代相当热衷于听戏,但几次上海之旅的晚上,他都没有随朋友出游,而是"他们去看戏,我在旅社内看书"。[41]对于同事的到访,先是推辞为到苏州的李石岑与郑振铎接风;[42]老师胡适至上海也以"手头窘极,不能备旅费"却之,又希望若胡适能到苏州,他就不必跑一趟上海了。[43]然就当时顾氏的经济状况看来,有父任官养家,有祖母给零用钱,所以不想出远门可能才是主要原因。当有人劝他不能都闷在家里,应该要多与人交往时,他认为:

> 姨母挚劝我须常到亲戚朋友家散散,不能闷在家中。此在人则然,在我殊非。我在家中,未尝觉闷。以大部能由我作主,支配此一日光阴;心之所志,虽不能全然做到,总可做到其一部。至于到人家嬉游谈话,便多受人迁至之处。寻常人无自己精神,人不与之事,彼亦无事可做。所以每一暇闲,恒苦无处消遣;必须有嫖赌吃着笑谑之友,始觉有安身之地。此等人自必以独居为寡欢……而我非其人也。[44]

从此可见顾氏以独居、闲暇的态度自处是相当真切的。

三、以学问之事业在社会、家庭中自立

在前节开头笔者便引用了《古史辨自序》中,顾颉刚想要专心投入学问,并对"社会"有所抱怨的文字作为楔子。在本节,笔者将深入探讨顾氏这种欲以学问为天职,并以此于社会中自立的自我期许。

（一）"成学"的焦虑与对"社会"的恐惧与排斥

首先，在《日记》中屡屡出现的文字，便是顾颉刚对自己"成学"与否的焦虑。如有一日他将时间花在配眼镜及与朋友交谈上，当天的日记末段，顾氏便记下了："今日一天未做甚事，惭愧！惭愧！我一生有读书之望吗？"[45]而前文让顾氏相当烦心的失眠之患，也是因为这会影响到他投入学问的时间，其言："要做学问，夜间决不能放弃，但我的身体竟如此，此亦不能两全之事。秋宵人静，正是读书深思的好时候。天乎不佑，使我失眠！"[46]除了一日的虚耗与夜间时间的浪费外，在一本日记本用尽后的总检讨中，顾氏说道：

> 在这一年半里，我的境遇真是不顺得很了，我的心境真是不定得极了。我向着希望，一步一步的走去，但处处有不期而来的挫折，使我不能做秩序的生活。倘使我一生的境遇终究是这般，我真是没有希望的了。思此，怅甚！[47]

顾氏认为自己境遇与心境皆不顺利，在此之下此生便"没有希望"。此外，1953年，以约60岁之龄重阅此段日记，顾氏记下：

> 越三十年，翻览此册，觉得三十年中只有刚到燕京大学时稍有安定生活，余均在焦躁、彷徨、纷乱、困苦中度过，卅年前之祈求，迄今还是一个可望而不可即的神山，然而年则已老矣。生于此世，只不死已是厚幸，敢望成学乎！[48]

从此可见，前一段之"希望"指的正是他本身"学问"的建立，至于"社会事业"至少在这时还没成为他焦躁、彷徨的对象。这样的焦虑"日有所思，夜有所梦"，生动地反应在其梦中："夜梦与梁启超讲话，谈及我之学问，我不禁大哭，以为有志而莫由达也。"[49]在另一段更早时留下的长文中，更可见顾氏明白是以自立"学问"为忧：

> 吾想吾常说学，而自省实无学；此犹窭人子稍窥宫室之美，便日夕在草芦中打屋样，开货物单，虽想象中极为完备，然总是做不到的事情……欲达积想，惟有储钱；吾总希吾辛勤一生，至于老死，不改其常，把吾储钱，悉以建造；只要在没前的一日，享受理想中之供养，于愿足矣。盖虽不久居，而吾之遗体，子子孙孙，受其供养，亦无殊于吾也。[50]

在此，顾氏以筑屋为例生动地说明他窥人学问之博大，心生向往，但要达成那样的成就，不能不辛勤"储钱"，否则只是空中画饼。而这样对成学的焦虑，除了为学问而学问的知识追求外，当与前段说明顾氏不喜欢与人交际应对，对社会的压迫感到戒心（文末最后一段展现出回馈社会的意识待后论）。在一段感叹自己身体之不堪后，顾氏说道："想想实在的可怕！我的将来到底如何，真是一个问题。"[51]"实在"的可怕，使其对"将来"感到悲观，故其念兹在兹的"成学"，正是其应对现实社会的安身立命之方。

诚如李欧梵所言，新文化运动时期的文学创作处处展现"自我"与"社会"的冲突，[52]这样的特质表现在顾颉刚身上，便是自我之读书成学与社会上之职务、交际上的紧张。

1919年，顾氏有一段相当长的日记，正可以看出顾氏这种对"社会"的极端排斥。顾氏从反思自身"处世方法"出发，在文中先批判"一般人"：

> 可怜一般人生在社会，是专为吃饭、游戏、传种而来的，世

界进化观念,没有一毫一忽的存在。自己陷落了不舒服,还要拉几个出众的学问佳、聪颖的天才,去同他们一炉融化。倘不遵守,便是刀锯鼎釜,众罚并下。那辈无识的人,只是骂他不知妄作。那辈诡诈的人,只是不要他人的知识罩过在他上面,弄得他做事缚手缚脚。所以有学问的人,到了这个境界,不是佯狂的自污,便是闭门的深隐。战国时候,保存天真的人还很多。有了学问,逢了乱世,佯狂隐居的人,见于书籍上的,尚是很多;那不见于书籍上的,又不知有多少。可见社会的势力,尚不甚大;要把一世的人,都一样的融化,却尚有融化不到的。如今不然了,社会把个人束缚得厉害,把个人独立的遗传性,一层层的剥削,几于没有了,连想也不能想。所以现代的人,只是向社会姑息敷衍;这种高蹈自洁,或处浊不污的人,竟可绝迹。看那时的亮节高风,真是古不可及了。[53]

顾氏认为"社会"上"一般人"只会吃喝玩乐外,少数有学问、聪明的人,古时候即使遭逢乱世,被压迫者还能选择退隐,但现在"社会"势力之大,非把个人的独立性消泯,想要遗世独立竟然不可。接着,顾氏提到祖母对其的批判:

上午同祖母谈谈,祖母说我处事不精炼,是木;欢喜买物,是颠;动辄与人立异,是呆;不好与人交际,是戆。此等话吾在家中,天天听见。……大概家庭也是社会的一部分,自然不能违现社会的趋势。而所见之域,比他社会小。所关的厉害,比他社会大。眼界小,故用成例相绳更刻。责望深,故疑心猜想的地方多。……一个人在他社会上,有些厌倦之处,还可拂袖而去。那家庭里的心志不一,直是附骨之疽。[54]

顾氏之不善、不喜交际前文已多有引证，在此值得注意的是，"家庭"被置于"社会"之下，而其中责望、疑心的成分更多，人在其中根本无所逃避。因此，顾氏认为自己是家庭、社会中的异类，但他也不以此为忧：

> 我自己的事业，诚使鸡鸣而起，惟日不足，到了老死，尚难做完；岂有余眼来做无谓的敷衍应酬。人家有些小事，就断送我一天两天的光阴，在唱喏、鞠躬、坐席、踱方步上，来了一个没事的客人，就断送我半天一天的功夫，在清谈，雅谑上面。……我也深知我有些僻性，不乐同人交往，是不完善的，但是我的职业是学问，就是照我的心思作去，也无亏我的职业；总不能说我是坏人愚人。但是世俗之情，学问是假的，借社交去汲引是真的；学校是假的，拿文凭去偷钱是真的。[55]

"社会"上其他同样讲"学问"，以及学者安身之处的"学校"在他眼中都是"假"的，用来交际营利的。有这样的观点，无怪乎顾氏会排斥与人交际，或于校中开会处理职务。这段反省到此，可见顾氏求学问向往之坚，并可见其所谓"事业"，仅关乎自身对学问的追求与个人的成学，并以此"自立"于社会，甚至有点独立于外的味道。虽"筑屋之譬"末段出现以学问造福后世之意识，但并非其核心关怀所在。

（二）以王国维为处世模范

余英时认为万万不可放过顾氏之梦，并以1923年3月6日与1924年3月31日两条梦见王国维与其携手聊天、同座吃饭的情形，认为顾氏羡慕王氏在学术上的重大创获及其造诣，并以其为目标。[56]也有学者认为余氏仅是小题大做，过于相信当事人的自我陈述，顾颉刚梦中相见的人不可胜数，记康有为多过王国维。[57]本节最后，笔者想要以顾颉刚梦王国维一事来加强说明这种以学问自立于社会的向往，并试图回应余氏所谓的"事业心"是如何出现的。

在日记中，有数段关于王国维的记载，如顾氏曾写信给王氏，[58]并多日阅读王氏文字，[59]这样看起来，顾氏之"梦"王国维并非巧合，余氏所论甚是。然笔者却不认为顾氏只看重王国维之"创获"及"造诣"。在"创获"及"造诣"之外，笔者认为顾氏可能是被王国维那种以学问独立于世的安身立命之形态所吸引。在学术之外，顾氏曾记下一段对王国维的印象："王静安极朴诚，蔼然可亲。其寓所甚不考究。"[60]此外，王氏投湖自尽后，顾氏为其所写的悼文中含有许多线索。首先，顾氏提到他对康有为之逝世"淡然置之"，这是因为康有为的学问在36岁时便已经停止，而转向政治活动。王国维则不然，他是一天比一天进步，在"别人禁不住环境的压迫和诱惑，一齐变了节，唯独他还是不厌不倦地工作，成为学术界中唯一的重镇"。[61]在此，顾氏肯定了王氏学术之不断进步，与不受外环境影响。而后，这篇悼文在解释王国维并非迷信忠君作遗老时，虽然批判罗振玉欺世盗名，但也肯定他为王氏营造出"一个不问外事，专心读书的境界"。[62]悼文后段，顾氏由王国维的境遇感叹道："倘使中国早有了研究学问的机关，凡是有志研究的人到了里边去，可以恣意满足他的知识欲，而又无衣食之忧，那么静安先生何必去投靠罗氏，……"[63]这段文字的重点，一是顾氏对王氏不受外在压迫影响，学术不断精进的肯定；另一方面则是藉由王氏之境遇，说明有志于学问者需要一个不愁衣食之地。正与其以学问自立于社会的向往相互呼应。

悼文最后，顾氏为了后人不要重蹈王国维的覆辙，建议"大学中应该替专门研究学问的人设想，在平常的办事与教课的教授之外,请若干人专做研究,不担任学校里的任何责任,更不强迫他们加入某某党派"。[64]这完全就是顾氏借题发挥,提出自己最深的期望。此外也提出,"我们应当造成一种风气,把学者们脱离士大夫阶级而归入工人阶级"。[65]这一部分是王汎森所谓知识分子对士大夫优越感的反省,从而产生的"自贬"与"自我边缘化",[66]但其中也表现出顾颉刚欲摆脱社会外在责任与压迫的"自立"心态。

总而言之,笔者认为顾氏是为王国维这种致力于学术、自外于社会职责甚至有些遗世独立的生活形态所吸引。而此文写在1927年,正是余英时发现顾氏出现强烈"事业心"之时。因此,笔者认为顾氏的"事业心"可能是在1927年以后才开始出现,一方面是因此时身边有青年围绕,[67]一方面是被傅斯年激发出"独树一帜的雄心"。[68]或许可以再加上,王国维之死,给予顾氏建立一自立于社会之外的境地以安心学问,以实现顾氏自1919年以来便展现的对社会的排斥,欲以学问自立的向往。若是如此,余氏断然以"事业心"在"求知欲"之上,"事业取向的社会活动家"为顾颉刚的生命形态,[69]未免忽略了其最初的人生追求、向往所在。

四、与新文化运动主流之比较

在以上两节已经说明,由于顾氏对社会的排斥,对以学问自立的向往,接着笔者想要藉由顾氏的人生追求与向往,进一步与新文化运动的一些主要特质比较,[70]以凸显顾氏之独特与新文化运动的复杂、多元样貌。

(一) 对家庭的态度

在上一节讨论顾氏对社会的排斥与恐惧时,笔者引用了一条顾氏将家庭视为社会的一部分,同样有压迫感。这里或许会让我们迅速联想到清末康有为与谭嗣同打破家族的主张,以及同时新文化运动诸君对"封建"家庭的批判。1918年6月,胡适《易卜生主义》指出家庭的种种黑暗;1919年12月的《李超传》也抨击家族对个人的压抑与限制,这类文字多以打破传统家族与礼教为目标,将个人从家庭与家族中解放出来。然仔细探究顾颉刚同时期留下的文字,笔者发现他对家庭的攻击并没有那么激烈与激进。

诚然,顾氏不喜交际的个性,同样也表现在他与亲戚的交往中。如其族姐出嫁,他也因"真真怕"应酬,而没有参加邀宴。[71]表嫂出殡也没有参与,反倒记下:"近日应酬四五起,均未去。幸现在祖母不管我,脱略酬酢,可以自由,极快。"[72]而一次不得不于亲戚家作客后,顾氏便在当天的日记中大发牢骚:

> 在二姨母处,几欲起身,皆为阻挡。外祖母等所讲之话,极长而极无味,强我听之,殊不可耐。因念老妪说话,与学究释经正同。等了长久,好容易买了点心来,又是酸的馒头。到亲眷处真讨厌![73]

这篇生动的抱怨足见顾氏对往亲戚处走动交际的排斥。因为用世故与手段与人相处就是不妥:

> 既与他人相接,便不得不用世故,用手段。虽目的未错,与人无伤,事实上复弥缝无痕;而在信果之间,总有余愧。此在一家骨肉之间,尚且迫而有此;况他日出应社会,关系万端,情伪万状,其能不随俗披靡呼。[74]

而这样的情形使其联想到若是在社会上,这样的情形只会更严重,如其因娶妻一事的交涉有感而发道:"他日处置关系更复杂之事,将如何乎。思此自讼不止。"⑦⑤

　　从顾氏对家庭的抱怨,可见他针对的是其中"社会化"的一面,因此他对家庭的不满,主要集中在过于形式的礼节。在几次的节日中,最可以见到这样的反应。如过年时,顾氏认为:

> 从前人看节令太有趣,所以多多想出事来,把节令点缀得越多越好。但因为他们的作俑,害得我们苦得很了! 所谓大年夜的乐趣,在我与履安看起来都是没趣。将来我等组织家庭,当一切废除。⑦⑥

过清明节时,也认为根本像是在"做戏"。⑦⑦此外,亦可见其对特定习俗的批评:

> 年初三就有鲜鱼鲜肉买,何必大买年冬,到今日还没吃完! 讨厌极了! 将来我们作了人家,年底绝不要多备菜,只要买些罐头食物,备岁初数天。一有东西买,就吃新鲜的。⑦⑧

虽然对于过年的各种习俗感到苦,但其应对措施则是日后组织自己的家庭时再将其废除。这种反对无谓的礼节形式的态度,也多次出现在日记中。如父亲要其妻去参加送殡时,顾氏认为:"忽生人而重死人,可叹!"⑦⑨对于父亲"有形式而无感情",⑧⑩顾氏于1922年8月间,与父亲频繁通信争论搬家自立,更将信函分类以"缚住了吗"名之。⑧①

　　顾氏对家庭中"异化"、失去真情感的部分进行抨击,但并没有根本地反对家庭。其实顾氏是很看重家庭中自然亲情的部分,如在第一节提到顾氏欲将公事带回苏州老家处理,除了逃避应酬、专心读书外,也是为了伺奉祖母。虽然顾氏也曾抱怨过祖母"智识已模糊,而犹喜管事,徒令我辈做无谓的事情",[82]但当他要离家赴职时,与祖母也相对凄甚。[83]此外,一次返家后,也因过去屡为祖母敲腿敲背,而这次却不过一二回而感到后悔。[84]

正如开头所言,顾氏这样对家庭亲情的看重与新文化运动几个代表人物欲完全打破家庭的态度截然不同,这不只是笔者以后见之明的解释,顾氏自己也注意到这点,他说:

> 孟真家有祖父母,有寡母,有病妇,我劝他暑假回去,他只是不去。我校暑假,足有三月,胡先生家有病母,不但不回去,只托人接妻子出来。他们二人学问为我所最钦服的;他们将来的事业,实是未可限量;但是他们这样对付家庭,总不是我所愿闻。他们对于学问事业兴味过高了,自然家庭一方面渐渐的淡下去。……顾我终不愿以事业学问,而牺牲我他方面之责任。虽未能两全,或将两失,而在我直觉中终应如此行去。[85]

在这天的日记中,顾氏明白地指出自己虽然钦佩傅斯年与胡适的学问,并看好二人未来的成就,但他们对待家庭的方式是顾氏无法认同的。对成学自立有强烈向往的顾氏,竟然愿意既使两失,也要努力兼顾二者,这样的态度绝非是激烈地要完全打破传统家庭。

(二) 学术上对新旧的看法

除了对家庭的态度不能简单地将其归类于新文化运动一派,在更基本的"新旧"问题上,顾颉刚也展现出相对保守的态度。对于新旧,新文化运动诸君的立场相当清楚,那便是以新代旧。1918年5月,鲁迅在《新青年》发表《狂人日记》一文,严厉批判传统体系;11月又刊出吴虞的《吃人与礼教》一文,将传统体系以严厉的态度全盘打倒。这诚然是林毓生指出新文化运动中最基础的"全盘性反传统"特征,[86]反应在社会舆论上,便成了人人都标榜"新",而新就是正确的现象。[87]由于顾颉刚的古史辨运动成了此后辨古史真伪的滥觞,其散布的疑伪精神影响了整个中国的文史研究。[88]论者注意到顾颉刚与古史辨运动是产生于 1917 年普遍存在的打破偶像的气氛之下,而此后又带起了对儒家经典、孔子评价重估的风气,遂将顾颉刚放置在新文化运动的整体论述中。[89]更与钱玄同等人一同,被视为反传统健将。[90]

然笔者观察顾颉刚早期留下的文字,却得到一些相当意外的收获。1919 年,顾颉刚对新旧的态度并不如前引论者所言,他在日记中说:

> 思汉笺、唐疏、清之朴学,过余下学而不上达;象山、阳明以至释老,过于上达而不下学;皆非始终本末之道。惟孔子、朱子,乃兼综之;至学而至知天命;道问学而至尊德性;……[91]

从这段文字可以看出,他对于陆王心学这类新文化诸君亟欲打倒的"玄学",抱持的不仅是同情,而且是更为积极的态度,认为他们有"上达"的一面;与胡适等人以近代科学精神视之的清代朴学,[92]同偏于一端,并给予新文化诸君眼中罪大恶极的孔子与朱子相当正面的评价。此文又继续说道:"现在学派,纵受欧洲潮流,而在本国故已有是项趋向矣。"这样的看法也与新文化诸君一竿子打翻旧传统,欲以西方学问横移于中国的看法相异。接着,再引《新民丛报》中郑浩文:"凡一物至于腐败时代,以后必有其推陈出新之道;故中国至于今日,即使无欧学输入,亦将有笛卡儿、培根其人矣。"并认为"此允论也"。[93]最后,顾氏下了一个令笔者相当意外的结论。其读《新青年》后的感想是:

> 吾意无论何学何事，……总在一个历史进化观念；以事物不能离因果也。钱玄同一辈人，只要新，便是好；若事物可以无因而至者，顾凡新皆可取也。谬甚。[94]

顾氏明白地反对《新青年》一派只要新便是好的态度，并点名"钱玄同一辈人"。同年，顾氏有《中国近来学术思想界的变迁观》一文，在里面他也提出"由旧趋新，而非易旧为新"这样较为持平的看法。[95]在认为新旧、中西之价值非绝对的前提下，顾氏又以新旧、中外、好坏、宜不宜等16种组合进行分析。[96]这样对传统抱持较为同情、理性的态度，并不只是出现于1919年文章上的一种宣称，顾氏真切地于人生中实践了这样的新旧观点。1921年他数次读《论语》与《孟子》，并做笔记；[97]一日行程延迟，多出的时间也"读《论语》一过，札记一则"。[98]

顾氏对新旧学术的看法，又可以加强笔者认为顾氏是真切地以王国维为人生楷模的论断。余英时认为，顾氏是羡慕王国维在学术上的重大创获，而非思想倾向。如果顾氏在思想倾向上追随王氏之反对过度疑古，就不会有古史辨运动的出现。[99]但就笔者所引用的史料看来，顾氏此时对中国传统学问的同情，并不一定使他不认同于王氏的思想倾向。诚然，古史辨运动是以"疑古"的姿态出现，然就以"后出"的古史辨运动论证顾氏"此前"的人生态度与思想，未免失之于后见之明。

此外，日记中还有一条史料可以说明顾氏与新文化运动或许不那么的合拍。1919年，为《新潮》撰文之故，顾氏曾写信给时任《新潮》主任的傅斯年，就《新青年》讨论杂志进行的问题，内中有些责难《新青年》的部分，顾氏的原意只是要提醒傅斯年不要犯了同样的错误。没想到傅氏却想将顾氏此信注销，为此顾氏相当不满，因为他并不想"与《新青年》争口实"。[100]过去一般将《新潮》的创刊视为《新青年》孤军奋战局面的结束,很快产生群体效应,代表学生群体加入新文化运动。[101]然就此观之,或许二者在新文化运动的大脉络下仍同中有异,值得思索。[102]

结　　语

本文的出发点其实相当简单,顾颉刚先生因为在史学方面有重大的成就,前人多在其学术成绩与时代贡献的脉络下对其进行研究,从而忽略了他的"个性"。在阅读较早注意到其个性与人生关怀的余英时的著作后,笔者认为在余氏提出的"事业心"解释与《古史辨自序》中展现的"避世"心态间仍有研究的空间。余氏所论多集中在1927年以后,故笔者集中阅读此前顾氏的日记与相关文章后发现,首先,顾氏想专心投入学问,又对外在社会的压迫感到恐慌,因为他个性本来就偏于"狷""孤僻"的一面,既不擅长也不喜欢社交。在此之下,他对于自身"成学"与否也感到非常焦虑,因为这是他"自立"于社会的唯一方法。由于日记创作者面对的主要是自己的内心世界,而非读者与公众,[103]因此通过日记我们可以发现与顾氏后来的事业心以及傲人的学术、社会成就相比,其内心世界所展现出的另外一番不同的样貌。

与新文化运动展现的激烈、激进反传统、反家庭相对比,却又发现,我们不能简单用"新文化运动"脉络来解释顾颉刚这种独特的个性与人生向往。虽然对家庭流于形式感到排斥,但顾氏对其中自然情感的部分却相当看重,不能轻易以"个体解放"视之。顾氏的态度与其说是想从三纲五常中解放,毋宁说是欲在其中"自立"。此外,对于学术上的"新旧",他也不主张凡新都好,而是持一种相对"保守"的态度,与新文化运动激烈、全盘的反传统思维大相径庭。诚然,古史辨运动以"疑古"的姿态出现在近代思想上，其结果确实也造成了人们从经典权威中解放出来，但我们不能以此结果"逆推"，解释顾颉刚的个性与关怀，毕竟一件事的结果与动机往往不一致，古史辨运动中的"疑古"与顾氏的关怀与追求究竟有怎样的辩证关系，还值得进一步深思。

学者认为新文化运动虽然主张"个人主义"，但以社会为本位的群体意识始终相伴随，甚至占据上风。[108]但我们却无法以此论断来解释顾颉刚这种"自立"于社会，对社会感到恐惧、排斥，甚至有些超然于世的个性。此外，虽然顾氏也稍微论及其学问或许能贡献社会，但与"避世"心态相比，却显得相当淡薄，这又与学者多以"士以天下为己任"的传统解释新文化运动知识分子"忧国忧民"的论断产生矛盾。如余英时认为五四初期知识分子的责任感是士传统的余辉；[109]罗志田认为梁启超、胡适、丁文江对政治参与的态度，展现士到知识分子的转变，无意地继承了士以天下为己任的继承。[110]此类论断多以梁启超、胡适等人为例，进而成为一个概括时代与群体的论述，并反过来解释其他同时代的读书人。根据前文的讨论，笔者认为若是想要深入地了解当时众多读书人在传统与现代转型中的样貌，就必须先肯定这个"个人"的个性，将其从"新文化运动"的大脉络中"暂时"抽离出来，真切地探索其人生追求与关怀所在。再将其展现出的特色与个性"放回"新文化运动的时空背景中，或许可以帮助我们反省新文化运动的特质究竟为何。

---

① 关于胡适这方面的研究，代表作品有：江勇振：《星星、月亮、太阳：胡适的情感世界》，新星出版社2012年版；江勇振：《舍我其谁：胡适》，（台北）联经出版事业公司2011年版。傅斯年的部分可参考王汎森《傅斯年：中国近代历史与政治中的个体生命》，（台北）联经出版事业公司2013年版。

② 这反映在顾颉刚的相关二手研究中，这些研究多以其"学术"为焦点，较早的如施耐德著、梅寅生译《顾颉刚与中国新史学：民族主义与取代中国

传统方案的探索》,(台北)华世出版社1984年版;王仲孚:《顾颉刚的古史研究与著述》,《台湾师大历史学报》15期(1987年6月),第351—391页。后者在简单地介绍顾颉刚的生平后,便以大半篇幅将顾氏的著作编年,明显以学术研究及其成就为顾颉刚人生之主体。后来的研究如:陈志明:《顾颉刚的疑古史学》,(台北)商鼎文化出版社1993年版;顾潮、顾洪:《顾颉刚评传》,百花洲文艺出版社1995年版;陈识仁:《提高或普及?——顾颉刚从事通俗教育的背景》,《兴大历史学报》19期(2007年11月),第123—154页。也多聚焦于其学术、社会贡献的一面。虽有论及顾颉刚的交际状况者,但不偏重于个性一面,仍是从交际看其学术,如:林庆彰:《姚际恒与顾颉刚》,《中国文哲研究集刊》15期(1999年9月),第431—458页;林庆彰:《顾颉刚与钱玄同》,《中国文哲研究集刊》17期(2000年9月),第405—430页。上述两篇文章也可见林庆彰《顾颉刚的学术渊源》,(台北)万卷楼图书股份有限公司2017年版。至于其他讨论古史辨运动、近代民俗学、通俗教育与史学史等专著虽多提及顾颉刚,但其"个性"就更非所重。

③ 余英时:《未尽的才情:从〈顾颉刚日记〉看顾颉刚的内心世界》,(台北)联经出版事业公司2007年版,第1—2页。

④ 同上书,第4页。

⑤ 同上书,第10页。

⑥ 同上书,第9页。

⑦ 同上书,第12、17页。

⑧ 同上书,第23页。

⑨ 除了余氏外,目前许多注意到《顾颉刚日记》的学者,也多讨论1949年后的情况,如张京华《未尽的古史辨》,《中国图书评论》2011年1期,第31—43页;余杰:《恋旧从新法,逢人效鬼辞》,《传记文学》103卷1期(2013年7月),第117—121页;张旭东:《顾颉刚在五十年代》,《东方早报·上海书评》2013年10月13日,http://www.aisixiang.com/data/68699-2.html;张旭东:《得偶如此,君便如何》,《东方早报·上海书评》2014年3月30日,http://jds.cass.cn/Item/25173.aspx。

⑩ 虽然朱维铮因非逐日记录而是经过之后的誊录、补记,甚至还有修改

而质疑《顾颉刚日记》作为原始史料的效力，但笔者认为若能谨慎地深入其留下文字的心态，必定会有所发现，这应是基本的史学研究常识。朱维铮：《顾颉刚改日记》，《东方早报·上海书评》2009年2月1日，http://book.douban.com/review/1644547/。

⑪ 顾氏于1973年6月30日，时年80岁时言："此册为我三十岁日记，在我夫妇的多病的身体条件下，在我家庭矛盾的高度发展下，在社会各界的多方拉拢下，在迁家运书的不安定生活下，我的考辨古史的体系竟得在这时建立起来，为我一生学术工作打好基础，真是千难万难的事。览此骇痛。此值得保存的一册，后人幸勿轻弃，是所望也。"顾颉刚：《顾颉刚日记》第1册，（台北）联经出版事业公司2007年版，第259—260页。

⑫ 如利用《蒋介石日记》而对民国史有更多的认识，桑兵也通过大量日记探讨民国史参与者的心路历程。此外，台湾学者也通过解读日记推展对台湾史的认识。吕芳上主编：《蒋中正日记与民国史研究》，（台北）世界大同出版有限公司2011年版；桑兵：《走进共和：日记所见政权更替时期亲历者的心路历程（1911—1912）》，北京师范大学出版社2016年版；许雪姬：《"台湾日记研究"的回顾与展望》，《台湾史研究》2015年3月22卷1期，第153—184页。

⑬ 邹振环：《日记文献的分类与史料价值》，《复旦史学集刊》第一辑《古代中国：传统与变革》，复旦大学出版社2005年版，第307—334页。

⑭ 如王汎森提醒应当注意"私密性的文件"（private document），大量日记整理出版有助于研究者以新的广度与深度来探讨思想史、文化史。王汎森：《中国近代思想文化史研究的若干思考》，《新史学》14卷4期（2003年12月），第178—179页。

⑮ 桑兵：《日记内外的历史——作为史料的日记解读》，收入吕芳上主编《蒋中正日记与民国史研究》，第70、75页。

⑯ 邹振环：《日记文献的分类与史料价值》，《复旦史学集刊》第一辑《古代中国：传统与变革》，第324—329页。

⑰ 这方面的研究当以以下为主：余英时：《中国知识分子的边缘化》，《二十一世纪》15期（2003年6月），第12—25页；王汎森：《近代知识分子自

我形象的转变》,《中国近代思想与学术的系谱》,吉林出版集团有限责任公司2011年版,第277—304页;罗志田:《近代中国社会权势的转移:知识分子的边缘化与边缘知识分子的兴起》,载氏著《权势转移:近代中国的思想、社会与学术》,湖北人民出版社1999年版,第191—241页;许纪霖:《重建社会重心——现代中国的"知识人社会"》,《中国近代思想史的转型时代》,(台北)联经出版事业公司2007年版,第137—168页。

⑱ 顾颉刚:《走在历史的路上:顾颉刚自述》,(台北)远流出版事业有限公司1989年版,第154页。

⑲ 同上书,第162页。

⑳ 同上书,第171页。

㉑ 同上书,第172页。

㉒ 叶圣陶:《圣陶日记》,收于叶至善、叶至美、叶至诚编《叶圣陶集》19卷,江苏教育出版社1994年版,第143页(1914.9.29)。

㉓ 余英时:《未尽的才情:从〈顾颉刚日记〉看顾颉刚的内心世界》,第1—2页。

㉔ 这在《圣陶日记》所收录的1910、1911、1912、1914、1915年之片段可见数例,如1910年10月24日、1911年10月12日等。叶圣陶:《圣陶日记》,第10、18、21、65页等。

㉕ 顾颉刚:《顾颉刚日记》第1册,第51页(1919.1.9)。

㉖ 同上书,第82页(1919.5.26)。

㉗ 同上书,第118页(1921.4.27)。

㉘ 同上书,第97页(1921.2.6)。

㉙ 同上书,第130页(1921.6.12)。

㉚ 同上书,第132页(1921.6.19)。

㉛ 同上书,第144页(1921.7.25)。

㉜ 同上书,第185页(1921.11.23)。

㉝ 同上书,第185页(1921.11.24)。

㉞ 同上书,第101页(1921.2.26)。

㉟ 同上书,第103页(1921.3.5)。

㊱ 同上书,第 206 页(1922.1.31)。

㊲ 同上书,第 203 页(1922.1.23)。

㊳ 同上书,第 201 页(1922.1.16)。

㊴ 同上书,第 136—137 页(1921.7.2)。

㊵ 同上书,第 161 页(1921.9.14)。

㊶ 同上书,第 154 页(1921.8.27)。

㊷ 同上书,第 138 页(1921.7.6)。

㊸ 同上书,第 142 页(1921.7.18)。

㊹ 同上书,第 45 页(1919.1.7)。

㊺ 同上书,第 108 页(1921.3.23)。

㊻ 同上书,第 161 页(1921.9.15)。

㊼ 同上书,第 255 页(1922.8.1)。

㊽ 同上书,第 256 页(1953.1)。

㊾ 同上书,第 129 页(1921.6.8)。

㊿ 同上书,第 60 页(1919.1.12)。

㉛ 同上书,第 256 页(1922.8.1)。

㉜ 李欧梵:《现代中国文学中的浪漫个人主义》,《中国现代文学与现代性十讲》,复旦大学出版社 2002 年版,第 56 页。

㉝ 顾颉刚:《顾颉刚日记》第 1 册,第 51—52 页(1919.1.10)。

㉞ 同上书,第 52—53 页(1919.1.10)。

㉟ 同上书,第 52—53 页(1919.1.10)。

㊱ 余英时:《未尽的才情:从〈顾颉刚日记〉看顾颉刚的内心世界》,第 30—32 页。

㊲ 张京华:《未尽的古史辨:读余英时先生〈未尽的才情——从《日记》看顾颉刚的内心世界〉》,《中国图书评论》2011 年 1 期,第 37 页。

㊳ 顾颉刚:《顾颉刚日记》第 1 册,第 228 页(1922.4.25)。

㊴ 如 1922 年 4 月 26 日读《殷周制度论》(第 229 页);1922 年 5 月 23 日看《顾命礼征》(第 236 页);1922 年 5 月 24 日将《顾命礼征》及《后考》圈毕,抄录关于《顾命》之文字入史料(第 236 页);1922 年 5 月 25 日译《顾命》文为

毕,写与王静安先生信,论《顾命》(第237页);1922年6月21日点读王静安《秦汉郡考》(第244页)。

㉖ 顾颉刚:《顾颉刚日记》第1册,第227页(1922.4.18)。

㉗ 顾颉刚:《悼王静安先生》,收于《王观堂先生全集》第1册,台湾文华出版公司1968年版,第7127—7128页。

㉘ 同上书,第7130页。

㉙ 同上书,第7130—7131页。

㉚ 同上书,第7133页。

㉛ 同上书,第7134页。

㉜ 王汎森:《近代知识分子自我形象的转变》,第291—296页。

㉝ 余英时:《未尽的才情:从〈顾颉刚日记〉看顾颉刚的内心世界》,第9页。

㉞ 同上书,第12、17页。

㉟ 同上书,第1—2页。

㊱ 近来的研究已经认识到新文化运动并非铁板一块,而举出其多元、众声喧哗的样貌,如 Kai-Wing Chow, eds., *Beyond the May Fourth Paradigm: In Search of Chinese Modernity*, Lanham, Md.: Lexington Books, 2008。然胡适与傅斯年确实在新文化运动中占据了重要位置,有相当的发言权与影响力。此外,更由于顾氏与胡、傅二人无论在思想与交际上都有千丝万缕的关系,因此相当值得作为凸显顾氏特色的对照。

㊲ 顾颉刚:《顾颉刚日记》第1册,第99页(1921.2.18)。

㊳ 同上书,第186页(1921.11.28)。

㊴ 同上书,第192页(1921.12.17)。

㊵ 同上书,第44页(1919.1.5)。

㊶ 同上书,第49页(1919.1.8)。

㊷ 同上书,第205页(1922.1.27)。

㊸ 同上书,第222页(1922.4.3)。

㊹ 同上书,第207页(1922.2.4)。

㊺ 同上书,第233页(1922.5.12)。

⑧⓪ 同上书,第 234 页(1922.5.14)。

⑧① 同上书,第 260—265 页。

⑧② 同上书,第 230 页(1922.4.30)

⑧③ 同上书,第 101 页(1921.2.26)

⑧④ 同上书,第 252 页(1922.7.20)

⑧⑤ 同上书,第 65—66 页(1919.1.14)

⑧⑥ 林毓生著,穆善培译:《中国意识的危机:五四时期激烈的反传统主义》,贵州人民出版社 1988 年版。

⑧⑦ 罗志田:《从科学与人生观之争看五四时期对五四基本理念的反思》,《历史研究》1999 年第 3 期,第 5—23 页。

⑧⑧ 陈志明:《顾颉刚的疑古史学》,(台北)商鼎文化出版社 1993 年版;王汎森:《价值与事实的分离——民国的新史学及其批评者》,《中国近代思想与学术的系谱》,第 404—405 页。

⑧⑨ 周策纵著,周子平等译:《五四运动:现代中国的思想革命》,江苏人民出版社 2005 年版,第 318—321 页。

⑨⓪ 王汎森:《从传统到反传统——两个思想脉络的分析》,《中国近代思想与学术的系谱》,第 121 页。

⑨① 顾颉刚:《顾颉刚日记》第 1 册,第 59 页(1919.1.12)。

⑨② 胡适:《清代学者的治学方法》(1919—1921),收于汪学群编《清代学问的门径》,中华书局 2009 年版,第 313—319 页。

⑨③ 顾颉刚:《顾颉刚日记》第 1 册,第 59 页(1919.1.12)。

⑨④ 同上书,第 60 页(1919.1.12)。

⑨⑤ 顾颉刚:《中国近来学术思想界的变迁观》(1919),收于桑兵、张凯、于梅舫编《近代中国学术思想》,中华书局 2008 年版,第 99 页。

⑨⑥ 同上书,第 106 页。

⑨⑦ 1921 年 9 月 16 日读《论语》作笔记;9 月 17 日读《孟子》(第 161 页);9 月 24 日读《孟子》作笔记 8 页(第 164 页)。

⑨⑧ 顾颉刚:《顾颉刚日记》第 1 册,第 193 页(1921.12.23)。

⑨⑨ 余英时:《未尽的才情:从〈顾颉刚日记〉看顾颉刚的内心世界》,第

30页。

⑩ 顾颉刚:《顾颉刚日记》第1册,第44—45页(1919.1.6、7)、第56页(1919.1.11)。

⑪《新潮》的创刊结束了《新青年》孤军奋战的局面,三刊同声协唱,很快产生群体效应,代表学生群体加入新文化运动。王奇生:《新文化是如何"运动"起来的》,《革命与反革命——社会文化视野下的民国政治(海外修订本)》,(香港)中和出版有限公司2011年版,第40页。

⑫ 已有学者注意到两者"科学观念"的差异,见孙青《科学的"承当":〈新潮〉学生群的走向》,《二十一世纪》56期(1999年12月),第51—56页。但笔者认为在更根本的意识形态或追求目标上可能有更细微的差异可以深究。

⑬ 邹振环:《日记文献的分类与史料价值》,《复旦史学集刊》第一辑《古代中国:传统与变革》,第307页。

⑭ 张灏:《重访五四:论五四思想的两歧性》,《时代的探索》,中研院·联经出版事业公司2004年版,第127—132页;王奇生:《个人·社会·群众·党:五四前后的关联与演进》,《革命与反革命——社会文化视野下的民国政治(海外修订本)》,第59页。

⑮ 余英时:《中国知识分子的边缘化》,《二十一世纪》15期(2003年6月),第12—25页。

⑯ 罗志田:《近代中国社会权势的转移:知识分子的边缘化与边缘知识分子的兴起》,载氏著《权势转移——近代中国的思想、社会与学术》,第205—206页。

·书评·

殖民展示视野下的博览会
——读吕绍理《展示台湾》

夏 静

《展示台湾：权力、空间与殖民统治的形象表述》由台湾学者吕绍理撰写，2005年10月经台北麦田出版社出版。初览书名"展示台湾"，我们或不禁要问：台湾被谁展示？为何被展示？又如何被展示？细读全书会知，作者以日本在殖民地台湾举办的博览展示活动为线索，通过分析博览展示活动的分类框架，来揭示其背后蕴含的知识观、异己观，以及日本欲藉博览会展示现代性，争取殖民地认同的过程，乃至在地台湾民众的反应。

此书共五章。第一章绪论回顾了晚近20年间欧美研究博览会的研究成果，并从中归纳出五种博览会研究路径。这五种路径在书中均有体现：第一种是从制度、社会和经济的角度，分析博览会的演进历史及其历史意义；第二种是从"行动者"的视角，研究博览会的策展者、被展者与观众三者之间的互动关系及意义建构；第三种是从人类学角度，考察上述三者互动所依托的语意或符号；第四种则借鉴福柯"全景敞视主义"观点，揭示博览会背后人与人及物件之间的权力操作关系;第五种是将博览会视作"现代性"的庞大表征。第二章探讨了19—20世纪万国博览会在西欧的发展历程以及明治时期日本的引介。第三章关注1895年后日本在国内和国际各大型博览会中如何建构并塑造台湾的形象。第四章讨论了1895年后日本在台湾本土举办品评会、共进会乃至博览会的历程,并讨论日本如何在现实社会中展示台湾。第五章分析了博览会、商品陈列馆和百货公司在台湾社会的发酵,以及它们所构筑的消费文化。在第六章,作者从政治、经济、社会文化及空间形构等方面对博览会进行总结评论。

在作者看来,博览会展示以博物学视线作为基础,将事物进行分类与排序。博览会实际上体现了人类建构理性世界秩序的努力,它建立了一个对于物质世界的知识分类框架,人们不断调整这套框架,以应付日新月异的物质与工业生产的进程(第402页)。

而博览展示活动的分类标准和框架,具体到每个国家又不尽相同。分类框架反映了一国整体的政治、经济、社会与文化面貌,另一方面也彰显了知识分类概念的变迁(第250页)。作者指出,西欧博览会通常划分为主题馆、特色馆和地方馆,前二者包括农业、工业、机械、矿业、教育、美术等馆,其对应的是一套知识分类体系。具体而言,1851年水晶宫博览会是以物件性质分类,1867年巴黎博览会结合"国家"单位和物件性质展示物件,1873年维亚纳博览会则以欧洲为中心划分东、西,来排放各国展品(第70页)。

具体到日本在台湾举办的博览展示活动,其目的在于将殖民地台湾纳入自身的知识体系之中,藉此在博览会中强化自我与他者的区别。在1903年日本大阪第五回内国劝业博览会中,他们刻意制造出对照与差异,将殖民地"悬置"在一边,以此凸显"中心"与"边陲"的关系,同时强化己、异的差别。大阪博览会循着巴洛克式轴心线,规定参观者的参观顺序,将台湾置于参观线路的终点,以说明其在空间上处于远端边陲,在历史时间上需要被文明开化(第178—182页)。作者同时指出,日本效法欧美进行台湾原住民、"支那人"的人种展示,引发了参观展览的中国留学生的抗议。台湾学者杨瑞松的研究则表明,不论是野蛮支那人,还是"缠足女、鸦片男",甚至是"野蛮满洲人",实际上在人类馆开幕前都被中止取消,并未真正付诸实践。而在日中国学生的激烈反应,无论是"野蛮人大展"的论断,或是缠足女和鸦片男为野蛮中国人代表的推测,甚或是满洲人是野蛮中国人代表的臆测,都只是"近代中国国族意识中野蛮情节作祟下的产物"。[①]由此可以看到,日方策划者的意图与中国留学生的观感和反应存在很大落差。

另一方面,日本通过对物品进行选择性展示,仅呈现其统治下的正面成果,来彰显其现代与进步,正显示出博览会作为一种文明化、现代化的仪式的作用。而日本进入大正时期后,博览会也往往成为纪念重大政治事件的仪式活动,如御大典纪念博览会、明治拓殖博览会等等;日本将这一传统移植到台湾,在台湾举办的始政二十周年台湾劝业共进会、始政四十周年纪念博览会,也都与政治统治目标密切关联(第398页)。由此可见,博览会实际上也在缔造着现实的政治和社会关系。

那么,台湾民众是如何看待博览会所展示的日本"功绩"?日本是否达到了宣传教化、争取认同的目的?作者以1935年举办的始政四十周年纪念博览会为例,指出在博览会筹备过程中,台湾地方士绅对总督府安排的场地和设定主题提出了不同意见。他们不赞成总督府将台北以外的场地定为展示"乡土文化",以凸显台北主场地所代表的帝国中心的进步历史;而台南与台北互争展示主题,实质上也具有争夺历史解释权的意味;台北大稻埕商人要求在当地设置分馆,他们也并非是迎合日本宣传教化的目的,只想借举办博览会改善生活环境,增加获取投资和利益的机会(第247、

282—283页)。就普通大众而言,他们则多半以娱乐、看热闹的心态观看博览会,或带着消费、寻找商机的意图,观览商品陈列馆、百货公司。可以说,对待日本举办的博览展示活动,地方士绅与普通民众的认知不一,前者看到了差异与歧视,力图争夺解释权,而民众则"以娱乐消费的眼光跳离现代性、差异化的宰制"(第404页)。

作者由此指出,民众观看博览展示后反应殊为不同,所以日本举办的博览会并没有建构群体认同的作用。原因之一在于日本的殖民过程具有高度政治化与动员化的特质,在全然由日本人规范的空间秩序与知识架构下,台湾民众无法藉展示进行自我表述(第404页),但实际上我们看到,在1935年的博览会中,台湾士绅提出了不同意见,因此无法表述自我的情况并非绝对。那么到底什么因素在影响台湾民众形塑认同?表述自我与形塑认同可以构成直接的因果关系吗?笔者认为,只从部分人群对于博览会的观感,或谓之无法表述自我,恐怕无法得出博览展示活动没有形塑认同的作用。在博览会刺激下,百货公司的兴起、商业活动的繁荣,都对民众的生活产生实际影响,民众的热情参与、欢欣鼓舞在某种程度上也是一种认同的隐现,笔者后面还会对此问题进行讨论。

具体来看,日本在台湾举办的各种博览展示活动,刺激了百货公司和近代广告业的兴起,构筑了近代消费社会的图像与远景(第316页)。百货公司实现了"消费的综合活动",不仅提供物品买卖的空间,还设有餐厅、展望台,甚至是演讲交谊展演空间(第338页)。作者引用张丽俊的日记,一窥时人对于台北菊园百货店的印象。菊元百货店让张丽俊有"登东山而小鲁"之感;而四楼的食堂和六楼的展望台人潮涌动,人们不仅观看店内陈设的精品,更可以登楼远眺,进行视觉消费。[②]

百货公司为民众提供了新的生活方式,而近代兴起的多样的广告宣传，则增加了民众在博览展示活动中的参与度。在 1935 年始政四十周年纪念台湾博览会上，主办方利用各种现代性媒介来扩大宣传，比如印制明信片，制作博览会简介与导览，设计海报，利用霓虹灯、广告塔等，同时利用报纸、广播、电影开展宣传，更插入传统台湾社会民俗举行划龙舟竞赛、妈祖绕境游行等活动（第 319 页）。此次博览会 50 天的会期，共吸引了 2 738 895 人次到台北主场馆参观（第 242 页）。值得注意的是，妈祖绕境游行活动早在 1916 年的台湾劝业共进会中即被采纳，主办方为了扩大参观人潮，将宗教仪式广告化、商品化，引入了台湾传统的庙会活动。

博览会亦对实体空间产生了巨大影响，一方面是促进都市体系的形成，如 1916 年的始政二十周年台湾劝业共进会和 1935 年始政四十周年纪念台湾博览会，使台北成为全台湾政治、经济、教育与文化的中心；另一方面则表现在殖民政府为扩大博览会参观人潮，传达殖民统治产业建设的成效，积极推动旅游观光活动（第 386 页），形成了八景十二胜的地标，也强化了区域农业特产品的商品形象，并由此延伸而成为一种在地认同的指标（第 406 页）。1945 年以后，这些在日据时期被创造出来的地景符号和观览文化并未被完全摧毁，它们在战后以何种形式、面貌以及政治社会与权力的条件被存留下来。作者也指出，日据时期图书馆的知识建构方式、展示与分类的取向，也值得后续另作探讨。

除了上述问题，笔者认为还有三点问题值得思考。第一，此书探讨了博览展示的仪式，而实际上宗教中有隔离的仪式，日常社会有暴力的仪式，各种仪式和符号充斥于我们的生活，关于仪式与现实政治、族群认同的关系，诸多学者都进行了讨论，但作者关于殖民地台湾民众的认同问题的探讨，在笔者看来模糊了些。作者认为，日据时期的博览展示活动并没有形构群体认同的作用，主要是因为其殖民过程展现出了高度政治化与动员化的特质。但如上所述,日据后期的博览展示活动,已经开始迎合台湾观众的心理,引入台湾传统风俗活动——庙会和妈祖游境活动,如此看来其览展示活动与其谓之高度政治化,不如说是呈现出大众化、商业化、在地化的趋势;从民众自身来说,即便处于高压统治之下,但他们也并非一味地被动接受,就日据时期的台湾民众而言,即便他们无法通过博览展示活动公开表述自我,但他们在私下的著述或交流中也会表达自身看法。关于台湾民众的认同问题,若能更多地从台湾民众着眼,挖掘其叙述言论,理清其认同内容及程度,作者或可帮助读者更深入地理解表述自我与形构认同之间的关系。第二,第五章讨论了台湾民众进入消费社会,那么日据时期台湾的消费文化有哪些特征?台湾不同社会阶层的消费模式如何?其消费行为是否能够反映出对日本统治的认同或反抗情况?消费行为是否与族群认同相关联?如果有关,如何关联?第三,此书核心理论之一就在于福柯的权力操作,本书以博览展示活动为切入点,为我们细致展示了博览展示背后的权力运作,但是笔者依然疑惑,作者对博览会所隐含的异己观、知识观的描述,是否存在过度解读的问题,包括当时展示活动的主办者,在策划时是否真的有那样明确的目的,所引用的个人的日记、回忆录是否真的能够反映当时某一群体乃至整个社会的心态,前述杨瑞松的研究就提示我们最初策划者的意图与后来者描述并不一致;庄胜全在对本书的评介中,也建议作者对拥有不同身份与文化背景的群体(外籍人士、日本皇族与官员、知识分子、台湾民众)观览旅游景致的感受作进一步比较与说明。[3]

无论如何,作者为我们研究博览会提供了一个很好的示例。本书综合运用各学科知识,尤其是引入人类学观点以及福柯关于"权力"的论述,向我们揭示了彰显人类文明与进步的博览会,也隐含着分类与秩序、权力与竞争等意涵。这无疑突破了传统的博览会研究,为我们探讨类似的殖民统治史提供了一个新的视角。

---

① 杨瑞松:《近代中国国族意识中的"野蛮情节"——以1903年日本大阪人类馆事件为核心的探讨》,《新史学》第21卷第2期(2010年6月),第145页。

② 张丽俊撰,许雪姬、洪秋芬编纂解说:《水竹居主人日记》第10册,中研院近代史研究所2000年版。详见《展示台湾》,第340页。

③ 庄胜全:《烛照台湾日治时——评介吕绍理著〈水螺响起〉与〈展示台湾〉》,《新史学》第18卷第2期(2007年6月),第212页。

图书在版编目(CIP)数据

多维视野下的思想史研究/复旦大学历史学系,复旦大学中外现代化进程研究中心编. —上海:上海古籍出版社,2019.5

(近代中国研究集刊;第8辑)

ISBN 978-7-5325-9208-1

Ⅰ.①多… Ⅱ.①复… ②复… Ⅲ.①思想史—研究—中国—近代 Ⅳ.①B25

中国版本图书馆 CIP 数据核字(2019)第 069870 号

近代中国研究集刊(8)

多维视野下的思想史研究

复 旦 大 学 历 史 学 系
复旦大学中外现代化进程研究中心 编

上海古籍出版社出版发行

(上海瑞金二路 272 号 邮政编码 200020)

(1) 网址: www.guji.com.cn

(2) E-mail: guji1@guji.com.cn

(3) 易文网网址: www.ewen.co

常熟市文化印刷有限公司印刷

开本 635×965 1/16 印张 24.75 插页 5 字数 300,000

2019 年 5 月第 1 版 2019 年 5 月第 1 次印刷

ISBN 978-7-5325-9208-1

K·2644 定价: 98.00 元

如有质量问题,请与承印公司联系